JN412163

2026

제 3 판

taxnet

꼭 필요한 실무내용만 짚어주는!

Point 포인트 통합고용세액공제 실무

이영우 · 김태원 공저

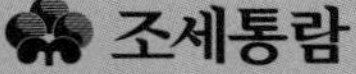

포인트
통합고용
세액공제
실무

Preface

정부에서는 2022년 12월 31일 조세특례제한법 개정을 통해 기존의 고용지원 관련 세액공제 제도를 통합 · 단순화하기 위하여 "통합고용세액공제 제도"(조특법 29의 8)를 신설하였다. 종전의 ① 고용증대세액공제(조특법 29의 7) ② 사회보험료 세액공제(조특법 30의 4) ③ 경력단절여성 세액공제(조특법 29의 3 ①)를 통합고용세액공제 기본공제(조특법 29의 8 ①) 제도로 통합하였고, 종전의 ④ 정규직 전환 세액공제(조특법 30의 2) ⑤ 육아휴직 복귀자 세액공제(조특법 29의 3 ②)는 통합고용세액공제 추가공제(조특법 29의 8 ③ · ④) 제도로 통합하였다.

조세특례제한법 제29조의 8 제1항(통합고용세액공제 기본공제)은 제29조의 7(고용을 증대시킨 기업에 대한 세액공제) 또는 같은 법 제30조의 4(중소기업 사회보험료 세액공제)에 따른 공제를 받지 아니한 경우에만 적용한다. 고용증대세액공제와 사회보험료세액공제는 2024년 12월 31일까지 적용되므로, 2023년 및 2024년에 고용이 증대된 기업은 종전의 고용증대세액공제 및 사회보험료세액공제와 통합고용세액공제 중 선택적으로 적용이 가능하며, 2025년 이후부터는 통합고용세액공제만 적용될 전망이다.

따라서 2023년과 2024년은 기업실무자들이 어떠한 고용관련 세액공제 제도를 선택할 것인지 비교하여야 하므로, 여러 제도들을 모두 함께 검토하여야 하는 부담이 있을 것으로 예상된다. 또한 2023년 처음 시행되는 통합고용세액공제를 선택하더라도 기존에 2022년까지 고용증대세액공제를 적용받은 기업은 2년간 고용을 유지와 관련된 사후관리 규정을 계속해서 면밀하게 검토하여야 되는데, 이에 저자들은 통합고용세액공제와 고용증대세액공제 및 기타의 고용관련 세제를 한데 모아 설명할 필요성에 대하여 뜻을 같이 하여 본서를 집필하였다.

PART 01에서는 통합고용세액공제와 고용증대세액공제를 설명하면서 세액공제 적용시 필수적으로 검토하여야 할 중소기업의 범위, 최저한세, 농어촌특별세 등에 대한 내용을 설명하였다.

PART 02에서는 고용증대세액공제 및 통합고용세액공제와 관련하여 기존에 나와 있는 예규들을 해설하였는데, 이들 예규들을 주제별로 배열하여 Q&A형식으로 목차를 구성하였고, 기존의 세무관련 도서들과 같이 단순히 예규를 나열하는 데 그치지 않고, 예규들에 대한 저자들의 의견을 상세히 설명하였을 뿐만 아니라, 예규를 실무에 적용할 수 있도록 계산사례로 구성하고자 노력하였다. 또한, 2022년 이전부터 고용증대세액공제를 적용하던 기업이 2023년부터 통합고용세액공제를 적용한 상황을 가정하여 방대한 분량의 서식작성사례를 수록하였다. 특히 각 연도별로 최저한세로 인한 이월세액 발생이나 고용 감소로 추가납부세액이 발생하는 상황 등 실제 실무현장에 발생할 수 있는 다양한 상황을 상정하여 사례를 구성하였고, 이를 활용하여 실무자들이 실제 서식을 작성하고 법인세 신고를 함에 있어 참고가 될 수 있도록 총력을 기울였다.

PART 03에서는 그 밖에 고용관련 조세특례제도들을 간략히 서술함으로써 통합고용세액공제의 적용과 함께 적용 여부를 검토할 수 있도록 하였다.

저자들은 책의 출간만으로 의무를 다하였다고 생각하지 않고, 온 · 오프라인 강의를 통해 독자들을 만날 예정이다. 또한, 강의 현장이나 실무현장에서 부딪히게 되는 예상 밖의 상황에 대하여는 국세청에 예규를 신청하여 해석사례를 만들어 가는 등 적극적으로 고용관련 세제를 연구해 나갈 것이다. 끝으로 본서가 나오기까지 수고해주신 조세통람 편집부 직원분들과 본서의 완성도를 높이기 위해 많은 노력을 기울여준 장윤서 세무사, 김세연 세무사에게 감사의 말을 전한다.

2026년 1월

저자 이영우 · 김태원

CONTENTS

PART 03 기타의 고용관련 조세특례제도

거주자

거주자란 국내에 주소를 두거나 183일 이상의 거소를 둔 개인을 말하며, 비거주자란 거주자가 아닌 개인을 말한다(소법 1의 2). 따라서, 거주자 또는 비거주자에 해당하는지 여부는 주소와 거소를 기준으로 판단한다.

(1) 주소

1) 주소의 개념

주소는 생계를 같이하는 가족 및 국내에 소재하는 자산의 유무 등 생활관계의 객관적 사실에 따라 판정한다(소령 2 ①). 국내에 거주하는 개인이 다음 중 어느 하나에 해당하는 경우에는 국내에 주소를 가진 것으로 본다(소령 2 ③). 다만, 외국국적을 가졌거나 외국법령에 의하여 그 외국의 영주권을 얻은 자로서 국내에 생계를 같이 하는 가족이 없고 그 직업 및 자산상태에 비추어 다시 입국하여 주로 국내에 거주하리라고 인정되지 아니하는 때에는 국내에 주소가 없는 것으로 본다(소령 2 ④).

① 계속하여 183일 이상 국내에 거주할 것을 통상 필요로 하는 직업을 가진 때

② 국내에 생계를 같이하는 가족이 있고, 그 직업 및 자산상태에 비추어 계속하여 183일 이상 국내에 거주할 것으로 인정되는 때. 여기서 '국내에 생계를 같이하는 가족'이란 우리나라에서 생활자금이나 주거장소 등을 함께 하는 가까운 친족을 의미하고, '직업 및 자산상태에 비추어 계속하여 183일 이상 국내에 거주할 것으로 인정되는 때'란 거주자를 소득세 납세의무자로 삼는 취지에 비추어 볼 때 183일 이상 우리나라에서 거주를 요할 정도로 직장관계 또는 근무관계 등이 유지될 것으로 보이거나 183일 이상 우리나라에 머물면서 자산의 관리·처분 등을 하여야 할 것으로 보이는 때와 같이 장소적 관련성이 우리나라와 밀접한 경우를 의미한다(대법원2018두60847, 2019.3.14.).

2) 주소 판정특례

① 외국을 항행하는 선박 또는 항공기의 승무원의 경우 그 승무원과 생계를 같이 하는 가족이 거주하는 장소 또는 그 승무원이 근무기간 외의 기간 중 통상 체재하는 장소가 국내에 있는 때에는 당해 승무원의 주소는 국내에 있는 것으로 보고, 그 장소가 국외에 있는 때에는 당해 승무원의 주소가 국외에 있는 것으로 본다(소령 2 ⑤).

② 거주자나 내국법인의 국외사업장 또는 해외현지법인(내국법인이 발행주식총수 또는 출자지분의 100%를 직접 또는 간접 출자한 경우에 한정한다) 등에 파견된 임원 또는 직원이나 국외에서 근무하는 공무원은 거주자로 본다(소령 3).

(2) 거소

1) 거소의 개념

거소는 주소지 외의 장소 중 상당기간에 걸쳐 거주하는 장소로서 주소와 같이 밀접한 일반적 생활관계가 형성되지 아니한 장소로 한다(소령 2 ②).

2) 거주기간 계산

국내에 거소를 둔 기간은 입국하는 날의 다음날부터 출국하는 날까지로 하며, 국내에 거소를 둔 기간이 1과세기간 동안 183일 이상인 경우에는 국내에 183일 이상 거소를 둔 것으로 본다. 또한, 국내에 거소를 두고 있던 개인이 출국 후 다시 입국한 경우에 생계를 같이하는 가족의 거주지나 자산소재지 등에 비추어 그 출국목적이 관광, 질병의 치료 등으로서 명백하게 일시적인 것으로 인정되는 때에는 그 출국한 기간도 국내에 거소를 둔 기간으로 본다(소령 4 ①·②·③). 또한, 재외동포가 입국한 경우에 생계를 같이하는 가족의 거주지나 자산소재지 등에 비추어 그 입국목적이 관광, 질병의 치료 등 비사업목적으로서 명백하게 일시적인 것으로 인정되는 때에는 그 입국한 기간은 국내에 거소를 둔 기간으로 보지 아니한다(소령 4 ④).

기간제근로자

"기간제근로자"란 기간의 정함이 있는 근로계약을 체결한 근로자를 말한다(기간제 및 단시간근로자 보호 등에 관한 법률 2 1호).

단시간근로자

"단시간근로자"란 1주 동안의 소정근로시간이 그 사업장에서 같은 종류의 업무에 종사하는 통상 근로자의 1주 동안의 소정근로시간에 비하여 짧은 근로자를 말한다(근기법 2 ① 9호). 여기서 "소정(所定)근로시간"이란 제50조, 제69조 본문 또는 「산업안전보건법」 제139조 제1항에 따른 근로시간의 범위에서 근로자와 사용자 사이에 정한 근로시간을 말한다(근기법 2 ① 9호).

병역

청년은 15세 이상 34세 이하인 사람을 말하는데, 이때 병역을 이행한 사람의 경우에는 6년을 한도로 병역을 이행한 기간을 현재 연령에서 빼고 계산한 연령으로 계산한다(조특령 26의 8 ③). 여기서 병역이란 다음 중 어느 하나에 해당하는 것을 말한다(조특령 27 ① 1호).

① 「병역법」 제16조 또는 제20조에 따른 현역병(같은 법 제21조, 제25조에 따라 복무한 상근예비역 및 의무경찰·의무소방원을 포함한다)
② 「병역법」 제26조 제1항에 따른 사회복무요원
③ 「군인사법」 제2조 제1호에 따른 현역에 복무하는 장교, 준사관 및 부사관

소정근로시간

"소정(所定)근로시간"이란 제50조, 제69조 본문 또는 「산업안전보건법」 제139조 제1항에 따른 근로시간의 범위에서 근로자와 사용자 사이에 정한 근로시간을 말한다(근기법 2 ① 9호).

육아휴직

사업주는 임신 중인 여성 근로자가 모성을 보호하거나 근로자가 만 8세 이하 또는 초등학교 2학년 이하의 자녀(입양한 자녀 포함)를 양육하기 위하여 육아휴직을 신청하는 경우에 이를 허용하여야 한다. 다만, 육아휴직을 시작하려는 날의 전날까지 해당 사업에서 계속 근로한 기간이 6개월 미만인 근로자가 신청한 경우에는 그러하지 아니하다(남녀고용평등과 일·가정 양립 지원에 관한 법률 19 ①, 시행령 10).

임원

임원이란 다음 중 어느 하나의 직무에 종사하는 자를 말한다(법령 40 ①). 임원에 해당하는지 여부는 등기여부나 그 직책에 관계없이 종사하는 직무의 실질내용에 따라 판단한다(법집 26-43-2 ②, 조심 2009서3394, 2009.12.14.).

① 법인의 회장, 사장, 부사장, 이사장, 대표이사, 전무이사 및 상무이사 등 이사회의 구성원 전원과 청산인
② 합명회사, 합자회사 및 유한회사의 업무집행사원 또는 이사
③ 유한책임회사의 업무집행자
④ 감사
⑤ 그 밖에 위 ①~④의 규정에 준하는 직무에 종사하는 자

◎ 이사 등으로 불린다 하더라도 ① 정관이나 주주총회에서 선임됨이 없이 일반직원과 동일한 방법으로 공개 채용되거나 또는 일반직원 채용방법에 따라 채용되어 승진 · 보임 · 발령되고, ② 청구법인으로부터 사무처리를 위임받음이 없이 고용계약에 의하여 근무하고 있거나 ③ 그 직위 또는 호칭에 부합하는 회사대표권 및 업무집행권을 부여받지 아니함에 따라 이를 행사하지도 않는 경우라면, 단순히 이사로 호칭된다 하여 임원이라 볼 수 없다 할 것이다(국심 2003서2443, 2003.12.31.).

◎ 원고는 법무 관련 업무의 부서장으로 법무실에 소속된 송무팀, 자문팀, 보험팀의 업무를 총괄하여 왔으므로, 이 사건 회사로부터 그 경영에 속하는 특정한 업무 사항을 위임받아 자신의 책임하에 수행하여 왔다고 볼 수 있다. 따라서 원고는 이 사건 회사의 경영에 관한 의사를 결정하고 그 성과에 대한 책임을 지는 지위에 있었다고 할 것이다. 따라서 원고는 법인등기부에 등재된 임원이 아니지만, 법인등기부에 등재된 이사에 준하는 직무에 종사하는 자로서 세법상 '임원'에 해당한다(서울고등법원 2021누67772, 2022.5.19.).

창업으로 보지 않는 경우

다음 중 어느 하나에 해당하는 경우는 창업으로 보지 아니한다(조특법 6 ⑩ 1~3호). 이때에 같은 종류의 사업의 분류는 한국표준산업분류에 따른 세분류에 따른다(조특령 5 ㉓).

① 합병 · 분할 · 현물출자 또는 사업의 양수를 통하여 종전의 사업을 승계하거나 종전의 사업에 사용되던 자산을 인수 또는 매입하여 같은 종류의 사업을 하는 경우. 다만, 다음 중 어느 하나에 해당하는 경우는 제외한다.
  ㉠ 종전의 사업에 사용되던 자산을 인수하거나 매입하여 같은 종류의 사업을 하는 경우 그 자산가액의 합계가 사업 개시 당시 토지와 건물 및 기계장치 등 법인세법 시행령 제24조의 감가상각자산의 총가액에서 차지하는 비율이 30% 이하인 경우(조특령 5 ⑲ · ⑳)
  ㉡ 사업의 일부를 분리하여 해당 기업의 임직원이 사업을 개시하는 경우로서 다음의 요건을 모두 갖춘 경우(조특령 5 ㉑)
    ⓐ 기업과 사업을 개시하는 임직원 간에 사업 분리에 관한 계약을 체결할 것
    ⓑ 사업을 개시하는 임직원이 새로 설립되는 기업의 대표자로서 지배주주등에 해당하는 해당 법인의 최대주주 또는 최대출자자일 것(개인사업자의 경우에는 대표자를 말한다)
② 거주자가 하던 사업을 법인으로 전환하여 새로운 법인을 설립하는 경우
③ 폐업 후 사업을 다시 개시하여 폐업 전의 사업과 같은 종류의 사업을 하는 경우
④ 사업을 확장하거나 다른 업종을 추가하는 경우 등 새로운 사업을 최초로 개시하는 것으로 보기 곤란한 경우

창업중소기업 추가감면

창업중소기업 감면을 적용받는 업종별로 업종별 최소고용인원 이상을 고용하는 수도권 과밀억제권역 외 지역에서 창업한 창업중소기업(청년창업중소기업 제외), 창업보육센터사업자, 창업벤처중소기업 및 에너지신기술중소기업의 해당 감면기간 중 해당 사업연도의 상시근로자 수가 직전 과세연도의 상시근로자 수(직전과세연도의 상시근로자가 업종별 최소고용인원에 미달하는 경우에는 업종별 최소고용인원을 말한다)보다 큰 경우에는 다음 ①의 세액에 ② 율을 곱하여 산출한 금액을 같은 항에 따른 감면세액에 더하여 감면한다. 다만 '영세창업중소기업' 규정에 따라 100% 감면을 받는 과세연도에는 본 규정에 따른 추가감면을 하지 않는다(조특법 6 ⑦).

① 해당 사업에서 발생한 소득에 대한 법인세
② 다음의 계산식에 따라 계산한 율. 다만, 50%(75%에 상당하는 세액을 감면받는 과세연도의 경우에는 25%)를 한도로 하고, 1% 미만인 부분은 없는 것으로 본다.

$$\frac{\text{해당 과세연도의 상시근로자 수} - \text{직전 과세연도의 상시근로자 수}}{\text{직전 과세연도의 상시근로자 수}} \times \frac{50}{100}$$

여기서 '업종별 최소고용인원'이란 다음의 구분에 따른 인원 수를 말한다(조특령 5 ⑭).

① 광업 · 제조업 · 건설업 및 물류산업 : 10명
② 그 외 업종 : 5명

청소년

"청소년"이란 만 19세 미만인 사람을 말한다. 다만, 만 19세가 되는 해의 1월 1일을 맞이한 사람은 제외한다(청소년 보호법 2 1호).

청소년유해업소

"청소년유해업소"란 청소년의 출입과 고용이 청소년에게 유해한 것으로 인정되는 다음 (1)의 "청소년 출입 · 고용금지업소"와 청소년의 출입은 가능하나 고용이 청소년에게 유해한 것으로 인정되는 다음 (2)의 "청소년고용금지업소"를 말한다. 이 경우 업소의 구분은 그 업소가 영업을 할 때 다른 법령에 따라 요구되는 허가 · 인가 · 등록 · 신고 등의 여부와 관계없이 실제로 이루어지고 있는 영업행위를 기준으로 한다(청소년 보호법 2 5호).

(1) 청소년 출입 · 고용금지업소
① 「게임산업진흥에 관한 법률」에 따른 일반게임제공업 및 복합유통게임제공업 중 대통령령으로 정하는 것
② 「사행행위 등 규제 및 처벌 특례법」에 따른 사행행위영업
③ 「식품위생법」에 따른 식품접객업 중 대통령령으로 정하는 것
④ 「영화 및 비디오물의 진흥에 관한 법률」 제2조 제16호에 따른 비디오물감상실업 · 제한관람가비디오물소극장업 및 복합영상물제공업
⑤ 「음악산업진흥에 관한 법률」에 따른 노래연습장업 중 대통령령으로 정하는 것
⑥ 「체육시설의 설치 · 이용에 관한 법률」에 따른 무도학원업 및 무도장업
⑦ 전기통신설비를 갖추고 불특정한 사람들 사이의 음성대화 또는 화상대화를 매개하는 것을 주된 목적으로 하는 영업. 다만, 「전기통신사업법」 등 다른 법률에 따라 통신을 매개하는 영업은 제외한다.
⑧ 불특정한 사람 사이의 신체적인 접촉 또는 은밀한 부분의 노출 등 성적 행위가 이루어지거나 이와 유사한 행위가 이루어질 우려가 있는 서비스를 제공하는 영업으로서 청소년보호위원회가 결정하고 여성가족부장관이 고시한 것

⑨ 청소년유해매체물 및 청소년유해약물등을 제작 · 생산 · 유통하는 영업 등 청소년의 출입과 고용이 청소년에게 유해하다고 인정되는 영업으로서 대통령령으로 정하는 기준에 따라 청소년보호위원회가 결정하고 여성가족부장관이 고시한 것
⑩ 「한국마사회법」 제6조 제2항에 따른 장외발매소
⑪ 「경륜 · 경정법」 제9조 제2항에 따른 장외매장

(2) 청소년고용금지업소
① 「게임산업진흥에 관한 법률」에 따른 청소년게임제공업 및 인터넷컴퓨터게임시설제공업
② 「공중위생관리법」에 따른 숙박업, 목욕장업, 이용업 중 대통령령으로 정하는 것
③ 「식품위생법」에 따른 식품접객업 중 대통령령으로 정하는 것
④ 「영화 및 비디오물의 진흥에 관한 법률」에 따른 비디오물소극장업
⑤ 「화학물질관리법」에 따른 유해화학물질 영업. 다만, 유해화학물질 사용과 직접 관련이 없는 영업으로서 대통령령으로 정하는 영업은 제외한다.
⑥ 회비 등을 받거나 유료로 만화를 빌려 주는 만화대여업
⑦ 청소년유해매체물 및 청소년유해약물등을 제작 · 생산 · 유통하는 영업 등 청소년의 고용이 청소년에게 유해하다고 인정되는 영업으로서 대통령령으로 정하는 기준에 따라 청소년보호위원회가 결정하고 여성가족부장관이 고시한 것

친족

"친족"이란 「국세기본법 시행령」 제1조의 2 제1항에 해당하는 자를 말하며, 그 범위는 다음과 같다(국기령 1의 2 ①).

친족범위는 국세기본법 시행령의 개정으로 2023.3.1.부터 개정법령이 적용되는데, 본 개정규정이 2023.3.1.부터 시행된다는 의미는 2023.2.28.까지 납세의무가 성립한 경우에는 종전 규정을 적용하고, 2023.3.1. 이후에 납세의무가 성립한 경우에는 개정 규정을 적용한다는 의미이다. 따라서, 소득세 · 법인세 · 부가가치세 등과 같이 과세기간이 끝나는 때에 납세의무가 성립하는 기간과세 세목의 경우에는 시행일이 속하는 과세기간에 대해 개정 규정을 적용한다. 다만, 개정규정을 적용할 때 2023.2.28.까지 행위 또는 거래 등이 있었던 경우로서 개정 규정을 적용하는 것이 납세자에게 불리한 경우에는 시행일이 속하는 과세기간 중 시행일 이후 행위 또는 거래 등에 대해서만 개정규정을 적용한다(신의성실의 원칙).

2023.2.28. 이전	2023.3.1. 이후
① 6촌 이내의 혈족 ② 4촌 이내의 인척 ③ 배우자(사실상의 혼인관계에 있는 자를 포함) ④ 친생자로서 다른 사람에게 친양자 입양된 자 및 그 배우자 · 직계비속	① 4촌 이내의 혈족 ② 3촌 이내의 인척 ③ 배우자(사실상의 혼인관계에 있는 자를 포함) ④ 친생자로서 다른 사람에게 친양자 입양된 자 및 그 배우자 · 직계비속 ⑤ 본인이 「민법」에 따라 인지한 혼인 외 출생자의 생부나 생모(본인의 금전이나 그 밖의 재산으로 생계를 유지하는 사람 또는 생계를 함께하는 사람으로 한정)

① 혈족 : 자기의 직계존속과 직계비속을 직계혈족이라 하고 자기의 형제자매와 형제자매의 직계비속, 직계존속의 형제자매 및 그 형제자매의 직계비속을 방계혈족이라 한다(민법 768).

② 인척 : 혈족의 배우자, 배우자의 혈족, 배우자의 혈족의 배우자를 인척으로 한다(민법 769).

③ 촌수의 계산 : 직계혈족은 자기로부터 직계존속에 이르고 자기로부터 직계비속에 이르러 그 세수를 정한다. 방계혈족은 자기로부터 동원의 직계존속에 이르는 세수와 그 동원의 직계존속으로부터 그 직계비속에 이르는 세수를 통산하여 그 촌수를 정한다(민법 770).

파견근로자

"파견근로자"란 파견사업주가 고용한 근로자로서 근로자파견의 대상이 되는 사람을 말한다. 여기서, "파견사업주"란 근로자파견사업을 하는 자를 말하며, "근로자파견"이란 파견사업주가 근로자를 고용한 후 그 고용관계를 유지하면서 근로자파견계약의 내용에 따라 사용사업주의 지휘 · 명령을 받아 사용사업주를 위한 근로에 종사하게 하는 것을 말한다(파견근로자 보호 등에 관한 법률 2).

PART 01

통합고용세액공제

CHAPTER

01 통합고용세액공제

정부에서는 2022년 12월 31일 조세특례제한법의 개정을 통해 기존의 고용지원 관련 세액공제 제도를 통합 · 단순화하기 위하여 "통합고용세액공제 제도"(조특법 29의 8)를 신설하였다.

▌통합고용세액공제와 기존의 고용관계세액공제와의 관계▐

구 분	일 몰	통합고용세액공제 해당규정(조특법 29의 8)	2023년과 2024년 적용방법
고용증대세액공제(조특법 29의 7)	2024.12.31.	통합고용세액공제 기본공제(조특법 29의 8 ①)	다음 중 선택하여 적용 ① 통합고용세액공제 기본공제(조특법 29의 8 ①) ② 고용증대세액공제(조특법 29의 7)와 중소기업사회보험료세액공제(조특법 30의 4)
중소기업 사회보험료 세액공제(조특법 30의 4)	2024.12.31.		
경력단절여성 고용기업에 대한 세액공제(조특법 29의 3 ①)	2022.12.31.		
정규직근로자로의 전환에 따른 세액공제(구 조특법 30의 2)	2022.12.31.	통합고용세액공제 추가공제 – 정규직근로자로의 전환에 따른 세액공제(조특법 29의 8 ③)	종전 규정은 적용받을 수 없으므로 통합고용세액공제의 추가공제 – 정규직근로자로의 전환에 따른 세액공제(조특법 29의 8 ③)를 적용받아야 함.
육아휴직복귀자에 대한 세액공제(조특법 29의 3 ②)	2022.12.31.	통합고용세액공제 추가공제 – 육아휴직복귀자에 대한 세액공제(조특법 29의 8 ④)	종전 규정은 적용받을 수 없으므로 통합고용세액공제의 추가공제 – 육아휴직복귀자에 대한 세액공제(조특법 29의 8 ④)를 적용받아야 함.

통합고용세액공제액은 다음과 같이 계산한다.

통합고용세액공제 = ① 기본공제금액 + ② 추가공제금액

① 기본공제금액 : 고용증가 인원 수 × 세액공제액

구 분	세액공제액			
	중소기업(3년 지원)		중견기업 (3년 지원)	대기업 (2년 지원)
	수도권	지 방		
청년 정규직, 장애인, 60세 이상, 경력단절근로자, 북한이탈주민	1,450만원	1,550만원	800만원	400만원
상시근로자	850만원	950만원	450만원	–

② 추가공제금액 : 정규직 전환 · 육아휴직 복귀자 인원 수 × 세액공제액

구 분	공제액	
	중 소	중 견
정규직 전환자(1년 지원)	1,300만원	900만원
육아휴직 복귀자(1년 지원)		

1. 공제대상자

통합고용세액공제는 소비성서비스업을 제외한 내국인에 대하여 2025년 12월 31일이 속하는 과세연도까지 적용하며, 기본공제금액과 추가공제금액을 합산한 금액을 소득세 또는 법인세에서 공제한다(2025.12.23. 개정 전 조특법 29의 8 ①). 여기서 소득세는 사업소득에 대한 소득세만 해당되며, 사업소득에는 부동산임대업에서 발생하는 소득은 포함하지 않는다(이하 같다)(조특법 7의 4 ①).

(1) 내국인

"내국인"이란 「소득세법」에 따른 거주자 및 「법인세법」에 따른 내국법인을 말한다(조특법 2 ① 1호).

내국인의 범위	내 용
① 거주자	거주자란 국내에 주소를 두거나 183일 이상의 거소를 둔 개인을 말한다(소법 1의 2).
② 내국법인	내국법인이란 본점, 주사무소 또는 사업의 실질적 관리장소가 국내에 있는 법인을 말한다(법법 2 1호).

(2) 소비성서비스업

여기서 소비성서비스업이란 다음의 업종을 말한다(조특령 26의 8 ①, 조특령 29 ③).

① 호텔업 및 여관업(관광숙박업 제외)

② 주점업(일반유흥주점업, 무도유흥주점업 및 단란주점 영업만 해당되고, 관광진흥법에 따른 외국인전용유흥음식점업 및 관광유흥음식점업은 제외)

③ 그 밖에 오락 · 유흥 등을 목적으로 하는 사업으로서 기획재정부령으로 정하는 다음의 사업(2024.3.22. 이후 개시하는 과세연도부터 적용)

㉠ 무도장 운영업

㉡ 기타 사행시설 관리 및 운영업(관광진흥법 제5조 또는 폐광지역개발지원에관한특별법 제11조에 따라 허가를 받은 카지노업은 제외)

㉢ 유사 의료업 중 안마를 시술하는 업

㉣ 마사지업

「조세특례제한법」에서 사용되는 업종의 분류는 「조세특례제한법」에 특별한 규정이 있는 경우를 제외하고는 통계청장이 고시하는 한국표준산업분류에 따른다(조특법 2 ③). 통합고용세액공제가 적용되지 않는 소비성서비스업종의 범위를 한국표준산업분류 코드에 따라 설명하면 다음과 같다.

구분	소비성서비스업에 해당	소비성서비스업이 아닌 것
1) 호텔 · 여관업	– 호텔업(55101) 및 여관업(55102)	– 관광숙박업
2) 주점업	– 일반 유흥주점업(56211) – 무도 유흥주점업(56212) – 단란 주점업(56219)	– 생맥주 전문점(56213) – 외국인전용유흥음식점업 및 관광유흥음식점업
3) 오락 · 유흥업	– 무도장 운영업(91291) – 기타 사행시설 관리 및 운영업(91249) – 유사 의료업 중 안마를 시술하는 업(86902) – 마사지업(96122)	

실무포인트

1. 생활 숙박시설 운영업(레지던스 호텔)이 소비성서비스업에 해당되는지 여부

호텔업[한국표준산업분류코드 : 55101] 및 여관업[한국표준산업분류코드 : 55102](관광진흥법에 따른 관광숙박업은 제외)은 소비성서비스업에 해당하는 것이나 통계청 한국표준산업분류의 [기타 일반 및 생활숙박시설 운영업(한국표준산업분류코드 : 55109)]은 소비성서비스업에 해당하지 않는 것임(서면-2023-법인-4197, 2024.7.10.).

2. 관광숙박업의 범위(관광진흥법 3 ① 2호)

① 호텔업 : 관광객의 숙박에 적합한 시설을 갖추어 이를 관광객에게 제공하거나 숙박에 딸리는 음식 · 운동 · 오락 · 휴양 · 공연 또는 연수에 적합한 시설 등을 함께 갖추어 이를 이용하게 하는 업

② 휴양 콘도미니엄업 : 관광객의 숙박과 취사에 적합한 시설을 갖추어 이를 그 시설의 회원이나 소유자등, 그 밖의 관광객에게 제공하거나 숙박에 딸리는 음식 · 운동 · 오락 · 휴양 · 공연 또는 연수에 적합한 시설 등을 함께 갖추어 이를 이용하게 하는 업

3. 외국인전용유흥음식점업 및 관광유흥음식점업(관광진흥법 시행령 2 ① 6호)

① 관광유흥음식점업

식품위생 법령에 따른 유흥주점 영업의 허가를 받은 자가 관광객이 이용하기 적합한 한국 전통 분위기의 시설을 갖추어 그 시설을 이용하는 자에게 음식을 제공하고 노래와 춤을 감상하게 하거나 춤을 추게 하는 업

② 외국인전용 유흥음식점업

식품위생 법령에 따른 유흥주점영업의 허가를 받은 자가 외국인이 이용하기 적합한 시설을 갖추어 외국인만을 대상으로 주류나 그 밖의 음식을 제공하고 노래와 춤을 감상하게 하거나 춤을 추게 하는 업

2. 기본공제

(1) 기본공제

내국인의 2025년 12월 31일이 속하는 과세연도까지의 기간 중 해당 과세연도의 상시근로자의 수가 직전 과세연도의 상시근로자의 수보다 증가한 경우에는 다음의 금액을 해당 과세연도와 해당 과세연도의 종료일부터 1년(중소기업 · 중견기업은 2년)이 되는 날이 속하는 과세연도까지의 소득세 또는 법인세에서 공제한다(2025.12.23. 개정 전 조특법 29의 8 ①).

통합고용세액공제 기본공제 금액 = ① + ②

① 청년등[1] 상시근로자 증가 인원 수[2] × 세액공제액

② 청년등 외 상시근로자 증가 인원 수[2] × 세액공제액

*1 청년 정규직 근로자, 장애인근로자, 60세 이상인 근로자, 경력단절근로자, 북한이탈주민

*2 전체 상시근로자의 증가 인원 수를 한도로 한다.

(2) 세액공제액

세액공제액은 다음과 같다.

구 분	세액공제액			
	중소기업		중견기업	대기업
	수도권	지방		
청년등 상시근로자	1,450만원	1,550만원	800만원	400만원
상시근로자	850만원	950만원	450만원	–

(3) 수도권의 범위

'수도권'이란 수도권정비계획법 제2조 제1호의 규정에 의한 수도권으로서 서울특별시, 인천광역시와 경기도를 말한다. 또한, 수도권정비계획법 제6조에는 수도권을 다음과 같이 과밀억제권역, 성장관리권역 및 자연보전권역으로 구분하고 있다. 따라서 남동공단, 반월공단, 시화공단 등 각종 공단도 수도권에 포함된다(서이 46012-10733, 2001.12.14. 외).

▌수도권정비계획법 시행령 [별표 1] 수도권의 범위▐

(2017.6.20. 개정)

과밀억제권역	성장관리권역	자연보전권역
1. 서울특별시 2. 인천광역시[강화군, 옹진군, 서구 대곡동·불로동·마전동·금곡동·오류동·왕길동·당하동·원당동, 인천경제자유구역(경제자유구역에서 해제된 지역을 포함한다) 및 남동 국가산업단지는 제외한다] 3. 의정부시 4. 구리시 5. 남양주시(호평동, 평내동, 금곡동, 일패동, 이패동, 삼패동, 가운동, 수석동, 지금동 및 도농동만 해당한다) 6. 하남시 7. 고양시 8. 수원시 9. 성남시 10. 안양시 11. 부천시 12. 광명시 13. 과천시 14. 의왕시 15. 군포시 16. 시흥시[반월특수지역(반월특수지역에서 해제된 지역을 포함한다)은 제외한다]	1. 인천광역시[강화군, 옹진군, 서구 대곡동·불로동·마전동·금곡동·오류동·왕길동·당하동·원당동, 인천경제자유구역(경제자유구역에서 해제된 지역을 포함한다) 및 남동 국가산업단지만 해당한다] 2. 동두천시 3. 안산시 4. 오산시 5. 평택시 6. 파주시 7. 남양주시(별내동, 와부읍, 진접읍, 별내면, 퇴계원면, 진건읍 및 오남읍만 해당한다) 8. 용인시(신갈동, 하갈동, 영덕동, 구갈동, 상갈동, 보라동, 지곡동, 공세동, 고매동, 농서동, 서천동, 언남동, 청덕동, 마북동, 동백동, 중동, 상하동, 보정동, 풍덕천동, 신봉동, 죽전동, 동천동, 고기동, 상현동, 성복동, 남사면, 이동면 및 원삼면 목신리·죽릉리·학일리·독성리·고당리·문촌리만 해당한다) 9. 연천군 10. 포천시 11. 양주시 12. 김포시 13. 화성시 14. 안성시(가사동, 가현동, 명륜동, 숭인동, 봉남동, 구포동, 동본동, 영동, 봉산동, 성남동, 창전동, 낙원동, 옥천동, 현수동, 발화동, 옥산동, 석정동, 서인동, 인지동, 아양동, 신흥동, 도기동, 계동, 중리동, 사곡동, 금석동, 당왕동, 신모산동, 신소현동, 신건지동, 금산동, 연지동, 대천동, 대덕면, 미양면, 공도읍, 원곡면, 보개면, 금광면, 서운면, 양성면, 고삼면, 죽산면 두교리·당목리·칠장리 및 삼죽면 마전리·미장리·진촌리·기솔리·내강리만 해당한다) 15. 시흥시 중 반월특수지역(반월특수지역에서 해제된 지역을 포함한다)	1. 이천시 2. 남양주시(화도읍, 수동면 및 조안면만 해당한다) 3. 용인시(김량장동, 남동, 역북동, 삼가동, 유방동, 고림동, 마평동, 운학동, 호동, 해곡동, 포곡읍, 모현면, 백암면, 양지면 및 원삼면 가재월리·사암리·미평리·좌항리·맹리·두창리만 해당한다) 4. 가평군 5. 양평군 6. 여주시 7. 광주시 8. 안성시(일죽면, 죽산면 죽산리·용설리·장계리·매산리·장릉리·장원리·두현리 및 삼죽면 용월리·덕산리·율곡리·내장리·배태리만 해당한다)

3. 상시근로자 및 청년등 상시근로자

청년 정규직 근로자, 장애인근로자, 60세 이상인 근로자 또는 경력단절 근로자 등은 "청년등 상시근로자"라 하며, 청년등 상시근로자를 제외한 상시근로자는 "청년등 외 상시근로자"라 한다(조특법 29의 8 ① 1호 · 2호).

(1) 상시근로자

"상시근로자"란 조세특례제한법 시행령 제23조 제10항에 따른 상시근로자를 말하며, 근로기준법에 따라 근로계약을 체결한 내국인 근로자(거주자인 근로자)를 말한다. 따라서, 외국인도 소득세법상 거주자에 해당되고 아래의 상시근로자 제외사유에 해당하지 않는다면 상시근로자에 포함된다(국세청 알기쉬운 고용증대세액공제 31p. 참조).

다만, 다음 중 어느 하나에 해당하는 사람은 상시근로자에서 제외한다(조특령 26의 8 ②).

① 근로계약기간이 1년 미만인 근로자. 단, 근로계약의 연속된 갱신으로 인하여 그 근로계약의 총기간이 1년 이상인 근로자는 상시근로자로 본다.
이 경우 근로계약기간의 합계가 1년 이상이 되게 하는 계약갱신이 발생한 월부터 상시근로자에 포함한다(기획재정부 조세특례제도과-511, 2024.6.19.).

② 「근로기준법」 제2조 제1항 제9호에 따른 단시간근로자. 단, 1개월간의 소정근로시간이 60시간 이상인 근로자는 상시근로자로 본다.

③ 법인세법 시행령 제40조 제1항 각 호의 어느 하나에 해당하는 임원

④ 해당 기업의 최대주주 또는 최대출자자(개인사업자의 경우에는 대표자)와 그 배우자

⑤ 위 '④'에 해당하는 자의 직계존비속(그 배우자 포함) 및 국세기본법 시행령 제1조의2 제1항에 따른 친족관계인 사람

⑥ 소득세법 시행령 제196조에 따른 근로소득원천징수부에 의하여 근로소득세를 원천징수한 사실이 확인되지 아니하고, 다음 중 어느 하나에 해당하는 금액의 납부사실도 확인되지 아니하는 자
㉠ 국민연금법 제3조 제1항 제11호 및 제12호에 따른 부담금 및 기여금
㉡ 국민건강보험법 제69조에 따른 직장가입자의 보험료

(2) 청년 정규직 근로자

1) 청년 정규직 근로자의 범위

청년 정규직 근로자란 15세 이상 34세 이하인 사람을 말하며, 다음 중 어느 하나에 해당

하는 사람을 제외한 사람을 말한다(조특령 26의 8 ③ 1호). 따라서, 나이가 청년에 해당된다 하더라도 기간제근로자 등 다음 중 어느 하나에 해당하는 경우에는 청년 정규직 근로자에서 제외되므로, 청년 등 외 공제금액을 적용하여야 한다(서면-2022-법인-2176 [법인세과-1583], 2022.10.31.).

① 기간제및단시간근로자보호등에관한법률에 따른 기간제근로자 및 단시간근로자
② 파견근로자보호등에관한법률에 따른 파견근로자
③ 청소년 보호법 제2조 제5호 각 목에 따른 청소년유해업소에 근무하는 같은 조 제1호에 따른 청소년

2) 청년의 연령이 증가하여 34세를 초과하는 경우

근로계약 체결 당시 34세 이하인 사람은 연령 증가에 따라 34세를 초과하더라도 근로계약 체결일로부터 4년간(중소기업 또는 중견기업이 아닌 경우에는 3년간)은 청년등상시근로자로 본다(조특령 26의 8 ③ 1호 단서). 본 규정은 2026년 1월 조세특례제한법 시행령 개정(안)의 내용으로 해당 시행령 시행 이후 통합고용세액공제를 신청하는 경우부터 적용한다(조특령 부칙 11). 따라서, 2025년 귀속분 소득세 · 법인세를 신고함에 있어서 근로계약 당시 34세 이하였던 사람은 2025년 또는 그 이후 과세연도에 생일이 지나더라도 계속해서 청년으로 보아 세액공제 및 추가납부세액에 관한 규정을 적용한다.

예를 들어, 2025년 2월 1일에 입사한 청년(생년월일 1990.9.10.)의 경우 종전규정에서는 생일이 지난 9월부터 청년이 아닌 것으로 보아 세액공제를 계산하였다면, 개정(안) 규정에 따르면 입사 당시 청년이었으므로, 그 이후에도 계속해서 청년으로 보아 세액공제를 적용하여야 할 것이다.

▌계약체결 당시 34세 이하였으나 연령증가로 34세 초과하는 경우▐

구 분	종전	개정(안)	적용시기
세액공제	청년외 구분하여 세액공제 금액 계산. 단, 전체 상시근로자 증가시 2차 3차연도 공제시 청년외 공제금액을 적용(서면-2023-법인- 0978, 2023.5.26.외 다수).	전체 상시근로자 증가시 계속해서 청년으로 간주하여 세액공제 금액 계산(조특령 26의 8 ③ 1호 단서)	시행령 시행일(26년 2월 예상) 이후 세액공제 신청 분부터
추가납부세액	계속해서 청년으로 간주하여 근로자 수 계산(구 조특령 26의 8 ⑤)	계속해서 청년으로 간주하여 근로자 수 계산(조특령 26의 8 ③ 1호 단서)	

3) 병역을 이행한 경우

해당 근로자가 다음 중 어느 하나에 해당하는 병역을 이행한 경우에는 그 기간(6년 한도)을 현재 연령에서 빼고 계산한 연령이 34세 이하인 사람을 포함한다(조특령 27 ① 1호).

① 「병역법」 제16조 또는 제20조에 따른 현역병(같은 법 제21조, 제25조에 따라 복무한 상근예비역 및 의무경찰 · 의무소방원을 포함한다)

② 「병역법」 제26조 제1항에 따른 사회복무요원

③ 「군인사법」 제2조 제1호에 따른 현역에 복무하는 장교, 준사관 및 부사관

실무포인트

1. 병역이행 여부 확인방법

병역이행여부 및 이행기간은 정부24(www.gov.kr) 홈페이지에서 "병적증명서 발급" 메뉴를 이용하여 확인할 수 있다. 다만, 전문연구요원 · 산업기능요원으로 복무한 경우에도 병적증명서가 발급되며 복무기간이 표시되나, 이러한 병역대체 복무한 기간은 청년 판정 시 제외하지 않으므로, 감면 적용 시 유의하여야 한다.

2. 병역이행 확인이 곤란한 경우

내국법인이 「조세특례제한법」 제29조의 7에 따른 고용증대세액공제(이하 '쟁점규정')를 적용할 때 상시근로자의 병역이행 여부를 확인할 수 없어 청년등 상시근로자에 해당하는지 여부가 불분명한 경우 청년등 상시근로자 외 상시근로자로 보아 쟁점규정을 적용할 수 있는 것임(서면-2023-법규법인-3508, 2024.4.22)

「병역법 시행규칙」 [별지 제5호 서식] (2020.6.30. 개정) 정부24(www.gov.kr)에서도 신청할 수 있습니다.

병적증명서

발행번호		유효기간	
용 도	[ ]공직자 등 신고용 [V](기타)		
인적사항	성명 김택스	생년월일 1989.9.10	
군(대체) 복 무 여 부	[V] 복무를 마친 사람 [ ] 복무를 마치지 않은 사람		
병역사항	○ 군별 육군 ○ 계급 병장 ○ 군번 0106424xxxx ○ 역종 예비역 ○ 병과(특기) 1111(소총) ○ 입영(임관)/소집일자 2011.09.02. ○ 전역(소집해제)일자 2013.07.01. ○ 전역(소입해제)구분(사유) 만기 -이하여백-		

「병역법 시행규칙」 제8조에 따라 위와 같이 병적을 증명합니다.

2024 년 10 월 25 일

서울지방병무청(병무지청)장 직인

(3) 장애인근로자

장애인근로자란 다음의 사람을 말한다(조특법 29의 8 ①, 조특령 26의 8 ③ 2호).

① 장애인복지법의 적용을 받는 장애인

② 국가유공자등예우및지원에관한법률에 따른 상이자

③ 5 · 18민주유공자예우및단체설립에관한법률 제4조 제2호에 따른 5 · 18민주화운동부상자

④ 고엽제후유의증등환자지원및단체설립에관한법률 제2조 제3호에 따른 고엽제후유의증 환자로서 장애등급 판정을 받은 사람

(4) 60세 이상인 근로자

60세 이상인 근로자란 근로계약 체결일 현재 연령이 60세 이상인 사람을 말한다(조특령 26의 8 ③ 3호).

정년퇴직으로 근로관계가 실질적으로 단절된 후, 「근로기준법」에 따라 새로운 근로계약을 체결(근로계약기간 1년 이상)한 경우, 계약 체결일 현재 60세 이상인 경우에는 청년등 상시근로자에 해당한다(서면-2022-법규법인-3940, 2023.6.15.).

(5) 경력단절 근로자

경력단절 근로자란 다음의 요건을 모두 충족하는 근로자를 말한다(조특법 29의 8 ②, 조특령 26의 3).

① 임금을 목적으로 같은 기업에서 1년 이상 계속하여 근로를 제공(1년 이상 근무한 자란 경력단절 근로자의 근로소득세가 소득세법에 따른 근로소득원천징수부를 통하여 원천징수되었던 사실이 확인되는 경우로 한정)한 후 다음에서 정하는 결혼 · 임신 · 출산 · 육아 · 자녀교육 · 가족돌봄의 사유로 퇴직하였을 것(조특령 26의 8 ⑫)

㉠ 다음의 어느 하나에 해당하는 경우

ⓐ 퇴직한 날부터 1년 이내에 혼인한 경우(가족관계기록사항에 관한 증명서를 통하여 확인되는 경우에 한정한다)

ⓑ 퇴직한 날부터 2년 이내에 임신하거나 난임 시술(모자보건법에 따른 보조생식술)을 받은 경우(의료기관의 진단서 또는 확인서를 통하여 확인되는 경우에 한정한다)

ⓒ 퇴직일 당시 임신한 상태인 경우(의료기관의 진단서를 통하여 확인되는 경우로 한정한다)

ⓓ 퇴직일 당시 8세 이하의 자녀가 있는 경우

ⓔ 퇴직일 당시 「초 · 중등교육법」 제2조에 따른 학교(초 · 중 · 고등학교 등)에 재학 중인 자녀가 있는 경우

㉡ 퇴직일 당시 「장애인복지법」에 따라 등록한 장애인 자녀가 있는 경우

㉢ 퇴직일 당시 다음의 어느 하나에 해당하는 직계존속(배우자의 직계존속을 포함)을 동거봉양하기 위해 같은 세대를 이루고 있는 경우

ⓐ 70세 이상

ⓑ 「장애인복지법」에 따라 등록한 장애인

② ①에 따른 사유로 퇴직한 날부터 2년 이상 15년 미만의 기간이 지났을 것

③ 해당 기업의 최대주주 또는 최대출자자(개인사업자의 경우에는 대표자를 말한다)나 그와 「국세기본법 시행령」 제1조의 2 제1항에 따른 친족관계가 아닐 것(조특령 26의 3 ⑤)

경력단절근로자에 대한 개정규정은 2025.1.1. 이후 개시하는 과세연도를 최초 공제연도로 하여 통합고용세액공제를 신청하는 경우부터 적용한다. 다만, 2024.12.31. 이전에 개시하는 과세연도에 고용한 경력단절 근로자에 대하여는 제29조의 8 제1항 제1호 및 같은 조 제2항의 개정규정에도 불구하고 종전의 규정에 따른다(부칙 6, 2025.3.14. 법률 제20778호).

(6) 북한이탈주민

「북한이탈주민의 보호 및 정착지원에 관한 법률」에 따른 북한이탈주민에 대하여도 청년 등과 같이 높은 공제율을 적용한다(조특령 26의 8 ③ 5호). 북한이탈주민에 대한 개정규정은 2025.1.1. 이후 개시하는 과세연도를 최초 공제연도로 하여 통합고용세액공제를 신청하는 경우부터 적용한다. 다만, 2024.12.31. 이전에 개시하는 과세연도에 고용한 북한이탈주민에 관하여는 제26조의 8 제3항 제5호의 개정규정에도 불구하고 종전의 규정에 따른다(부칙 9, 2025.2.28. 대통령령 제35347호).

실무포인트 **경력단절 여성**

경력단절근로자에 대한 개정규정은 2025.1.1. 이후 개시하는 과세연도를 최초 공제연도로 하여 통합고용세액공제를 신청하는 경우부터 적용한다. 다만, 2024.12.31. 이전에 개시하는 과세연도에 고용한 경력단절 근로자에 대하여는 제29조의 8 제1항 제1호 및 같은 조 제2항의 개정규정에도 불구하고 종전의 규정에 따른다(부칙 6, 2025.3.14. 법률 제20778호).

구 분	내 용	
	종전 – 경력단절 여성	개정 – 경력단절자
경력단절 여성을 경력단절자로 범위 확대	① (성별)여성 ② (업종)동일 업종에서 1년 이상 근무 ③ (퇴직사유) 결혼 · 임신 · 출산 · 육아 · 자녀교육	① 삭 제, 남성도 포함 ② 동일업종 기업 취업 요건 폐지 ③ (추가) 가족돌봄

경력단절여성이란 다음의 요건을 모두 충족하는 여성을 말한다(조특법 29의 3 ①, 2025.6.30. 개정 전 조특령 26의 8 ③).

① 해당 기업 또는 해당 기업과 동일한 업종의 기업에서 1년 이상 근무한 후 퇴직하였을 것. 여기서 동일한 업종이란 한국표준산업분류상의 중분류가 같은 업종을 말하며(조특령 26의 3 ②), 1년 이상 근무한 자란 경력단절여성의 근로소득세가 소득세법에 따른 근로소득원천징수부를 통하여 원천징수되었던 사실이 확인되는 경우로 한정한다(조특령 26의 3 ③).

② 다음의 결혼 · 임신 · 출산 · 육아 및 자녀교육의 사유로 해당 기업에서 퇴직한 날부터 2년 이상 15년 미만의 기간이 지났을 것(조특령 26의 3 ④)

   ㉠ 퇴직한 날부터 1년 이내에 혼인한 경우(가족관계기록사항에 관한 증명서를 통하여 확인되는 경우에 한정한다)

   ㉡ 퇴직한 날부터 2년 이내에 임신하거나 난임 시술(모자보건법에 따른 보조생식술)을 받은 경우(의료기관의 진단서 또는 확인서를 통하여 확인되는 경우에 한정한다)

   ㉢ 퇴직일 당시 임신한 상태인 경우(의료기관의 진단서를 통하여 확인되는 경우로 한정한다)

   ㉣ 퇴직일 당시 8세 이하의 자녀가 있는 경우

   ㉤ 퇴직일 당시 「초 · 중등교육법」 제2조에 따른 학교(초 · 중 · 고등학교 등)에 재학 중인 자녀가 있는 경우

③ 해당 기업의 최대주주 또는 최대출자자(개인사업자의 경우에는 대표자를 말한다)나 그와 「국세기본법 시행령」 제1조의 2 제1항에 따른 친족관계가 아닐 것(조특령 26의 3 ⑤)

4. 상시근로자 수 및 증가인원수의 계산

(1) 상시근로자 수 등의 계산

통합고용증대세액공제 규정을 적용할 때 상시근로자 수, 청년등 상시근로자 수는 다음의 구분에 따른 계산식에 따라 계산한 수(100분의 1 미만의 부분은 없는 것으로 한다)로 한다(조특령 26의 8 ⑥, 조특령 11의2 ⑦). 본 규정은 2026년 1월 조세특례제한법 시행령 개정(안)의 내용으로 해당 시행령 시행 이후 통합고용세액공제를 신청하는 경우부터 적용한다(조특령 부칙 11). 따라서, 2025년 귀속분 소득세 · 법인세를 신고함에 있어서 통합고용세액공제 신청시 개정된 규정에 따라 상시근로자 수 등을 계산하여야 한다.

1) 상시근로자 수

$$\frac{\text{상시근로자별 해당 과세연도의 근무 개월 수}}{\text{해당 과세연도의 개월 수}} \text{의 합}$$

2) 청년등 상시근로자 수

$$\frac{\text{청년 등 상시근로자별 해당 과세연도의 근무 개월 수}}{\text{해당 과세연도의 개월 수}} \text{의 합}$$

실무포인트

개정 이전 통합고용증대세액공제 규정을 적용할 때 상시근로자 수, 청년등 상시근로자 수는 다음의 구분에 따른 계산식에 따라 계산한 수(100분의 1 미만의 부분은 없는 것으로 한다)로 한다(2026.2. 개정 전 조특령 26의 8 ⑥).

1) 상시근로자 수

$$\frac{\text{해당 과세연도의 매월 말 현재 상시근로자 수의 합}}{\text{해당 과세연도의 개월 수}}$$

2) 청년등 상시근로자 수

$$\frac{\text{해당 과세연도의 매월 말 현재 청년등 상시근로자 수의 합}}{\text{해당 과세연도의 개월 수}}$$

(2) 단시간근로자가 있는 경우

근로기준법 제2조 제1항 제9호에 따른 단시간근로자로서 1개월간의 소정근로시간이 60시간 이상인 근로자는 상시근로자로 1명은 0.5명으로 하여 계산하되, 다음의 지원요건을 모두 충족하는 경우에는 0.75명으로 하여 계산한다(2026.2. 개정 전 조특령 26의 8 ⑦).

① 해당 과세연도의 상시근로자 수(단시간근로자는 제외한다)가 직전 과세연도의 상시근로자 수(단시간근로자는 제외한다)보다 감소하지 아니하였을 것

② 기간의 정함이 없는 근로계약을 체결하였을 것

③ 상시근로자와 시간당 임금(근로기준법 제2조 제1항 제5호에 따른 임금, 정기상여금 · 명절상여금 등 정기적으로 지급되는 상여금과 경영성과에 따른 성과금을 포함한다), 그 밖에 근로조건과 복리후생 등에 관한 사항에서 기간제및단시간근로자보호등에관한법률 제2조 제3호에 따른 차별적 처우가 없을 것

④ 시간당 임금이 최저임금법 제5조에 따른 최저임금액의 130%(중소기업의 경우에는 120%) 이상일 것

(3) 창업 등을 한 경우의 상시근로자 수 등의 계산

해당 과세연도에 창업 등을 한 **내국인**의 경우에는 다음의 구분에 따른 수를 직전 또는 해당 과세연도의 상시근로자 수 또는 청년등 상시근로자 수로 본다(조특령 26의 8 ⑧ · 23 ⑬).

1) 창업한 경우

창업한 경우[2) 및 3) 제외]의 직전 과세연도의 상시근로자 수 또는 청년등 상시근로자 수 : 0명

2) 창업으로 보지 않는 경우

조세특례제한법 제6조 제10항 제1호(합병 · 분할 · 현물출자 또는 사업의 양수 등을 통하여 종전의 사업을 승계하는 경우는 제외)부터 제3호까지에서 규정하는 다음 중 어느 하나에 해당하는 경우

의 직전 과세연도의 상시근로자 수 또는 청년등 상시근로자 수 : 종전 사업, 법인전환 전의 사업 또는 폐업 전의 사업의 직전 과세연도 상시근로자 수 또는 청년등 상시근로자 수

① 합병 · 분할 · 현물출자 또는 사업의 양수를 통하여 종전의 사업에 사용되던 자산을 인수 또는 매입하여 같은 종류의 사업을 하는 경우. 다만, 다음 중 어느 하나에 해당하는 경우는 제외한다.

㉠ 종전의 사업에 사용되던 자산을 인수하거나 매입하여 같은 종류의 사업을 하는 경우 그 자산가액의 합계가 사업 개시 당시 토지 · 건물 및 기계장치 등 대통령령으로 정하는 사업용자산의 총가액에서 차지하는 비율이 30% 이하인 경우

㉡ 사업의 일부를 분리하여 해당 기업의 임직원이 사업을 개시하는 경우로서 대통령령으로 정하는 요건에 해당하는 경우

② 거주자가 하던 사업을 법인으로 전환하여 새로운 법인을 설립하는 경우

③ 폐업 후 사업을 다시 개시하여 폐업 전의 사업과 같은 종류의 사업을 하는 경우

3) 종전의 사업을 승계(근로자 승계)하는 경우

다음의 어느 하나에 해당하는 경우의 직전 또는 해당 과세연도의 상시근로자 수 또는 청년등 상시근로자 수 : 직전 과세연도의 상시근로자 수 또는 청년등 상시근로자 수는 승계시킨 기업의 경우에는 직전 과세연도 상시근로자 수 또는 청년등 상시근로자 수에 승계시킨 상시근로자 수 또는 청년등 상시근로자 수를 뺀 수로 하고, 승계한 기업의 경우에는 직전 과세연도 상시근로자 수 또는 청년등 상시근로자 수에 승계한 상시근로자 수 또는 청년등 상시근로자 수를 더한 수로 하며, 해당 과세연도의 상시근로자 수 또는 청년등 상시근로자 수는 해당 과세연도 개시일에 상시근로자 또는 청년등 상시근로자를 승계시키거나 승계한 것으로 보아 계산한 상시근로자 수는 청년등 상시근로자 수로 한다.

① 해당 과세연도에 합병 · 분할 · 현물출자 또는 사업의 양수 등에 의하여 종전의 사업부문에서 종사하던 상시근로자 또는 청년등 상시근로자를 승계하는 경우

② 조세특례제한법 시행령 제11조 제1항에 따른 특수관계인으로부터 상시근로자 또는 청년등 상시근로자를 승계하는 경우

* 조세특례제한법 시행령 제11조 제1항에 따른 "특수관계인"이란 「법인세법 시행령」 제2조 제5항 및 「소득세법 시행령」 제98조 제1항에 따른 특수관계인을 말한다. 이 경우 「법인세법 시행령」 제2조 제5항 제2호의 소액주주 등을 판정할 때 「법인세법 시행령」 제50조 제2항 중 "1%"는 "30%"로 본다.

▌창업 등을 한 경우의 상시근로자 수 등의 계산▐

구 분	사유	직전연도	해당연도
1) 원칙	해당연도 창업	0	-
2) 창업 배제	① 사업양수도 등의 사유로 자산매입 ② 개인의 법인전환 ③ 폐업 후 재개업	종전 사업, 법인전환 전 또는 폐업 전의 사업의 직전 과세연도 상시근로자 수	-
3) 근로자 승계	① 사업양수도 등의 사유로 근로자 승계 ② 특수관계인으로부터 근로자 승계	① 승계시킨 기업 직전근로자 수 - 승계근로자 수 ② 승계한 기업 직전근로자 수 + 승계근로자 수	해당 과세연도 개시일에 승계한 것으로 계산

5. 고용감소시 기본공제 금액의 사후관리

(1) 2, 3차년도 공제배제

통합고용세액공제의 기본공제를 받은 내국인이 최초로 공제를 받은 과세연도의 종료일부터 2년이 되는 날이 속하는 과세연도의 종료일까지의 기간 중 상시근로자 및 청년등 상시근로자가 감소한 경우에는 다음의 구분에 따라 세액공제(2차년도 및 3차년도 세액공제)를 적용하지 아니한다(2025.12.23. 개정 전 조특법 29의 8 ②).

① 전체 상시근로자의 수가 최초로 공제를 받은 과세연도에 비하여 감소한 경우에는 감소한 과세연도부터 통합고용세액공제 기본공제(2025.12.23. 개정 전 조특법 29의 8 ①)를 적용하지 아니한다.

② 청년등 상시근로자의 수가 최초로 공제를 받은 과세연도에 비하여 감소한 경우에는 감소한 과세연도부터 청년등 상시근로자에 대한 통합고용세액공제 기본공제(2025.12.23. 개정 전 조특법 29의 8 ① 1호)를 적용하지 아니한다.

2년 이내 근로자 수	2차년도 및 3차년도 세액공제 적용 방법
1) 전체 상시근로자 수 감소	① 청년등 상시근로자 공제금액 : 공제불가
	② 청년등 외 상시근로자 공제금액 : 공제불가
2) 전체 상시근로자 수 유지 또는 증가, 청년등 상시근로자 감소	① 청년등 상시근로자 공제금액 : 다음의 금액으로 공제가능 "청년등 인원 수 × 청년등 외 공제금액"
	② 청년등 외 상시근로자 공제금액 : 공제가능

실무포인트

1. 「청년」 최초공제 적용 이후 과세연도에 상시근로자 수는 증가하였으나, 「청년」은 감소한 경우 「추가공제」 계산 시 「청년」을 「청년 외」로 보아 추가공제가 적용 가능하다(기획재정부 조세특례제도과-906, 2023.8.28.). 따라서, 당초 증가되었던 청년 인원 수에 "청년 외 공제금액"을 곱하여 계산된 금액을 2차년도 및 3차년도 공제금액으로 적용한다.
2. 2025년 귀속분 소득세 · 법인세를 신고함에 있어서 근로계약당시 34세 이하였던 사람은 2025년 또는 그 이후 과세연도에 생일이 지나더라도 계속해서 청년으로 보아 세액공제 및 추가납부세액에 관한 규정을 적용한다(조특령 26의 8 ③ 1호 단서).

(2) 공제받은 세액의 납부

통합고용세액공제의 기본공제를 받은 내국인이 최초로 공제를 받은 과세연도의 종료일부터 2년이 되는 날이 속하는 과세연도의 종료일까지의 기간 중 상시근로자 및 청년등 상시근로자가 감소한 경우에는 공제받은 세액에 상당하는 금액(공제금액 중 공제받지 못하고 이월된 금액이 있는 경우에는 그 금액을 차감한 후의 금액)을 소득세 또는 법인세로 납부하여야 한다(2025.12.23. 개정 전 조특법 29의 8 ②). 이 경우 이자상당액은 납부하지 않는다.

납부하여야 할 소득세액 또는 법인세액은 다음의 구분에 따라 계산한 금액으로 하며, 이를 해당 과세연도의 과세표준을 신고할 때 소득세 또는 법인세로 납부하여야 한다(2026.2. 개정 전 조특령 26의 8 ④). 한편, 근로계약 체결 당시 34세 이하인 사람은 연령 증가에 따라 34세를 초과하더라도 근로계약 체결일로부터 4년간(중소기업 또는 중견기업이 아닌 경우에는 3년간)은 청년등상시근로자로 보게 되므로(조특령 26의 8 ③ 1호 단서), 청년의 연령이 증가하더라도 청년 등 상시근로자수가 감소하지 않아 추가납부세액을 납부하지 않는다.

실무포인트

2026년 2월 개정예정인 조세특례제한법 시행령 개정안을 살펴보면 종전 시행령 제26조의 8 제5항을 삭제하고 있다. 종전 시행령 제26조의 8 제5항에 따르면, 추가납부세액 규정(2026.2. 개정 전 조특령 26의 8 ④)을 적용할 때최초로 공제받은 과세연도에 청년등 상시근로자에 해당한 자는 이후 과세연도에도 청년등 상시근로자로 보아 청년등 상시근로자 수를 계산하도록(2026.2. 개정 전 조특령 26의 8 ⑤) 규정하고 있었다. 그러나, 개정안의 조세특례제한법 시행령 제26조의 8 제3항 제1호 단서에서 근로계약 체결 당시 34세 이하인 사람은 연령 증가에 따라 34세를 초과하더라도 계속해서 청년으로 간주하므로, 종전 시행령은 삭제하더라도 종전과 동일하게 연령 증가로 인한 추가납부세액은 발생하지 않는다.

1) 공제받은 과세연도 종료일부터 1년 이내 감소하는 경우

최초로 공제받은 과세연도의 종료일부터 1년이 되는 날이 속하는 과세연도의 종료일까지의 기간 중 최초로 공제받은 과세연도보다 전체 상시근로자 수 또는 청년등 상시근로자 수가 감소하는 경우에는 다음의 구분에 따라 계산한 금액을 납부하여야 한다. 단, 해당 과세연도의 직전 1년 이내의 과세연도에 공제받은 세액을 한도로 한다(2026.2. 개정 전 조특령 26의 8 ④ 1호).

구 분	추가납부세액
① 전체 상시근로자 수가 감소하는 경우	①−1. 청년등 상시근로자의 감소한 인원 수가 전체 상시근로자의 감소한 인원 수 이상인 경우 : ㉠ + ㉡ ㉠ (최초로 공제받은 과세연도 대비 청년등 상시근로자의 감소한 인원 수* − 전체 상시근로자의 감소한 인원 수) × (청년등의 공제금액 − 청년등 외의 공제금액) ㉡ 전체 상시근로자의 감소한 인원 수 × 청년등 공제금액 ①−2. 그 밖의 경우 : ㉠ + ㉡ ㉠ (최초로 공제받은 과세연도 대비 청년등 상시근로자의 감소한 인원 수** × 청년등의 공제금액) ㉡ (최초로 공제받은 과세연도 대비 청년등 외 상시근로자의 감소한 인원 수** × 청년등 외의 공제금액)
② 전체 상시근로자 수는 감소하지 않으면서 청년등 상시근로자 수가 감소한 경우	최초로 공제받은 과세연도 대비 청년등 상시근로자의 감소한 인원 수* × (청년등 공제금액 − 청년등 외의 공제금액)

* 최초로 공제받은 과세연도에 청년등 상시근로자의 증가한 인원 수를 한도로 한다.
** 전체 상시근로자의 감소한 인원 수를 한도로 한다.

2) 공제받은 과세연도 종료일부터 1년 초과 2년 이내 감소하는 경우

'1)'에 따른 기간의 다음 날부터 최초로 공제받은 과세연도의 종료일부터 2년이 되는 날이 속하는 과세연도의 종료일까지의 기간 중 최초로 공제받은 과세연도보다 전체 상시근로자 수 또는 청년등 상시근로자 수가 감소하는 경우에는 다음의 구분에 따라 계산한 금액을 납부하여야 한다. 단, '1)'에 따라 계산한 금액이 있는 경우 그 금액을 제외하며, 해당 과세연도의 직전 2년 이내의 과세연도에 공제받은 세액의 합계액을 한도로 한다(2026.2. 개정 전 조특령 26의 8 ④ 2호).

구 분	추가납부세액
① 전체 상시근로자 수가 감소하는 경우	①-1. 청년등 상시근로자의 감소한 인원 수가 상시근로자의 감소한 인원 수 이상인 경우 : ㉠ + ㉡ ㉠ (최초로 공제받은 과세연도 대비 청년등 상시근로자의 감소한 인원 수* - 전체 상시근로자의 감소한 인원 수) × (청년등 공제금액 - 청년등 외의 공제금액) × 직전 2년 이내의 과세연도에 공제받은 횟수 ㉡ 전체 상시근로자의 감소한 인원 수 × 청년등 공제금액 × 직전 2년 이내의 과세연도에 공제받은 횟수 ①-2. 그 밖의 경우 : 최초로 공제받은 과세연도 대비 청년등 상시근로자 및 청년등 외 상시근로자의 감소한 인원 수**에 대해 직전 2년 이내의 과세연도에 공제받은 세액의 합계액
② 전체 상시근로자 수는 감소하지 않으면서 청년등 상시근로자 수가 감소한 경우	최초로 공제받은 과세연도 대비 청년등 상시근로자의 감소한 인원 수* × (청년등 공제금액 - 청년등 외의 공제금액) × 직전 2년 이내의 과세연도에 공제받은 횟수

* 최초로 공제받은 과세연도에 청년등 상시근로자의 증가한 인원 수를 한도로 한다.
** 상시근로자의 감소한 인원 수를 한도로 한다.

6. 추가공제금액

(1) 정규직 전환자 추가공제

1) 세액공제금액

중소기업 또는 중견기업이 2023년 6월 30일 당시 고용하고 있는 비정규직 근로자 등을 2024년 1월 1일부터 2024년 12월 31일까지 정규직 근로자로 전환하는 경우에는 다음의 금액을 해당 과세연도의 소득세 또는 법인세에서 공제한다(조특법 29의 8 ④).

세액공제 금액 = 정규직 근로자로의 전환에 해당하는 인원 수* × 1,300만원(중견기업 900만원)

* 해당 기업의 최대주주 또는 최대출자자(개인사업자의 경우에는 대표자)나 그와 특수관계에 있는 사람은 제외한다. 여기서 특수관계에 있는 사람은 국세기본법 시행령 제1조의 2 제1항에 따른 친족관계인 사람을 말한다(2026.2. 개정 전 조특령 26의 8 ⑨).

2) 비정규직 근로자 등

세액공제 대상이 되는 비정규직 근로자 등이란 2023년 6월 30일 당시 고용하고 있는 기간제및단시간근로자보호등에관한법률에 따른 기간제근로자 및 단시간근로자, 파견근로자보호등에관한법률에 따른 파견근로자, 하도급거래공정화에관한법률에 따른 수급사업자에게 고용된 기간제근로자 및 단시간근로자를 말한다(조특법 29의 8 ④).

3) 정규직 근로자로의 전환

정규직 근로자로의 전환이란 2023년 6월 30일 당시 고용하고 있는 비정규직 근로자 등을 2024년 1월 1일부터 2024년 12월 31일까지 기간의 정함이 없는 근로계약을 체결한 근로자로 전환하거나 파견근로자보호등에관한법률에 따라 사용사업주가 직접 고용하거나 하도급거래공정화에관한법률 제2조 제2항 제2호에 따른 원사업자가 기간의 정함이 없는 근로계약을 체결하여 직접 고용하는 경우를 말한다(조특법 29의 8 ④).

4) 공제배제

해당 과세연도에 해당 중소기업 또는 중견기업의 상시근로자 수가 직전 과세연도의 상시근로자 수보다 감소한 경우에는 정규직 전환자 추가공제를 공제하지 아니한다(조특법 29의 8 ④). 여기서 상시근로자 수와 청년등 상시근로자 수를 계산할 때 「근로기준법」 제74조에 따른 출산전후휴가를 사용 중인 상시근로자를 대체하는 상시근로자가 있는 경우 해당 출산전후휴가를 사용 중인 상시근로자는 상시근로자 수와 청년등 상시근로자 수에서 제외한다(조특령 26의 8 ⑦).

(2) 육아휴직 복귀자 추가공제

1) 세액공제금액

중소기업 또는 중견기업이 육아휴직 복귀자를 2026년 12월 31일까지 복직시키는 경우에는 다음의 금액을 복직한 날이 속하는 과세연도의 소득세 또는 법인세에서 공제한다(조특법 29의 8 ⑤). 세액공제는 육아휴직 복귀자의 자녀 1명당 한 차례에 한정하여 적용한다(2025.12.23. 개정 전 조특법 29의 8 ⑥).

세액공제 금액 = 육아휴직 복귀자 인원 수 × 1,300만원(중견기업 900만원)

2) 육아휴직 복귀자

육아휴직 복귀자란 다음의 요건을 모두 충족하는 사람을 말한다(조특법 29의 8 ⑤).

① 해당 기업에서 1년 이상 근무하였을 것. 이는 해당 기업이 육아휴직 복귀자의 근로소득세를 원천징수하였던 사실이 근로소득 원천징수부를 통하여 확인되는 경우로 한정한다(조특령 26의 8 ⑩).

② 남녀고용평등과 일·가정양립지원에관한 법률 제19조 제1항에 따라 육아휴직한 경우로서 육아휴직 기간이 연속하여 6개월 이상일 것

③ 해당 기업의 최대주주 또는 최대출자자(개인사업자의 경우에는 대표자)나 그와 특수관계에 있는 사람이 아닐 것. 여기서 특수관계에 있는 사람은 국세기본법 시행령 제1조의 2 제1항에 따른 친족관계인 사람을 말한다(조특령 26의 8 ⑨).

3) 공제배제

해당 과세연도에 해당 중소기업 또는 중견기업의 상시근로자 수가 직전 과세연도의 상시근로자 수보다 감소한 경우에는 육아휴직 복귀자 추가공제를 공제하지 아니한다(조특법 29의 8 ⑤). 여기서 상시근로자 수와 청년등 상시근로자 수를 계산할 때 「근로기준법」 제74조에 따른 출산전후휴가를 사용 중인 상시근로자를 대체하는 상시근로자가 있는 경우 해당 출산전후휴가를 사용 중인 상시근로자는 상시근로자 수와 청년등 상시근로자 수에서 제외한다(조특령 26의 8 ⑦).

(3) 사후관리 – 공제받은 세액의 납부

정규직 전환자 및 육아휴직 복귀자에 대한 추가공제 규정에 따라 소득세 또는 법인세를 공제받은 자가 각각 정규직 근로자로의 전환일 또는 육아휴직 복직일부터 2년이 지나기 전에 해당 근로자와의 근로관계를 종료하는 경우에는 근로관계가 종료한 날이 속하는 과세연도의 과세표준신고를 할 때 공제받은 세액에 상당하는 금액(공제금액 중 공제받지 못하고 이월된 금액이 있는 경우에는 그 금액을 차감한 후의 금액)을 소득세 또는 법인세로 납부하여야 한다(조특법 29의 8 ⑦). 이 경우 이자상당액은 납부하지 않는다.

실무포인트

1. 사업양도로 근로자 승계시 추징대상 아님

정규직 근로자로의 전환에 따른 세액공제를 적용받은 후 영업양도로 해당 정규직 근로자와의 근로관계가 양수하는 기업에 포괄적으로 승계된 경우에는 같은 조 제3항의 해당 정규직 근로자와의 근로관계를 종료하는 경우에 해당하지 않는 것임(사전-2023-법규소득-0303, 2023.12.19).

2. 정규직 근로자로의 전환에 따른 세액공제 적용 여부

조세특례제한법 제30조의 2(법률 제18634호, 2021.12.28. 개정된 것)【정규직 근로자로의 전환에 따른 세액공제】를 적용함에 있어서 중소기업 또는 중견기업이 2021년 6월 30일 당시 고용하고 있는 「기간제 및 단시간근로자 보호 등에 관한 법률」에 따른 기간제근로자를 2022년 1월 1일부터 12월 31일까지 기간 동안 "정규직 근로자로 전환"하는 경우에는 정규직 근로자로의 전환에 따른 세액공제를 적용하는 것이나,

귀 질의의 경우와 같이 근로계약기간이 2020년 7월 1일부터 2021년 6월 30일까지인 기간제근로자를 2021년 7월 1일 "정규직 근로자로 전환"하여 조세특례제한법 제30조의 2(법률 제18634호) 시행일(2022.1.1.) 현재 이미 정규직 근로자에 해당되는 경우에는 정규직 근로자로의 전환에 따른 세액공제를 적용할 수 없는 것임(서면-2023-법인-2947, 2023.11.6.).

3. 근로자의 자진퇴사 및 사망시 정규직 전환에 따른 세액공제 추징 여부

질의

- ○ 질의법인은 서비스업을 영위하는 중소기업으로 조특법 제30조의 2 제1항(2018.10.16. 제15785호 법률 개정되기 전의 것)에 의거, 2018과세연도에 비정규직의 정규직 근로자로의 전환에 따른 세액공제 요건에 해당
- ○ 비정규직의 정규직 전환으로 세액공제를 받은 후 해당 근로자의 자발적 이직 및 사망 등으로 근로관계를 끝내는 경우 추징 여부

회신

「조세특례제한법」 제30조의 2 제2항에서 "근로관계를 끝내는 경우"라 함은 근로관계에 있어 퇴직, 해고, 자동소멸(정년 등) 등 모든 사유로 근로자와 사용자 간의 근로계약관계가 종료되는 경우를 의미하는 것임(서면-2018-법인-3041, 2019.12.27.).

7. 중복적용 배제

통합고용세액공제는 다음의 경우를 제외하고는 다른 공제 · 감면 제도와 중복적용이 가능하다.

(1) 고용증대세액공제 및 사회보험료 세액공제와 중복 배제

2023 과세연도 및 2024 과세연도는 조세특례제한법 제29조의 8 제1항(통합고용세액공제 기본공제)은 제29조의 7(고용을 증대시킨 기업에 대한 세액공제) 또는 제30조의 4(중소기업 사회보험료 세액공제)에 따른 공제를 받지 아니한 경우에만 적용한다(조특법 127 ⑪).

(2) 창업중소기업 추가감면과 중복 배제

1) 2025.1.1. 이후에 창업한 경우

창업중소기업감면(조특법 6)을 적용함에 있어서 2025.1.1. 이후 창업중소기업을 창업하는 경우, 창업보육센터사업자로 지정을 받는 경우, 벤처기업으로 확인받는 경우 또는 에너지신기술중소기업에 해당하게 되는 경우로서, 창업중소기업감면(조특법 6)을 적용하여 소득세 또는 법인세를 감면받는 경우에는 통합고용세액공제(2025.12.23. 개정 전 조특법 29의 8)를 적용하지 아니한다.

2) 2024.12.31. 이전에 창업한 경우

통합고용세액공제는 창업중소기업 등에 대한 세액감면(조특법 6)과 중복적용이 가능하나, 업종별 최소고용인원 이상을 고용한 창업중소기업 등이 추가감면(조특법 6 ⑦)을 받는 경우에는 제29조의 8의 규정에 따른 통합고용세액공제를 동시 적용하지 아니한다(조특법 127 ④ 단서).

창업중소기업 감면을 적용받는 업종별로 상시근로자 수(이하 "업종별최소고용인원"이라 한다) 이상을 고용하는 수도권과밀억제권역 외 지역에서 창업한 창업중소기업(청년창업중소기업 제외), 창업보육센터사업자, 창업벤처중소기업 및 에너지신기술중소기업의 해당 감면기간 중 해당 과세연도의 상시근로자 수가 직전 과세연도의 상시근로자 수(직전 과세연도의 상시근로자가 업종별 최소고용인원에 미달하는 경우에는 업종별 최소고용인원을 말한다)보다 큰 경우에는 다음 '①'의 세액에 '②' 율을 곱하여 산출한 금액을 같은 항에 따른 감면세액에 더하여 감면한다. 다만 '영세창업중소기업' 규정에 따라 100% 감면을 받는 과세연도에는 본 규정에 따른 추가감면을 하지 않는다(조특법 6 ⑦).

① 해당 사업에서 발생한 소득에 대한 법인세

② 다음의 계산식에 따라 계산한 율. 다만, 50%(75%에 상당하는 세액을 감면받는 과세연도의 경우에는 25%)를 한도로 하고, 1% 미만인 부분은 없는 것으로 본다.

$$\frac{\text{해당 과세연도의 상시근로자 수} - \text{직전 과세연도의 상시근로자 수}}{\text{직전 과세연도의 상시근로자 수}} \times \frac{50}{100}$$

여기서 '업종별 최소고용인원'이란 다음의 구분에 따른 인원 수를 말한다(조특령 5 ⑭).

① 광업·제조업·건설업 및 물류산업 : 10명

② 그 외 업종 : 5명

실무포인트 **2025년 개정세법**

창업중소기업감면(조특법 6)을 적용함에 있어서 2025.1.1. 이후 창업중소기업을 창업하는 경우, 창업보육센터사업자로 지정을 받는 경우, 벤처기업으로 확인받는 경우 또는 에너지신기술중소기업에 해당하게 되는 경우에는 다음과 같이 적용한다.

① 상시근로자 수 증가에 따른 추가감면율을 계산할 때 종전에 50%를 곱하던 것을 100%로 적용한다.

② 창업중소기업감면(조특법 6)을 적용하여 소득세 또는 법인세를 감면받는 경우에는 통합고용세액공제(조특법 29의 8)를 적용하지 아니한다.

(3) 외국인 투자기업 감면을 적용받는 경우의 적용방법

내국인에 대하여 동일한 과세연도에 통합고용세액공제 기본공제(2025.12.23. 개정 전 조특법 29의 8 ①)를 적용할 때 조세특례제한법 제121조의 2(외국인투자에 대한 조세 감면) 또는 제121조의 4(증자의 조세감면)에 따라 소득세 또는 법인세를 감면하는 경우에는 해당 규정에 따라 공제할 세액에 해당 기업의 총주식 또는 총지분에 대한 내국인투자자의 소유주식 또는 지분의 비율을 곱하여 계산한 금액을 공제한다(조특법 127 ③).

실무포인트

1. 외투감면을 받은 사업연도에 고용증대 세액공제의 추가공제 시 중복지원 배제규정 적용 여부

2020~2021 과세연도에 「조세특례제한법」 제121조의 2에 따른 외국인투자에 대한 조세 감면을 최초로 적용받은 내국법인이 해당 과세연도에 2018~2019 과세연도분 '고용증대 세액공제 또는 중소기업 사회보험료 세액공제'의 추가공제를 적용받는 경우, 같은 법 제127조 제3항에 따라 해당 규정에 따른 공제할 세액에 내국법인의 총주식 또는 총지분에 대한 내국인투자자의 소유주식 또는 지분의 비율을 곱하여 계산한 금액을 공제받을 수 있는 것임(기준-2024-법규법인-0083, 2024.8.8.).

8. 기타의 유의사항

(1) 세액공제의 신청

통합고용세액공제를 받으려는 자는 과세표준 신고와 함께 세액공제신청서[조특칙 별지 제1호 서식], 통합고용세액공제 공제세액계산서[조특칙 별지 제10호의 9 서식] 및 상시근로자 명세서[조특칙 별지 제10호의 10 서식]를 납세지 관할 세무서장에게 제출하여야 한다(조특령 26의 8 ⑫).

(2) 최저한세

통합고용세액공제는 최저한세의 적용대상이 된다(조특법 132 ①, ②).

(3) 이월공제

통합고용세액공제액은 해당 과세연도에 납부할 세액이 없거나 조세특례제한법 제132조에 따른 법인세최저한세액에 미달하여 공제받지 못한 부분에 상당하는 금액은 해당 과세연도의 다음 과세연도 개시일부터 10년 이내에 끝나는 각 과세연도에 이월하여 그 이월된 각 과세연도의 소득세 또는 법인세에서 공제한다(조특법 144 ①).

이때에 각 과세연도의 법인세에서 공제할 금액과 이월된 미공제액이 중복되는 경우에는 이월된 미공제액을 먼저 공제하고 그 이월된 미공제액 간에 중복되는 경우에는 먼저 발생한 것부터 차례대로 공제한다(법법 59 ① 3호, 조특법 144 ②). 특히 조세특례제한법 제144조 제2항의 규정은 귀속 과세연도가 상이한 동일 종류의 세액공제가 중복되는 경우에 적용하는 것이고, 서로 다른 종류의 세액공제가 중복되는 경우에는 당해 규정을 적용하지 않는다(서면2팀

−1246, 2004.6.16.).

(4) 농어촌특별세

통합고용세액공제를 적용받은 경우 당해 공제세액(농어촌특별세 과세표준)의 20%를 농어촌특별세로 납부하여야 한다. 농어촌특별세는 해당 본세를 신고 · 납부(중간예납 제외)하는 때에는 그에 대한 농어촌특별세도 함께 신고 · 납부하여야 한다(농특세법 5). 이때에 최저한세의 적용으로 공제받지 못한 부분에 상당하는 금액을 이월하여 공제하는 경우에는 실제로 공제받은 과세연도에 농어촌특별세를 납부한다(법인 46019−578, 1995.3.2.).

사례 1 전체 증가, 2차년도, 3차년도 공제

제조업을 영위하는 중소기업인 ㈜택스에듀의 상시근로자 등의 자료는 다음과 같다. ㈜택스에듀는 12월말 결산법인이며 수도권에 소재하고 있다. 주어진 자료를 이용하여 2023~2025년 과세연도에 대한 통합고용세액공제액을 계산하시오. ㈜택스에듀는 2022년 과세연도에 고용증대세액공제를 받지 않았다.

연 도	상시근로자(청년+청년 외)	청년	청년 외
2022년	12	4	8
2023년	17	7	10
2024년	20	9	11
2025년	25	10	15

(1) 2023년 공제세액

청년 상시근로자 증가인원 × 1,450만원 + 기타 상시근로자 증가인원 × 850만원
= (7명 − 4명) × 14,500,000원 + (10명 − 8명) × 8,500,000원
= 60,500,000원

(2) 2024년

1) 1차년도 공제세액

= (9명 − 7명) × 14,500,000원 + (11명 − 10명) × 8,500,000원 = 37,500,000원

2) 2차년도 공제세액

2023년 공제액 : 60,500,000원

2023년과 비교하여 전체 상시근로자 및 청년등 상시근로자 수가 감소하지 않았으므로 2023년의 공제액을 한 번 더 공제한다.

(3) 2025년

1) 1차년도 공제세액

= (10명 − 9명) × 14,500,000원 + (15명 − 11명) × 8,500,000원 = 48,500,000원

2) **2차년도 공제세액**

2024년 공제액 : 37,500,000원

2024년과 비교하여 전체 상시근로자 및 청년등 상시근로자 수가 감소하지 않았으므로 2024년의 공제액을 한 번 더 공제한다.

3) **3차년도 공제세액**

2023년 공제액 : 60,500,000원

2023년과 비교하여 전체 상시근로자 및 청년등 상시근로자 수가 감소하지 않았으므로 2023년의 공제액을 한 번 더 공제한다.

사례 2 2차년도, 전체 감소, 청년 감소, 청년 외 감소(1)

제조업을 영위하는 중소기업인 ㈜택스에듀의 상시근로자 등의 자료는 다음과 같다. ㈜택스에듀는 수도권에 소재한 12월말 결산법인이며, 주어진 자료를 이용하여 2024~2025년 과세연도에 대한 통합고용세액공제의 공제세액 및 추가납부세액을 계산하시오. ㈜택스에듀는 2023년 과세연도에 고용증대세액공제 및 통합고용세액공제를 받지 않았다.

연 도	상시근로자(청년+청년 외)	청년	청년 외
2023년	30	20	10
2024년	60	40	20
2025년	54	36	18

(1) **2024년 공제세액**

1차년도 공제액 = (40명 − 20명) × 14,500,000원 + (20명 − 10명) × 8,500,000원
= 375,000,000원

(2) **2025년 공제세액 및 추가납부세액**

1) **1차년도 공제액** : 없음.

전체 상시근로자가 감소하였으므로 1차년도 공제금액 없음.

2) **2차년도 공제액** : 없음.

전체 상시근로자 수(54명)가 최초로 공제받은 2024년(60명)에 비하여 감소하였으므로 2차년도 공제금액 없음.

3) **2차년도** : 2024년도 공제액의 추가납부세액

= (40명 − 36명) × 14,500,000원 + (20명 − 18명) × 8,500,000원 = 75,000,000원

사례 3 2차년도, 전체 감소, 청년 감소, 청년 외 감소(2)

제조업을 영위하는 중소기업인 ㈜택스에듀의 상시근로자 등의 자료는 다음과 같다. ㈜택스에듀는 수도권에 소재한 12월말 결산법인이며, 주어진 자료를 이용하여 2024~2025년 과세연도에 대한 통합고용세액공제의 공제세액 및 추가납부세액을 계산하시오. ㈜택스에듀는 2023년 과세연도에 고용증대세액공제 및 통합고용세액공제를 받지 않았다.

연 도	상시근로자(청년+청년 외)	청년	청년 외
2023년	30	20	10
2024년	60	40	20
2025년	20	15	5

(1) 2024년 공제세액

1차년도 공제액 = (40명 − 20명) × 14,500,000원 + (20명 − 10명) × 8,500,000원
= 375,000,000원

(2) 2025년 공제세액 및 추가납부세액

1) 1차년도 공제액 : 없음.

전체 상시근로자가 감소하였으므로 1차년도 공제금액 없음.

2) 2차년도 공제액 : 없음.

전체 상시근로자 수(20명)가 최초로 공제받은 2024년(60명)에 비하여 감소하였으므로 2차년도 공제금액 없음.

3) 2차년도 : 2024년도 공제액의 추가납부세액

Min[①, ②] = 375,000,000원

① (40명 − 15명) × 14,500,000원 + (20명 − 5명) × 8,500,000원 = 490,000,000원

② 375,000,000원(2024년 공제세액)

추가납부세액은 해당 과세연도의 직전 1년 이내의 과세연도에 공제받은 세액을 한도로 하므로, 2024년도의 공제세액 375,000,000원을 한도로 추가납부세액을 계산한다.

사례 4 2차년도, 전체 감소, 청년 감소, 청년 외 증가(1)

제조업을 영위하는 중소기업인 ㈜택스에듀의 상시근로자 등의 자료는 다음과 같다. ㈜택스에듀는 12월말 결산법인이며 수도권에 소재하고 있다. 주어진 자료를 이용하여 2024~2025년 과세연도에 대한 통합고용세액공제의 공제세액 및 추가납부세액을 계산하시오. ㈜택스에듀는 2023년 과세연도에 고용증대세액공제 및 통합고용세액공제를 받지 않았다.

연 도	상시근로자(청년+청년 외)	청년	청년 외
2023년	30	20	10
2024년	60	40	20
2025년	54	30	24

(1) 2024년 공제세액

• **1차년도 공제액**

(40명－20명)×14,500,000원 + (20명－10명)×8,500,000원 = 375,000,000원

(2) 2025년 공제세액 및 추가납부세액

1) 1차년도 공제액 : 없음.

전체 상시근로자가 감소하였으므로 1차년도 공제금액 없음.

2) 2차년도 공제액 : 없음

전체 상시근로자 수(54명)가 최초로 공제받은 2024년(60명)에 비하여 감소하였으므로 2차년도 공제금액 없음.

3) 2차년도 : 2024년도 공제액의 추가납부세액

=(10명－6명) × (14,500,000원－8,500,000원) + 6명×14,500,000원

= 111,000,000원

사례 5 2차년도, 전체 감소, 청년 감소, 청년 외 증가(2)

제조업을 영위하는 중소기업인 ㈜택스에듀의 상시근로자 등의 자료는 다음과 같다. ㈜택스에듀는 12월말 결산법인이며 수도권에 소재하고 있다. 주어진 자료를 이용하여 2024~2025년 과세연도에 대한 통합고용세액공제의 공제세액 및 추가납부세액을 계산하시오. ㈜택스에듀는 2023년 과세연도에 고용증대세액공제 및 통합고용세액공제를 받지 않았다.

연 도	상시근로자(청년+청년 외)	청년	청년 외
2023년	30	20	10
2024년	60	40	20
2025년	54	15	39

(1) 2024년 공제세액

• **1차년도 공제액**

(40명－20명)×14,500,000원 + (20명－10명)×8,500,000원 = 375,000,000원

(2) 2025년 공제세액 및 추가납부세액

1) **1차년도 공제액** : 없음.

전체 상시근로자가 감소하였으므로 1차년도 공제금액 없음.

2) **2차년도 공제액** : 없음.

전체 상시근로자 수(54명)가 최초로 공제받은 2024년(60명)에 비하여 감소하였으므로 2차년도 공제금액 없음.

3) **2차년도** : 2024년도 공제액의 추가납부세액

[Min[25명(청년감소인원), 20명(2024 청년증가인원)] − 6명] × (14,500,000원−8,500,000원) + 6명×14,500,000원 = 171,000,000원

청년감소인원 계산 시 최초로 공제받은 과세연도에 청년등 상시근로자의 증가한 인원 수를 한도로 한다.

사례 6 2차년도, 전체 감소, 청년 증가, 청년 외 감소

제조업을 영위하는 중소기업인 ㈜택스에듀의 상시근로자 등의 자료는 다음과 같다. ㈜택스에듀는 12월말 결산법인이며 수도권에 소재하고 있다. 주어진 자료를 이용하여 2024~2025년 과세연도에 대한 통합고용세액공제의 공제세액 및 추가납부세액을 계산하시오. ㈜택스에듀는 2023년 과세연도에 고용증대세액공제 및 통합고용세액공제를 받지 않았다.

연 도	상시근로자 (청년+청년 외)	청년	청년 외
2023년	30	20	10
2024년	60	40	20
2025년	54	44	10

(1) 2024년 공제세액

• 1차년도 공제액

(40명−20명)×14,500,000원 + (20명−10명)×8,500,000원 = 375,000,000원

(2) 2025년 공제세액 및 추가납부세액

1) **1차년도 공제액** : 없음.

전체 상시근로자가 감소하였으므로 1차년도 공제금액 없음

2) **2차년도 공제액 : 없음.**

전체 상시근로자 수(54명)가 최초로 공제받은 2024년(60명)에 비하여 감소하였으므로 2차년도 공제금액 없음.

3) **2차년도** : 2024년도 공제액의 추가납부세액

Min[10명, 6명(전체상시근로자 감소 인원 수)] × 8,500,000원 = 51,000,000원

"최초로 공제받은 과세연도 대비 청년등 외 상시근로자의 감소한 인원 수×청년등 외의 공제금액"으로 계산하되, 청년등 외 상시근로자 감소 인원 수는 전체 상시근로자의 감소한 인원 수를 한도로 한다.

사례 7 2차년도, 전체 증가, 청년 감소, 청년 외 증가

제조업을 영위하는 중소기업인 ㈜택스에듀의 상시근로자 등의 자료는 다음과 같다. ㈜택스에듀는 12월말 결산법인이며 수도권에 소재하고 있다. 주어진 자료를 이용하여 2024~2025년 과세연도에 대한 통합고용세액공제의 공제세액 및 추가납부세액을 계산하시오. ㈜택스에듀는 2023년 과세연도에 고용증대세액공제 및 통합고용세액공제를 받지 않았다.

연 도	상시근로자(청년+청년 외)	청년	청년 외
2023년	30	20	10
2024년	60	40	20
2025년	65	38	27

(1) 2024년 공제세액

1차년도 공제액 = (40명 − 20명) × 14,500,000원 + (20명 − 10명) × 8,500,000원
= 375,000,000원

(2) 2025년 공제세액 및 추가납부세액

1) 1차년도 공제액

- 청 년 : 없음
- 청년 외 : Min[① (27명 − 20명), ② 5명] × 8,500,000원 = 42,500,000원

2) 2차년도 공제액

- 청 년 : 20명(2024년도 청년 증가 인원) × 8,500,000원 = 170,000,000원*
- 청년 외 : 10명(2024년도 청년 외 증가 인원) × 8,500,000원 = 85,000,000원

* 「청년」에 대한 고용증대세액공제를 최초로 적용한 이후 과세연도에, 상시근로자 수는 증가하였으나, 「청년」은 감소한 경우 「청년」을 「청년 외」로 보아 추가공제를 적용할 수 있다(조세특례제도과-906, 2023.8.28.).

3) 2024년도 공제액의 추가납부세액

= ① (40명 − 38명) × (② 14,500,000원 − ③ 8,500,000원) = 12,000,000원

사례 8 2차년도, 전체 증가, 청년 증가, 청년 외 감소

제조업을 영위하는 중소기업인 ㈜택스에듀의 상시근로자 등의 자료는 다음과 같다. ㈜택스에듀는 12월말 결산법인이며 수도권에 소재하고 있다. 주어진 자료를 이용하여 2024~2025년 과세연도에 대한 통합고용세액공제의 공제세액 및 추가납부세액을 계산하시오. ㈜택스에듀는 2023년 과세연도에 고용증대세액공제 및 통합고용세액공제를 받지 않았다.

연 도	상시근로자(청년+청년 외)	청년	청년 외
2023년	30	20	10
2024년	60	40	20
2025년	65	48	17

(1) **2024년 공제세액**

- **1차년도 공제액**

청년 상시근로자 증가인원 ×1,450만원 + 기타 상시근로자 증가인원 × 850만원
= (40명－20명)×14,500,000원 + (20명－10명)×8,500,000원 = 375,000,000원

(2) **2025년 공제세액 및 추가납부세액**

1) **1차년도 공제액**

- 청　　년 : Min[① (48명－40명), ② 5명]×14,500,000원 = 72,500,000원
- 청년 외 : 없음.

2) **2차년도 공제액**

- 청　　년 : 290,000,000원
- 청년 외 : 85,000,000원

상시근로자 및 청년 상시근로자가 감소하지 않았으므로, 2024년도에 공제받은 금액을 한 번 더 공제

3) **추가납부세액** : 없음.

전체 상시근로자 및 청년 상시근로자가 감소하지 않았으므로 추가납부세액은 없음.

사례 9 3차년도, 상시 감소, 청년 감소, 청년 외 감소

제조업을 영위하는 중소기업인 ㈜택스에듀의 상시근로자 등의 자료는 다음과 같다. ㈜택스에듀는 12월말 결산법인이며 수도권에 소재하고 있다. 주어진 자료를 이용하여 2023~2025년 과세연도에 대한 통합고용세액공제의 공제세액 및 추가납부세액을 계산하시오. ㈜택스에듀는 2022년 과세연도에 고용증대세액공제를 받지 않았다.

연 도	상시근로자(청년+청년 외)	청년	청년 외
2022년	30	20	10
2023년	60	40	20
2024년	54	36	18
2025년	45	30	15

(1) 2023년 공제세액의 계산

청년 상시근로자 증가인원×1,450만원 + 기타 상시근로자 증가인원 × 850만원
= (40명 - 20명)×14,500,000원 + (20명 - 10명)× 8,500,000원
= 375,000,000원

(2) 2024년

1) 1차년도 공제액 : 없음.

전체 상시근로자가 감소하였으므로 1차년도 공제금액 없음.

2) 2차년도 공제액 : 없음.

전체 상시근로자 수(54명)가 최초로 공제받은 2023년(60명)에 비하여 감소하였으므로 2차년도 공제금액 없음.

3) 2차년도 : 2023년도 공제액의 추가납부세액

= (40명 - 36명)×14,500,000원 + (20명 - 18명)×8,500,000원
= 75,000,000원

(3) 2025년

1) 1차년도 공제액 : 없음.

전체 상시근로자가 감소하였으므로 1차년도 공제금액 없음.

2) 2차년도 공제액 : 없음.

2024년도에 공제세액 없으므로 2차년도 공제금액 없음.

3) 3차년도 공제액 : 없음.

2023년도에 공제받은 후 2024년도에 고용감소가 발생하면 감소한 과세연도부터 공제하지 아니하므로 3차년도 공제금액 없음.

4) 2025년 추가납부세액

= 2023년 대비 감소 인원 수 - 2023년도분 2차년도 추가납부세액
= (40명 - 30명)×14,500,000원 + (20명 - 15명)×8,500,000원 - 75,000,000원
(2024년 추가납부세액)
= 112,500,000원

3차년도 추가납부세액은 최초로 공제받은 과세연도(2023년) 대비 청년등 상시근로자 및 청년등 외 상시근로자의 감소한 인원 수에 대해 직전 2년 이내의 과세연도에 공제받은

세액의 합계액으로 계산하며, 2차년도 추가납부세액을 차감하여 계산한다.

사례 10 3차년도, 상시 감소, 청년 감소, 청년 외 감소

제조업을 영위하는 중소기업인 ㈜택스에듀의 상시근로자 등의 자료는 다음과 같다. ㈜택스에듀는 12월말 결산법인이며 수도권에 소재하고 있다. 주어진 자료를 이용하여 2023~2025년 과세연도에 대한 통합고용세액공제의 공제세액 및 추가납부세액을 계산하시오. ㈜택스에듀는 2022년 과세연도에 고용증대세액공제를 받지 않았다.

연 도	상시근로자(청년+청년 외)	청년	청년 외
2022년	30	20	10
2023년	60	40	20
2024년	54	30	24
2025년	47	25	22

(1) 2023년

1) 1차년도 공제세액

청년 상시근로자 증가인원×1,450만원 + 기타 상시근로자 증가인원×850만원
= (40명 − 20명)×14,500,000원 + (20명 − 10명)×8,500,000원
= 375,000,000원

(2) 2024년

1) 1차년도 공제세액

전체 상시근로자 수가 감소하였으므로 1차년도 공제금액 없음.

2) 2차년도 공제세액

전체 상시근로자 수(54명)가 최초로 공제받은 2023년(60명)에 비하여 감소하였으므로 2차년도 공제금액 없음.

3) 추가납부세액

= (10명 − 6명)×(14,500,000원 − 8,500,000원) + 6명×14,500,000원
= 111,000,000원

(3) 2025년

1) 1차년도 · 2차년도 · 3차년도 세액공제 : 없음.

2) 2025년 추가납부세액

= (15명−13명)×(14,500,000원 − 8,500,000원) + 13명 × 14,500,000원
− 111,000,000원(2024년 추가납부세액) = 89,500,000원

최초로 공제받은 과세연도 대비한 추가납부세액이므로 2024년도에 이미 납부한 세

액은 차감해주어야 한다.

사례11 **3차년도, 상시 증가, 청년 감소, 청년 외 증가**

제조업을 영위하는 중소기업인 ㈜택스에듀의 상시근로자 등의 자료는 다음과 같다. ㈜택스에듀는 12월말 결산법인이며 수도권에 소재하고 있다. 주어진 자료를 이용하여 2023~2025년 과세연도에 대한 통합고용세액공제의 공제세액 및 추가납부세액을 계산하시오. ㈜택스에듀는 2022년 과세연도에 고용증대세액공제를 받지 않았다.

연 도	상시근로자(청년+청년 외)	청년	청년 외
2022년	30	20	10
2023년	60	40	20
2024년	70	45	25
2025년	72	32	40

1. 2023년 공제세액

   1차년도 공제액

   (40명 − 20명) × 14,500,000원 + (20명 − 10명) × 8,500,000원 = 375,000,000원

2. 2024년 공제세액

   (1) 1차년도 공제액

   (45명 − 40명) × 14,500,000원 + (25명 − 20명) × 8,500,000원 = 115,000,000원

   (2) 2차년도 공제액

   290,000,000원(청년) + 85,000,000원(청년 외) = 375,000,000원

3. 2025년 공제세액 및 추가납부세액

   (1) 1차년도 공제액

   Min[(40명 − 25명), (72명 − 70명)] × 8,500,000원 = 17,000,000원

   (2) 2024년분 2차년도 공제액

   - 청　　년 : 5명 × 8,500,000원 = 42,500,000원*
   - 청년 외 : 5명 × 8,500,000원 = 42,500,000원

   * 「청년」에 대한 고용증대세액공제를 최초로 적용한 이후 과세연도에, 상시근로자 수는 증가하였으나, 「청년」은 감소한 경우 「청년」을 「청년 외」로 보아 추가공제를 적용할 수 있다(조세특례제도과-906, 2023.8.28.).

   (3) 2023년분 3차년도 공제액

   - 청　　년 : 20명 × 8,500,000원 = 170,000,000원
   - 청년 외 : 10명 × 8,500,000원 = 85,000,000원

(4) 2023년 추가납부세액

(40명－32명)×(14,500,000원－8,500,000원)×2회 = 96,000,000원

(5) 2024년 추가납부세액

Min[(45명－32명), 5명(2024년 증가인원)]×(14,500,000원－8,500,000원)
= 30,000,000원

---

9. 통합고용세액공제 상시근로자 명세서

조세특례제한법 시행규칙 별지 제10호의 10 서식 "통합고용세액공제 상시근로자 명세서"를 2025.3.21. 신설하였고, 이후 2025.6.30. 한 차례 개정하였다. 신설된 동 서식은 통합고용세액공제 적용시 법인세 과세표준 신고와 함께 제출하여야 한다(2026.2. 개정 전 조특령 26의8 ⑪). 해당 서식의 작성방법을 설명하면 다음과 같다.

1) "⑬ 상시근로자 제외 사유"란

"⑫ 상시근로자"란에서 'N'을 선택한 경우 제외 사유(조특령 23 ⑩)를 적는다[ⓐ근로계약기간 1년 미만, ⓑ단시간근로자, ⓒ법인의 임원, ⓓ최대주주(출자자) 및 그 친족, ⓔ원천징수사실 미확인 근로자 등, ⓕ기타].

2) "⑭ 단시간근로자유형"란

가. 1개월간 소정 근로시간이 60시간 이상인 경우 : 0.5

나. '가.'의 단시간근로자가 「조세특례제한법 시행령」 제23조 제11항 제2호 각 목의 지원요건을 모두 충족하는 경우 : 0.75

* 단시간근로자: 1주 동안 근로시간이 통상근로자에 비해 짧은 근로자(근로기준법 2 ① 9호)

3) "⑮ 내국인"란

우리나라에 주소를 두거나 183일 이상의 거소(居所)를 둔 개인을 말한다(국적 무관).

4) "⑯ 수도권근무지"란

해당 근로자의 근무지가 수도권(서울/인천/경기)인 경우 Y로, 그 외의 경우 N으로 적는다.

5) "⑱ 청년 여부"란

해당 연도에 15세 이상 34세 이하인 사람으로 군필자는 병역이행기간(최대 6년)을 현재 연령에서 차감하여 계산한다.

6) "⑲ 해당연도 청년 제외시점"란

해당연도 중에 청년에서 제외되는 경우 최초로 청년에서 제외되는 일자를 적는다.

7) "⑳ 장애인"란

장애인, 국가유공자, 5·18민주화운동부상자, 고엽제후유의증환자로 장애등급 판정을 받은 사람을 말한다.

8) "㉑ 고령자"란

⑯ 근로계약 체결일 현재 60세 이상인 사람을 말한다.

9) "㉒ 경력단절근로자"란

「조세특례제한법」 제29조의 8 제2항에 따라 퇴직 전 1년 이상 근무, 결혼·임신·출산 등의 사유로 퇴직 등의 요건을 충족하는 근로자를 말한다.

10) "㉓ 북한이탈주민"란

「북한이탈주민의 보호 및 정착 지원에 관한 법률」에 따른 북한이탈주민을 말한다.

11) "㉔ 정규직 전환자"란

「조세특례제한법」 제29조의 8 제4항에 따라 고용 중인 기간제 또는 단시간 근로자였으나 해당 연도에 기한의 정함이 없는 근로계약을 체결한 근로자로 전환된 사람등을 말한다.

12) "㉕ 육아휴직 복귀자"란

「조세특례제한법」 제29조의 8 제5항에 따라 근무기간 1년 이상, 육아휴직기간 6개월 이상 등의 요건을 충족한 사람을 말한다.

사례12 통합고용세액공제 상시근로자 명세서 작성

제조업을 영위하는 중소기업인 (주)택스에듀의 상시근로자 등의 자료는 다음과 같다. (주)택스에듀는 12월말 결산법인이며 수도권에 소재하고 있다. 주어진 자료를 이용하여 2025년의 통합고용세액공제 상시근로자 명세서를 작성하시오. (주)택스에듀의 설립등기일은 2024년 3월 10일이며, 사업자등록일은 2024년 4월 2일이다.

[근로자 현황]

성 명	생년월일	근로계약 체결일	비 고
김택스	19750506	20240402	대표이사
이승우	19840601	20240414	
유민철	19860320	20240701	
조선정	19980408	20240829	
박서하	19900731	20250201	
권아윤	20001020	20250506	
박이현	19810403	20250401	북한이탈주민

풀이

1. 근로자 수 계산

(1) 2024년

1) 전체 : 2명

9/10(이승우) + 6/10(유민철) + 5/10(조선정, 청년) = 2명

2) 청년

5/10(조선정) = 0.5명

(2) 2025년

1) 전체 : 2명

12/12(이승우) + 12/12(유민철) + 12/12(조선정, 청년) + 11/12(박서하, 청년) + 9/12(박이현, 북한이탈주민) + 8/12(권아윤, 청년) = 5.33명

2) 청년

12/12(조선정, 청년) + 11/12(박서하, 청년) + 8/12(권아윤, 청년) = 2.58명

3) 북한이탈주민

9/12(박이현, 북한이탈주민) = 0.75

구 분	합 계	청년 등	청년 등 외
2024년	2	0.5	1.5
2025년	5.33	3.33	2.00

참고 종전규정 계산방식

종전규정인 다음의 계산식에 따라 계산한 상시근로자 수 등은 다음과 같다.

1) 상시근로자 수

$$\frac{\text{해당 과세연도의 매월 말 현재 상시근로자 수의 합}}{\text{해당 과세연도의 개월 수}}$$

2) 청년등 상시근로자 수

$$\frac{\text{해당 과세연도의 매월 말 현재 청년등 상시근로자 수의 합}}{\text{해당 과세연도의 개월 수}}$$

2024	1월	2월	3월	4월	5월	6월	7월	8월	9월	10월	11월	12월	합계	개월 수	근로자 수
청년 등	–	–	0	0	0	0	0	1	1	1	1	1	5	10	0.50
청년 등 외	–	–	0	1	1	1	2	2	2	2	2	2	15	10	1.50
전체	0	0	0	1	1	1	2	3	3	3	3	3	20	10	2.00

2025	1월	2월	3월	4월	5월	6월	7월	8월	9월	10월	11월	12월	합계	개월수	근로자 수
청년 등	1	2	2	3	4	4	4	4	4	4	4	4	40	12	3.33
청년 등 외	2	2	2	2	2	2	2	2	2	2	2	2	24	12	2.00
전체	3	4	4	5	6	6	6	6	6	6	6	6	64	12	5.33

2. 2024년 세액계산

(1) 1차연도 공제

0.5명 × 14,500,000원 + 1.5명 × 8,500,000원 = 20,000,000원

3. 2025년 세액계산

(1) 1차연도 공제

2.83명 × 14,500,000원 + 0.5명 × 8,500,000원 = 45,285,000원

(2) 2차연도 공제

직전연도대비 전체 상시근로자 수 및 청년등 상시근로자수가 감소하지 않았으므로 직전연도 공제금액인 청년 등 7,250,000원 및 청년 등 외 12,750,000원을 추가로 공제한다.

■ 조세특례제한법 시행규칙 [별지 제10호의10서식] 〈개정 2025. 6. 30.〉

통합고용세액공제 상시근로자 명세서

※ [ ]에는 해당되는 곳에 √표를 합니다. (앞쪽)

과세연도	2025.1.1.~2025.12.31.	법인종류별 구분	
상호 또는 법인명	㈜택스에듀	사업자등록번호	123-12-xxxxx

1. 상시근로자 수 계산

구 분	해당(직전) 과세연도의 매월 말 현재 상시근로자 수												① 합계	② 개월수	③ 상시 근로자수 (=①÷②)	유형별 상시근로자 수					
																청년등					⑨ 청년등 외
	1월	2월	3월	4월	5월	6월	7월	8월	9월	10월	11월	12월				④ 청년	⑤ 장애인	⑥ 고령자	⑦ 경력 단절 근로자	⑧ 북한이탈주민	
해당 과세연도	3	4	4	5	6	6	6	6	6	6	6	6	64	12	5.33	2.58				0.75	2.00
직전 과세연도				1	1	1	2	3	3	3	3	3	20	10	2.00	0.50					1.50

2. 해당 과세연도 상시근로자별 명세

⑩ 생년월일	⑪ 성명	⑫ 상시 근로자 (N/Y)	⑬ 상시 근로자 제외사유	⑭ 단시간 근로자 유형 (0.5/0.75)	⑮ 내국인 (N/Y)	⑯ 수도권 근무지 (N/Y)	⑰ 근로계약 체결일 (YYYYMMDD)	⑱ 근로기간 (MM~MM)	청년		㉑ 장애인 (N/Y)	㉒ 고령자 (N/Y)	㉓ 경력 단절 근로자 (N/Y)	㉔ 북한 이탈 주민 (N/Y)	㉕ 정규직 전환자 (N/Y)	㉖ 육아 휴직 복귀자 (N/Y)
									⑲ 여부 (N/Y)	⑳ 청년 제외시점 (YYYYMMDD)						
19750506	김택스	N	ⓒ		Y	Y	20240402	12	N							
19840601	이승우	Y			Y	Y	20240414	12	N							
19860320	유민철	Y			Y	Y	20240701	12	N							
19980408	조선정	Y			Y	Y	20240829	12	Y							
19900910	박서하	Y			Y	Y	20250201	11	Y							
19810403	박이현	Y			Y	Y	20250401	9	N					Y		
20001020	권아윤	Y			Y	Y	20250506	8	Y							

297㎜×420㎜[백상지 80g/㎡ 또는 중질지 80g/㎡]

(뒤쪽)

3. 직전 과세연도 상시근로자별 명세

㉗ 생년월일	㉘ 성명	㉙ 상시 근로자 (N/Y)	㉚ 상시 근로자 제외사유	㉛ 단시간 근로자유형 (0.5/0.75)	㉜ 내국인 (N/Y)	㉝ 수도권 근무지 (N/Y)	㉞ 근로계약 체결일 (YYYYMMDD)	㉟ 근로기간 (MM~MM)	청년 ㊱ 여부 (N/Y)	청년 ㊲ 청년 제외시점 (YYYYMMDD)	㊳ 장애인 (N/Y)	㊴ 고령자 (N/Y)	㊵ 경력 단절 근로자 (N/Y)	㊶ 북한 이탈 주민 (N/Y)	㊷ 정규직 전환자 (N/Y)	㊸ 육아 휴직 복귀자 (N/Y)
19750506	김택스	N	ⓒ		Y	Y	20240402	9	N							
19840601	이승우	Y			Y	Y	20240414	9	N							
19860320	유민철	Y			Y	Y	20240701	6	N							
19980408	조선정	Y			Y	Y	20240829	5	Y							

「조세특례제한법」 제29조의8제1항 · 제4항 · 제5항 및 같은 법 시행령 제26조의8제11항에 따라 위와 같이 통합고용세액공제 상시근로자 명세서를 제출합니다.

2026년 03월 31일

신청인 ㈜택스에듀 (서명 또는 인)

세무서장 귀하

작 성 방 법

1. "⑬ 상시근로자 제외 사유"란: 다음의 내용을 참고해서 적습니다.
   - "⑫ 상시근로자"란에서 'N'을 선택한 경우 제외 사유(「조세특례제한법 시행령」 제23조제10항)를 적습니다.(ⓐ근로계약기간 1년 미만, ⓑ단시간 근로자, ⓒ법인의 임원, ⓓ최대주주(출자자) 및 그 친족, ⓔ원천징수사실 미확인 근로자 등, ⓕ기타)
2. "⑭ 단시간근로자유형"란: 단시간근로자 중 ⑫상시근로자가 'Y'인 경우 다음 각 목의 구분에 따라 적습니다.
   가. 1개월간 소정 근로시간이 60시간 이상인 경우: 0.5,
   나. 가목의 단시간근로자가 「조세특례제한법 시행령」 제23조제11항제2호 각 목의 지원요건을 모두 충족하는 경우: 0.75
   * 단시간근로자: 1주동안 근로시간이 통상근로자에 비해 짧은 근로자(「근로기준법」 제2조제1항제9호)
3. "⑮ 내국인"란: 우리나라에 주소를 두거나 183일 이상의 거소(居所)를 둔 개인을 말합니다.(국적 무관)
4. "⑯ 수도권근무지"란: 해당 근로자의 근무지가 수도권(서울/인천/경기)인 경우 Y로, 그 외의 경우 N으로 적습니다.
5. "⑱ 청년 여부"란: 해당 연도에 15세 이상 34세 이하인 사람으로 군필자는 병역이행기간(최대 6년)을 현재 연령에서 차감하여 계산합니다.
6. "⑲ 해당연도 청년 제외시점"란: 해당연도 중에 청년에서 제외되는 경우 최초로 청년에서 제외되는 일자를 적습니다.
   예시) 생일이 1994년 5월 28일인 직원(군미필)은 2024년 5월 27일까지 청년이고 2024년 5월 28일부터는 청년이 아니므로 해당 칸에는 '20240528'을 적음
7. "⑳ 장애인"란: 장애인, 국가유공자, 5 · 18민주화운동부상자, 고엽제후유의증환자로 장애등급 판정을 받은 사람을 말합니다.
8. "㉑ 고령자"란: ⑯근로계약 체결일 현재 60세 이상인 사람을 말합니다.
9. "㉒ 경력단절근로자"란: 「조세특례제한법」 제29조의8제2항에 따라 퇴직 전 1년 이상 근무, 결혼 · 임신 · 출산 등의 사유로 퇴직 등의 요건을 충족하는 근로자를 말합니다.
10. "㉓ 북한이탈주민"란: 「북한이탈주민의 보호 및 정착 지원에 관한 법률」에 따른 북한이탈주민을 말합니다.
11. "㉔ 정규직 전환자"란: 「조세특례제한법」 제29조의8제4항에 따라 고용 중인 기간제 또는 단시간 근로자였으나 해당 연도에 기한의 정함이 없는 근로계약을 체결한 근로자로 전환된 사람등을 말합니다.
12. "㉕ 육아휴직 복귀자"란: 「조세특례제한법」 제29조의8제5항에 따라 근무기간 1년 이상, 육아휴직기간 6개월 이상 등의 요건을 충족한 사람을 말합니다.

■ 조세특례제한법 시행규칙 [별지 제10호의 9 서식] 〈개정 2025.6.30.〉

통합고용세액공제 공제세액계산서

(3쪽 중 제1쪽)

❶ 신청인	① 상호 또는 법인명 ㈜택스에듀	② 사업자등록번호 123-12-xxxxx
	③ 대표자 성명 김택스	④ 생년월일
	⑤ 주소 또는 본점소재지 (전화번호:)	

❷ 과세연도	2025 년 1 월 1 일부터 2025 년 12 월 31 일까지

❸ 상시근로자 현황 (작성방법 2,3번을 참고하시기 바랍니다.)

구분	직전전 과세연도	직전 과세연도	해당 과세연도
⑥ 상시근로자 수 (⑦+⑧)		2	5.33
⑦ 청년등상시근로자 수		0.5	3.33
⑧ 청년등상시근로자를 제외한 상시근로자 수		1.5	2.00
⑨ 정규직 전환 근로자 수	–		
⑩ 육아휴직 복귀자 수			

❹ 기본공제 공제세액 계산내용

가. 1차년도 세제지원 요건 : ⑬ 〉 0

1. 상시근로자 증가 인원

⑪ 해당 과세연도 상시근로자 수	⑫ 직전 과세연도 상시근로자 수	⑬ 상시근로자 증가 인원 수 (⑪-⑫)
5.33	2	3.33

2. 청년등상시근로자 증가 인원

⑭ 해당 과세연도 청년등상시근로자 수	⑮ 직전 과세연도 청년등상시근로자 수	⑯ 청년등상시근로자 증가 인원 수 (⑭-⑮)
3.33	0.5	2.83

3. 청년등상시근로자를 제외한 상시근로자 증가 인원

⑰ 해당 과세연도 청년등상시근로자를 제외한 상시근로자 수	⑱ 직전 과세연도 청년등상시근로자를 제외한 상시근로자 수	⑲ 청년등상시근로자를 제외한 상시근로자 증가 인원 수(⑰-⑱)
2.00	1.5	0.5

4. 1차년도 세액공제액 계산

구분	구분		직전 과세연도 대비 상시근로자 증가 인원 수 (⑬상시근로자 증가 인원 수를 한도로 함)	1인당 공제금액	⑳ 1차년도 세액공제액
중소기업	수도권 내	청년등	2.83	1천4백5십만원	41,035,000
		청년등 외	0.5	8백5십만원	4,250,000
	수도권 밖	청년등		1천5백5십만원	
		청년등 외		9백5십만원	
	계		3.33		45,285,000
중견기업	청년등			8백만원	
	청년등 외			4백5십만원	
	계				
일반기업	청년등			4백만원	
	청년등 외				
	계				

나. 2차년도 세제지원 요건 : ㉓ ≥ 0

1. 상시근로자 증가 인원

㉑ 2차년도(해당 과세연도) 상시근로자 수	㉒ 1차년도(직전 과세연도) 상시근로자 수	㉓ 상시근로자 증가 인원 수(㉑-㉒)
5	2	3

2. 2차년도 세액공제액 계산(상시근로자 감소여부)

1차년도(직전 과세연도) 대비 상시근로자 감소여부	1차년도(직전 과세연도) 대비 청년등상시근로자 수 감소여부	㉔ 1차년도 (직전 과세연도) 청년등상시근로자 증가 세액공제액	㉕ 1차년도 (직전 과세연도) 청년등 외 상시근로자 증가 세액공제액	㉖ 2차년도 세액공제액
(부)	(부)	7,250,000	12,750,000	20,000,000
	여			
여				

다. 3차년도 세제지원 요건(중소 · 중견기업만 해당) : ㉙ ≥ 0

1. 상시근로자 증가 인원

㉗ 3차년도(해당 과세연도) 상시근로자 수	㉘ 1차년도(직전전 과세연도) 상시근로자 수	㉙ 상시근로자 증가 인원(㉗-㉘)

2. 3차년도 세액공제액 계산(상시근로자 감소여부)

1차년도(직전전 과세연도) 대비 상시근로자 감소여부	1차년도(직전전 과세연도) 대비 청년등상시근로자 수 감소여부	㉚ 1차년도 (직전전 과세연도) 청년등 상시근로자 증가 세액공제액	㉛ 1차년도 (전전 과세연도) 청년등 외 상시근로자 증가 세액공제액	㉜ 3차년도 세액공제액
부	부			
	여			
여				

❺ 추가공제 공제세액 계산내용

가. 세제지원 요건 : ⑬ ≥ 0

㉝ 해당 과세연도 상시근로자 수	㉞ 직전 과세연도 상시근로자 수	㉟ 상시근로자 증가 인원 수 (㉝-㉞)

나. 세액공제액 계산

구분	구분	인원 수	1인당 공제금액	㊱ 추가공제 세액공제액
중소기업	정규직 전환자		1천3백만원	
	육아휴직 복귀자			
	계			
중견기업	정규직 전환자		9백만원	
	육아휴직 복귀자			
	계			

❻ 세액공제액 : ⑳ 1차년도 세액공제액 + ㉖ 2차년도 세액공제액 + ㉜ 3차년도 세액공제액 + ㊱ 추가공제 세액공제액	65,285,000

「조세특례제한법 시행령」 제26조의8제11항에 따라 위와 같이 공제세액계산서를 제출합니다.

2026 년 3 월 31 일

신청인 ㈜택스에듀 (서명 또는 인)

세무서장 귀하

작 성 방 법

1. 근로자 수는 다음과 같이 계산하되, 100분의 1 미만의 부분은 없는 것으로 합니다.
   가. 상시근로자 수 : 매월 말 현재 상시근로자 수의 합 / 과세연도의 개월 수
   나. 청년등상시근로자 수 : 매월 말 현재 청년등상시근로자 수의 합 / 과세연도의 개월 수
   다. 청년등상시근로자 외 상시근로자 수 : 매월 말 현재 청년등상시근로자 외 상시근로자 수의 합 / 과세연도의 개월 수
2. ⑥란의 상시근로자란 「근로기준법」에 따라 근로계약을 체결한 내국인 근로자로서 다음의 어느 하나에 해당하는 사람을 제외한 근로자를 말합니다.
   가. 근로계약기간이 1년 미만인 근로자. 다만, 근로계약의 연속된 갱신으로 인하여 그 근로계약의 총 기간이 1년 이상인 근로자는 상시근로자로 봅니다.
   나. 「근로기준법」 제2조제1항제9호에 따른 단시간근로자. 다만, 1개월간의 소정근로시간이 60시간 이상인 근로자는 상시근로자로 봅니다.
   다. 「법인세법 시행령」 제40조제1항 각 호의 어느 하나에 해당하는 임원
   라. 해당 기업의 최대주주 또는 최대출자자(개인사업자의 경우에는 대표자를 말한다)와 그 배우자
   마. 라목에 해당하는 자의 직계존비속(그 배우자를 포함) 및 「국세기본법 시행령」 제1조의2제1항에 따른 친족관계인 사람
   바. 「소득세법 시행령」 제196조에 따른 근로소득원천징수부에 의하여 근로소득세를 원천징수한 사실이 확인되지 않고, 「국민연금법」 제3조제1항제11호 및 제12호에 따른 부담금 및 기여금 또는 「국민건강보험법」 제69조에 따른 직장가입자의 보험료에 해당하는 금액의 납부사실도 확인되지 아니하는 자
3. ⑦란 등의 청년등상시근로자란 상시근로자 중 15세 이상 34세 이하인 사람으로서 다음 각 목의 어느 하나에 해당하는 사람을 제외한 사람(해당 근로자가 병역을 이행한 경우에는 6년을 한도로 병역을 이행한 기간을 현재 연령에서 빼고 계산한 연령이 34세 이하인 사람을 포함)과 「장애인복지법」의 적용을 받는 장애인, 「국가유공자 등 예우 및 지원에 관한 법률」에 따른 상이자, 「5·18민주유공자예우 및 단체설립에 관한 법률」 제4조제2호에 따른 5·18민주화운동부상자와 「고엽제후유의증 등 환자지원 및 단체설립에 관한 법률」 제2조제3호에 따른 고엽제후유의증환자로서 장애등급 판정을 받은 사람, 근로계약 체결일 현재 연령이 60세 이상인 사람, 「조세특례제한법」 제29조의3제1항에 따른 경력단절 여성을 말합니다.
   가. 「기간제 및 단시간근로자 보호 등에 관한 법률」에 따른 기간제근로자 및 단시간근로자
   나. 「파견근로자보호 등에 관한 법률」에 따른 파견근로자
   다. 「청소년 보호법」 제2조제5호 각 목에 따른 업소에 근무하는 같은 조 제1호에 따른 청소년
4. 청년등 외 상시근로자란 상시근로자 중 청년등상시근로자가 아닌 상시근로자를 말합니다.
5. ⑳,㉖,㉜ 계산 시 각 공제금액(청년/청년 외)은 전체 상시근로자 수 증가분을 한도로 합니다.
6. ㉝, ㉞란의 상시근로자 수는 「근로기준법」 제74조에 따른 출산전후휴가를 사용 중인 상시근로자를 대체하는 상시근로자가 있는 경우 해당 출산전후휴가를 사용 중인 상시근로자를 제외하고 계산한 상시근로자 수를 말합니다.
7. 해당 과세연도의 상시근로자 수가 전년 대비 증가하여 「조세특례제한법」 제29조의8의 통합고용세액공제 1차년도 공제를 신청할 경우 「조세특례제한법」 제29조의7의 고용 증대 기업에 대한 세액공제 1차년도 공제를 중복하여 신청할 수 없습니다.

210mm×297mm[백상지 80g/㎡]

CHAPTER

02 중소기업과 중견기업

「법인세법」 및 「조세특례제한법」에서는 중소기업에게 일정한 혜택을 주고 있는데, 세법에서는 다음의 요건을 모두 갖춘 경우에 중소기업으로 보고 있다(조특령 2).

① 매출액이 업종별로 「중소기업기본법 시행령」 [별표 1]에 따른 규모 기준 이내일 것
② 실질적인 독립성이 「중소기업기본법 시행령」 제3조 제1항 제2호에 적합할 것. 이 경우 「중소기업기본법 시행령」 제3조 제1항 제2호 나목의 주식등의 간접소유 비율을 계산할 때 집합투자기구를 통하여 간접소유한 경우는 제외하며, 「중소기업기본법 시행령」 제3조 제1항 제2호 다목을 적용할 때 "평균매출액등이 [별표 1]의 기준에 맞지 아니하는 기업"은 "매출액이 「조세특례제한법 시행령」 제2조 제1항 제1호에 따른 중소기업기준에 맞지 아니하는 기업"으로 본다.
③ 부동산 임대업* 또는 「조세특례제한법 시행령」 제29조 제3항에 따른 소비성서비스업을 주된 사업으로 영위하지 아니할 것
④ 「법인세법 시행령」 제42조 제2항 각 호의 요건을 모두 갖춘 내국법인이 아닐 것*

* 2025년 2월 28일 이후 개시하는 과세연도부터 적용

1. 사업요건

(1) 해당업종

「조세특례제한법」상 중소기업은 부동산 임대업 또는 「조세특례제한법 시행령」 제29조 제3항에 따른 소비성서비스업을 주된 사업으로 영위하지 않아야 한다(조특령 2 ① 4호). 이때에 소비성서비스업이란 다음 중 어느 하나에 해당하는 사업을 말한다(조특령 29 ③).

① 호텔업 및 여관업(「관광진흥법」에 따른 관광숙박업은 제외)
② 주점업(일반유흥주점업, 무도유흥주점업 및 「식품위생법 시행령」 제21조에 따른 단란주점 영업만 해당하되, 「관광진흥법」에 따른 외국인전용유흥음식점업 및 관광유흥음식점업은 제외)
③ 그 밖에 오락·유흥 등을 목적으로 하는 사업으로서 기획재정부령으로 정하는 다음의 사업 (2024.3.22. 이후 개시하는 과세연도부터 적용)

㉠ 무도장 운영업

㉡ 기타 사행시설 관리 및 운영업(관광진흥법 제5조 또는 폐광지역개발지원에관한특별법 제11조에 따라 허가를 받은 카지노업은 제외)

㉢ 유사 의료업 중 안마를 시술하는 업

㉣ 마사지업

(2) 업종의 판단기준

1) 세법상 업종의 분류

세법상 업종의 분류는 「조세특례제한법」에 특별한 규정이 있는 경우를 제외하고는 「통계법」 제22조에 따라 국가데이터 장이 고시하는 한국표준산업분류에 따르되 한국표준산업분류가 변경되어 이 법에 따른 조세특례를 적용받지 못하게 되는 업종은 한국표준산업분류가 변경된 과세연도와 그 다음 과세연도까지는 변경 전의 분류에 따른 업종에 따라 조세특례를 적용한다(조특법 2 ③).

2) 중소기업 해당 사업 중 둘 이상의 다른 사업을 하는 경우

중소기업 해당 사업 중 제조업과 건설업을 경영하는 경우 등과 같이 둘 이상의 서로 다른 사업을 하는 경우에는 사업별 사업수입금액이 큰 사업을 주된 사업으로 보고 중소기업 해당 여부를 판정한다(조특령 2 ③).

2. 배제요건

「법인세법 시행령」 제42조 제2항 다음의 요건을 모두 갖춘 성실신고 확인서 제출 대상인 부동산 임대업 주업법인 등은 중소기업의 범위에서 배제된다(조특령 2 ① 5호). 여기서 성실신고 확인서 제출 대상인 부동산임대업 주업법인이란 다음의 요건을 모두 갖춘 내국법인을 말한다(법령 42 ②).

① 해당 사업연도 종료일 현재 내국법인의 지배주주등이 보유한 주식등의 합계가 해당 내국법인의 발행주식총수 또는 출자총액의 50%를 초과할 것

② 해당 사업연도에 부동산 임대업을 주된 사업으로 하거나 다음 각 목의 금액 합계가 기업회계기준에 따라 계산한 매출액(㉠부터 ㉢까지에서 정하는 금액이 포함되지 않은 경우에는 이를 포함하여 계산)의 50% 이상일 것

㉠ 부동산 또는 부동산상의 권리의 대여로 인하여 발생하는 수입금액(간주임대료 포함)

㉡ 이자소득의 금액

㉢ 배당소득의 금액

③ 해당 사업연도의 상시근로자 수가 5명 미만일 것

실무포인트 **중소기업 배제대상 관련 주요 개정내역**

내 용	적용시기
소비성 서비스업에 포함되는 그 밖에 오락 · 유흥 등을 목적으로 하는 사업으로서 다음 각 호의 사업을 중소기업에서 배제 ㉠ 무도장 운영업 ㉡ 기타 사행시설 관리 및 운영업(「관광진흥법」 제5조 또는 「폐광지역 개발 지원에 관한 특별법」 제11조에 따라 허가를 받은 카지노업은 제외한다) ㉢ 유사 의료업 중 안마를 시술하는 업 ㉣ 마사지업	2024.3.22. 이후 개시하는 과세연도부터 적용
부동산임대업을 중소기업에서 배제	2025.2.28. 이후 개시하는 과세연도부터 적용*
성실신고 확인서 제출 대상인 부동산 임대업 주업법인을 중소기업에서 배제	

* 본 개정 규정에 불구하고 2025.2.28. 이후 개시하는 과세연도 직전 과세연도의 종료일 이전에 다음 중 어느 하나에 해당하는 규정에 따른 세액공제를 적용받고, 다음 규정에 따른 세액공제 대상 과세연도에 2025.2.28. 이후 개시하는 과세연도가 포함되는 경우의 중소기업 및 중견기업의 범위에 관하여는 조세특례제한법 시행령 제2조 제1항의 개정규정에도 불구하고 종전의 규정에 따른다(조특령 부칙 2, 2025.2.28. 대통령령 제35347호).

① 고용을 증대시킨 기업에 대한 세액공제(조특법 29의 7 ①)

② 통합고용세액공제(조특법 29의 8 ①)

③ 사회보험료 세액공제(조특법 30의 4 ①)

3. 규모요건

(1) 개 요

중소기업은 회사의 매출액이 업종별로 「중소기업기본법 시행령」 [별표 1]의 규모기준 이내이어야 한다. 여기서, [별표 1]의 규모기준을 적용함에 있어 "평균매출액등"은 "매출액"으로 보며, 이하 "중소기업기준"이라 한다(조특령 2 ① 1호).

또한, 자산총액이 5천억원 이상인 경우에는 중소기업으로 보지 아니한다(조특령 2 ①). 이때에 '자산총액'이란 과세연도 종료일 현재 기업회계기준에 따라 작성한 재무상태표상의 자산총액으로 한다(조특칙 2 ⑤).

중소기업기본법 시행령 [별표 1] (2025.9.1. 및 2025.10.1. 개정)

주된 업종별 평균매출액등의 중소기업 규모 기준(제3조제1항제1호가목 관련)

<table>
<tr><th>해당 기업의 주된 업종</th><th>분류기호</th><th>규모 기준</th></tr>
<tr><td>1. 펄프, 종이 및 종이제품 제조업</td><td>C17</td><td rowspan="3">평균매출액등
1,800억원 이하</td></tr>
<tr><td>2. 1차 금속 제조업</td><td>C24</td></tr>
<tr><td>3. 전기장비 제조업</td><td>C28</td></tr>
<tr><td>4. 의복, 의복 액세서리 및 모피제품 제조업</td><td>C14</td><td rowspan="3">평균매출액등
1,500억원 이하</td></tr>
<tr><td>5. 가죽, 가방 및 신발 제조업</td><td>C15</td></tr>
<tr><td>6. 가구 제조업</td><td>C32</td></tr>
<tr><td>7. 식료품 제조업</td><td>C10</td><td rowspan="9">평균매출액등
1,200억원 이하</td></tr>
<tr><td>8. 화학물질 및 화학제품 제조업(의약품 제조업은 제외한다)</td><td>C20</td></tr>
<tr><td>9. 고무 및 플라스틱제품 제조업</td><td>C22</td></tr>
<tr><td>10. 금속가공제품 제조업(기계 및 가구 제조업은 제외한다)</td><td>C25</td></tr>
<tr><td>11. 기타 기계 및 장비 제조업</td><td>C29</td></tr>
<tr><td>12. 자동차 및 트레일러 제조업</td><td>C30</td></tr>
<tr><td>13. 기타 운송장비 제조업</td><td>C31</td></tr>
<tr><td>14. 건설업</td><td>F</td></tr>
<tr><td>15. 도매 및 소매업</td><td>G</td></tr>
<tr><td>16. 농업, 임업 및 어업</td><td>A</td><td rowspan="12">평균매출액등
1,000억원 이하</td></tr>
<tr><td>17. 광업</td><td>B</td></tr>
<tr><td>18. 담배 제조업</td><td>C12</td></tr>
<tr><td>19. 섬유제품 제조업(의복 제조업은 제외한다)</td><td>C13</td></tr>
<tr><td>20. 목재 및 나무제품 제조업(가구 제조업은 제외한다)</td><td>C16</td></tr>
<tr><td>21. 코크스, 연탄 및 석유정제품 제조업</td><td>C19</td></tr>
<tr><td>22. 전자부품, 컴퓨터, 영상, 음향 및 통신장비 제조업</td><td>C26</td></tr>
<tr><td>23. 기타 제품 제조업</td><td>C33</td></tr>
<tr><td>24. 전기, 가스, 증기 및 공기조절 공급업</td><td>D</td></tr>
<tr><td>25. 수도업</td><td>E36</td></tr>
<tr><td>26. 운수 및 창고업</td><td>H</td></tr>
<tr><td>27. 정보통신업</td><td>J</td></tr>
</table>

해당 기업의 주된 업종	분류기호	규모 기준
28. 음료 제조업	C11	평균매출액등 800억원 이하
29. 인쇄 및 기록매체 복제업	C18	
30. 의료용 물질 및 의약품 제조업	C21	
31. 비금속 광물제품 제조업	C23	
32. 의료, 정밀, 광학기기 및 시계 제조업	C27	
33. 수도, 하수 및 폐기물 처리, 원료 재생업(수도업은 제외한다)	E(E36 제외)	
34. 사업시설 관리, 사업 지원 및 임대 서비스업(임대업은 제외한다)	N(N76 제외)	
35. 산업용 기계 및 장비 수리업	C34	평균매출액등 600억원 이하
36. 전문, 과학 및 기술 서비스업	M	
37. 보건업 및 사회복지 서비스업	Q	
38. 예술, 스포츠 및 여가관련 서비스업	R	
39. 수리 및 기타 개인 서비스업(협회 및 단체는 제외한다)	S(S94 제외)	
40. 숙박 및 음식점업	I	평균매출액등 400억원 이하
41. 금융 및 보험업	K	
42. 부동산업	L	
43. 임대업(부동산 임대업은 제외한다)	N76	
44. 교육 서비스업	P	

비고

1. 해당 기업의 주된 업종의 분류 및 분류기호는 「통계법」 제22조에 따라 국가데이터처장이 고시한 한국표준산업분류에 따른다.
2. 위 표 제12호 및 제13호에도 불구하고 자동차용 신품 의자 제조업(C30393), 철도 차량 부품 및 관련 장치물 제조업(C31202) 중 철도 차량용 의자 제조업, 항공기용 부품 제조업(C31322) 중 항공기용 의자 제조업의 규모 기준은 평균매출액등 1,500억원 이하로 한다.

(2) 매출액의 범위

매출액은 과세연도 종료일 현재 기업회계기준에 따라 작성한 해당 과세연도 손익계산서상의 매출액으로 한다. 다만, 창업 · 분할 · 합병의 경우 그 등기일의 다음 날(창업의 경우에는 창업일)이 속하는 과세연도의 매출액을 연간 매출액으로 환산한 금액을 말한다(조특칙 2 ④). 한편, 법인이 둘 이상의 서로 다른 사업을 영위하고 있어 주된 사업을 기준으로 중소기업 해당 여부를 판정하는 경우 규모기준은 해당 법인 또는 거주자가 영위하는 사업 전체의 매출액을 기준으로 하여 판정한다(법집 5-2-2).

4. 독립성 요건

(1) 개 요

다음의 요건을 모두 갖춘 경우 독립성 요건을 충족한 것으로 한다(조특령 2 ① 3호).

① 「독점규제 및 공정거래에 관한 법률」 제31조 제1항에 따른 공시대상기업집단에 속하는 회사 또는 같은 법 제33조에 따라 공시대상기업집단의 국내 계열회사로 편입 · 통지된 것으로 보는 회사에 해당하지 않으며

② 실질적인 독립성이 「중소기업기본법 시행령」 제3조 제1항 제2호에 적합할 것

이 경우 「중소기업기본법 시행령」 제3조 제1항 제2호 나목의 주식등의 간접소유 비율을 계산할 때 집합투자기구를 통하여 간접소유한 경우는 제외하며, 「중소기업기본법 시행령」 제3조 제1항 제2호 다목을 적용할 때 "평균매출액등이 별표 1의 기준에 맞지 아니하는 기업"은 "매출액이 「조세특례제한법 시행령」 제2조 제1항 제1호에 따른 중소기업기준에 맞지 않는 기업"으로 본다(조특령 2 ① 3호).

(2) 「중소기업기본법 시행령」 제3조 제2호

중소기업이란 소유와 경영의 실질적인 독립성이 다음 중 어느 하나에 해당하지 아니하는 기업을 말한다(중기령 3 2호).

① 자산총액이 5,000억원 이상인 법인(외국법인 포함, 비영리법인 및 중소기업창업투자회사 등 제외)이 주식 등의 30% 이상을 직접적 또는 간접적으로 소유한 경우로서 최다출자자인 기업. 이 경우 최다출자자는 해당 기업의 주식 등을 소유한 법인 또는 개인으로서 단독으로 또는 다음의 어느 하나에 해당하는 자와 합산하여 해당 기업의 주식 등을 가장 많이 소유한 자를 말하며, 주식등의 간접소유 비율에 관하여는 「국제조세조정에 관한 법률 시행령」 제2조 제2항을 준용한다.
  ㉠ 주식 등을 소유한 자가 법인인 경우 : 그 법인의 임원
  ㉡ 주식 등을 소유한 자가 ㉠에 해당하지 아니하는 개인인 경우 : 그 개인의 친족

② 관계기업에 속하는 기업의 경우에는 평균매출액 등이 [별표 1]의 규모기준에 맞지 아니하는 기업

여기서, 자산총액이 5천억원 이상인 법인에는 외국법인을 포함하되, 다음에 해당하는 자는 제외한다(중기령 3 ② 2호 나목, 중기령 3의 2 ③).

① 비영리법인

② 「중소기업창업 지원법」에 따른 중소기업창업투자회사

③ 「여신전문금융업법」에 따른 신기술사업금융업자

④ 「벤처기업육성에 관한 특별법」에 따른 신기술창업전문회사

(3) 관계기업

1) 관계기업의 정의

관계기업이란 외부감사대상기업이 「중소기업기본법 시행령」 제3조의 2에 따라 다른 국내기업을 지배함으로써 지배 또는 종속의 관계에 있는 기업의 집단을 말한다(중기령 2 3호).

2) 지배 또는 종속의 관계(중기령 3의 2)

① 관계기업에서 지배 또는 종속의 관계란 기업이 직전 과세연도 말일 현재 다른 국내기업을 다음 각 호의 어느 하나와 같이 지배하는 경우 그 기업(이하 "지배기업")과 그 다른 국내기업(이하 "종속기업")의 관계를 말한다. 다만, 「자본시장과 금융투자업에 관한 법률」 제9조 제15항에 따른 주권상장법인으로서 「주식회사 등의 외부감사에 관한 법률」 제2조 제3호 및 같은 법 시행령 제3조 제1항에 따라 연결재무제표를 작성하여야 하는 기업과 그 연결재무제표에 포함되는 국내기업은 지배기업과 종속기업의 관계로 본다.

㉠ 지배기업이 단독으로 또는 그 지배기업과의 관계가 다음 각 목의 어느 하나에 해당하는 자와 합산하여 종속기업의 주식등을 100분의 30 이상 소유하면서 최다출자자인 경우

가. 단독으로 또는 친족과 합산하여 지배기업의 주식등을 100분의 30 이상 소유하면서 최다출자자인 개인

나. 가목에 해당하는 개인의 친족

㉡ 지배기업이 그 지배기업과의 관계가 위 '㉠'에 해당하는 종속기업(이하 "자회사"라 한다)과 합산하거나 그 지배기업과의 관계가 위 '㉠' 각 목의 어느 하나에 해당하는 자와 공동으로 합산하여 종속기업의 주식등을 100분의 30 이상 소유하면서 최다출자자인 경우

㉢ 자회사가 단독으로 또는 다른 자회사와 합산하여 종속기업의 주식등을 100분의 30 이상 소유하면서 최다출자자인 경우

㉣ 지배기업과의 관계가 위 '㉠' 각 목의 어느 하나에 해당하는 자가 자회사와 합산하여 종속기업의 주식등을 100분의 30 이상 소유하면서 최다출자자인 경우

② 위 '①' 각 호 외의 부분 본문에도 불구하고 다음 각 호의 어느 하나에 해당하는 경우에는 각 호의 구분에 따른 날을 기준으로 위 '①' 각 호에 따른 지배 또는 종속의 관계를 판단할 수 있다.

㉠ 기업이 직전 과세연도 말일이 지난 후 창업, 합병, 분할 또는 폐업한 경우 : 창업일, 합병일, 분할일 또는 「부가가치세법 시행령」 제7조에 따른 폐업일

㉡ 중소기업기본법 시행령 제3조 제1항 제2호 다목에 해당하여 중소기업에서 제외된 기업이 직전 과세연도 말일이 지난 후 주식등의 소유현황이 변경된 경우 : 주식등의 소유현황 변경일

③ 다음 각 호의 어느 하나에 해당하는 자가 다른 국내기업의 주식등을 소유하고 있는 경우에는 그 기업과 그 다른 국내기업은 위 '①'에 따른 지배기업과 종속기업의 관계로 보지 아니한다.

㉠ 「중소기업창업 지원법」에 따른 중소기업창업투자회사

㉡ 「여신전문금융업법」에 따른 신기술사업금융업자

㉢ 「벤처기업육성에 관한 특별조치법」에 따른 신기술창업전문회사

㉣ 「산업교육진흥 및 산학연협력촉진에 관한 법률」에 따른 산학협력기술지주회사

㉤ 그 밖에 제1호부터 제4호까지의 규정에 준하는 경우로서 중소기업 육성을 위하여 중소벤처기업부장관이 정하여 고시하는 자

3) 관계기업의 매출액 산정

관계기업의 매출액등은 「중소기업기본법 시행령」 [별표 2]에 의해 산정한다(중기령 7의 4 ①, 서면법인-21910, 2016.5.3.).

실무포인트 **관계기업 관련**

1. 관계기업에 속하는 기업인지의 판단은 과세연도 종료일 현재를 기준으로 한다.
2. 「조세특례제한법 시행령」(2017.2.7. 대통령령 제27848호로 개정되기 전의 것) 제2조 제3항의 주된 사업은 관계기업의 해당 여부에 관계없이 당해 기업의 사업을 기준으로 판단하는 것이다(서면법인-1894, 2019.11.5).
3. 「조세특례제한법」 제6조 제5항에 따른 소기업의 판정 시에 매출액은 당해 기업의 매출액만으로 판정하는 것이며, 관계기업의 매출액은 합산하지 아니하는 것이다(서면법인-5783, 2016.12.9.).

■ 중소기업기본법 시행령 [별표 2]

관계기업의 평균매출액등의 산정기준(제7조의 4 제1항 관련)

1. 이 표에서 사용하는 용어의 뜻은 다음과 같다.
   가. "형식적 지배"란 지배기업이 종속기업의 주식등을 100분의 50 미만으로 소유하고 있는 것을 말한다.
   나. "실질적 지배"란 지배기업이 종속기업의 주식등을 100분의 50 이상으로 소유하고 있는 것을 말한다.
   다. "직접 지배"란 지배기업이 자회사(지배기업의 종속기업을 말한다. 이하 이 표에서 같다) 또는 손자기업(자회사의 종속기업을 말하며, 지배기업의 종속기업으로 되는 경우를 포함한다. 이하 이 표에서 같다)의 주식등을 직접 소유하고 있는 것을 말한다.
   라. "간접 지배"란 지배기업이 손자기업의 주주인 자회사의 주식등을 직접 소유하고 있는 것을 말한다.

2. 지배기업이 종속기업에 대하여 직접 지배하되 형식적 지배를 하는 경우에는 지배기업 또는 종속기업의 평균매출액등으로 보아야 할 평균매출액등(이하 "전체 평균매출액등"이라 한다)은 다음 각 목에 따라 계산한다.
   가. 지배기업의 전체 평균매출액등은 그 지배기업의 평균매출액등에 지배기업의 종속기업에 대한 주식등의 소유비율과 종속기업의 평균매출액등을 곱하여 산출한 평균매출액등을 합산한다.
   나. 종속기업의 전체 평균매출액등은 그 종속기업의 평균매출액등에 지배기업의 종속기업에 대한 주식등의 소유비율과 지배기업의 평균매출액등을 곱하여 산출한 평균매출액등을 합산한다.

3. 지배기업이 종속기업에 대하여 직접 지배하되 실질적 지배를 하는 경우에는 지배기업 또는 종속기업의 전체 평균매출액등은 다음 각 목에 따라 계산한다.
   가. 지배기업의 전체 평균매출액등은 그 지배기업의 평균매출액등에 종속기업의 평균매출액등을 합산한다.
   나. 종속기업의 전체 평균매출액등은 그 종속기업의 평균매출액등에 지배기업의 평균매출액등을 합산한다.

4. 지배기업이 손자기업에 대하여 간접 지배를 하는 경우에는 지배기업 또는 손자기업의 전체 평균매출액등은 다음 각 목에 따라 계산한다.
   가. 지배기업의 전체 평균매출액등은 그 지배기업의 평균매출액등에 지배기업의 손자기업에 대한 주식등의 간접 소유비율과 손자기업의 평균매출액등을 곱하여 산출한 평균매출액등을 합산한다.
   나. 손자기업의 전체 평균매출액등은 그 손자기업의 평균매출액등에 지배기업의 손자기업에 대한 주식등의 간접 소유비율과 지배기업의 평균매출액등을 곱하여 산출한 평균매출액등을 합산한다.

5. 제4호에서 지배기업의 손자기업에 대한 주식등의 간접 소유비율은 다음과 같다. 다만, 자회사가 둘 이상인 경우에는 각 자회사별로 계산한 소유비율을 합한 비율로 한다.
   가. 지배기업이 자회사에 대하여 실질적 지배를 하는 경우에는 그 자회사가 소유하고 있는 손자기업의 주식등의 소유비율
   나. 지배기업이 자회사에 대하여 형식적 지배를 하는 경우에는 그 소유비율과 그 자회사의 손자기업에 대한 주식등의 소유비율을 곱한 비율

실무포인트 **관계회사 평균매출액 계산방법 예시**

유형 1. 모회사가 자회사를 실질적 지배(50% 이상)로서 직접 지배하는 경우

외감대상 모회사	50%	자회사
500억원	→	200억원

■ 모회사 : 700억원(500억원+200억원)
□ 자회사 : 700억원(500억원+200억원)

유형 2. 모회사가 자회사를 형식적 지배(50% 미만)로서 직접 지배하는 경우

외감대상 모회사	30%	자회사
500억원	→	200억원

■ 모회사 : 560억원(500억원+200억원×30%)
□ 자회사 : 350억원(200억원+500억원×30%)

유형 3. 모회사가 자회사를 실질적 지배, 손자기업을 간접 지배하는 경우

외감대상 모회사	50%	외감대상 자회사	40%	손자회사
500억원	→	200억원	→	100억원

■ 모회사 : 500억원+200억원(자회사)+100억원×40%(손자회사)=740억원
□ 자회사 : 200억원+500억원(모회사)+100억원×40%(손자회사)=740억원
□ 손자회사 : 100억원+200억원×40%(자회사)+500억원×40%(모회사)=380억원

5. 유예기간

(1) 개　요

중소기업이 그 규모의 확대 등으로 다음 중 어느 하나에 해당되어 중소기업에 해당하지 아니하게 된 때에는 최초로 그 사유가 발생한 날이 속하는 과세연도와 그 다음 5개 과세연도(유가증권시장 또는 코스닥시장에 상장되어 있는 경우에는 7개 과세연도)까지는 이를 중소기업으로 보며, 이를 유예기간이라 한다.[1] 유예기간이 경과한 후에는 과세연도별로 중소기업 해당 여부를 판정한다(조특령 2 ②).

① 「조세특례제한법 시행령」 제2조 제1항 본문 단서의 자산총액이 5천억원 이상인 경우
② 「조세특례제한법 시행령」 제2조 제1항 제1호의 평균매출액등이 [별표 1]의 규모기준을 초과하는 경우
③ 「중소기업기본법 시행령」 제3조 제1항 제2호 다목의 관계기업에 속하는 기업의 경우로서 평균매출액등이 [별표 1]의 규모기준을 초과하는 경우

(2) 유예기간 적용 제외

중소기업이 다음 중 어느 하나의 사유로 중소기업에 해당하지 아니하게 된 경우에는 유예기간을 적용하지 아니하고, 유예기간 중에 있는 기업에 대해서는 해당 사유가 발생한 날(②에 따른 유예기간 중에 있는 기업이 중소기업과 합병하는 경우에는 합병일)이 속하는 과세연도부터 유예기간을 적용하지 아니한다(조특령 2 ②).

① 「중소기업기본법」의 규정에 의한 중소기업 외의 기업과 합병하는 경우
② 유예기간 중에 있는 기업과 합병하는 경우
③ 실질적 독립성의 요건을 갖추지 못하게 되는 경우. 단, 「중소기업기본법 시행령」 제3조 제1항 제2호 다목의 규정(관계기업)은 제외
④ 창업일이 속하는 과세연도 종료일부터 2년 이내의 과세연도 종료일 현재 중소기업기준을 초과하는 경우

(3) 중소기업기준이 개정되는 경우

중소기업기준을 적용할 때 기업이 「중소기업기본법 시행령」 제3조 제1항 제2호(독립성 요건) [별표 1](주된 업종별 평균매출액등의 중소기업 규모 기준) 및 [별표 2](관계기업의 평균매출액등의

1) 종전에는 유예기간이 4년이었으나, 2024.11.12.이 속하는 과세연도에 최초로 중소기업에 해당하지 않게 된 사유가 발생하는 경우부터 6년(상장회사는 8년) 적용한다(조특령 부칙 2, 2024.11.12. 개정).

산정기준)의 개정으로 새로이 중소기업에 해당하게 되는 때에는 그 사유가 발생한 날이 속하는 과세연도부터 중소기업으로 보고, 중소기업에 해당하지 아니하게 되는 때에는 그 사유가 발생한 날이 속하는 과세연도와 그 다음 3개 과세연도까지 중소기업으로 본다(조특령 2 ⑤).

6. 중견기업

중견기업이란 다음의 요건을 모두 갖춘 기업을 말한다(조특령 6의 4 ①).

(1) 중소기업이 아닐 것

(2) 업종요건

다음 중 어느 하나에 해당하는 업종을 주된 사업으로 영위하지 아니하여야 한다. 이 경우 둘 이상의 서로 다른 사업을 영위하는 경우에는 사업별 사업수입금액이 큰 사업을 주된 사업으로 본다.

① 「조세특례제한법 시행령」 제29조 제3항에 따른 소비성서비스업
② 「중견기업 성장촉진 및 경쟁력 강화에 관한 특별법 시행령」 제2조 제2항 제2호 각 목의 업종
③ 부동산 임대업

1) 「조세특례제한법 시행령」 제29조 제3항에 따른 소비성서비스업

① 호텔업 및 여관업(관광진흥법에 따른 관광숙박업은 제외)
② 주점업(일반유흥주점업, 무도유흥주점업 및 「식품위생법 시행령」 제21조에 따른 단란주점 영업만 해당하되, 「관광진흥법」에 따른 외국인전용유흥음식점업 및 관광유흥음식점업은 제외)
③ 그 밖에 오락 · 유흥 등을 목적으로 하는 사업으로서 기획재정부령으로 정하는 다음의 사업
　㉠ 무도장 운영업
　㉡ 기타 사행시설 관리 및 운영업(관광진흥법 제5조 또는 폐광지역개발지원에관한특별법 제11조에 따라 허가를 받은 카지노업은 제외)
　㉢ 유사 의료업 중 안마를 시술하는 업
　㉣ 마사지업

2) 「중견기업 성장촉진 및 경쟁력 강화에 관한 특별법 시행령」 제2조 제2항 제2호 각 목의 업종

① 금융업　② 보험 및 연금업　③ 금융 및 보험 관련 서비스업

3) 부동산 임대업

부동산 임대업의 중견기업 제외규정은 2025.2.28. 이후 개시하는 과세연도분부터 적용한다(조특령 부칙 2 1, 대통령령 제35347호, 2025.2.28.).

(3) 독립성 요건

소유와 경영의 실질적인 독립성이 「중견기업 성장촉진 및 경쟁력 강화에 관한 특별법 시행령」 제2조 제2항 제1호에 적합하여야 하며, 이는 다음의 요건을 모두 갖춘 기업을 말한다.

① 소유와 경영의 실질적인 독립성이 다음 중 어느 하나에 해당하지 아니하는 기업일 것
㉠ 「독점규제 및 공정거래에 관한 법률」 제14조 제1항에 따른 상호출자제한 기업집단에 속하는 기업
㉡ 「독점규제 및 공정거래에 관한 법률 시행령」 제21조 제2항에 따른 상호출자제한 기업집단 지정기준인 자산총액 이상인 기업 또는 법인(외국법인 포함)이 해당 기업의 주식(「상법」 제344조의 3에 따른 의결권 없는 주식은 제외한다) 또는 출자지분의 30% 이상을 직접적 또는 간접적으로 소유하면서 최다출자자인 기업. 이 경우 최다출자자는 해당 기업의 주식등을 소유한 법인 또는 개인으로서 단독으로 또는 다음의 어느 하나에 해당하는 자와 합산하여 해당 기업의 주식등을 가장 많이 소유한 자로 하며, 주식등의 간접소유비율에 관하여는 「국제조세조정에 관한 법률 시행령」 제2조 제2항을 준용한다.
ⓐ 주식등을 소유한 자가 법인인 경우 : 그 법인의 임원
ⓑ 주식등을 소유한 자가 개인인 경우 : 그 개인의 친족

(4) 매출액 요건

직전 3개 과세연도의 매출액(매출액은 「조세특례제한법 시행령」 제2조 제4항에 의하여 기업회계기준에 따라 작성한 손익계산서상의 매출액으로 하고, 과세연도가 1년 미만인 과세연도의 매출액은 1년으로 환산한 매출액을 말한다)의 평균금액이 3천억원(연구인력개발비 세액공제의 경우 5천억원) 미만인 기업이어야 한다.

(5) 성실신고 확인서 제출 대상인 부동산 임대업 주업법인이 아닐 것

「법인세법 시행령」 제42조 제2항 다음의 요건을 모두 갖춘 성실신고 확인서 제출 대상인 부동산 임대업 주업법인 등은 중소기업의 범위에서 배제된다(조특령 2 ① 5호). 여기서 성실신고 확인서 제출 대상인 부동산임대업 주업법인이란 다음의 요건을 모두 갖춘 내국법인을 말한다(법령 42 ②). 부동산 임대업 주업법인의 중견기업 제외규정은 2025.2.28. 이후 개시하는 과세연도분부터 적용한다(조특령 부칙 2 1, 대통령령 제35347호, 2025.2.28.).

① 해당 사업연도 종료일 현재 내국법인의 지배주주등이 보유한 주식등의 합계가 해당 내국법인의 발행주식총수 또는 출자총액의 50%를 초과할 것

② 해당 사업연도에 부동산 임대업을 주된 사업으로 하거나 다음 각 목의 금액 합계가 기업회계기준에 따라 계산한 매출액(㉠부터 ㉢까지에서 정하는 금액이 포함되지 않은 경우에는 이를 포함하여 계산)의 50% 이상일 것

㉠ 부동산 또는 부동산상의 권리의 대여로 인하여 발생하는 수입금액(간주임대료 포함)

㉡ 이자소득의 금액

㉢ 배당소득의 금액

③ 해당 사업연도의 상시근로자 수가 5명 미만일 것

CHAPTER

03 최저한세

정책목적상 조세특례제도를 이용하여 세금을 감면하여 주는 경우에도 세 부담의 형평성, 세제의 중립성, 재정확보 측면에서 소득이 있으면 누구나 최소한의 세금을 내도록 하기 위하여 공제감면의 종합한도를 두고 있는데 이를 최저한세라 한다(조특법 132).

소득세 또는 법인세 납부세액 계산 시 세액공제 · 감면 등 「조세특례제한법」상 지원제도를 적용할 때에는 이를 적용한 세액과 「조세특례제한법」상 지원제도를 적용하지 않은 과세표준에 최저한세율(7~17%)을 적용한 세액을 비교하여 이 중 큰 금액을 세액으로 한다.

1. 내국법인 등의 경우

(1) 적용범위

1) 적용대상

최저한세의 적용대상은 다음과 같다(조특법 132 ①).

① 내국법인(조합법인 등을 제외)의 각 사업연도 소득에 대한 법인세
② 국내 사업장을 가진 외국법인과 부동산소득이 있는 외국법인의 각 사업연도 소득에 대한 법인세

2) 적용대상 법인세

최저한세의 적용대상 법인세는 다음을 제외한 법인세를 말한다(조특법 132 ①).

① 토지등 양도소득에 대한 법인세(법법 55의 2)
② 외국법인의 지점세(법법 96)
③ 투자 · 상생협력 촉진을 위한 과세특례를 적용하여 계산한 법인세(조특법 100의 32)
④ 가산세
⑤ 다음의 추징세액(조특령 126 ①)

㉠ 「조세특례제한법」에 의하여 각종 준비금 등을 익금산입하는 경우와 감면세액을 추징하는 경우(소득세 또는 법인세에 가산하여 자진납부하거나 부과징수하는 경우 포함)에 있어서의 이자상당가산액

㉡ 「조세특례제한법」 또는 「법인세법」에 의하여 소득세 또는 법인세의 감면세액을 추징하는 경우 당해 사업연도에 소득세 또는 법인세에 가산하여 자진납부하거나 부과징수하는 세액

(2) 최저한세의 계산구조

1) 개 요

1. 각종감면 후의 세액 ① 「조세특례제한법」에 의한 준비금 · 특별감가상각비 ② 소득공제 · 익금불산입 · 비과세 금액 ③ 세액공제 및 법인세 면제 및 감면	후의 세액	중 큰 금액
2. 각종 감면 전의 과세표준×최저한세율 ① 「조세특례제한법」에 의한 준비금 · 특별감가상각비 ② 소득공제 · 익금불산입 · 비과세금액	적용 전의 과세표준 × 최저한세율	

2) 최저한세율

구 분	과세표준	최저한세율
중소기업	–	7%
일반기업	100억원 이하	10%
	1천억원 이하	12%
	1천억원 초과	17%
중소기업이 유예기간 경과 후 일반기업이 된 경우	유예기간(4년간)	7%
	유예기간 경과 후 3년간	8%
	그 다음 2년간	9%

(3) 최저한세 적용대상 공제감면

최저한세의 적용은 「조세특례제한법」상의 감면 등을 받는 경우로서 다음의 공제감면제도에 한하여 적용하며(조특법 132 ①) 외국납부세액공제와 같은 「법인세법」상의 각종 감면 등은

최저한세의 적용대상이 되지 아니한다.

1) 소득공제액 · 손금산입액 · 익금불산입액 및 비과세액

조세특례제한법상의 소득공제액 · 손금산입액 · 익금불산입액 및 비과세액 중 다음의 것은 최저한세의 적용대상이 된다(조특법 132 ① 2호).

① 손금산입액

조세특례제한법상의 손금산입액 중 다음의 것은 최저한세의 적용대상이 된다(조특법 132 ① 2호).

㉠ 중소기업지원설비에 대한 손금산입(조특법 8 ①)

㉡ 중소기업이 기증받은 설비의 손금산입(조특법 8 ②)

㉢ 서비스업 감가상각비의 신고조정에 의한 손금산입(조특법 28 ①)

㉣ 중소 · 중견기업 설비투자자산의 감가상각비 손금산입 특례(조특법 28의 2 ①)

㉤ 설비투자자산의 감가상각비 손금산입 특례(조특법 28의 3)

㉥ 중소기업 스마트공장 사업용 유명자산의 감가상각비 손금산입 특례(조특법 28의 5)

② 익금불산입액

조세특례제한법상의 익금불산입액 중 다음의 것은 최저한세의 적용대상이 된다(조특법 132 ① 2호).

㉠ 상생협력중소기업으로부터 받은 수입배당금의 익금불산입(조특법 8의 2)

㉡ 연구개발관련출연금 등의 익금불산입(분할과세)(조특법 10의 2)

㉢ 대도시공장의 지방이전에 따른 양도차익의 익금불산입(분할과세)(조특법 60 ②)

㉣ 본사의 수도권과밀억제권역 밖 이전에 따른 양도차익의 익금불산입(분할과세)(조특법 61 ③)

㉤ 혁신도시로 이전하는 공공기관의 본사이전에 따른 양도차익의 익금불산입(분할과세)(조특법 62 ①)

㉥ 공장의 수도권과밀억제권역 밖 이전에 따른 양도차익의 익금불산입(분할과세)(조특법 63 ④)

㉦ 대도시공장 또는 본사의 수도권 밖 이전에 따른 양도차익의 익금불산입(분할과세)(조특법 63의 2 ④)

③ 비과세소득

조세특례제한법상의 비과세소득 중 다음의 것은 최저한세의 적용대상이 된다(조특법 132 ① 2호).

㉠ 중소기업창업투자회사 등의 주식양도차익에 대한 비과세(조특법 13 ①)

㉡ 중소기업창업투자회사 등이 창업자 등으로부터 받는 배당금에 대한 비과세(조특법 13 ③)

㉢ 중소기업창업 투자회사 등에 출자한 주식 등의 양도차익에 대한 비과세(조특법 14)

④ 소득공제액

조세특례제한법상의 소득공제액 중 다음의 것은 최저한세의 적용대상이 된다(조특법 132 ① 2호).

- 자기관리부동산투자회사의 국민주택임대소득에 대한 소득공제액(조특법 55의 2 ④)

2) 세액공제액

조세특례제한법상의 세액공제액 중 다음 것은 최저한세의 적용대상이 된다(조특법 132 ① 3호).

① 기업의 어음제도개선을 위한 세액공제(조특법 7의 2)
② 상생결제 지급금액에 대한 세액공제(조특법 7의 4)
③ 대·중소기업상생협력을 위한 기금출연시 세액공제(조특법 8의 3)
④ 연구·인력개발비에 대한 세액공제(조특법 10). 다만, 중소기업이 아닌 자만 해당한다.
⑤ 특허권 등 취득에 대한 세액공제(조특법 12 ②)
⑥ 기술혁신형 합병에 대한 세액공제(조특법 12의 3 ①)
⑦ 기술혁신형 주식취득에 대한 세액공제(조특법 12의 4 ①)
⑧ 내국법인의 벤처기업 등에의 출자에 대한 과세특례(조특법 13의 2 ①)
⑨ 내국법인의 소재·부품·장비전문기업 등에의 출자·인수에 대한 과세특례(조특법 13의 3)
⑩ 성과공유 중소기업의 경영성과급에 대한 세액공제(조특법 19 ①)
⑪ 통합투자세액공제(조특법 24)
⑫ 영상콘텐츠 제작비용에 대한 세액공제(조특법 25의 6)
⑬ 내국법인의 문화산업전문회사에의 출자에 대한 세액공제(조특법 25의 7)
⑭ 웹툰콘텐츠 제작비용에 대한 세액공제(조특법 25의 8)
⑮ 고용창출투자세액공제(조특법 26)
⑯ 산업수요맞춤형고등학교 등 졸업자를 병역 이행 후 복직시킨 중소기업에 대한 세액공제(조특법 29의 2)
⑰ 경력단절여성 고용 중소기업에 대한 세액공제(조특법 29의 3)
⑱ 근로소득을 증대시킨 기업에 대한 세액공제(조특법 29의 4)

⑲ 청년고용을 증대시킨 기업에 대한 세액공제(조특법 29의 5)

⑳ 고용을 증대시킨 기업에 대한 세액공제(조특법 29의 7)

㉑ 통합고용세액공제(조특법 29의 8)

㉒ 고용유지중소기업 등에 대한 과세특례(조특법 30의 3)

㉓ 중소기업 사회보험료 세액공제(조특법 30의 4)

㉔ 중소기업 간의 통합시 세액공제·승계(조특법 31 ⑥)

㉕ 법인전환 시 세액공제승계(조특법 32 ④)

㉖ 선결제 금액에 대한 세액공제(조특법 99의 12)

㉗ 전자신고에 대한 세액공제(조특법 104의 8)

㉘ 제3자물류비용에 대한 세액공제(조특법 104의 14)

㉙ 해외자원개발투자에 대한 세액공제(조특법 104의 15)

㉚ 운동경기부운영비용에 대한 세액공제(조특법 104의 22 ①·②)

㉛ 석유제품전자상거래에 대한 세액공제(조특법 104의 25)

㉜ 우수 선화주기업 인증을 받은 화주 기업에 대한 세액공제(조특법 104의 30)

㉝ 이스포츠대회 운영에 대한 과세특례(조특법 104의 35)

㉞ 금사업자와 스크랩등사업자의 수입금액 증가 등에 대한 세액공제(조특법 122의 4 ①)

㉟ 금현물시장에서 거래되는 금지금에 대한 세액공제(조특법 126의 7 ⑧)

3) 감면(면제)세액

조세특례제한법상의 감면(면제)세액 중 다음의 것은 최저한세의 적용대상이 된다(조특법 132 ① 4호).

① 창업중소기업에 대한 세액감면(조특법 6)

② 중소기업에 대한 특별세액감면(조특법 7)

③ 특허권 등의 이전 및 대여에 대한 세액감면(조특법 12 ①·③)

④ 연구개발특구에 입주하는 첨단기술기업 등에 대한 세액감면(조특법 12의 2)

⑤ 국제금융거래에 따른 이자소득 등에 대한 세액면제(조특법 21)

⑥ 중소기업 간의 통합 시 세액감면승계(조특법 31 ④)

⑦ 사업전환 중소기업·수도권 외의 지역으로 이전하는 중소기업 또는 농업회사법인의 통합 시 세액감면승계(조특법 31 ⑤)

⑧ 법인전환기업에 대한 세액감면(조특법 32 ④)

⑨ 혁신도시로 이전하는 공공기관에 대한 세액감면(조특법 62 ④)

⑩ 수도권과밀억제권역 밖으로 이전하는 중소기업에 대한 세액감면(수도권 밖으로 이전하는 경우를 제외)(조특법 63)

⑪ 농공단지입주기업 등에 대한 세액감면(조특법 64)

⑫ 농업회사법인에 대한 세액감면(작물재배업에서 발생하는 소득 외 소득만 해당)(조특법 68)

⑬ 소형주택임대사업자에 대한 세액감면(조특법 96 ①)

⑭ 상가건물 장기 임대사업자에 대한 세액감면(조특법 96의 2)

⑮ 위기지역 창업기업에 대한 감면(조특법 99의 9)

⑯ 산림개발소득에 대한 세액감면(조특법 102)

⑰ 제주첨단과학기술단지입주기업에 대한 법인세 감면(조특법 121의 8)

⑱ 제주투자진흥기구 또는 제주자유무역지역입주기업에 대한 법인세 감면(조특법 121의 9)

⑲ 기업도시개발구역등의 창업기업등에 대한 법인세 감면(조특법 121의 17)

⑳ 아시아문화중심도시 투자진흥지구입주기업등에 대한 법인세 감면(조특법 121의 20)

㉑ 금융중심지창업기업등에 대한 법인세등의 감면등(조특법 121의 21)

㉒ 첨단의료복합단지입주기업에 대한 세액감면(조특법 121의 22)

다만, 다음 각 목의 경우 최저한세규정을 적용하지 않는다(조특법 132 ① 4호 단서).

① 조세특례제한법 제6조 제1항 또는 제6항, 제12조의 2, 제99조의 9, 제121조의 8, 제121조의 9, 제121조의 17, 제121조의 20부터 제121조의 22까지의 규정에 따라 법인세의 100분의 100에 상당하는 세액을 감면받는 사업연도의 경우

② 조세특례제한법 제6조 제7항에 따라 추가로 감면받는 부분의 경우

③ 조세특례제한법 제63조에 따라 수도권 밖으로 이전하는 경우

④ 조세특례제한법 제68조에 따라 작물재배업에서 발생하는 소득의 경우

2. 거주자의 경우

(1) 최저한세의 계산구조

사업소득에 대한 소득세를 계산할 때 소득세 최저한세액에 미달하는 경우 그 미달하는 세액에 상당하는 부분에 대해서는 감면 등을 하지 아니한다(조특법 132 ②).

소득세 부담세액 Max[①, ②]

① 최저한세 적용대상 각종 감면 후의 사업소득에 대한 산출세액

② 최저한세

=(과세표준+최저한세대상 손금산입액 및 소득공제금액)×기본세율×35%(45%)

1) 사업소득에 대한 소득세

① 거주자 : 거주자의 사업소득에 대한 소득세를 말하며, 벤처투자조합 출자 등에 대한 소득공제(조특법 16)를 적용받는 경우에만 해당 부동산임대업에서 발생하는 소득을 포함한다.

② 비거주자 : 비거주자의 국내사업장에서 발생한 사업소득에 대한 소득세를 말한다.

$$\text{사업소득에 대한 산출세액} = \text{종합소득 산출세액} \times \frac{\text{사업소득금액}}{\text{종합소득금액}}$$

2) 최저한세율

① 일반적인 경우 : 35%

② 산출세액이 3천만원 초과 : 45%

(2) 최저한세 적용대상(조특법 132 ②)

1) 손금산입액 및 소득공제

① 중소기업 지원설비에 대한 손금산입의 특례 등(조특법 8)

② 연구개발관련출연금 등의 익금불산입(분할과세)(조특법 10의 2)

③ 벤처투자조합 출자 등에 대한 소득공제(조특법 16)

④ 서비스업 감가상각비의 신고조정에 의한 손금산입(조특법 28)

⑤ 중소 · 중견기업 설비투자자산의 감가상각비 손금산입 특례(조특법 28의 2)

⑥ 설비투자자산의 감가상각비 손금산입 특례(조특법 28의 3)

⑦ 중소기업 스마트공장 사업용 유형자산의 감가상각비 손금산입 특례(조특법 28의 5)

⑧ 소기업 · 소상공인 공제부금에 대한 소득공제 등(조특법 86의 3)

⑨ 소득세 소득공제 등의 종합한도(조특법 132의 2)

2) 세액공제

① 기업의 어음제도개선을 위한 세액공제(조특법 7의 2)

② 상생결제 지급금액에 대한 세액공제(조특법 7의 4)

③ 대 · 중소기업상생협력을 위한 기금출연 시 세액공제(조특법 8의 3 ③)

④ 연구 · 인력개발비에 대한 세액공제(조특법 10). 다만, 중소기업이 아닌 자만 해당한다.

⑤ 특허권 등 취득에 대한 세액공제(조특법 12 ②)

⑥ 성과공유 중소기업의 경영성과급에 대한 세액공제(조특법 19 ①)

⑦ 통합투자세액공제(조특법 24)

⑧ 영상콘텐츠 제작비용에 대한 세액공제(조특법 25의 6)

⑨ 웹툰콘텐츠 제작비용에 대한 세액공제(조특법 25의 8)

⑩ 고용창출투자세액공제(조특법 26)

⑪ 산업수요맞춤형고등학교 등 졸업자를 병역 이행 후 복직시킨 중소기업에 대한 세액공제(조특법 29의 2)

⑫ 경력단절여성 고용 중소기업에 대한 세액공제(조특법 29의 3)

⑬ 근로소득을 증대시킨 기업에 대한 세액공제(조특법 29의 4)

⑭ 청년고용을 증대시킨 기업에 대한 세액공제(조특법 29의 5)

⑮ 고용을 증대시킨 기업에 대한 세액공제(조특법 29의 7)

⑯ 통합고용세액공제(조특법 29의 8)

⑰ 고용유지중소기업 등에 대한 과세특례(조특법 30의 3)

⑱ 중소기업 사회보험료 세액공제(조특법 30의 4)

⑲ 중소기업 간의 통합 시 세액공제 · 승계(조특법 31 ⑥)

⑳ 법인전환 시 세액공제승계(조특법 32 ④)

㉑ 선결제 금액에 대한 세액공제(조특법 99의 12)

㉒ 전자신고에 대한 세액공제(조특법 104의 8)

㉓ 제3자물류비용에 대한 세액공제(조특법 104의 14)

㉔ 해외자원개발투자에 대한 세액공제(조특법 104의 15)

㉕ 석유제품전자상거래에 대한 세액공제(조특법 104의 25)

㉖ 우수 선화주기업 인증을 받은 화주 기업에 대한 세액공제(조특법 104의 30)

㉗ 성실사업자에 대한 의료비 등 공제(조특법 122의 3)

㉘ 금사업자와 스크랩등사업자의 수입금액 증가 등에 대한 세액공제(조특법 122의 4 ①)

㉙ 현금영수증사업자 및 현금영수증가맹점에 대한 과세특례(조특법 126의 3)

㉚ 금현물시장에서 거래되는 금지금에 대한 세액공제(조특법 126의 7 ⑧)

3) 세액감면

① 창업중소기업에 대한 세액감면(조특법 6)
② 중소기업에 대한 특별세액감면(조특법 7)
③ 특허권 등의 이전 및 대여에 대한 세액감면(조특법 12 ①·③)
④ 연구개발특구에 입주하는 첨단기술기업 등에 대한 세액감면(조특법 12의 2)
⑤ 국제금융거래에 따른 이자소득 등에 대한 세액면제(조특법 21)
⑥ 중소기업 간의 통합 시 세액감면승계(조특법 31 ④)
⑦ 사업전환 중소기업 · 수도권 외의 지역으로 이전하는 중소기업 또는 농업회사법인의 통합 시 세액감면승계(조특법 31 ⑤)
⑧ 법인전환기업에 대한 세액감면(조특법 32 ④)
⑨ 수도권과밀억제권역 밖으로 이전하는 중소기업에 대한 세액감면(조특법 63)
⑩ 농공단지입주기업 등에 대한 세액감면(조특법 64)
⑪ 소형주택임대사업자에 대한 세액감면(조특법 96)
⑫ 상가건물 장기 임대사업자에 대한 세액감면(조특법 96의 2)
⑬ 위기지역 창업기업에 대한 법인세 등의 감면(조특법 99의 9)
⑭ 산림개발소득에 대한 세액감면(조특법 102)
⑮ 제주첨단과학기술단지 입주기업에 대한 법인세 등의 감면(조특법 121의 8)
⑯ 제주투자진흥지구 또는 제주자유무역지역 입주기업에 대한 법인세 등의 감면(조특법 121의 9)
⑰ 기업도시개발구역 등의 창업기업 등에 대한 법인세 등의 감면(조특법 121의 17)
⑱ 아시아문화중심도시 투자진흥지구 입주기업 등에 대한 법인세 등의 감면 등(조특법 121의 20)
⑲ 금융중심지 창업기업 등에 대한 법인세 등의 감면 등(조특법 121의 21)
⑳ 첨단의료복합단지 및 국가식품클러스터 입주기업에 대한 법인세 등의 감면(조특법 121의 22)

4) 세액감면 중 최저한세가 배제되는 규정

① 다음의 규정에 따라 소득세의 100%에 상당하는 세액을 감면받는 과세연도의 경우
  ㉠ 창업중소기업에 대한 세액감면(조특법 6) 중 제1항 또는 제6항
  ㉡ 연구개발특구에 입주하는 첨단기술기업 등에 대한 세액감면(조특법 12의 2)

㉢ 위기지역 창업기업에 대한 법인세 등의 감면(조특법 99의 9)

㉣ 제주첨단과학기술단지 입주기업에 대한 법인세 등의 감면(조특법 121의 8)

㉤ 제주투자진흥지구 또는 제주자유무역지역 입주기업에 대한 법인세 등의 감면(조특법 121의 9)

㉥ 기업도시개발구역 등의 창업기업 등에 대한 법인세 등의 감면(조특법 121의 17)

㉦ 아시아문화중심도시 투자진흥지구 입주기업 등에 대한 법인세 등의 감면 등(조특법 121의 20)

㉧ 금융중심지 창업기업 등에 대한 법인세 등의 감면 등(조특법 121의 21)

㉨ 첨단의료복합단지 및 국가식품클러스터 입주기업에 대한 법인세 등의 감면(조특법 121의 22)

㉩ 첨단의료복합단지입주기업에 대한 세액감면(조특법 121의 22 ②)

② 창업중소기업에 대한 세액감면(조특법 6) 중 제7항에 따라 추가로 감면받는 부분의 경우

③ 수도권과밀억제권역 밖으로 이전하는 중소기업에 대한 세액감면(조특법 63) 규정에 따라 수도권 밖으로 이전하는 경우

3. 공제감면의 배제시의 적용 순위

(1) 최저한세가 적용되는 감면 등과 적용되지 아니하는 감면 등이 있는 경우

최저한세가 적용되는 감면 등과 그 밖의 감면 등이 동시에 적용되는 경우는 조세특례제한법 제132조 제1항 각 호[최저한세가 적용되는 법인세의 각종공제감면 : 위 '1'의 (3) 참조] 및 제2항[최저한세가 적용되는 소득세의 각종공제감면 : 위 '1'의 (3) 참조] 각 호에 열거한 최저한세가 적용되는 감면 등을 먼저 적용한다(조특법 132 ③).

(2) 납세의무자가 신고(수정신고 및 경정청구 포함)하는 경우

각종 감면 후의 산출세액이 각종 감면 전의 과세표준에 최저한세율을 곱하여 계산한 세액(최저한세)에 미달하는 경우에는 납세의무자의 임의선택에 따라 최저한세 적용대상 특별비용(준비금 및 특별상각), 소득공제, 비과세, 세액공제, 소득세 또는 법인세의 공제, 면제 및 감면 중에서 그 미달하는 세액만큼 적용 배제한다(조특집 132-126-3 ④).

(3) 정부가 경정하는 경우

납세의무자가 신고(수정신고 및 경정청구 포함)한 소득세액 또는 법인세액이 「조세특례제한법」 제132조의 규정에 의하여 계산한 세액(최저한세액)에 미달하여 소득세 또는 법인세를 경정하는 경우에는 다음의 순서(같은 호 안에서는 조특법 제132조 제1항 각 호 및 제2항 각 호에 열거된 조문순서에 따른다)에 따라 순차로 다음 각 호의 감면을 배제하여 세액을 계산한다(조특령 126 ⑤).

① 손금산입 및 익금불산입(조특법 132 ① 2호 및 ② 2호에 해당하는 것)
② 세액공제(조특법 132 ① 3호 및 ② 3호에 해당하는 것). 이 경우 동일 조문에 의한 감면세액 중 이월된 공제세액이 있는 경우에는 나중에 발생한 것부터 적용배제한다.
③ 세액감면(조특법 132 ① 4호 및 ② 4호에 해당하는 것)
④ 소득공제 및 비과세(조특법 132 ① 2호 및 ② 2호에 해당하는 것)

CHAPTER

04 농어촌특별세

「조세특례제한법」에 의하여 감면을 받은 거주자 또는 법인의 경우 당해 감면세액(농어촌특별세 과세표준)의 20%를 농어촌특별세로 납부하여야 한다. 농어촌특별세는 해당 본세를 신고 · 납부(중간예납 제외)하는 때에는 그에 대한 농어촌특별세도 함께 신고 · 납부하여야 한다(농특세법 7 ①).

1. 농어촌특별세의 계산

(1) 세액공제 · 면제 · 감면을 받는 경우

세액공제 · 면제 또는 감면을 받은 세액×세율(20%)

최저한세의 적용으로 공제받지 못한 부분에 상당하는 금액을 이월하여 공제하는 경우에는 실제로 공제받은 사업연도에 농어촌특별세를 납부한다(법인 46019-578, 1995.3.2.).

(2) 비과세 · 소득공제를 받는 경우

$$\left[\left(\text{과세표준금액}+\text{비과세·소득공제 금액}\times\text{소득세율 또는 법인세율}\right)-\left(\text{과세표준 금액}\times\text{소득세율 또는 법인세율}\right)\right]\times\text{세율}(20\%)$$

2. 농특세 과세대상

소득세 또는 법인세에 따른 농어촌특별세는 2034년 6월 30일까지의 기간 중에 종료하는 과세연도에 대하여 「조세특례제한법」에 따라 소득세 또는 법인세의 감면을 받는 거주자 또는 법인에 한하므로(농특법 3 1호, 농특법 부칙 2, 3, 법률 제4743호, 2023.12.31. 개정) 「조세특례제한법」

이외의 법, 즉 「소득세법」 또는 「법인세법」 등에 따라 소득세 또는 법인세를 감면받는 경우에는 납세의무가 없다. 이때에 '감면'이란 다음 중 어느 하나에 해당하는 것을 말한다(농특법 2 ①).

① 「조세특례제한법」에 따라 소득세 또는 법인세가 비과세, 소득공제, 세액면제, 세액감면, 세액공제되는 경우
② 「조세특례제한법」 제72조 제1항에 따른 조합법인 등에 대한 법인세특례세율을 적용 또는 같은 법 제89조 제1항 및 제89조의 3에 따른 이자소득, 배당소득에 대한 소득세 특례세율을 적용하는 경우

3. 농특세 비과세

「조세특례제한법」상 소득세 또는 법인세가 비과세, 소득공제, 세액감면, 세액공제되는 분 중 농어촌특별세를 비과세하는 분을 요약하면 다음과 같다.

▌소득세 또는 법인세의 감면 중 농어촌특별세의 비과세▐

구 분	소득세 또는 법인세의 감면 등 구분	농어촌 특별세의 비과세	근 거 법
① 중소기업창업투자회사 등의 주식양도차익(조특법 13 ①)	비과세	○	농특령 4 ⑦ 1호
② 중소기업창업투자회사 등이 창업자 등으로부터 받는 배당소득(조특법 13 ③)	〃	○	〃
③ 어업협정에 따른 어업자 등이 받는 지원금(조특법 104의 2 ①)	〃	○	농특령 4 ① 1호
① 고용유지중소기업에 대한 소득공제(조특법 30의 3)	소득공제	○	농특령 4 ⑦ 1호
② 프로젝트금융투자회사에 대한 소득공제(조특법 104의 31)	〃	○	〃
① 연구개발관련출연금 등의 익금불산입(조특법 10의 2)	익금불산입	○	농특령 4 ⑦ 1호
② 사업전환무역조정지원기업의 양도차익의 익금불산입(조특법 33)	〃	○	〃
③ 토공 · 주공합병에 따른 부당행위계산의 익금불산입액(조특법 104의 21 ②)	〃	○	〃
④ 공적자금회수를 위한 합병 등의 익금불산입(조특법 121의 24)	〃	○	농특법 4 11의 4호

구 분	소득세 또는 법인세의 감면 등 구분	농어촌특별세의 비과세	근 거 법
① 창업중소기업 등에 대한 세액감면(조특법 6)	세액감면	○	농특법 4 3호
② 중소기업에 대한 특별세액감면(조특법 7)	〃	○	〃
③ 특허권 등의 이전 및 대여에 대한 세액감면(조특법 12 ①)	〃	○	농특령 4 ⑦ 1호
④ 연구개발특구에 입주하는 첨단기술기업 등에 대한 세액감면(조특법 12의 2)	〃	○	〃
⑤ 공공차관도입에 따른 세액감면(조특법 20)	〃	○	농특법 4 11의 2호
⑥ 국제금융거래에 따른 이자소득 등에 대한 세액면제(외국법인, 조특법 21)	〃	○	〃 5호
⑦ 수도권과밀억제권역 외 지역이 중소기업에 대한 세액감면(조특법 63)	〃	○	〃 ⑦ 1호
⑧ 지방이전에 대한 세액감면(조특법 63의 2)	〃	○	〃
⑨ 농공단지입주기업 등에 대한 세액감면(조특법 64)	〃	○	〃
⑩ 영농조합법인에 대한 세액면제(조특법 66 ①)	〃	○	농특령 4 ⑦ 1호
⑪ 영어조합법인에 대한 세액면제(조특법 67 ①)	〃	○	〃
⑫ 농업회사법인에 대한 세액감면(조특법 68 ①)	〃	○	〃
⑬ 산림개발소득에 대한 세액감면(조특법 102)	〃	○	〃
⑭ 외국인투자기업에 대한 세액감면(조특법 121의 2 · 121의 4)	〃	○	농특령 4 ⑦ 1호
① 연구 · 인력개발비에 대한 세액공제(조특법 10)	세액공제	○	농특령 4 ⑦ 1호
② 특허권 등 취득에 대한 세액공제(조특법 12 ②)	〃	○	〃
③ 정규직근로자로의 전환에 따른 세액공제(조특법 30의 2)	〃	○	농특법 4 11의 3호
④ 고용증가인원에 대한 사회보험료세액공제(조특법 30의 4)	〃	○	〃
⑤ 정치자금의 손금산입특례 등(조특법 76 ①)	〃	○	농특령 4 ⑦ 1호
⑥ 혼인에 대한 세액공제(조특법 92)		○	〃
⑦ 전자신고에 대한 세액공제(조특법 104의 8 ① · ③)		○	〃
다음의 조합법인(조특법 72 ①)	(9, 12% 특례세율 적용)		농특령 4 ① 1호
• 농업협동조합 및 조합공동사업법인	〃	○	
• 수산업협동조합법에 의하여 설립된 조합(어촌계를 포함) 및 조합공동사업법인	〃	○	
• 산림조합(산림계를 포함) 및 조합공동사업법인	〃	○	
• 엽연초생산협동조합	〃	○	
• 소비자생활협동조합	〃	○	

4. 분　납

(1) 분　납

① 농어촌특별세의 납세의무자가 본세를 분납하는 경우에는 농어촌특별세도 그 분납금액의 비율에 의하여 해당 본세의 분납의 예에 따라 분납할 수 있다.

② 본세가 해당 세법의 규정에 의한 분납기준금액에 미달하여 그 본세를 분납하지 아니하는 경우에도 농어촌특별세의 세액이 500만원을 초과하는 경우에는 당해 본세의 분납기간 이내에 다음과 같이 분납할 수 있다(농특법 9, 농특령 8).

㉠ 농어촌특별세액이 1,000만원 이하인 때에는 500만원을 초과하는 금액
㉡ 농어촌특별세액이 1,000만원을 초과하는 때에는 그 세액의 50% 이하의 금액

(2) 분납세액의 계산

1) 소득세 또는 법인세의 납부세액이 1,000만원 초과 2,000만원 이하인 경우

소득세 또는 법인세의 납부세액이 2,000만원 이하인 때에는 1,000만원을 초과하는 세액만을 분납할 수 있으므로 농어촌특별세액의 분납은 소득세 또는 법인세액의 분납액에 따라 분납할 수 있다.

예 법인세의 납부세액이 16,000,000원, 농어촌특별세액이 6,000,000원인 경우의 분납할 세액의 계산

세 목	자진납부할 세액	분납할 세액	기한 내 납부할 세액
법 인 세	16,000,000	6,000,000	10,000,000
농어촌특별세	6,000,000	2,250,000	3,750,000

㈜ : 농어촌특별세의 자진납부할 세액 600만원을 법인세의 자진납부할 세액에 대한 분납할 세액의 비율로 안분계산한다.

$$6,000,000\text{원} \times \frac{6,000,000\text{원}}{16,000,000\text{원}} = 2,250,000\text{원(분납할 세액)}$$

2) 소득세 또는 법인세의 납부세액이 2,000만원을 초과하는 경우

소득세 또는 법인세의 납부세액이 2,000만원을 초과하는 경우에는 그 세액의 50% 이하의 금액을 분납할 수 있으므로 농어촌특별세액의 분납은 소득세 또는 법인세액의 분납액에 따라 분납할 수 있다.

예 법인세의 납부세액이 30,000,000원, 농어촌특별세액이 6,000,000원인 경우의 분납할 세액의 계산

세 목	자진납부할 세액	분납할 세액	기한 내 납부할 세액
법 인 세	30,000,000	15,000,000	15,000,000
농어촌특별세	6,000,000	3,000,000	3,000,000

㈜ : 농어촌특별세의 자진납부할 세액 600만원을 법인세의 자진납부할 세액에 대한 분납할 세액의 비율로 안분계산한다.

$$6{,}000{,}000\text{원} \times \frac{15{,}000{,}000\text{원}}{30{,}000{,}000\text{원}} = 3{,}000{,}000\text{원(분납할 세액)}$$

3) 소득세 또는 법인세의 납부세액이 1,000만원 이하이나 농어촌특별세의 납부세액이 500만원 초과 1,000만원 이하인 경우

소득세 또는 법인세가 감면됨으로써 소득세 또는 법인세의 납부세액이 1,000만원 이하이나 농어촌특별세의 납부세액이 500만원 초과 1,000만원 이하인 경우에는 소득세 또는 법인세는 분납기준금액에 미달하므로 분납할 수 없으나 농어촌특별세는 500만원을 초과하는 금액을 분납할 수 있다.

예 법인세의 납부세액이 8,000,000원, 농어촌특별세액이 6,000,000원인 경우의 분납할 세액의 계산

세 목	자진납부할 세액	분납할 세액	기한 내 납부할 세액
법 인 세	8,000,000	−	8,000,000
농어촌특별세	6,000,000	1,000,000	5,000,000

㈜ : 농어촌특별세의 자진납부할 세액이 500만원 초과 1,000만원 이하인 때에는 500만원을 초과하는 금액인 100만원만을 분납할 수 있다.

4) 소득세 또는 법인세의 납부세액이 1,000만원 이하이나 농어촌특별세의 납부세액이 1,000만원을 초과하는 경우

소득세 또는 법인세가 감면됨으로써 소득세 또는 법인세의 납부세액이 1,000만원 이하이나 농어촌특별세액이 1,000만원을 초과하는 경우에는 그 세액의 50% 이하의 금액을 분납할 수 있다.

예 법인세의 납부세액이 8,000,000원, 농어촌특별세액이 12,000,000원인 경우의 분납할 세액의 계산

세 목	자진납부할 세액	분납할 세액	기한 내 납부할 세액
법 인 세	8,000,000	–	8,000,000
농어촌특별세	12,000,000	6,000,000	6,000,000

㈜ : 농어촌특별세의 자진납부할 세액이 1,200만원이므로 그 세액의 50%인 600만원을 분납할 수 있다.

5. 농특세 환급

농어촌특별세의 과오납금 등(감면을 받은 세액을 추가납부함에 따라 발생하는 환급금을 포함)에 대한 환급은 본세의 환급의 예에 따른다(농특법 12). 「조세특례제한법」의 규정에 의하여 공제감면세액을 추징하고 관련 농어촌특별세를 환급하는 경우 환급방법은 본세의 환급의 예에 의하는 것이며, 이 경우 당초 공제감면받은 세액에 이자상당가산액을 가산하여 납부하는 세액은 납부하는 과세연도의 본세에 해당하는 것이므로 농어촌특별세의 환급도 본세를 납부하는 과세연도를 기준으로 결정 또는 경정하여야 한다(서면인터넷방문상담2팀-2434, 2004.11.24.).

CHAPTER

05 경정청구

경정 등의 청구란 확정된 납세의무의 내용이 신고하여야 할 과세표준 및 세액을 초과할 때 또는 신고하여야 할 결손금액 또는 환급세액에 미치지 못할 때 납세의무자가 권리구제를 받을 수 있도록 결정 또는 경정을 구하는 제도를 말한다. 이러한 경정 등의 청구제도는 ① 통상적 사유로 인한 경정청구와 ② 후발적 사유로 인한 경정청구가 있다. 다만, 수정신고와 달리 경정청구만으로는 납세의무의 확정력이 납세의무자에게 부여되지 않는다. 만약, 납세자가 이러한 경정청구제도를 통하여 권리구제를 받지 못하는 경우에는 조세불복을 통하여 권리구제가 가능하다.

1. 통상적 사유로 인한 경정청구

과세표준신고서를 법정신고기한까지 제출한 자 및 기한후과세표준신고서를 제출한 자는 통상적 경정청구 사유가 발생하였을 때에는 최초신고 및 수정신고한 국세의 과세표준 및 세액의 결정 또는 경정을 법정신고기한이 지난 후 5년 이내에 관할 세무서장에게 청구할 수 있다(국기법 45의 2 ①).

(1) 청구 사유

① 과세표준신고서 또는 기한후과세표준신고서에 기재된 과세표준 및 세액이 세법에 따라 신고하여야 할 과세표준 및 세액을 초과할 때(과세표준 및 세액은 각 세법에 따라 결정 또는 경정이 있는 경우에 해당 결정 또는 경정 후의 과세표준 및 세액을 말한다)

② 과세표준신고서 또는 기한후과세표준신고서에 기재된 결손금액, 세액공제액 또는 환급세액이 세법에 따라 신고하여야 할 결손금액, 세액공제액 또는 환급세액에 미치지 못할 때(결손금액, 세액공제액 또는 환급세액은 각 세법에 따라 결정 또는 경정이 있는 경우에는 해당 결정 또는 경정 후의 결손금액, 세액공제액 또는 환급세액을 말한다)

(2) 청구 기한

통상적 사유로 인한 경정청구는 법정신고기한이 지난 후 5년 이내에 관할 세무서장에게 청구할 수 있다. 다만, 결정 또는 경정으로 인하여 증가된 과세표준 및 세액에 대하여는 해당 처분이 있음을 안 날(처분의 통지를 받은 때에는 그 받은 날)부터 3개월 이내(법정신고기한이 지난 후 5년 이내에 한정한다)에 경정을 청구할 수 있다(국기법 45의 2 ①).

과세관청이 세무조사 등의 절차를 통해 납세의무자의 과세표준 및 세액을 증액경정 한 경우에도 납세의무자가 통지를 받은 날로부터 3개월 이내에 경정청구를 하고 이후 거부 통지를 받으면, 90일 이내에 불복청구를 통하여 권리구제를 받을 수 있는데, 만약, 이러한 3개월 이내의 경정청구기한이 경과된 후에도 경정청구기한 5년 이내까지 경정청구를 허용하게 된다면, 이러한 경정청구의 거부 통지(이유 없음)에 따라 조세불복을 다시 청구하게 되어 불가쟁력(불복청구 시 결정의 효력 중 하나)을 무력화시키는 문제점이 발생하게 된다. 따라서, 증액경정이 된 경우에는 3개월 이내(법정신고기한이 지난 후 5년 이내)에서만 경정청구를 할 수 있도록 규정한 것이다.

2. 후발적 사유로 인한 경정청구

과세표준신고서를 법정신고기한까지 제출한 자 또는 국세의 과세표준 및 세액의 결정을 받은 자는 후발적 경정청구 사유가 발생하였을 때에는 그 사유가 발생한 것을 안 날부터 3개월 이내에 결정 또는 경정을 청구할 수 있다(국기법 45의 2 ②, 국기령 25의 2).

(1) 청구 사유

① 최초의 신고 · 결정 또는 경정에서 과세표준 및 세액의 계산 근거가 된 거래 또는 행위 등이 그에 관한 심사청구, 심판청구, 「감사원법」에 따른 심사청구에 대한 결정이나 소송에 대한 판결에 의하여 다른 것으로 확정되었을 때(판결에는 판결과 같은 효력을 가지는 화해나 그 밖의 행위를 포함한다)

② 소득이나 그 밖의 과세물건의 귀속을 제3자에게로 변경시키는 결정 또는 경정이 있을 때

③ 조세조약에 따른 상호합의가 최초의 신고·결정 또는 경정의 내용과 다르게 이루어졌을 때

④ 결정 또는 경정으로 인하여 그 결정 또는 경정의 대상이 된 과세표준 및 세액과 연동된

다른 세목(같은 과세기간으로 한정한다)이나 연동된 다른 과세기간(같은 세목으로 한정한다)의 과세표준 또는 세액이 세법에 따라 신고하여야 할 과세표준 또는 세액을 초과할 때

⑤ '①'부터 '④'까지와 유사한 사유로서 다음의 사유가 해당 국세의 법정신고기한이 지난 후에 발생하였을 때

㉠ 최초의 신고 · 결정 또는 경정을 할 때 과세표준 및 세액의 계산 근거가 된 거래 또는 행위 등의 효력과 관계되는 관청의 허가나 그 밖의 처분이 취소된 경우

㉡ 최초의 신고 · 결정 또는 경정을 할 때 과세표준 및 세액의 계산 근거가 된 거래 또는 행위 등의 효력과 관계되는 계약이 해제권의 행사에 의하여 해제되거나 해당 계약의 성립 후 발생한 부득이한 사유로 해제되거나 취소된 경우

㉢ 최초의 신고 · 결정 또는 경정을 할 때 장부 및 증거서류의 압수, 그 밖의 부득이한 사유로 과세표준 및 세액을 계산할 수 없었으나 그 후 해당 사유가 소멸한 경우

㉣ 위의 '㉠'부터 '㉢'까지의 규정과 유사한 사유에 해당하는 경우

(2) 청구 기한

후발적 사유로 인한 경정청구는 그 사유가 발생한 것을 안 날부터 3개월 이내에 결정 또는 경정을 청구할 수 있다. 만약 후발적 사유가 통상적 경정청구기간 이내에 발생한 경우에는 후발적 경정청구기한과 관계없이 경정청구가 가능하다.

3. 경정청구 후 과세관청의 통지의무

결정 또는 경정의 청구를 받은 세무서장은 그 청구를 받은 날부터 2개월 이내에 과세표준 및 세액을 ① 결정 또는 경정하거나 ② 결정 또는 경정하여야 할 이유가 없다는 뜻을 그 청구를 한 자에게 통지하여야 한다. 만약, 청구를 한 자가 2개월 이내에 아무런 통지를 받지 못한 경우에는 통지를 받기 전이라도 그 2개월이 되는 날의 다음 날부터 이의신청, 심사청구, 심판청구 또는 「감사원법」에 따른 심사청구를 할 수 있다(국기법 45의 2 ③). 다만, 청구를 받은 세무서장은 기간 내에 과세표준 및 세액의 결정 또는 경정이 곤란한 경우에는 청구를 한 자에게 관련 진행상황 및 이의신청, 심사청구, 심판청구 또는 「감사원법」에 따른 심사청구를 할 수 있다는 사실을 통지하여야 한다(국기법 45의 2 ④).

실무포인트

1. 경정청구 기간 경과로 고용증대세액공제 최초공제를 받지 못한 경우 추가공제가 가능한지 여부

질의

○ 질의인은 치과병원을 운영하고 있는 개인사업자로, 2017년~2020년 상시근로자 수 현황은 다음과 같음

구분	2017년	2018년	2019년	2020년
상시근로자 수	3.25명	4명	4명	4명
증가 인원 수	–	0.75명	0명	0명

○ 경정청구 기간 경과로 2018 과세연도에 고용증대세액공제를 최초로 적용받지 못한 경우 경정청구 기간이 경과되지 않은 2019 · 2020 과세연도에 추가공제가 가능한지 여부

회신

개인사업자가 「조세특례제한법」 제29조의 7에 따른 고용을 증대시킨 기업에 대한 세액공제를 적용함에 있어 해당 과세연도의 상시근로자 수가 직전 과세연도 상시근로자 수보다 증가하여 최초공제 요건을 충족하였으나 경정청구 기간 경과로 해당 과세연도에 최초공제를 적용받지 못하였더라도, 이후 경정청구 기간 내의 과세연도에 고용이 감소하지 않아 추가공제 요건을 충족한 경우에는 해당 과세연도 종료일부터 1년(중소기업의 경우 2년)이 되는 날이 속하는 과세연도에 추가공제가 가능한 것임(서면-2024-법규소득-4153, 2025.2.19).

CHAPTER

06 통합고용세액공제 Ver.2026

내국인과 법인의 장기고용 유인을 강화하고 납세자의 납세협력비용을 경감하기 위해 기존의 통합고용세액공제 제도를 전면 개편하였고, 2026년 1월 1일 이후 개시하는 과세연도를 최초 공제연도로 하여 통합고용세액공제를 신청하는 분부터 적용하기로 하였다. 그러나, 2024년 12월 31일이 속하는 과세연도 또는 2025년 12월 31일이 속하는 과세연도에 상시근로자의 수가 직전 과세연도의 상시근로자의 수보다 증가한 경우 해당 과세연도와 해당 과세연도의 종료일부터 1년(중소기업 및 중견기업의 경우에는 2년)이 되는 날이 속하는 과세연도의 세액공제, 공제받은 세액에 상당하는 금액의 납부 등에 관하여는 조세특례제한법 제29조의 8의 개정규정에도 불구하고 종전의 규정에 따른다(부칙 34, 법률 제21223호, 2025.12.23.).

▌주요 개정내용▐

<table>
<tr><th colspan="2">구 분</th><th colspan="4">2025년 이전</th><th colspan="5">2026년 이후</th></tr>
<tr><td colspan="2">최소고용증가 인원</td><td colspan="4">없음</td><td colspan="5">- 중소기업 : 현행과 동일
- 중견기업 : 5명
- 대기업 : 10명</td></tr>
<tr><td rowspan="8">세액공제액</td><td rowspan="2">구 분</td><td colspan="2">중소</td><td rowspan="2">중견</td><td rowspan="2">대</td><td colspan="3">중소</td><td rowspan="2">중견</td><td rowspan="2">대</td></tr>
<tr><td>수도권</td><td>외</td><td colspan="2">수도권</td><td>외</td></tr>
<tr><td rowspan="3">청년등</td><td rowspan="3">1,450</td><td rowspan="3">1,550</td><td rowspan="3">800</td><td rowspan="3">400</td><td>1년</td><td>700</td><td>1,000</td><td>500</td><td>300</td></tr>
<tr><td>2년</td><td>1,600</td><td>1,900</td><td>900</td><td>500</td></tr>
<tr><td>3년</td><td>1,700</td><td>2,000</td><td>900</td><td>0</td></tr>
<tr><td rowspan="3">청년 외</td><td rowspan="3">850</td><td rowspan="3">950</td><td rowspan="3">450</td><td rowspan="3">0</td><td>1년</td><td>400</td><td>700</td><td>300</td><td rowspan="3">0</td></tr>
<tr><td>2년</td><td>900</td><td>1,200</td><td>500</td></tr>
<tr><td>3년</td><td>1,000</td><td>1,300</td><td>500</td></tr>
<tr><td colspan="2">근로자 감소하는 경우</td><td colspan="4">- 추가납부세액 발생
- 감소한 과세연도 전액 공제 배제</td><td colspan="5">- 추가납부세액 없음
- 감소분에 한하여만 추가공제 배제</td></tr>
</table>

1. 기본공제

내국인(소비성서비스업 제외)의 2026년 12월 31일이 속하는 과세연도부터 2028년 12월 31일이 속하는 과세연도까지의 기간 중 해당 과세연도의 상시근로자의 수가 직전 3개 과세연도(2024.12.31 이전에 개시한 과세연도 제외) 중 1개 이상 과세연도의 상시근로자의 수보다 증가한 경우에는 다음의 금액을 해당 과세연도의 소득세(사업소득에 대한 소득세만 해당) 또는 법인세에서 공제한다. 다만, 중소기업이 아닌 내국인은 해당 과세연도에 최소고용증가인원수를 초과하여 상시근로자의 수가 증가한 경우에만 공제한다(조특법 29의 8 ①).

구 분	기본공제금액
중소기업	세액공제액 : ① + ② ① 청년등에 대한 공제금액 ② 청년등 외에 대한 공제금액
중견기업	세액공제액 : ① + ② − ③ ① 청년등에 대한 공제금액 ② 청년등 외에 대한 공제금액 ③ 최소고용증가인원수에 대한 차감액
대기업	세액공제액 : ① − ② ① 청년등에 대한 공제금액 ② 최소고용증가인원수에 대한 차감액

▌세액공제금액 요약▐

<table>
<tr><th colspan="2" rowspan="3">구 분</th><th colspan="4">증가인원 1명당 공제금액</th></tr>
<tr><th colspan="2">중소기업</th><th rowspan="2">중견기업</th><th rowspan="2">대기업</th></tr>
<tr><th>수도권</th><th>수도권 밖</th></tr>
<tr><td rowspan="3">청년등
상시근로자</td><td>1년</td><td>700만원</td><td>1,000만원</td><td>500만원</td><td>300만원</td></tr>
<tr><td>2년</td><td>1,600만원</td><td>1,900만원</td><td>900만원</td><td>500만원</td></tr>
<tr><td>3년</td><td>1,700만원</td><td>2,000만원</td><td>900만원</td><td>−</td></tr>
<tr><td rowspan="3">청년등 외
상시근로자</td><td>1년</td><td>400만원</td><td>700만원</td><td>300만원</td><td rowspan="3">−</td></tr>
<tr><td>2년</td><td>900만원</td><td>1,200만원</td><td>500만원</td></tr>
<tr><td>3년</td><td>1,000만원</td><td>1,300만원</td><td>500만원</td></tr>
</table>

❙ 최소증가인원수 ❙

구 분	중소기업	중견기업	대기업
최소증가인원수	0명	5명	10명

(1) 청년등상시근로자에 대한 공제금액

청년 정규직 근로자, 장애인근로자, 60세 이상인 근로자 또는 경력단절 근로자 등 청년등상시근로자의 증가 인원 수(전체 상시근로자의 증가 인원 수를 한도로 한다)에 대하여는 다음의 금액을 공제한다(조특법 29의 8 ① 1호). 다음에서 '수도권'이란 수도권정비계획법 제2조 제1호의 규정에 의한 수도권으로서 서울특별시, 인천광역시와 경기도를 말한다(조특법 2 ① 9호).

1) 중소기업의 경우

세액공제 금액 : A + B + C

* A, B 또는 C의 계산식에 따라 계산한 금액이 음수인 경우 해당 금액은 0으로 본다.

A : 직전 과세연도 대비 청년등상시근로자의 증가 인원 수*에 대한 금액
직전 과세연도 대비 청년등상시근로자의 증가 인원 수 × 700만원(수도권 밖1,000만원)

B : 전전 과세연도** 대비 청년등상시근로자의 증가 인원 수***에 대한 금액
전전 과세연도 대비 청년등상시근로자의 증가 인원 수 × 1,600만원(수도권 밖1,900만원)

C : 전전전 과세연도**** 대비 청년등상시근로자의 증가 인원 수(해당 과세연도, 직전 과세연도 및 전전 과세연도의 청년등상시근로자의 수 중 가장 적은 수에서 전전전 과세연도의 청년등상시근로자의 수를 뺀 값을 말한다. 이하 이 항에서 같다)에 대한 금액
전전전 과세연도 대비 청년등상시근로자의 증가 인원 수 × 1,700만원(수도권 2,000만원).

* 해당 과세연도의 청년등상시근로자의 수에서 직전 과세연도의 청년등상시근로자의 수를 뺀 값을 말하며, 이하 같다.

** 2024년 12월 31일 이전에 개시한 과세연도는 제외하며, 이하 같다.

*** 해당 과세연도의 청년등상시근로자의 수와 직전 과세연도의 청년등상시근로자의 수 중 적은 수에서 전전 과세연도의 청년등상시근로자의 수를 뺀 값을 말하며, 이하 같다.

**** 2024년 12월 31일 이전에 개시한 과세연도는 제외하며, 이하 같다.

2) 중견기업의 경우

세액공제 금액 : A + B + C

* A, B 또는 C의 계산식에 따라 계산한 금액이 음수인 경우 해당 금액은 0으로 본다.

A : 직전 과세연도 대비 청년등상시근로자의 증가 인원 수에 대한 금액
직전 과세연도 대비 청년등상시근로자의 증가 인원 수 × 500만원
B : 전전 과세연도 대비 청년등상시근로자의 증가 인원 수에 대한 금액
전전 과세연도 대비 청년등상시근로자의 증가 인원 수 × 900만원
C : 전전전 과세연도 대비 청년등상시근로자의 증가 인원 수에 대한 금액
전전전 과세연도 대비 청년등상시근로자의 증가 인원 수 × 900만원

3) '1)' 및 '2)' 외의 경우

세액공제 금액 : A + B

* A 또는 B의 계산식에 따라 계산한 금액이 음수인 경우 해당 금액은 0으로 본다.

A : 직전 과세연도 대비 청년등상시근로자의 증가 인원 수에 대한 금액
직전 과세연도 대비 청년등상시근로자의 증가 인원 수 × 300만원
B : 전전 과세연도 대비 청년등상시근로자의 증가 인원 수에 대한 금액
전전 과세연도 대비 청년등상시근로자의 증가 인원 수 × 500만원

(2) 청년등외상시근로자에 대한 공제금액

청년등상시근로자를 제외한 상시근로자의 증가 인원 수(전체 상시근로자의 증가 인원 수를 한도로 한다)에 대하여는 다음의 금액을 공제한다(조특법 29의 8 ① 2호).

1) 중소기업의 경우

세액공제 금액 : A + B + C

* A, B 또는 C의 계산식에 따라 계산한 금액이 음수인 경우 해당 금액은 0으로 본다.

A : 직전 과세연도 대비 청년등외상시근로자의 증가 인원 수*에 대한 금액
직전 과세연도 대비 청년등외상시근로자의 증가 인원 수 × 400만원(수도권 밖700만원)

B : 전전 과세연도** 대비 청년등외상시근로자의 증가 인원 수***에 대한 금액
전전 과세연도 대비 청년등외상시근로자의 증가 인원 수 × 900만원(수도권 밖1,200만원)
C : 전전전 과세연도**** 대비 청년등외상시근로자의 증가 인원 수(해당 과세연도, 직전 과세연도 및 전전 과세연도의 청년등외상시근로자의 수 중 가장 적은 수에서 전전전 과세연도의 청년등외상시근로자의 수를 뺀 값을 말한다. 이하 이 항에서 같다)에 대한 금액
전전전 과세연도 대비 청년등외상시근로자의 증가 인원 수 × 1,000만원(수도권 1,300만원)

* 해당 과세연도의 청년등외상시근로자의 수에서 직전 과세연도의 청년등외상시근로자의 수를 뺀 값을 말하며, 이하 같다.
** 2024년 12월 31일 이전에 개시한 과세연도는 제외하며, 이하 같다.
*** 해당 과세연도의 청년등외상시근로자의 수와 직전 과세연도의 청년등외상시근로자의 수 중 적은 수에서 전전 과세연도의 청년등외상시근로자의 수를 뺀 값을 말하며, 이하 같다.
**** 2024년 12월 31일 이전에 개시한 과세연도는 제외하며, 이하 같다.

2) 중견기업의 경우

세액공제 금액 : A + B + C

* A, B 또는 C의 계산식에 따라 계산한 금액이 음수인 경우 해당 금액은 0으로 본다.

A : 직전 과세연도 대비 청년등외상시근로자의 증가 인원 수에 대한 금액
직전 과세연도 대비 청년등외상시근로자의 증가 인원 수 × 300만원
B : 전전 과세연도 대비 청년등외상시근로자의 증가 인원 수에 대한 금액
전전 과세연도 대비 청년등외상시근로자의 증가 인원 수 × 500만원
C : 전전전 과세연도 대비 청년등외상시근로자의 증가 인원 수에 대한 금액
전전전 과세연도 대비 청년등외상시근로자의 증가 인원 수 × 500만원

(3) 최소고용증가인원수에 대한 차감액

최소고용증가인원수는 중견기업의 경우 5명, 중견기업이 아닌 경우 10명으로 한다(조특령 26의8 ④).

1) 중견기업

① 청년등외상시근로자의 증가 인원 수가 최소고용증가인원수 이상인 경우

구 분	금 액
㉠ 직전 과세연도 대비 증가한 경우	최소고용증가인원수 × 300만원
㉡ 전전 과세연도 또는 전전전 과세연도 대비 증가한 경우	최소고용증가인원수 × 500만원

② 청년등외상시근로자의 증가 인원 수가 최소고용증가인원수 미만인 경우

구 분	금 액
㉠ 직전 과세연도 대비 증가한 경우	직전 과세연도 대비 청년등외상시근로자의 증가 인원 수 × 300만원 + (최소고용증가인원수 - 직전 과세연도 대비 청년등외상시근로자의 증가 인원 수) × 500만원
㉡ 전전 과세연도 또는 전전전 과세연도 대비 증가한 경우	전전 과세연도 대비 청년등외상시근로자의 증가 인원 수 × 500만원 + (최소고용증가인원수 - 전전 과세연도 대비 청년등외상시근로자의 증가 인원 수) × 900만원
㉢ 전전전 과세연도 대비 증가한 경우 다음의 계산식에 따라 산출한 금액	전전전 과세연도 대비 청년등외상시근로자의 증가 인원 수 × 500만원 + (최소고용증가인원수 - 전전전 과세연도 대비 청년등외상시근로자의 증가 인원 수) × 900만원

2) 중견기업이 아닌 경우

① 청년등외상시근로자의 증가 인원 수가 최소고용증가인원수 이상인 경우 : 0원

② 청년등외상시근로자의 증가 인원 수가 최소고용증가인원수 미만인 경우

구 분	금 액
㉠ 직전 과세연도 대비 증가한 경우	(최소고용증가인원수 - 직전 과세연도 대비 청년등외상시근로자의 증가 인원 수) × 300만원
㉡ 전전 과세연도 또는 전전전 과세연도 대비 증가한 경우	(최소고용증가인원수 - 전전 과세연도 대비 청년등외상시근로자의 증가 인원 수) × 500만원

2. 공제대상자

통합고용세액공제는 소비성서비스업을 제외한 내국인에 대하여 2026년 12월 31일이 속하는 과세연도부터 2028년 12월 31일이 속하는 과세연도까지 적용하며, 기본공제금액과 추가공제금액을 합산한 금액을 소득세 또는 법인세에서 공제한다(조특법 29의 8 ①).

(1) 내국인

"내국인"이란 「소득세법」에 따른 거주자 및 「법인세법」에 따른 내국법인을 말한다(조특법 2 ① 1호).

내국인의 범위	내 용
① 거주자	거주자란 국내에 주소를 두거나 183일 이상의 거소를 둔 개인을 말한다(소법 1의 2).
② 내국법인	내국법인이란 본점, 주사무소 또는 사업의 실질적 관리장소가 국내에 있는 법인을 말한다(법법 2 1호).

(2) 소비성서비스업

여기서 소비성서비스업이란 다음의 업종을 말한다(조특령 26의 8 ①, 조특령 29 ③).

① 호텔업 및 여관업(관광숙박업 제외)

② 주점업(일반유흥주점업, 무도유흥주점업 및 단란주점 영업만 해당되고, 관광진흥법에 따른 외국인 전용유흥음식점업 및 관광유흥음식점업은 제외)

③ 그 밖에 오락 · 유흥 등을 목적으로 하는 사업으로서 기획재정부령으로 정하는 다음의 사업

㉠ 무도장 운영업

㉡ 기타 사행시설 관리 및 운영업(관광진흥법 제5조 또는 폐광지역개발지원에관한특별법 제11조에 따라 허가를 받은 카지노업은 제외)

㉢ 유사 의료업 중 안마를 시술하는 업

㉣ 마사지업

「조세특례제한법」에서 사용되는 업종의 분류는 「조세특례제한법」에 특별한 규정이 있는 경우를 제외하고는 국가데이터처장이 고시하는 한국표준산업분류에 따른다(조특법 2 ③). 통합고용세액공제가 적용되지 않는 소비성서비스업종의 범위를 한국표준산업분류 코드에 따라 설명하면 다음과 같다.

구분	소비성서비스업에 해당	소비성서비스업이 아닌 것
1) 호텔 · 여관업	– 호텔업(55101) 및 여관업(55102)	– 관광숙박업
2) 주점업	– 일반 유흥주점업(56211) – 무도 유흥주점업(56212) – 단란 주점업(56219)	– 생맥주 전문점(56213) – 외국인전용유흥음식점업 및 관광유흥음식점업
3) 오락 · 유흥업	– 무도장 운영업(91291) – 기타 사행시설 관리 및 운영업(91249) – 유사 의료업 중 안마를 시술하는 업(86902) – 마사지업(96122)	

3. 상시근로자 및 청년등 상시근로자

청년 정규직 근로자, 장애인근로자, 60세 이상인 근로자 또는 경력단절 근로자 등은 "청년등상시근로자"라 하며, 청년등상시근로자를 제외한 상시근로자는 "청년등외상시근로자"라 한다(조특법 29의 8 ① 1호, 2호).

(1) 상시근로자

"상시근로자"란 조세특례제한법 시행령 제23조 제10항에 따른 상시근로자를 말하며, 근로기준법에 따라 근로계약을 체결한 내국인 근로자(거주자인 근로자)를 말한다. 다만, 다음 중 어느 하나에 해당하는 사람은 제외한다(조특령 26의 8 ②).

따라서, 외국인도 소득세법상 거주자에 해당되고 아래의 상시근로자 제외사유에 해당하지 않는다면 상시근로자에 포함된다(국세청 알기쉬운 고용증대세액공제 31p. 참조).

① 근로계약기간이 1년 미만인 근로자. 단, 근로계약의 연속된 갱신으로 인하여 그 근로계약의 총기간이 1년 이상인 근로자는 상시근로자로 본다.
이 경우 근로계약기간의 합계가 1년 이상이 되게 하는 계약갱신이 발생한 월부터 상시근로자에 포함한다(기획재정부 조세특례제도과–511, 2024.6.19.).

② 「근로기준법」 제2조 제1항 제9호에 따른 단시간근로자. 단, 1개월간의 소정근로시간이 60시간 이상인 근로자는 상시근로자로 본다.

③ 법인세법 시행령 제40조 제1항 각 호의 어느 하나에 해당하는 임원

④ 해당 기업의 최대주주 또는 최대출자자(개인사업자의 경우에는 대표자)와 그 배우자

⑤ 위 '④'에 해당하는 자의 직계존비속(그 배우자 포함) 및 국세기본법 시행령 제1조의 2 제1항에 따른 친족관계인 사람

⑥ 소득세법 시행령 제196조에 따른 근로소득원천징수부에 의하여 근로소득세를 원천징수한 사실이 확인되지 아니하고, 다음 중 어느 하나에 해당하는 금액의 납부사실도 확인되지 아니하는 자

㉠ 국민연금법 제3조 제1항 제11호 및 제12호에 따른 부담금 및 기여금

㉡ 국민건강보험법 제69조에 따른 직장가입자의 보험료

(2) 청년 정규직 근로자

1) 청년 정규직 근로자의 범위

청년 정규직 근로자란 15세 이상 34세 이하인 사람을 말하며, 다음 중 어느 하나에 해당하는 사람을 제외한 사람을 말한다(조특령 26의 8 ③ 1호). 따라서, 나이가 청년에 해당된다 하더라도 기간제근로자 등 다음 중 어느 하나에 해당하는 경우에는 청년 정규직 근로자에서 제외되므로, 청년 등 외 공제금액을 적용하여야 한다(서면-2022-법인-2176 [법인세과-1583], 2022.10.31.).

① 기간제및단시간근로자보호등에관한법률에 따른 기간제근로자 및 단시간근로자

② 파견근로자보호등에관한법률에 따른 파견근로자

③ 청소년 보호법 제2조 제5호 각 목에 따른 청소년유해업소에 근무하는 같은 조 제1호에 따른 청소년

2) 청년의 연령이 증가하여 34세를 초과하는 경우

근로계약 체결 당시 34세 이하인 사람은 연령 증가에 따라 34세를 초과하더라도 근로계약 체결일로부터 4년간(중소기업 또는 중견기업이 아닌 경우에는 3년간)은 청년등상시근로자로 본다(조특령 26의 8 ③ 1호 단서). 본 규정은 2026년 1월 조세특례제한법 시행령 개정(안)의 내용으로 해당 시행령 시행 이후 통합고용세액공제를 신청하는 경우부터 적용한다(조특령 부칙 11).

3) 병역을 이행한 경우

해당 근로자가 다음 중 어느 하나에 해당하는 병역을 이행한 경우에는 그 기간(6년 한도)을 현재 연령에서 빼고 계산한 연령이 34세 이하인 사람을 포함한다(조특령 27 ① 1호).

①「병역법」 제16조 또는 제20조에 따른 현역병(같은 법 제21조, 제25조에 따라 복무한 상근예비역 및 의무경찰 · 의무소방원을 포함한다)

②「병역법」 제26조 제1항에 따른 사회복무요원

③ 「군인사법」 제2조 제1호에 따른 현역에 복무하는 장교, 준사관 및 부사관

실무포인트

1. 병역이행 여부 확인방법

병역이행여부 및 이행기간은 정부24(www.gov.kr) 홈페이지에서 "병적증명서 발급" 메뉴를 이용하여 확인할 수 있다. 다만, 전문연구요원 · 산업기능요원으로 복무한 경우에도 병적증명서가 발급되며 복무기간이 표시되나, 이러한 병역대체 복무한 기간은 청년 판정 시 제외하지 않으므로, 감면 적용 시 유의하여야 한다.

2. 병역이행 확인이 곤란한 경우

내국법인이 「조세특례제한법」 제29조의 7에 따른 고용증대세액공제(이하 '쟁점규정')를 적용할 때 상시근로자의 병역이행 여부를 확인할 수 없어 청년등 상시근로자에 해당하는지 여부가 불분명한 경우 청년등 상시근로자 외 상시근로자로 보아 쟁점규정을 적용할 수 있는 것임(서면-2023-법규법인-3508, 2024.4.22)

(3) 장애인근로자

장애인근로자란 다음의 사람을 말한다(조특법 29의 8 ①, 조특령 26의 8 ③ 2호).

① 장애인복지법의 적용을 받는 장애인

② 국가유공자등예우및지원에관한법률에 따른 상이자

③ 5 · 18민주유공자예우및단체설립에관한법률 제4조 제2호에 따른 5 · 18민주화운동부상자

④ 고엽제후유의증등환자지원및단체설립에관한법률 제2조 제3호에 따른 고엽제후유의증환자로서 장애등급 판정을 받은 사람

(4) 60세 이상인 근로자

60세 이상인 근로자란 근로계약 체결일 현재 연령이 60세 이상인 사람을 말한다(조특령 26의 8 ③ 3호).

정년퇴직으로 근로관계가 실질적으로 단절된 후, 「근로기준법」에 따라 새로운 근로계약을 체결(근로계약기간 1년 이상)한 경우, 계약 체결일 현재 60세 이상인 경우에는 청년등 상시근로자에 해당한다(서면-2022-법규법인-3940, 2023.6.15.).

(5) 경력단절 근로자

경력단절 근로자란 다음의 요건을 모두 충족하는 근로자를 말한다(조특법 29의 8 ②, 조특령 26의 3).

① 임금을 목적으로 같은 기업에서 1년 이상 계속하여 근로를 제공(1년 이상 근무한 자란 경력단절 근로자의 근로소득세가 소득세법에 따른 근로소득원천징수부를 통하여 원천징수되었던 사실이 확인되는 경우로 한정)한 후 다음에서 정하는 결혼 · 임신 · 출산 · 육아 · 자녀교육 · 가족돌봄의 사유로 퇴직하였을 것(조특령 26의 8 ⑫)

㉠ 다음의 어느 하나에 해당하는 경우

ⓐ 퇴직한 날부터 1년 이내에 혼인한 경우(가족관계기록사항에 관한 증명서를 통하여 확인되는 경우에 한정한다)

ⓑ 퇴직한 날부터 2년 이내에 임신하거나 난임 시술(모자보건법에 따른 보조생식술)을 받은 경우(의료기관의 진단서 또는 확인서를 통하여 확인되는 경우에 한정한다)

ⓒ 퇴직일 당시 임신한 상태인 경우(의료기관의 진단서를 통하여 확인되는 경우로 한정한다)

ⓓ 퇴직일 당시 8세 이하의 자녀가 있는 경우

ⓔ 퇴직일 당시 「초 · 중등교육법」 제2조에 따른 학교(초 · 중 · 고등학교 등)에 재학 중인 자녀가 있는 경우

㉡ 퇴직일 당시 「장애인복지법」에 따라 등록한 장애인 자녀가 있는 경우

㉢ 퇴직일 당시 다음의 어느 하나에 해당하는 직계존속(배우자의 직계존속을 포함)을 동거봉양하기 위해 같은 세대를 이루고 있는 경우

ⓐ 70세 이상

ⓑ 「장애인복지법」에 따라 등록한 장애인

② ①에 따른 사유로 퇴직한 날부터 2년 이상 15년 미만의 기간이 지났을 것

③ 해당 기업의 최대주주 또는 최대출자자(개인사업자의 경우에는 대표자를 말한다)나 그와 「국세기본법 시행령」 제1조의 2 제1항에 따른 친족관계가 아닐 것(조특령 26의 3 ⑤)

4. 상시근로자 수 및 증가인원수의 계산

(1) 상시근로자 수 등의 계산

통합고용증대세액공제 규정을 적용할 때 상시근로자 수, 청년등 상시근로자 수는 다음의 구분에 따른 계산식에 따라 계산한 수(100분의 1 미만의 부분은 없는 것으로 한다)로 한다(조특령

26의 8 ⑥, 조특령 11의2 ⑦).

1) 상시근로자 수

$$\frac{\text{상시근로자별 해당 과세연도의 근무 개월 수}}{\text{해당 과세연도의 개월 수}} \text{의 합}$$

2) 청년등 상시근로자 수

$$\frac{\text{청년 등 상시근로자별 해당 과세연도의 근무 개월 수}}{\text{해당 과세연도의 개월 수}} \text{의 합}$$

(2) 단시간근로자가 있는 경우

근로기준법 제2조 제1항 제9호에 따른 단시간근로자로서 1개월간의 소정근로시간이 60시간 이상인 근로자는 상시근로자로 1명은 0.5명으로 하여 계산하되, 다음의 지원요건을 모두 충족하는 경우에는 0.75명으로 하여 계산한다(조특령 26의 8 ⑦).

① 해당 과세연도의 상시근로자 수(단시간근로자는 제외한다)가 직전 과세연도의 상시근로자 수(단시간근로자는 제외한다)보다 감소하지 아니하였을 것

② 기간의 정함이 없는 근로계약을 체결하였을 것

③ 상시근로자와 시간당 임금(근로기준법 제2조 제1항 제5호에 따른 임금, 정기상여금 · 명절상여금 등 정기적으로 지급되는 상여금과 경영성과에 따른 성과금을 포함한다), 그 밖에 근로조건과 복리후생 등에 관한 사항에서 기간제및단시간근로자보호등에관한법률 제2조 제3호에 따른 차별적 처우가 없을 것

④ 시간당 임금이 최저임금법 제5조에 따른 최저임금액의 130%(중소기업의 경우에는 120%) 이상일 것

(3) 창업 등을 한 경우의 상시근로자 수 등의 계산

해당 과세연도에 창업 등을 한 내국인의 경우에는 다음의 구분에 따른 수를 직전 또는 해당 과세연도의 상시근로자 수 또는 청년등 상시근로자 수로 본다(조특령 26의 8 ⑧ · 23 ⑬).

1) 창업한 경우

창업한 경우['2)' 및 '3)' 제외]의 직전 과세연도의 상시근로자 수 또는 청년등 상시근로자 수 : 0명

2) 창업으로 보지 않는 경우

조세특례제한법 제6조 제10항 제1호(합병 · 분할 · 현물출자 또는 사업의 양수 등을 통하여 종전의 사업을 승계하는 경우는 제외)부터 제3호까지에서 규정하는 다음 중 어느 하나에 해당하는 경우의 직전 과세연도의 상시근로자 수 또는 청년등 상시근로자 수 : 종전 사업, 법인전환 전의 사업 또는 폐업 전의 사업의 직전 과세연도 상시근로자 수 또는 청년등 상시근로자 수

① 합병 · 분할 · 현물출자 또는 사업의 양수를 통하여 종전의 사업에 사용되던 자산을 인수 또는 매입하여 같은 종류의 사업을 하는 경우. 다만, 다음 중 어느 하나에 해당하는 경우는 제외한다.

㉠ 종전의 사업에 사용되던 자산을 인수하거나 매입하여 같은 종류의 사업을 하는 경우 그 자산가액의 합계가 사업 개시 당시 토지 · 건물 및 기계장치 등 대통령령으로 정하는 사업용자산의 총가액에서 차지하는 비율이 30% 이하인 경우

㉡ 사업의 일부를 분리하여 해당 기업의 임직원이 사업을 개시하는 경우로서 대통령령으로 정하는 요건에 해당하는 경우

② 거주자가 하던 사업을 법인으로 전환하여 새로운 법인을 설립하는 경우

③ 폐업 후 사업을 다시 개시하여 폐업 전의 사업과 같은 종류의 사업을 하는 경우

3) 종전의 사업을 승계(근로자 승계)하는 경우

다음의 어느 하나에 해당하는 경우의 직전 또는 해당 과세연도의 상시근로자 수 또는 청년등 상시근로자 수 : 직전 과세연도의 상시근로자 수 또는 청년등 상시근로자 수는 승계시킨 기업의 경우에는 직전 과세연도 상시근로자 수 또는 청년등 상시근로자 수에 승계시킨 상시근로자 수 또는 청년등 상시근로자 수를 뺀 수로 하고, 승계한 기업의 경우에는 직전 과세연도 상시근로자 수 또는 청년등 상시근로자 수에 승계한 상시근로자 수 또는 청년등 상시근로자 수를 더한 수로 하며, 해당 과세연도의 상시근로자 수 또는 청년등 상시근로자 수는 해당 과세연도 개시일에 상시근로자 또는 청년등 상시근로자를 승계시키거나 승계한 것으로 보아 계산한 상시근로자 수는 청년등 상시근로자 수로 한다.

① 해당 과세연도에 합병 · 분할 · 현물출자 또는 사업의 양수 등에 의하여 종전의 사업부문에서 종사하던 상시근로자 또는 청년등 상시근로자를 승계하는 경우

② 조세특례제한법 시행령 제11조 제1항에 따른 특수관계인으로부터 상시근로자 또는 청년등 상시근로자를 승계하는 경우

* 조세특례제한법 시행령 제11조 제1항에 따른 "특수관계인"이란 「법인세법 시행령」 제2조 제5항 및 「소득세법 시행령」 제98조 제1항에 따른 특수관계인을 말한다. 이 경우 「법인세법 시행령」 제2조 제5항 제2호의 소액주주 등을 판정할 때 「법인세법 시행령」 제50조 제2항 중 "1%"는 "30%"로 본다.

▌창업 등을 한 경우의 상시근로자 수 등의 계산▐

구 분	사유	직전연도	해당연도
1) 원칙	해당연도 창업	0	–
2) 창업 배제	① 사업양수도 등의 사유로 자산매입 ② 개인의 법인전환 ③ 폐업 후 재개업	종전 사업, 법인전환 전 또는 폐업 전의 사업의 직전 과세연도 상시근로자 수	–
3) 근로자 승계	① 사업양수도 등의 사유로 근로자 승계 ② 특수관계인으로부터 근로자 승계	① 승계시킨 기업 직전근로자 수 – 승계근로자 수	해당 과세연도 개시일에 승계한 것으로 계산
		② 승계한 기업 직전근로자 수 + 승계근로자 수	

5. 추가공제

(1) 정규직 전환자 추가공제

1) 세액공제금액

중소기업 또는 중견기업이 2023년 6월 30일 당시 고용하고 있는 비정규직 근로자 등을 2024년 1월 1일부터 2024년 12월 31일까지 정규직 근로자로 전환하는 경우에는 다음의 금액을 해당 과세연도의 소득세 또는 법인세에서 공제한다(조특법 29의 8 ④).

세액공제 금액 = 정규직 근로자로의 전환에 해당하는 인원 수* × 1,300만원(중견기업 900만원)

* 해당 기업의 최대주주 또는 최대출자자(개인사업자의 경우에는 대표자)나 그와 특수관계에 있는 사람은 제외한다. 여기서 특수관계에 있는 사람은 국세기본법 시행령 제1조의 2 제1항에 따른 친족관계인 사람을 말한다(조특령 26의 8 ⑨).

2) 비정규직 근로자 등

세액공제 대상이 되는 비정규직 근로자 등이란 2023년 6월 30일 당시 고용하고 있는 기간제및단시간근로자보호등에관한법률에 따른 기간제근로자 및 단시간근로자, 파견근로자보호등에관한법률에 따른 파견근로자, 하도급거래공정화에관한법률에 따른 수급사업자에게 고용된 기간제근로자 및 단시간근로자를 말한다(조특법 29의 8 ④).

3) 정규직 근로자로의 전환

정규직 근로자로의 전환이란 2023년 6월 30일 당시 고용하고 있는 비정규직 근로자 등을 2024년 1월 1일부터 2024년 12월 31일까지 기간의 정함이 없는 근로계약을 체결한 근로자로 전환하거나 파견근로자보호등에관한법률에 따라 사용사업주가 직접 고용하거나 하도급거래공정화에관한법률 제2조 제2항 제2호에 따른 원사업자가 기간의 정함이 없는 근로계약을 체결하여 직접 고용하는 경우를 말한다(조특법 29의 8 ④).

4) 공제배제

해당 과세연도에 해당 중소기업 또는 중견기업의 상시근로자 수가 직전 과세연도의 상시근로자 수보다 감소한 경우에는 정규직 전환자 추가공제를 공제하지 아니한다(조특법 29의 8 ④). 여기서 상시근로자 수와 청년등 상시근로자 수를 계산할 때 「근로기준법」 제74조에 따른 출산전후휴가를 사용 중인 상시근로자를 대체하는 상시근로자가 있는 경우 해당 출산전후휴가를 사용 중인 상시근로자는 상시근로자 수와 청년등 상시근로자 수에서 제외한다(조특령 26의 8 ⑦).

(2) 육아휴직 복귀자 추가공제

1) 세액공제금액

중소기업 또는 중견기업이 육아휴직 복귀자를 2026년 12월 31일까지 복직시키는 경우에는 다음의 금액을 복직한 날이 속하는 과세연도의 소득세 또는 법인세에서 공제한다(조특법 29의 8 ⑤). 본 세액공제는 육아휴직 복귀자의 자녀 1명당 한 차례에 한정하여 적용한다(조특법 29의 8 ⑥).

세액공제 금액 = 육아휴직 복귀자 인원 수 × 1,300만원(중견기업 900만원)

2) 육아휴직 복귀자

육아휴직 복귀자란 다음의 요건을 모두 충족하는 사람을 말한다(조특법 29의 8 ⑤).

① 해당 기업에서 1년 이상 근무하였을 것. 이는 해당 기업이 육아휴직 복귀자의 근로소득세를 원천징수하였던 사실이 근로소득 원천징수부를 통하여 확인되는 경우로 한정한다(조특령 26의 8 ⑩).

② 남녀고용평등과 일 · 가정양립지원에관한 법률 제19조 제1항에 따라 육아휴직한 경우로서 육아휴직 기간이 연속하여 6개월 이상일 것

③ 해당 기업의 최대주주 또는 최대출자자(개인사업자의 경우에는 대표자)나 그와 특수관계에 있는 사람이 아닐 것. 여기서 특수관계에 있는 사람은 국세기본법 시행령 제1조의 2 제1항에 따른 친족관계인 사람을 말한다(조특령 26의 8 ⑨).

3) 공제배제

해당 과세연도에 해당 중소기업 또는 중견기업의 상시근로자 수가 직전 과세연도의 상시근로자 수보다 감소한 경우에는 육아휴직 복귀자 추가공제를 공제하지 아니한다(조특법 29의 8 ⑤). 여기서 상시근로자 수와 청년등 상시근로자 수를 계산할 때 「근로기준법」 제74조에 따른 출산전후휴가를 사용 중인 상시근로자를 대체하는 상시근로자가 있는 경우 해당 출산전후휴가를 사용 중인 상시근로자는 상시근로자 수와 청년등 상시근로자 수에서 제외한다(조특령 26의 8 ⑦).

(3) 사후관리 – 공제받은 세액의 납부

정규직 전환자 및 육아휴직 복귀자에 대한 추가공제 규정에 따라 소득세 또는 법인세를 공제받은 자가 각각 정규직 근로자로의 전환일 또는 육아휴직 복직일부터 2년이 지나기 전에 해당 근로자와의 근로관계를 종료하는 경우에는 근로관계가 종료한 날이 속하는 과세연도의 과세표준신고를 할 때 공제받은 세액에 상당하는 금액(공제금액 중 공제받지 못하고 이월된 금액이 있는 경우에는 그 금액을 차감한 후의 금액)을 소득세 또는 법인세로 납부하여야 한다(조특법 29의 8 ⑦). 이 경우 이자상당액은 납부하지 않는다.

6. 중복적용 배제

(1) 창업중소기업 추가감면과 중복 배제

1) 2025.1.1. 이후에 창업한 경우

창업중소기업감면(조특법 6)을 적용함에 있어서 2025.1.1. 이후 창업중소기업을 창업하는 경우, 창업보육센터사업자로 지정을 받는 경우, 벤처기업으로 확인받는 경우 또는 에너지신기술중소기업에 해당하게 되는 경우로서, 창업중소기업감면(조특법 6)을 적용하여 소득세 또는 법인세를 감면받는 경우에는 통합고용세액공제(조특법 29의 8)를 적용하지 아니한다.

2) 2024.12.31. 이전에 창업한 경우

통합고용세액공제는 창업중소기업 등에 대한 세액감면(조특법 6)과 중복적용이 가능하나, 업종별 최소고용인원 이상을 고용한 창업중소기업 등이 추가감면(조특법 6 ⑦)을 받는 경우에는 제29조의 8의 규정에 따른 통합고용세액공제를 동시 적용하지 아니한다(조특법 127 ④ 단서).

창업중소기업 감면을 적용받는 업종별로 상시근로자 수(이하 "업종별최소고용인원"이라 한다) 이상을 고용하는 수도권과밀억제권역 외 지역에서 창업한 창업중소기업(청년창업중소기업 제외), 창업보육센터사업자, 창업벤처중소기업 및 에너지신기술중소기업의 해당 감면기간 중 해당 과세연도의 상시근로자 수가 직전 과세연도의 상시근로자 수(직전 과세연도의 상시근로자가 업종별 최소고용인원에 미달하는 경우에는 업종별 최소고용인원을 말한다)보다 큰 경우에는 다음 '①'의 세액에 '②' 율을 곱하여 산출한 금액을 같은 항에 따른 감면세액에 더하여 감면한다. 다만 '영세창업중소기업' 규정에 따라 100% 감면을 받는 과세연도에는 본 규정에 따른 추가감면을 하지 않는다(조특법 6 ⑦).

① 해당 사업에서 발생한 소득에 대한 법인세

② 다음의 계산식에 따라 계산한 율. 다만, 50%(75%에 상당하는 세액을 감면받는 과세연도의 경우에는 25%)를 한도로 하고, 1% 미만인 부분은 없는 것으로 본다.

$$\frac{\text{해당 과세연도의 상시근로자 수} - \text{직전 과세연도의 상시근로자 수}}{\text{직전 과세연도의 상시근로자 수}} \times \frac{50}{100}$$

여기서 '업종별 최소고용인원'이란 다음의 구분에 따른 인원 수를 말한다(조특령 5 ⑭).

① 광업·제조업·건설업 및 물류산업 : 10명
② 그 외 업종 : 5명

실무포인트 **2025년 개정세법**

창업중소기업감면(조특법 6)을 적용함에 있어서 2025.1.1. 이후 창업중소기업을 창업하는 경우, 창업보육센터사업자로 지정을 받는 경우, 벤처기업으로 확인받는 경우 또는 에너지신기술중소기업에 해당하게 되는 경우에는 다음과 같이 적용한다.

① 상시근로자 수 증가에 따른 추가감면율을 계산할 때 종전에 50%를 곱하던 것을 100%로 적용한다.
② 창업중소기업감면(조특법 6)을 적용하여 소득세 또는 법인세를 감면받는 경우에는 통합고용세액공제(조특법 29의 8)를 적용하지 아니한다.

(2) 외국인 투자기업 감면을 적용받는 경우의 적용방법

내국인에 대하여 동일한 과세연도에 통합고용세액공제 기본공제(조특법 29의 8 ①)를 적용할 때 조세특례제한법 제121조의 2(외국인투자에 대한 조세 감면) 또는 제121조의 4(증자의 조세감면)에 따라 소득세 또는 법인세를 감면하는 경우에는 해당 규정에 따라 공제할 세액에 해당 기업의 총주식 또는 총지분에 대한 내국인투자자의 소유주식 또는 지분의 비율을 곱하여 계산한 금액을 공제한다(조특법 127 ③).

실무포인트

1. 외투감면을 받은 사업연도에 고용증대 세액공제의 추가공제 시 중복지원 배제규정 적용 여부

2020~2021 과세연도에 「조세특례제한법」 제121조의 2에 따른 외국인투자에 대한 조세감면을 최초로 적용받은 내국법인이 해당 과세연도에 2018~2019 과세연도분 '고용증대세액공제 또는 중소기업 사회보험료 세액공제'의 추가공제를 적용받는 경우, 같은 법 제127조 제3항에 따라 해당 규정에 따른 공제할 세액에 내국법인의 총주식 또는 총지분에 대한 내국인투자자의 소유주식 또는 지분의 비율을 곱하여 계산한 금액을 공제받을 수 있는 것임(기준-2024-법규법인-0083, 2024.8.8.).

7. 기타의 유의사항

(1) 세액공제의 신청

통합고용세액공제를 받으려는 자는 과세표준 신고와 함께 세액공제신청서(조특칙 별지 제1호 서식) 및 통합고용세액공제 공제세액계산서(조특칙 별지 제10호의 9 서식)를 납세지 관할 세무서장에게 제출하여야 한다(조특법 29의 8 ⑦, 조특령 26의 8 ⑪).

(2) 최저한세

통합고용세액공제는 최저한세의 적용대상이 된다(조특법 132 ①, ②).

(3) 이월공제

통합고용세액공제액은 해당 과세연도에 납부할 세액이 없거나 조세특례제한법 제132조에 따른 법인세최저한세액에 미달하여 공제받지 못한 부분에 상당하는 금액은 해당 과세연도의 다음 과세연도 개시일부터 10년 이내에 끝나는 각 과세연도에 이월하여 그 이월된 각 과세연도의 소득세 또는 법인세에서 공제한다(조특법 144 ①).

이때에 각 과세연도의 법인세에서 공제할 금액과 이월된 미공제액이 중복되는 경우에는 이월된 미공제액을 먼저 공제하고 그 이월된 미공제액 간에 중복되는 경우에는 먼저 발생한 것부터 차례대로 공제한다(법법 59 ① 3호, 조특법 144 ②). 특히 조세특례제한법 제144조 제2항의 규정은 귀속 과세연도가 상이한 동일 종류의 세액공제가 중복되는 경우에 적용하는 것이고, 서로 다른 종류의 세액공제가 중복되는 경우에는 당해 규정을 적용하지 않는다(서면2팀 -1246, 2004.6.16.).

(4) 농어촌특별세

통합고용세액공제를 적용받은 경우 당해 공제세액(농어촌특별세 과세표준)의 20%를 농어촌특별세로 납부하여야 한다. 농어촌특별세는 해당 본세를 신고 · 납부(중간예납 제외)하는 때에는 그에 대한 농어촌특별세도 함께 신고 · 납부하여야 한다(농특세법 5). 이때에 최저한세의 적용으로 공제받지 못한 부분에 상당하는 금액을 이월하여 공제하는 경우에는 실제로 공제받은 과세연도에 농어촌특별세를 납부한다(법인 46019-578, 1995.3.2.).

PART 02

통합고용 및 고용증대 사례

CHAPTER

01 주요예규 및 실무사례 해설

1 상시근로자 해당 여부

1. 외국인 근로자가 상시근로자에 포함되는지

국적이 외국인인 근로자를 고용한 경우에도 근로기준법에 따라 근로계약을 체결하였고, 근로소득세 원천징수 및 건강보험 또는 국민연금에 가입한 경우라면(조특령 23 ⑩), 통합고용세액공제의 적용대상인 상시근로자에 포함된다. 일반적으로 '외국인'이란 대한민국의 국적을 가지지 않는 자를 말하며, 무국적자도 외국인에 포함된다. 그러나, 조세특례제한법에서는 "내국인"을 「소득세법」에 따른 거주자 및 「법인세법」에 따른 내국법인으로 정의하고 있으므로(조특법 2 ① 1호), 상시근로자 여부를 판단할 때는 국적이 아닌 거주자 여부로 판단하여야 한다.

거주자란 국내에 주소를 두거나 183일 이상의 거소를 둔 개인을 말하며, 비거주자란 거주자가 아닌 개인을 말한다(소법 1의 2). 즉, 거주자 또는 비거주자에 해당하는지 여부는 주소와 거소를 기준으로 판단하는데, 국내에 거주하는 개인이 계속하여 183일 이상 국내에 거주할 것을 통상 필요로 하는 직업을 가진 때에는 국내에 주소를 가진 것으로 본다(소령 2 ③). 이때 비거주자가 거주자로 되는 시기는 "국내에 주소를 가지거나 국내에 주소가 있는 것으로 보는 사유가 발생한 날"(소법 2의 2 ①)로 규정하고 있다.

따라서, 국적이 외국인인 근로자가 국내에 있는 기업에 취업하면서 사업주와 기간의 정함이 없는 근로계약을 체결하는 경우 "국내에 183일 이상 거주할 것을 통상 필요로 하는 직업을 가진 것"으로 보아 거주자로 판단될 것이며, "국내에 주소가 있는 것으로 보는 사유가 발생한 날" 즉, 계약을 체결하는 날부터 거주자로 보아야 할 것이다.

관련규정

거주자란 국내에 주소를 두거나 183일 이상의 거소를 둔 개인을 말하며, 비거주자란 거주자가 아닌 개인을 말한다(소법 1의 2). 따라서, 거주자 또는 비거주자에 해당하는지 여부는 주소와 거소를 기준으로 판단한다.

(1) 주소

1) 주소의 개념

주소는 생계를 같이하는 가족 및 국내에 소재하는 자산의 유무 등 생활관계의 객관적 사실에 따라 판정한다(소령 2 ①). 국내에 거주하는 개인이 다음 중 어느 하나에 해당하는 경우에는 국내에 주소를 가진 것으로 본다(소령 2 ③). 다만, 외국국적을 가졌거나 외국법령에 의하여 그 외국의 영주권을 얻은 자로서 국내에 생계를 같이하는 가족이 없고 그 직업 및 자산상태에 비추어 다시 입국하여 주로 국내에 거주하리라고 인정되지 아니하는 때에는 국내에 주소가 없는 것으로 본다(소령 2 ④).

① 계속하여 183일 이상 국내에 거주할 것을 통상 필요로 하는 직업을 가진 때

② 국내에 생계를 같이하는 가족이 있고, 그 직업 및 자산상태에 비추어 계속하여 183일 이상 국내에 거주할 것으로 인정되는 때. 여기서 '국내에 생계를 같이하는 가족'이란 우리나라에서 생활자금이나 주거장소 등을 함께 하는 가까운 친족을 의미하고, '직업 및 자산상태에 비추어 계속하여 183일 이상 국내에 거주할 것으로 인정되는 때'란 거주자를 소득세 납세의무자로 삼는 취지에 비추어 볼 때 183일 이상 우리나라에서 거주를 요할 정도로 직장관계 또는 근무관계 등이 유지될 것으로 보이거나 183일 이상 우리나라에 머물면서 자산의 관리 · 처분 등을 하여야 할 것으로 보이는 때와 같이 장소적 관련성이 우리나라와 밀접한 경우를 의미한다(대법원2018두60847, 2019.3.14.).

2) 주소 판정특례

① 외국을 항행하는 선박 또는 항공기의 승무원의 경우 그 승무원과 생계를 같이하는 가족이 거주하는 장소 또는 그 승무원이 근무기간 외의 기간 중 통상 체재하는 장소가 국내에 있는 때에는 당해 승무원의 주소는 국내에 있는 것으로 보고, 그 장소가 국외에 있는 때에는 당해 승무원의 주소가 국외에 있는 것으로 본다(소령 2 ⑤).

② 거주자나 내국법인의 국외사업장 또는 해외현지법인(내국법인이 발행주식총수 또는 출자지분의 100%를 직접 또는 간접 출자한 경우에 한정한다) 등에 파견된 임원 또는 직원이나 국외에서 근무하는 공무원은 거주자로 본다(소령 3).

(2) 거소

1) 거소의 개념

거소는 주소지 외의 장소 중 상당기간에 걸쳐 거주하는 장소로서 주소와 같이 밀접한 일반적 생활관계가 형성되지 아니한 장소로 한다(소령 2 ②).

2) 거주기간 계산

국내에 거소를 둔 기간은 입국하는 날의 다음날부터 출국하는 날까지로 하며, 국내에 거소를 둔 기간이 1과세기간 동안 183일 이상인 경우 또는 2과세기간에 걸쳐 계속하여 183일 이상인 경우에는 국내에 183일 이상 거소를 둔 것으로 본다. 또한, 국내에 거소를 두고 있던 개인이 출국 후 다시 입국한 경우에 생계를 같이하는 가족의 거주지나 자산소재지 등에 비추어 그 출국목적이 관광, 질병의 치료 등 기획재정부령으로 정하는 사유에 해당하며 명백하게 일시적인 것으로 인정되는 때에는 그 출국한 기간도 국내에 거소를 둔 기간으로 본다(소령 4 ①·②·③). 또한, 재외동포가 입국한 경우에 생계를 같이하는 가족의 거주지나 자산소재지 등에 비추어 그 입국목적이 관광, 질병의 치료 등 비사업목적으로서 명백하게 일시적인 것으로 인정되는 때에는 그 입국한 기간은 국내에 거소를 둔 기간으로 보지 아니한다(소령 4 ④).

(3) 비거주자가 **거주자**로 되는 시기(소법 2의 2 ①)

① 국내에 주소를 둔 날

② 국내에 주소를 가지거나 국내에 주소가 있는 것으로 보는 사유가 발생한 날

③ 국내에 거소를 둔 기간이 183일이 되는 날

관련예규

◎ 「조세특례제한법」 제30조의 4에 따른 중소기업 사회보험료 세액공제를 적용함에 있어 상시근로자는 「근로기준법」에 따라 근로계약을 체결한 내국인 근로자로서, 외국인 근로자가 「소득세법」에 따른 거주자에 해당하는 경우 상시근로자에 포함되는 것이나, 「조세특례제한법 시행령」 제27조의 4 제1항 각 호의 어느 하나에 해당하는 사람은 제외하는 것임 (법령해석과-1953, 2020.6.24.)

2. 퇴사자의 경우 퇴사한 달을 근로자 수에 포함하는지

상시근로자 수는 해당 과세연도의 매월 말 현재 상시근로자 수의 합으로 계산하므로(조특령 26의 8 ⑥), 퇴사자의 경우 퇴사한 달의 상시근로자 수 계산 시 포함되지 않는다. 다만, 매월 말일자로 퇴사한 경우라면 퇴사한 달의 상시근로자 수에도 포함하여야 한다.

사례

① 5월 30일 퇴사자 : 5월달 상시근로자 수에서 제외
② 5월 31일 퇴사자 : 5월달 상시근로자 수에 포함

관련규정

통합고용증대세액공제 규정을 적용할 때 상시근로자 수, 청년등 상시근로자 수는 다음의 구분에 따른 계산식에 따라 계산한 수(100분의 1 미만의 부분은 없는 것으로 한다)로 한다(조특령 26의 8 ⑥, 조특령 11의2 ⑦). 본 규정은 2026년 1월 조세특례제한법 시행령 개정(안)의 내용으로 해당 시행령 시행 이후 통합고용세액공제를 신청하는 경우부터 적용한다(조특령 부칙 제11조). 따라서, 2025년 귀속분 소득세 · 법인세를 신고함에 있어서 통합고용세액공제 신청시 개정된 규정에 따라 상시근로자 수 등을 계산하여야 한다.

1) 상시근로자 수

$$\frac{\text{상시근로자별 해당 과세연도의 근무 개월 수}}{\text{해당 과세연도의 개월 수}} \text{의 합}$$

2) 청년등 상시근로자 수

$$\frac{\text{청년 등 상시근로자별 해당 과세연도의 근무 개월 수}}{\text{해당 과세연도의 개월 수}} \text{의 합}$$

02 통합고용 고용증대 및 사례

3. 1년 미만 근무한 근로자가 상시근로자에 해당되는지 여부

구 분	내 용
정규직 근로자	근무기간에 관계없이 상시근로자 수에 포함
기간제근로자	원 칙 : 상시근로자 수에서 제외
	예외 1 : 처음부터 1년 이상 근로계약을 체결한 경우에는 실제 근무기간에 관계없이 상시근로자 수에 포함
	예외 2 : 처음에는 1년 미만 계약이었다가 계약 갱신으로 총 근로계약기간이 1년 이상이 된 경우에는 계약 갱신일이 속하는 달의 말일부터 상시근로자 수에 포함

(1) 기간제근로자의 범위

"기간제근로자"라 함은 기간의 정함이 있는 근로계약을 체결한 근로자를 말한다(기간제법 2 1호). 근로기준법에서는 근로계약은 기간을 정하지 아니한 것과 일정한 사업의 완료에 필요한 기간을 정한 것 외에는 그 기간은 1년을 초과하지 못하도록 규정하고 있다(근로기준법 16).

또한, 사용자는 2년을 초과하지 아니하는 범위 안에서(기간제 근로계약의 반복갱신 등의 경우에는 그 계속근로한 총기간이 2년을 초과하지 아니하는 범위 안에서) 기간제근로자를 사용할 수 있다. 다만, 다음 각 호의 어느 하나에 해당하는 경우에는 2년을 초과하여 기간제근로자로 사용할 수 있다(기간제법 4 ①).

① 사업의 완료 또는 특정한 업무의 완성에 필요한 기간을 정한 경우

② 휴직 · 파견 등으로 결원이 발생하여 해당 근로자가 복귀할 때까지 그 업무를 대신할 필요가 있는 경우

③ 근로자가 학업, 직업훈련 등을 이수함에 따라 그 이수에 필요한 기간을 정한 경우

④ 「고령자고용촉진법」 제2조 제1호의 고령자와 근로계약을 체결하는 경우

⑤ 전문적 지식 · 기술의 활용이 필요한 경우와 정부의 복지정책 · 실업대책 등에 따라 일자리를 제공하는 경우로서 대통령령으로 정하는 경우

⑥ 그 밖에 '①'부터 '⑤'까지에 준하는 합리적인 사유가 있는 경우로서 대통령령으로 정하는 경우

만약, 사용자가 위 '① ~ ⑥'의 사유가 없거나 소멸되었음에도 불구하고 2년을 초과하여 기간제근로자로 사용하는 경우에는 그 기간제근로자는 기간의 정함이 없는 근로계약을 체결한 근로자로 본다(기간제법 4 ②).

(2) 기간제근로자의 상시근로자 포함 여부

조세특례제한법에서는 상시근로자 수를 계산함에 있어 근로계약기간이 1년 미만인 근로자를 원칙적으로 제외하므로(조특령 23 ⑩), 상시근로자 판단은 근로자와 체결한 근로계약서를 기준으로 하여야 한다.

① 근로계약서에 "기간의 정함이 없는 계약"으로 명시한 경우에는 근로계약 기간이 1년 이상인 경우에 해당하므로 상시근로자 수에 포함되며, 해당 근로자가 1년 미만의 기간 동안 근무하고 퇴사하더라도 실제 근무기간에 관계없이 상시근로자 수에 포함된다.

② 근로계약서에 근무기간이 1년 미만으로 기재된 기간제근로자의 경우에는 원칙적으로 상시근로자 수에서 제외된다.

③ 근로계약서에 근무기간이 1년 미만으로 기재된 기간제근로자라 하더라도 근로계약의 연속된 갱신으로 인하여 그 근로계약의 총 기간이 1년 이상인 근로자는 상시근로자에 포함된다. 이때, 당초 근로계약기간이 1년 미만이었으나, 그 계약기간 만료시점에 근로계약기간을 1년 이상으로 하여 재계약하였다면, 근로계약기간의 합계가 1년 이상이 되게 하는 계약갱신이 발생한 월부터 해당 근로자를 상시근로자에 포함한다.

사례

구분	근로계약서 작성일	근로계약	근무기간	판단
A직원	25.1.1	25.1.1.~(기간 정함 없음)	25.1.1.~ 9.30	25.1월 ~ 9월 상시근로자 수 포함
B직원	25.1.1.	25.1.1.~3.31.(계약직)	25.1.1.~	25.4월부터 상시근로자 수 포함
	25.4.1.	25.4.1.~12.31.(계약직)		
	26.1.1.	26.1.1.~(기간 정함 없음)		
C직원	25.1.1.	25.1.1.~5.31.(계약직)	25.1.1.~ 26.3.31	25.11월 ~ 26.3월 상시근로자 수 포함
	25.6.1.	25.6.1.~10.31.(계약직)		
	25.11.1.	25.11.1.~26.3.31.(계약직)		

관련예규

1. 기간제근로자를 상시근로자로 보는 시기

① 상시근로자 수는 「조세특례제한법 시행령」 제26조의 7 제7항에 따라 매월 말 현재를 기준으로 계산하고, 연속된 갱신으로 인하여 그 근로계약의 총 기간이 1년 이상이 된 근로자는 근로계약기간의 합계가 1년 이상이 되게 하는 계약갱신이 발생한 월에 상시근로자에 포함되는 것임(기획재정부 조세특례제도과–511, 2024.6.19.).

② 조세특례제한법 제29조의 7 고용을 증대시킨 기업에 대한 세액공제를 적용함에 있어서 근로계약기간이 1년 미만인 근로자는 상시근로자에서 제외하는 것이나 근로계약의 연속된 갱신으로 인하여 그 근로계약의 총 기간이 1년 이상인 근로자는 상시근로자에 포함하는 것임. 이때, 근로계약의 연속된 갱신으로 근로계약 총 기간이 1년 이상이 된 근로자는 그 갱신일이 속하는 월부터 상시근로자에 포함하는 것임(서면–2023–법인–4011, 2024.3.25.).

③ 「근로기준법」에 따라 근로계약을 체결한 내국인 근로자의 당초 근로계약기간이 1년 미만인 경우 상시근로자에 해당하지 않으며, 근로계약의 연속된 갱신으로 근로계약의 총 기간이 1년 이상인 경우 갱신일이 속하는 월부터 상시근로자에 포함하는 것임. 다만, 「조세특례제한법 시행령」 제23조 제10항 각 호에 해당하는 경우에는 상시근로자에서 제외됨(서면–2022–법인–2176 [법인세과–1583], 2022.10.31.).

2. 근로계약기간이 1년 이상인 기간제근로자

질의

○ ㅇㅇ세무법인(이하 '질의법인'이라 함)은 세무회계 서비스를 제공하는 법인으로, 2019년 '19.3.1.~'20.4.30.까지 근로기간으로 기간제근로자를 채용함.

○ 질의법인에서 「조세특례제한법」 제29조의 7에 따른 고용을 증대시킨 기업에 대한 세액공제 적용 시, 1년 2개월간의 근로계약을 체결한 기간제근로자가 상시근로자 수에 포함되는지 여부

회신

「조세특례제한법」 제29조의 7에 따라 고용을 증대시킨 기업에 대한 세액공제 적용 시 상시근로자는 「근로기준법」에 따라 근로계약을 체결한 내국인 근로자로서 「조세특례제한법」 제23조 제10항 각 호의 어느 하나에 해당하지 않는 사람을 말하는 것으로, 「근로기준법」에 따라 근로계약기간이 1년 이상인 근로자는 상시근로자에 해당되는 것임(서면–2019–법인–2363, 2020.9.8.).

4. 근로소득세, 연금, 건강보험 중 납부사실이 없는 근로자의 경우 상시근로자 해당 여부

조세특례제한법 시행령에서는 「소득세법 시행령」 제196조에 따른 근로소득원천징수부에 의하여 근로소득세를 원천징수한 사실이 확인되지 아니하고, 다음 중 어느 하나에 해당하는 금액의 납부사실도 확인되지 아니하는 자에 대하여는 상시근로자에서 제외한다(조특령 23 ⑩).

① 「국민연금법」 제3조 제1항 제11호 및 제12호에 따른 부담금 및 기여금

② 「국민건강보험법」 제69조에 따른 직장가입자의 보험료

해당 조문은 상시근로자에서 제외되는 근로자의 범위를 정의한 것인데, 이를 정리하면 다음의 '①'요건과 '②'요건을 모두 갖춘 경우에는 상시근로자에서 제외된다고 해석된다.

① 근로소득원천징수부에서 근로소득을 원천징수한 사실이 확인되지 않음

② 국민연금 또는 건강보험 직장가입자보험료 중 하나라도 납부사실이 확인되지 않음

따라서, 위의 내용을 반대해석하면 근로소득 원천징수, 국민연금 납부, 건강보험 납부 중 하나라도 확인된다면 상시근로자에 포함된다고 판단된다.

사례

구 분	상 황	판 단
A직원	① x1.5.27. 입사 ② x1.5월분 급여를 일할계산하여 지급함에 따라 원천징수세액 발생 안 함 ③ x1.5.27.을 입사일로 하여 건강보험 · 국민연금 직장가입자로 가입	x1.5월부터 상시근로자 수에 포함
B직원	① x1.6.1. 입사 ② x1.6월분 급여에서 소득세 원천징수함 ③ 60세 이상이어서 국민연금 납부제외대상에 해당	x1.6월부터 상시근로자 수에 포함

관련예규

◎ 「근로기준법」에 따라 근로계약을 체결한 내국인 신규근로자가 입사한 월의 근무일수가 적어 당해 월 근로소득에 대한 원천징수한 사실이 확인되지 아니하는 경우, 입사한 월에 대한 「국민연금법」 제3조 제1항 제11호 및 제12호에 따른 부담금 및 기여금 또는 「국민건강보험법」 제69조에 따른 직장가입자의 보험료 중 하나의 납부사실이 확인되는 경우에는 「조세특례제한법 시행령」 제26조의 7 제7항을 적용함에 있어서 입사한 월말 현재 상시근로자 수에 포함하는 것이며, 해당 근로자가 이에 해당하는지 여부는 사실판단할 사항임(사전법령해석소득-0341, 2021.6.30.).

◎ 내국법인이 고용하고 있는 만 60세 이상의 내국인 근로자에 대한 「국민연금법」 제88조 제3항에 따른 사용자 부담금 납부사실이 없는 경우로서 국민연금 외 「조세특례제한법」 제30조의 4 제4항 각 호에 따른 사회보험에 대하여 사용자가 부담하여야 하는 부담금 또는 보험료의 납부 사실이 확인되는 경우, 해당 내국법인의 만 60세 이상 내국인 근로자는 「조세특례제한법 시행령」 제27조의 4 제1항 제7호에 해당하지 않는 것임(사전법령법인2021-0366, 2021.3.30.).

5. 하루 8시간을 근무하지 않는 근로자도 상시근로자에 포함되는지

단시간근로자는 원칙적으로 상시근로자 수에서 제외하지만, 1개월간 60시간 이상을 근무하는 경우에는 0.5명(또는 0.75명)으로 계산하여 상시근로자 수에 포함한다.

「근로기준법」 제2조 제1항 제9호에 따른 단시간근로자는 상시근로자에서 제외한다(조특령 23 ⑩). "단시간근로자"란 1주 동안의 소정근로시간이 그 사업장에서 같은 종류의 업무에 종사하는 통상 근로자의 1주 동안의 소정근로시간에 비하여 짧은 근로자를 말하며(근기법 2 ① 9호), "소정(所定)근로시간"이란 제50조, 제69조 본문 또는 「산업안전보건법」 제139조 제1항에 따른 근로시간의 범위에서 근로자와 사용자 사이에 정한 근로시간을 말한다(근기법 2 ① 8호).

따라서, 주당 40시간(하루 8시간)을 소정근로시간으로 정하는 회사에서 그 이하의 근무시간으로 계약한 근로자는 단시간근로자에 해당되며, 해당 근로자는 원칙적으로 상시근로자에서 제외된다.

그러나, 1개월간의 소정근로시간이 60시간 이상인 근로자는 상시근로자로 본다(2026.2. 개정 전 조특령 23 ⑩). 이 경우 근로기준법 제2조 제1항 제9호에 따른 단시간근로자로서 1개월간의 소정근로시간이 60시간 이상인 근로자는 상시근로자로 1명은 0.5명으로 하여 계산하되, 다음의 지원요건을 모두 충족하는 경우에는 0.75명으로 하여 계산한다(2026.2. 개정 전 조특령 26의 8 ⑦).

① 해당 과세연도의 상시근로자 수(1개월간의 소정근로시간이 60시간 이상인 단시간근로자는 제외한다)가 직전 과세연도의 상시근로자 수(1개월간의 소정근로시간이 60시간 이상인 단시간근로자는 제외한다)보다 감소하지 아니하였을 것

② 기간의 정함이 없는 근로계약을 체결하였을 것

③ 상시근로자와 시간당 임금(근로기준법 제2조 제1항 제5호에 따른 임금, 정기상여금 · 명절상여금 등 정기적으로 지급되는 상여금과 경영성과에 따른 성과금을 포함한다), 그 밖에 근로조건과 복리후생 등에 관한 사항에서 기간제및단시간근로자보호등에관한법률 제2조 제3호에 따른 차별적 처우가 없을 것

④ 시간당 임금이 최저임금법 제5조에 따른 최저임금액의 130%(중소기업의 경우에는 120%) 이상일 것

실무포인트

1. 육아기 근로시간 단축근무자가 단시간근로자에 해당하는지 여부

질의

- 질의인은 피부과 병원을 운영하고 있는 개인사업자로
- 주 40시간으로 근무하고 있는 간호팀 정규직 직원 甲이 육아기 근로시간 단축근무를 신청하여 변경된 근로조건(근로시간 및 휴게시간, 임금 등)을 명시한 근로계약서를 새로 작성
- 직원 甲은 '25.6.10.부터 1년간 주 30시간으로 근로시간이 조정됨.
- 「조세특례제한법」 제29조의 8 통합고용세액공제 적용을 위한 상시근로자 수 계산시 육아기 근로시간 단축근로자가 단시간근로자에 해당하는지 여부

회신

「조세특례제한법」 제29조의 8에 따른 통합고용세액공제 적용 시 상시근로자는 「근로기준법」에 따라 근로계약을 체결한 내국인 근로자로서 「조세특례제한법 시행령」 제23조 제10항 각 호의 어느 하나에 해당하지 않는 사람을 말하는 것이며, 「남녀고용평등과 일 · 가정의 양립 지원에 관한 법률」 제19조의 2 제1항에 따라 육아기 근로시간 단축을 하고 있는 근로자는 「조세특례제한법 시행령」 제23조 제10항 제2호의 단시간근로자에 해당하는 것임(사전-2025-법규소득-0773 [법규과-2651], 2025.11.19.).

2. 월 60시간 미만 근로자 1명만 고용한 경우 상시근로자 해당 여부

질의

○ 질의인은 '25.2월까지 직원 없이 사업을 운영하다, '25.3월부터 1일 2시간(1주 소정근로시간 10시간) 근로하는 직원 갑을 채용함.

○ 직원 갑의 급여가 낮아 근로소득 간이세액표에 따른 매월 근로소득 원천징수 납부세액은 없으며, 직원 갑에 대해 월 근로시간이 60시간 미만에 해당한다는 이유로 국민연금 및 국민건강보험을 가입하지 아니함.

○ 월 60시간 미만 근로자 1명만 고용한 경우 통합고용세액공제 적용 시 상시근로자 해당 여부

회신

내국인이 1개월 동안의 소정근로시간이 60시간 미만인 근로자 1명만을 고용하는 경우, 해당 근로자가 「소득세법 시행령」 제196조에 따른 근로소득원천징수부에 의하여 근로소득세를 원천징수하여 납부한 사실이 확인되지 아니하고, 「국민연금법」 제3조 제1항 제11호 및 제12호에 따른 부담금 및 기여금 또는 「국민건강보험법」 제69조에 따른 직장가입자의 보험료 중 하나의 납부사실도 확인되지 아니하는 경우에는 「조세특례제한법」 제29조의8에 따른 통합고용세액공제 적용 시 상시근로자에 해당하지 아니하는 것임(서면-2025-법규소득-1241 [법규과-2426], 2025.10.22.).

6. 청년을 기간제근로자 또는 단시간근로자로 고용한 경우 청년등 상시근로자에 해당 여부

통합고용세액공제를 적용함에 있어서 수도권 내 중소기업은 청년 정규직 근로자를 고용한 경우에 높은 세액공제 금액인 1,450만원(수도권외 중소기업 1,550만원, 중기업 800만원, 대기업 400만원)을 적용받을 수 있다(2025.12.23. 개정 전 조특법 29의 8 ① 1호). 여기서 청년 정규직 근로자란 15세 이상 34세 이하인 사람을 말하며, 다음 중 어느 하나에 해당하는 사람을 제외한 사람을 말한다(2026.2. 개정 전 조특령 26의 8 ③ 1호).

① 기간제및단시간근로자보호등에관한법률에 따른 기간제근로자 및 단시간근로자

② 파견근로자보호등에관한법률에 따른 파견근로자

③ 청소년 보호법 제2조 제5호 각 목에 따른 청소년유해업소에 근무하는 같은 조 제1호에 따른 청소년

따라서, 나이가 34세 이하로서 청년에 해당하더라도 기간제근로자 또는 단시간근로자로

고용한 경우에는 청년 정규직근로자에 해당하지 않으므로 조세특례제한법 제29조의 8 제1항 제1호의 금액(1,450만원 외)으로 통합고용세액공제를 적용받을 수 없다. 다만, 고용한 청년이 1년 이상의 근로계약을 한 기간제근로자에 해당한다면 조세특례제한법 제29조의 8 제1항 제2호의 금액(850만원 외)으로 통합고용세액공제가 적용될 수 있다. 또한, 고용한 청년이 단시간근로자로서 1개월간의 소정근로시간이 60시간 이상인 근로자에 해당한다면, 0.5명(또는 0.75명)으로 상시근로자 수를 계산하여 조세특례제한법 제29조의 8 제1항 제2호의 금액(850만원 외)으로 통합고용세액공제를 적용받을 수 있다.

사례

▌수도권 내 중소기업이 청년을 고용한 경우▐

구 분	상 황	판 단
A직원	① 기간제 근로계약 ② 근로계약기간 및 근무기간 1차 : x1.1.2. ~ x1.6.30. 2차 : x1.7.1.~x2.6.30.	x1.7월 ~ x.2.6월까지 청년등 외 상시근로자 수에 산입하고, 850만원을 공제
B직원	① 기간의 정함이 없는 근로계약 ② 근로계약기간 및 근무기간 : 1차 : x1.1.2. ~ x1.6.30. 2차 : x1.7.1. ~x2.6.30. ③ 1일 4시간 근무(단시간근로자)	x1.7월 ~ x.2.6월까지 청년등 외 상시근로자 수에 산입하되 0.5명으로 계산하고, 850만원을 공제

관련예규

◎ 근로계약기간이 1년 이상으로 조특령 제23조 제10항 각 호에 해당하지 않으면 상시근로자로 보며, 청년 정규직 근로자에 기간제근로자는 제외됨(서면-2022-법인-2176 [법인세과-1583], 2022.10.31.).

◎ 고용을 증대시킨 기업에 대한 세액공제 적용 시 상시근로자는 「근로기준법」에 따라 근로계약을 체결한 내국인 근로자로서 「조세특례제한법」 제23조 제10항 각 호의 어느 하나에 해당하지 않는 사람을 말하는 것으로, 「근로기준법」에 따라 근로계약기간이 1년 이상인 근로자는 상시근로자에 해당되는 것임(서면-2019-법인-2363 [법인세과-3224], 2020.9.8.).

7. 근로계약 당시 청년이었으나, 생일이 지나 청년이 아니게 된 경우

▌계약체결 당시 34세 이하였으나 연령 증가로 34세 초과하는 경우▐

구 분	종 전	개정(안)	적용시기
세액공제	청년외 구분하여 세액공제 금액 계산. 단, 2차 3차연도 공제시 청년외 공제금액을 적용(서면-2023-법인-0978, 2023.5.26.외 다수).	계속해서 청년으로 간주하여 세액공제 금액 계산(조특령 26의 8 ③ 1호 단서)	시행령 시행일(26년 2월 예상) 이후 세액공제 신청 분 부터
추가납부 세액	계속해서 청년으로 간주하여 근로자 수 계산(구 조특령 26의 8 ⑤)	계속해서 청년으로 간주하여 근로자 수 계산(조특령 26의 8 ③ 1호 단서)	

(1) 개정(안) 규정

근로계약 체결 당시 34세 이하인 사람은 연령 증가에 따라 34세를 초과하더라도 근로계약 체결일로부터 4년간(중소기업 또는 중견기업이 아닌 경우에는 3년간)은 청년등상시근로자로 본다(조특령 26의 8 ③ 1호 단서). 본 규정은 2026년 1월 조세특례제한법 시행령 개정(안)의 내용으로 해당 시행령 시행 이후 통합고용세액공제를 신청하는 경우부터 적용한다(조특령 부칙 11). 따라서, 2025년 귀속분 소득세 · 법인세를 신고함에 있어서 근로계약 당시 34세 이하였던 사람은 2025년 또는 그 이후 과세연도에 생일이 지나더라도 계속해서 청년으로 보아 세액공제 및 추가납부세액에 관한 규정을 적용한다.

예를 들어, 2025년 2월 1일에 입사한 청년(생년월일 1990.9.10.)의 경우 종전규정에서는 생일이 지난 9월부터 청년이 아닌 것으로 보아 세액공제를 계산하였다면, 개정(안) 규정에 따르면 입사 당시 청년이었으므로, 그 이후에도 계속해서 청년으로 보아 세액공제를 적용하여야 할 것이다.

(2) 종전규정

상시근로자 및 청년등 상시근로자 수는 매월 말을 기준으로 계산하므로, 근로계약 당시에는 청년이었으나, 생일이 지나 청년이 아니게 된 경우에는 만 35세가 되는 날이 속하는 월의 말일부터 청년등 외 상시근로자 수로 계산한다. 이 경우 통합고용세액공제 1차년도 공제 및 사후관리 규정은 다음과 같이 적용한다.

① 1차년도 공제 : 만 35세가 되는 월부터 청년등 외 상시근로자 수로 계산

② 2, 3차년도 공제 : 청년 인원 수가 감소되더라도 전체 고용이 유지 또는 증가되는 경우

청년 외 금액을 적용하여 계속해서 공제

③ 추가납부세액계산 : 청년 인원 수가 감소하지 않은 것으로 보고 세액계산

사례 **개정규정**

제조업을 영위하는 중소기업인 ㈜택스에듀의 상시근로자 등의 자료는 다음과 같다. ㈜택스에듀는 20x1년 1월 1일 설립된 12월말 결산법인이며 수도권에 소재하고 있다. 20x1년 4월 입사 당시에는 청년이었던 상시근로자가 20x2년 7월 중 생일이 지나 청년 외로 분류되었으며, 해당 근로자가 이후에도 계속해서 근로한 경우의 주어진 자료를 이용하여 각 연도별 공제세액을 계산하시오.

▌상시근로자 수 계산 ▌

구 분		1월	2월	3월	4월	5월	6월	7월	8월	9월	10월	11월	12월
20x1년	청년	0	0	0	1	1	1	1	1	1	1	1	1
	청년 외	–	–	–	–	–	–	–	–	–	–	–	–
	상시 근로자	0	0	0	1	1	1	1	1	1	1	1	1
20x2년	청년	1	1	1	1	1	1	1	1	1	1	1	1
	청년 외	0	0	0	0	0	0	0	0	0	0	0	0
	상시 근로자	1	1	1	1	1	1	1	1	1	1	1	1

▌연도별 상시근로자 수 ▌

구 분	실제현황			추가납부세액 계산용		
	합계	청년	청년 외	합계	청년	청년 외
20x1년	0.75	0.75	0	0.75	0.75	0
20x2년	1	1	0	1	1	0
20x3년	1	1	0	1	1	0
20x4년	1	1	0	1	1	0
20x5년	1	1	0	1	1	0

(1) 20x1년

1) 1차년도 공제액

- 청　　년 : 0.75명×14,500,000원 = 10,875,000원
- 청년 외 : 없음

(2) 20x2년

1) 1차년도 공제액
   - 청　　년 : 0.25명×14,500,000원 = 3,625,000원
   - 청년 외 : 없음

2) 2차년도 공제액
   - 청년 : .75명×14,500,000원 = 10,875,000원

3) 세액공제액 : 1) + 2) = 14,500,000원

(3) 20x3년 공제세액 및 추가납부세액

1) 1차년도 공제액 : 없음
2) 20x2년분 2차년도 공제 : 3,625,000원
3) 20x1년분 3차년도 공제 : 10,875,000원
4) 세액공제액 : 2) + 3) = 14,500,000원

(4) 20x4년 공제세액의 계산

1) 1차년도 : 없음
2) 20x2년분 3차년도 공제 : 3,625,000원

사례 종전규정

제조업을 영위하는 중소기업인 ㈜택스에듀의 상시근로자 등의 자료는 다음과 같다. ㈜택스에듀는 20x1년 1월 1일 설립된 12월말 결산법인이며 수도권에 소재하고 있다. 20x1년 4월 입사 당시에는 청년이었던 상시근로자가 20x2년 7월 중 생일이 지나 청년 외로 분류되었으며, 해당 근로자가 이후에도 계속해서 근로한 경우의 주어진 자료를 이용하여 각 연도별 공제세액을 계산하시오.

▌상시근로자 수 계산(실제 현황)▐

구 분		1월	2월	3월	4월	5월	6월	7월	8월	9월	10월	11월	12월
20x1년	청년	0	0	0	1	1	1	1	1	1	1	1	1
	청년 외	–	–	–	–	–	–	–	–	–	–	–	–
	상시 근로자	0	0	0	1	1	1	1	1	1	1	1	1
20x2년	청년	1	1	1	1	1	1	0	0	0	0	0	0
	청년 외	0	0	0	0	0	0	1	1	1	1	1	1
	상시 근로자	1	1	1	1	1	1	1	1	1	1	1	1

▌상시근로자 수 계산 (추가납부세액 계산용)▐

구 분		1월	2월	3월	4월	5월	6월	7월	8월	9월	10월	11월	12월
20x1년	청년	0	0	0	1	1	1	1	1	1	1	1	1
	청년 외	–	–	–	–	–	–	–	–	–	–	–	–
	상시 근로자	0	0	0	1	1	1	1	1	1	1	1	1
20x2년	청년	1	1	1	1	1	1	1	1	1	1	1	1
	청년 외	0	0	0	0	0	0	0	0	0	0	0	0
	상시 근로자	1	1	1	1	1	1	1	1	1	1	1	1

▌연도별 상시근로자 수▐

구 분	실제현황			추가납부세액 계산용		
	합계	청년	청년 외	합계	청년	청년 외
20x1년	0.75	0.75	0	0.75	0.75	0
20x2년	1	0.5	0.5	1	1	0
20x3년	1	0	1	1	1	0
20x4년	1	0	1	1	1	0
20x5년	1	0	1	1	1	0

(1) 20x1년

1) 1차년도 공제액

- 청　　년 : 0.75명×14,500,000원 = 10,875,000원
- 청년 외 : 없음

(2) 20x2년

1) 1차년도 공제액

- 청　　년 : 없음
- 청년 외 : Min[0.5명(청년 외), 0.25명(전체)]×8,500,000원 = 2,125,000원

2) 2차년도 공제액

- 청년 : 0.75명×8,500,000원 = 6,375,000원

* 「청년」에 대한 고용증대세액공제를 최초로 적용한 이후 과세연도에, 상시근로자 수는 증가하였으나, 「청년」은 감소한 경우 「청년」을 「청년 외」로 보아 추가공제를 적용할 수 있다(조세특례제도과-906, 2023.8.28.).

3) 20x1년 추가납부세액

청년 상시근로자 수가 20x1년에 비해 감소하였으므로, 본래는 추징세액을 계산하여야 하나, 최초로 공제받은 과세연도에 청년등 상시근로자에 해당한 자는 최초로 공제받은

과세연도 이후의 과세연도에도 청년등 상시근로자로 보아 청년등 상시근로자 수를 계산하므로 추징세액은 발생하지 않는다.

(3) 20x3년 공제세액 및 추가납부세액

1) 1차년도 공제액

- 청년 외 : Min[0.5명(청년 외), 0명(전체)]×8,500,000원 = 0원

2) 20x2년분 2차년도

- 청년 외 : 2,125,000원
  전체상시근로자 및 청년 외 상시근로자가 감소하지 않았으므로, 20x2년도에 공제받은 금액을 한 번 더 공제

3) 20x1년분 3차년도

- 청년 : 6,375,000원

(4) 20x4년 공제세액의 계산

1) 1차년도

청년 및 청년 외 상시근로자 수 변동 없으므로 공제세액 없음

2) 2차년도

청년 및 청년 외 상시근로자 수 변동 없으므로 공제세액 없음

3) 20x2년분 3차년도

- 청년 : 2,125,000원
  청년 외 상시근로자가 감소하지 않았으므로, 20x2년도에 공제받은 금액을 한 번 더 공제

관련규정

◎ 조세특례제한법 제29조의 8 제1항에 따라 소득세 또는 법인세를 공제받은 내국인이 최초로 공제를 받은 과세연도의 종료일부터 2년이 되는 날이 속하는 과세연도 종료일까지의 기간 중 전체 상시근로자의 수가 최초로 공제를 받은 과세연도에 비하여 감소한 경우에는 감소한 과세연도부터 제1항을 적용하지 아니하고, 청년등 상시근로자의 수가 최초로 공제를 받은 과세연도에 비하여 감소한 경우에는 감소한 과세연도부터 제1항 제1호를 적용하지 아니한다. 이 경우 대통령령으로 정하는 바에 따라 공제받은 세액에 상당하는 금액(제1항에 따른 공제금액 중 제144조에 따라 공제받지 못하고 이월된 금액이 있는 경우에는 그 금액을 차감한 후의 금액을 말한다)을 소득세 또는 법인세로 납부하여야 한다(2025.12.23. 개정 전 조특법 29의 8 ②).

◎ 조세특례제한법 제29조의 8 제4항(추가납부세액)을 적용할 때 최초로 공제받은 과세연도

에 제3항 제1호에 따른 청년등 상시근로자에 해당한 자는 최초로 공제받은 과세연도 이후의 과세연도에도 청년등 상시근로자로 보아 청년등 상시근로자 수를 계산한다 (2026.2 개정 전 조특령 26의 8 ⑤).

관련예규

◎ 내국인이 해당 과세연도의 청년등 상시근로자 증가인원에 대해 「조세특례제한법」 제29조의 7 제1항 제1호에 따른 세액공제를 적용받은 후 다음 과세연도에 청년등 상시근로자의 수는 감소(최초 과세연도에는 29세 이하였으나, 이후 과세연도에 30세 이상이 되어 청년 수가 감소하는 경우를 포함)하였으나 전체 상시근로자의 수는 유지되는 경우, 잔여 공제연도에 대해서는 제29조의 7 제1항 제2호의 공제액을 적용하여 공제가 가능함(기획재정부 조세특례제도과 -214, 2023.3.6.).

◎ 내국인이 해당 과세연도에 "청년등 상시근로자"와 "청년등 상시근로자 외 상시근로자"가 각각 증가하여 조세특례제한법 제29조의 7 [고용을 증대시킨 기업에 대한 세액공제] 제1항 각 호를 적용받은 후, 다음 과세연도에 "청년등 상시근로자"의 수는 감소(최초 과세연도에 29세 이하였으나, 이후 과세연도에 30세 이상이 되어 청년 수가 감소하는 경우를 포함)하였으나 전체 상시근로자 수는 유지되거나 증가한 경우, 당초 적용받았던 "청년등 상시근로자 증가인원"에 대하여 같은 항 제1호 "청년등 상시근로자" 증가에 따른 세액공제는 적용받을 수 없지만, 같은 항 제2호 "청년등 상시근로자 외 상시근로자" 증가에 따른 세액공제는 적용할 수 있는 것임.
이 경우 당초 공제받았던 "청년등 상시근로자 외 상시근로자" 증가에 따른 세액공제는 "청년등 상시근로자 외 상시근로자"가 감소하지 않았으므로 잔여 공제연도에 대해서 계속 공제받을 수 있는 것임(법인세과-856, 2023.5.26.).

8. 근로계약 당시 60세 미만이었으나 근무기간 중 60세 이상이 된 경우/60세 이상이 되어 재고용 된 경우

통합고용세액공제를 적용함에 있어서 수도권 내 중소기업은 근로계약 체결일 현재 연령이 60세 이상인 근로자를 고용한 경우에 높은 세액공제 금액인 1,450만원(수도권 외 중소기업 1,550만원, 중기업 800만원, 대기업 400만원)을 적용받을 수 있다(2025.12.23. 개정 전 조특법 29의 8 ① 1호, 조특령 26의 8 ③ 3호).

① 근로계약 당시 60세 미만이었다면, 근무기간 중에 생일이 지나 60세 이상이 되었더라도 청년등 상시근로자 수에 포함되지 않으며, 청년등 외 상시근로자 수로 계산하여야

한다.

② 정년퇴직으로 근로관계가 실질적으로 단절된 후, 「근로기준법」에 따라 새로운 근로계약을 체결(근로계약기간 1년 이상)한 경우, 계약 체결일 현재 60세 이상인 경우에는 청년등 상시근로자에 해당한다(서면-2022-법규법인-3940 [법규과-1538], 2023.6.15.). 고용상 연령차별금지 및 고령자고용촉진에 관한 법률에 따르면 "사업주는 정년에 도달한 사람이 그 사업장에 다시 취업하기를 희망할 때 그 직무수행 능력에 맞는 직종에 재고용하도록 노력하여야 한다"고 규정하고 있어(고령자고용법 21 ①), 정년퇴직자를 회사에서 다시 재고용 하는 것이 현행 법령상 허용되는 것이므로, 재고용 된 근로자가 60세 이상인 경우에는 청년등 상시근로자 수로 계산하는 것이다.

관련예규

질의

① A는 의약품 제조업을 영위하는 중소기업인 질의법인에 2012.5.16. 정규직으로 입사하여 질의법인의 물류센터에서 근무해오다, 2021.12.31. 정년퇴직하였으며, 2022.1.1. 질의법인과 계약직 근로계약(1년 단위)을 체결한 후 정년퇴직 전과 동일한 업무를 수행하고 있음

② 2021.12.31. 정년퇴직 후 4대보험 상실 신고 및 퇴직금 지급완료, 2022.1.1. 4대보험 신규 가입

③ 2021.12.31. 정년퇴직 후, 2022.1.1. 새로운 근로계약을 체결하여 재(再)고용된 60세 이상의 근로자가, 2022사업연도에 대한 고용증대 세액공제 적용 시 「청년등 상시근로자」에 해당하는지 여부

회신

정년퇴직으로 근로관계가 실질적으로 단절된 후, 「근로기준법」에 따라 새로운 근로계약을 체결(근로계약기간 1년 이상)한 경우, 계약 체결일 현재 60세 이상인 경우에는 청년등 상시근로자에 해당함(서면-2022-법규법인-3940 [법규과-1538], 2023.6.15.).

9. 휴직자가 상시근로자 수에 포함되는지

근로계약을 체결한 근로자로서 근로소득 원천징수, 국민연금 납부, 건강보험 납부 중 하나라도 확인된다면 상시근로자에 포함된다(조특령 23 ⑩). 따라서, 유급휴직자의 경우 급여를 지급받고 국민연금 및 건강보험을 납부할 것이므로 상시근로자에 포함된다고 볼 수 있다. 그러나, 무급휴직자의 경우 급여를 지급받지 않으므로 근로소득 원천징수부에서 소득세를 원천징

수한 사실이 확인되지 않는다. 이때 휴직자에 대하여는 국민건강보험법과 국민연금법에 따라 납부를 유예(또는 면제)할 수 있으므로, 관련 법령에 따라 건강보험과 국민연금의 납부를 하지 않는 경우에는 상시근로자에 포함되지 않는다. 또한 무급휴직자라 하더라도 납부유예(또는 면제)를 신청하지 않아 국민연금 또는 건강보험료를 납부하고 있다면, 상시근로자 수에 포함될 것으로 판단된다.

관련예규

「조세특례제한법」 제29조의 7에 따라 고용을 증대시킨 기업에 대한 세액공제 적용 시 상시근로자는 「근로기준법」에 따라 근로계약을 체결한 내국인 근로자로서 「조세특례제한법 시행령」 제23조 제10항 각 호의 어느 하나에 해당하지 않는 사람을 말하는 것이며, 「근로기준법」에 따라 1년 이상의 근로계약을 체결하고 근무하다가 육아휴직을 한 근로자가 이에 해당하는지 여부는 사실 판단할 사항임(사전-2020-법령해석법인-0272, [법령해석과-1464], 2020.6.22.).

관련규정

◎ 납부 의무자는 사업장가입자 또는 지역가입자가 다음 각 호의 어느 하나에 해당하는 사유로 연금보험료를 낼 수 없으면 대통령령으로 정하는 바에 따라 그 사유가 계속되는 기간에는 연금보험료를 내지 아니할 수 있다(국민연금법 91 ①).

① 사업 중단, 실직 또는 휴직 중인 경우

② 「병역법」 제3조에 따른 병역의무를 수행하는 경우

③ 「초 · 중등교육법」 제2조나 「고등교육법」 제2조에 따른 학교에 재학 중인 경우

④ 「형의 집행 및 수용자의 처우에 관한 법률」 제11조에 따라 교정시설에 수용 중인 경우

⑤ 종전의 「사회보호법」에 따른 보호감호시설이나 「치료감호법」에 따른 치료감호시설에 수용 중인 경우

⑥ 1년 미만 행방불명된 경우. 이 경우 행방불명의 인정 기준 및 방법은 대통령령으로 정한다.

⑦ 재해 · 사고 등으로 소득이 감소되거나 그 밖에 소득이 있는 업무에 종사하지 아니하는 경우로서 대통령령으로 정하는 경우

◎ 휴직자등의 보험료는 휴직 등의 사유가 끝날 때까지 보건복지부령으로 정하는 바에 따라 납입 고지를 유예할 수 있다(국민건강보험법 79 ⑤).

10. 상시근로자에서 제외되는 친족 등의 범위

(1) 상시근로자에서 제외되는 친족 등

상시근로자는 「근로기준법」에 따라 근로계약을 체결한 내국인 근로자로 하는데 최대주주의 친족등 다음에 해당하는 근로자는 상시근로자의 범위에서 제외한다(조특령 26의 8 ②).

① 해당 기업의 최대주주 또는 최대출자자(개인사업자의 경우에는 대표자를 말한다)와 그 배우자

② '①'에 해당하는 자의 직계존비속(그 배우자를 포함한다) 및 「국세기본법 시행령」 제1조의 2 제1항에 따른 친족관계인 사람

(2) 친족의 범위

여기서 친족이란 다음에 해당하는 자를 말한다(국기령 1의 2 ①).

① 4촌 이내의 혈족

② 3촌 이내의 인척

③ 배우자(사실상의 혼인관계에 있는 자를 포함)

④ 친생자로서 다른 사람에게 친양자 입양된 자 및 그 배우자 · 직계비속

⑤ 본인이 「민법」에 따라 인지한 혼인 외 출생자의 생부나 생모(본인의 금전이나 그 밖의 재산으로 생계를 유지하는 사람 또는 생계를 함께하는 사람으로 한정)

(3) 친족의 판정방법

① 촌수의 계산 : 직계혈족은 자기로부터 직계존속에 이르고 자기로부터 직계비속에 이르러 그 세수를 정한다. 방계혈족은 자기로부터 동원의 직계존속에 이르는 세수와 그 동원의 직계존속으로부터 그 직계비속에 이르는 세수를 통산하여 그 촌수를 정한다(민법 770).

② 혈족 : 자기의 직계존속과 직계비속을 직계혈족이라 하고 자기의 형제자매와 형제자매의 직계비속, 직계존속의 형제자매 및 그 형제자매의 직계비속을 방계혈족이라 한다(민법 768).

③ 인척 : 혈족의 배우자, 배우자의 혈족, 배우자의 혈족의 배우자를 인척으로 한다(민법 769).

▌상시근로자에서 제외되는 친족의 범위▐

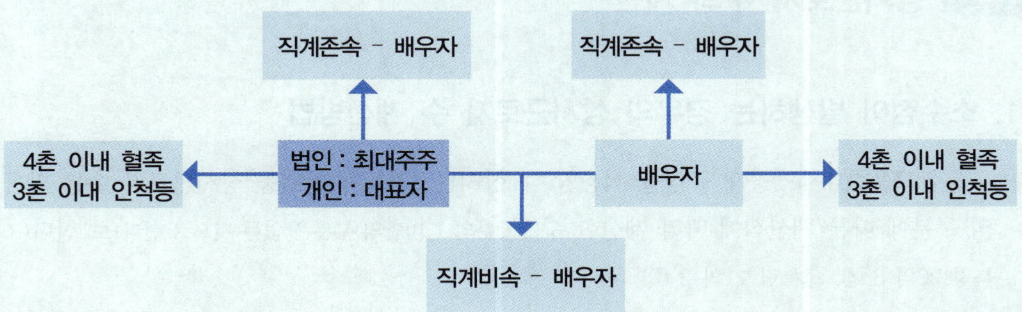

실무포인트

1. 당초 상시근로자였으나 결혼 등으로 특수관계자가 된 경우 상시근로자 해당 여부

질의

- 질의인은 개인사업체를 운영하는 자로, 202×년 직원을 고용하였고 상시근로자 수 증가로 통합고용세액공제를 적용함.
- 질의인은 고용된 직원과 202×년 결혼하여 특수관계자가 형성됨.
- 거주자가 영위하던 개인사업장에서 대표자가 상시근로자였던 직원과 결혼 등을 통해 특수관계자가 된 경우, 결혼 이후에도 상시근로자로 볼 수 있는지 여부

회신

「조세특례제한법」 제29조의 8 제1항에 따라 통합고용세액공제를 적용받던 상시근로자가 결혼 등으로 특수관계가 성립한 경우 「조세특례제한법」 제29조의 8 제1항이 적용되지 않는 것임(서면-2024-소득-2620, 2024.7.31.).

2 상시근로자 수의 계산

1. 소수점이 발생하는 경우의 상시근로자 수 계산방법

통합고용증대세액공제 규정을 적용할 때 상시근로자 수, 청년등 상시근로자 수는 다음의 구분에 따른 계산식에 따라 계산한 수(100분의 1 미만의 부분은 없는 것으로 한다)로 한다(조특령 26의 8 ⑥, 조특령 11의 2 ⑦).

1) 상시근로자 수

$$\frac{\text{상시근로자별 해당 과세연도의 근무 개월 수}}{\text{해당 과세연도의 개월 수}} \text{의 합}$$

2) 청년등 상시근로자 수

$$\frac{\text{청년 등 상시근로자별 해당 과세연도의 근무 개월 수}}{\text{해당 과세연도의 개월 수}} \text{의 합}$$

계산식에서 소수점이 발생하는 경우에는 100분의 1 미만의 부분은 없는 것으로 하므로, 소수점 셋째자리에서 버림으로 계산하여 소수점 둘째자리까지 계산한다. 이때 "청년등 외 상시근로자 수"는 다음과 같이 계산한다.

청년등 외 상시근로자 수 = 상시근로자 수 - 청년등 상시근로자 수

사례

제조업을 영위하는 중소기업인 ㈜택스에듀의 상시근로자 등의 자료는 다음과 같다. ㈜택스에듀는 12월말 결산법인이며 수도권에 소재하고 있다. 2025년 1월 청년근로자 1명을 상시근로자로 채용하였으나 2025년 9월 12일 퇴사하였고, 2025년 9월 20일에 청년외 근로자 1명을 상시근로자로 채용하였다. 해당 근로자가 이후에도 계속해서 근로한 경우의 주어진 자료를 이용하여 2025년도의 통합고용세액공제액을 계산하시오.

▌상시근로자 수 계산▐

구 분		1월	2월	3월	4월	5월	6월	7월	8월	9월	10월	11월	12월
2025년	청년	1	1	1	1	1	1	1	1	–	–	–	–
	청년 외	–	–	–	–	–	–	–	–	1	1	1	1
	상시 근로자	1	1	1	1	1	1	1	1	1	1	1	1

(1) 상시근로자 수 계산

1) **상시근로자 수** : 12명/12 = 1

2) **청년등 상시근로자 수** : 8명/12 = 0.66

3) **청년등 외 상시근로자 수**

청년등 외 상시근로자 수를 "4명/12 = 0.33"로 계산하면, 청년등과 청년등 외의 합계가 0.99명이 되어 전체 상시근로자 수 1명과 0.01명의 단수차이가 발생한다. 따라서, 청년등 외 상시근로자 수는 "1명(상시근로자 수) – 0.66명(청년등 상시근로자 수) = 0.34명"으로 계산한다.

(2) 통합고용세액공제액

1) **청년등 상시근로자 수** : 0.66명 × 14,500,000원 = 9,570,000원

2) **청년등 외 상시근로자 수** : 0.34명 × 8,500,000원 = 2,890,000원

2. 최초 과세연도의 해당 과세연도 개월 수

상시근로자 수 및 청년등 상시근로자 수는 매월 말 근로자 수를 합하여 해당 과세연도 개월 수로 나누어 계산한다. 이때 당해 연도에 설립한 신설법인이나 신규로 사업자등록을 한 개인사업자의 경우 해당 과세연도 개월 수에 따라 상시근로자 수 및 세액공제 금액이 달라지게 된다. 이때 "과세연도"란 「소득세법」에 따른 과세기간 또는 「법인세법」에 따른 사업연도를 말하는데 이를 자세히 살펴보면 다음과 같다(조특법 2 ① 2호).

(1) 사업연도(법인사업자)

1) 원칙(법령 4 ①)

구 분	최초사업연도 개시일
① 내국법인	설립등기일
② 법인으로 보는 단체	㉠ 법령에 의하여 설립된 단체에 있어서 당해 법령에 설립일이 정하여진 경우에는 그 설립일 ㉡ 설립에 관하여 주무관청의 허가 또는 인가를 요하는 단체와 법령에 의하여 주무관청에 등록한 단체의 경우에는 그 허가일 · 인가일 또는 등록일 ㉢ 공익을 목적으로 출연된 기본재산이 있는 재단으로서 등기되지 아니한 단체에 있어서는 그 기본재산의 출연을 받은 날 ㉣ 「국세기본법」 제13조 제2항의 규정에 의하여 납세지 관할세무서장의 승인을 얻은 단체의 경우에는 그 승인일
③ 외국법인	국내사업장을 가지게 된 날. 다만, 국내사업장이 없는 경우에는 법인세법 제6조 제4항의 규정에 의한 소득이 최초로 발생한 날

2) 예외

최초사업연도의 개시일전에 생긴 손익을 사실상 그 법인에 귀속시킨 것이 있는 경우 조세포탈의 우려가 없을 때에는 최초사업연도의 기간이 1년을 초과하지 아니하는 범위내에서 이를 당해 법인의 최초사업연도의 손익에 산입할 수 있다. 이 경우 최초사업연도의 개시일은 당해 법인에 귀속시킨 손익이 최초로 발생한 날로 한다(법령 4 ②).

(2) 과세기간(개인사업자)

① 소득세의 과세기간은 1월 1일부터 12월 31일까지 1년으로 한다(소법 5 ①).

② 거주자가 사망한 경우의 과세기간은 1월 1일부터 사망한 날까지로 한다(소법 5 ②).

③ 거주자가 주소 또는 거소를 국외로 이전(이하 "출국"이라 한다)하여 비거주자가 되는 경우의 과세기간은 1월 1일부터 출국한 날까지로 한다(소법 5 ③).

사례

① 2025년 7월 1일에 설립등기를 하고 8월 16일에 사업자등록을 한 내국법인의 사업연도 월수는 6개월이다.

② 2025년 7월 16일에 사업자등록을 한 거주자(개인사업자)의 과세기간 월수는 12개월이다.

관련예규

1. 신설법인의 과세연도 개월 수

신설 내국법인이 「조세특례제한법 시행령」 제26조의 7 제7항에 따른 상시근로자 수를 계산함에 있어 "해당 과세연도의 개월 수"는 「법인세법」 제6조에 따른 사업연도 개시일부터 종료일까지의 개월 수를 의미하는 것임(서면법인-7994, 2022.4.21.).

2. 신규 개인사업자의 과세연도 개월 수

신규로 사업을 개시한 개인사업자가 「조세특례제한법 시행령」 제26조의 7 제7항에 따른 상시근로자 수를 계산함에 있어 "해당 과세연도의 개월 수"는 「소득세법」 제5조에 따른 과세기간 개시일부터 과세기간 종료일까지의 개월 수를 의미하는 것임(서면-2020-법령해석소득-3817 [법령해석과-4364], 2020.12.31.).

3. 영업정지 기간이 있는 경우 과세연도 개월 수의 계산방법

정부로부터의 행정명령 등으로 영업정지 기간이 있는 경우라도 과세연도 개월 수는 차감하지 않는다. 따라서, 영업정지 기간 중 직원들에게 급여를 지급하지 않고, 건강보험 및 연금보험을 납부하지 않는다면 고용인원이 줄어든 것으로 계산될 수 있다.

관련예규

질의

① 질의인은 음식업을 운영하는 자로서 2024년 8월부터 9월까지 2개월간 영업정지 행정명령을 받았음

② 조세특례제한법 제29조의 7의 상시근로자 수 계산 시 해당 과세연도의 개월 수에서 영업정지 기간을 제외할 수 있는지 여부를 질의

회신

「조세특례제한법」 제29조의 7 고용을 증대시킨 기업에 대한 세액공제에 따라 상시근로자 수 계산 시 같은 법 시행령 제26조 7 제7항의 해당 과세연도의 개월 수에서 영업정지기간은 차감하지 않는 것임(사전-2020-법령해석소득-0603, 2020.8.7.).

4. 비영리법인의 상시근로자 수 계산방법

비영리법인은 수익사업에서 생기는 소득에 한정하여 법인세를 과세하며, 고유목적사업으로부터 생기는 소득은 법인세를 과세하지 않는다(법법 4 ③). 이를 위해, 비영리법인이 수익사업을 하는 경우에는 자산 · 부채 및 손익을 그 수익사업에 속하는 것과 수익사업이 아닌 그 밖의 사업에 속하는 것을 각각 다른 회계로 구분하여 기록하여야 하는데(법법 113 ①), 감면사업과 기타사업을 구분경리하는 경우 공통되는 익금과 손금은 다음의 규정에 의하여 구분계산하여야 한다. 다만, 공통익금 또는 손금의 구분계산에 있어서 개별손금(공통손금 외의 손금의 합계액)이 없는 경우나 기타의 사유로 다음 각 호의 규정을 적용할 수 없거나 적용하는 것이 불합리한 경우에는 공통익금의 수입항목 또는 공통손금의 비용항목에 따라 국세청장이 정하는 작업시간 · 사용시간 · 사용면적 등의 기준에 의하여 안분계산한다(법칙 76 ⑥).

공통손익 구분		구분경리(안분계산) 방법
감면사업과 과세사업의 공통익금		수입금액 또는 매출액에 비례
공통손금	감면사업과 과세사업의 업종이 동일한 경우	수입금액 또는 매출액에 비례
	감면사업과 과세사업의 업종이 다른 경우	수익사업과 기타사업의 개별 손금액에 비례

따라서, 비영리법인이 고용하고 있는 근로자는 수익사업부문에 종사하는 자에 대하여만 고용증대세액공제 또는 통합고용세액공제를 적용하는 것이 타당할 것으로 판단된다. 그런데, 근로자가 수익사업과 고유목적사업을 겸업하여 근로를 제공하는 경우 세액공제를 어떻게 해야 하는지 논란이 될 수 있다.

이 경우 수익사업(소비성 서비스업 제외)과 비영리사업을 겸영하는 비영리내국법인이 고용증대세액공제 규정에 따른 상시근로자 수를 계산함에 있어 근로 범위, 업무량 등을 고려하여 근로의 제공이 주로 수익사업에 관련된 것인 때에는 수익사업에 속한 상시근로자로 하고, 근로의 제공이 주로 비영리사업에 관련된 것인 때에는 비영리사업에 속한 상시근로자로 하여야 한다(기준-2022-법무법인-0180, 2023.2.9.).

실무포인트

1. 비수익사업 채용인원의 통합고용세액공제 적용 가능 여부

질의

○ 질의법인은 수익사업과 비수익사업을 겸영하는 비영리법인으로, 비수익사업 운영을 위하여 인원을 신규 채용할 예정임.

○ 비수익사업 운영을 위하여 신규 채용한 인원에 대해서 통합고용세액공제 적용 가능 여부

회신

수익사업(소비성 서비스업 제외)과 비수익사업을 겸영하는 비영리 내국법인이 「조세특례제한법」 제29조의 8 통합고용세액공제 적용 시 상시근로자 수를 계산함에 있어 종사하는 직원의 근로 범위, 업무량 등을 고려하여 근로의 제공이 주로 비수익사업에 관련된 것인 때에는 상시근로자에서 제외하는 것임(서면-2024-법인-3478, 2025.7.23).

2. 수익사업과 고유목적사업을 겸업하여 근로를 제공하는 경우 상시근로자 수의 계산방법

질의

◎ A법인은 각종 시험 · 평가사업 및 국내외 품질인증사업, 기술감리사업 등을 영위하는 비영리내국법인으로, 국가연구위탁사업은 비영리사업으로 그 외 수탁연구사업은 수익사업으로 법인세 신고하고 있음.

◎ A법인에 종사하는 연구직원은 수익사업과 비영리사업을 같이 겸영하고 있고, 수익사업과 비영리사업의 인원은 별도 구분되지 않음.

◎ A법인은 고용증대세액공제를 적용함에 있어 2019 사업연도 법인세 신고 시에는 전체 상시근로자 수 증가인원에 대해 세액공제 신청하였으나, 2021 사업연도 법인세 신고 시에는 상시근로자 수를 수익사업과 비영리사업의 매출액 비율을 기준으로 안분하여 수익사업에 해당하는 상시근로자 수 증가인원에 대하여만 세액공제 신청함.

▮ 연도별 상시근로자 수 ▮

구 분	2018년	2019년	2020년	2021년
전 체	755.4명	930.8명	859.5명	1,071.2명
수익사업 매출액 비율	78.6%	76.5%	68.2%	62.3%
수익사업 비율 근로자 수	593.7명	712.0명	586.1명	667.3명

◎ 수익사업과 비영리사업을 겸영하는 비영리내국법인이 조세특례제한법 제29조의 7의 고용증대세액공제를 적용하는 경우 직원에 대한 상시근로자 수 계산방법

회신

수익사업(소비성 서비스업 제외)과 비영리사업을 겸영하는 비영리내국법인이 조세특례제한법 제29조의 7의 고용증대세액공제 규정에 따른 상시근로자 수를 계산함에 있어 근로 범위, 업무량 등을 고려하여 근로의 제공이 주로 수익사업에 관련된 것인 때에는 수익사업에 속한 상시근로자로 하고, 근로의 제공이 주로 비영리사업에 관련된 것인 때에는 비영리사업에 속한 상시근로자로 하는 것임(기준-2022-법무법인-0180, 2023.2.9.).

3 공제세액의 계산방법

1. 상시근로자의 수가 감소하고 다음 해 다시 증가한 경우 세액공제 대상인지 여부

조세특례제한법 제29조의 7 제1항에 따른 '고용을 증대시킨 기업에 대한 세액공제' 대상인지 여부는 매 과세기간별로 판단한다. 따라서 조세특례제한법 제29조의 7 제1항을 적용받던 중 전체 상시근로자의 수가 최초로 공제받은 과세연도에 비하여 감소하여 직전 과세연도 제2항에 의해 공제받은 세액에 상당하는 금액을 납부하였더라도, 당해 과세연도의 상시근로자의 수가 직전 과세연도보다 증가한 경우 제29조의 7 제1항에 따라 별도로 공제가 가능하다(서면법인-5510, 2021.1.18.).

사례

제조업을 영위하는 중소기업인 ㈜택스에듀의 상시근로자 등의 자료는 다음과 같다. ㈜택스에듀는 2024년에 창업한 12월말 결산법인이며 수도권에 소재하고 있으며, 다음과 같이 청년만 고용한 경우 2024년부터 2026년까지의 통합고용세액공제 기본공제액 및 추가납부세액을 계산하시오.

과세연도	2024년	2025년	2026년
청년등 상시근로자 수	5	2	3

(1) 2024년 공제세액

5명(창업법인의 증가인원) × 14,500,000원 = 72,500,000원

(2) 2025년 추가납부세액

3명(감소인원)×14,500,000원 = 43,500,000원

(3) 2026년 공제세액

1명(증가인원)×14,500,000원 = 14,500,000원

---

2. 고용증대세액공제가 2020년 추가납부 유예된 후에 2021년 상시근로자 수가 증가한 경우

2020년은 코로나로 인해 많은 사업자들이 어려움을 겪는 점을 감안하여, 고용증대세액공제를 받은 기업 중 2020년 중 고용이 감소되어도 추가납부를 유예하도록 2021.3.16. 조세특례제한법 제29조의 7 제5항부터 제7항을 신설하였다. 개정법령에 따르면 2018년 또는 2019년도에 고용증대세액공제를 받은 기업이 2020년 중 고용이 감소된 경우에도 추가납부세액을 납부하지 않게 된다. 즉, 2020년 중 2019년보다 고용이 감소한 경우 다음과 같이 적용된다.

1) 2020년 : 추가납부 유예

2) 2021년

① 2019년 수준으로 고용을 유지한 경우 : 추가납부 면제 및 2차(3차)년도 세액공제

② 2019년보다 고용이 감소한 경우 : 세액추가납부 및 2차(3차)년도 세액공제 배제

그러나, 추가납부 유예규정 적용 후 2021년이 되었을 때 고용인원이 증가하는 경우 증가인원은 2020년과 비교해야 하는지 2019년도와 비교해야 하는지가 해석상 논란이 될 수 있다. 예를 들어 2019년 10명에서 2020년 2명으로 고용감소가 되었을 때 2020년 추가납부는 유예되었지만

(갑설) 2021년 고용인원이 5명인 경우 2019년과 비교하여 여전히 5명 감소이므로 고용증대세액공제를 적용하지 않을 것인지?

(을설) 아니면 2020년과 비교하여 3명이 증가한 것이므로 3명분에 대한 고용증대세액공제를 적용할 것인지?

이를 명확히 하고자 저자는 국세청에 예규를 신청하였고 "법인세과-1570, 2021.8.13."를

회신받았는데, 주요내용은 을설에 따라 2020년 인원과 비교하여 증가된 경우 2021년도에 1차년도 세액공제를 적용할 수 있다는 내용이다. 다만, 2019년에 고용증대세액공제를 받았다면, 2021년 5명 감소인원에 대하여 2019년 고용증대세액공제액을 한도로 추가납부세액이 발생한다.

관련예규

조세특례제한법 제29조의 7 제1항에 따른 고용을 증대시킨 기업에 대한 세액공제는 해당 과세연도의 상시근로자 수가 직전 과세연도의 상시근로자 수보다 증가한 경우에 적용되는 것이며, 귀 질의의 경우 2021 과세연도의 상시근로자 수가 2020 과세연도의 상시근로자 수보다 증가한 경우 '고용을 증대시킨 기업에 대한 세액공제'가 적용되는 것임(법인세과-1570, 2021.8.13.).

사례

㈜택스에듀는 2018.1.1.에 신설된 제조업을 영위하는 중소기업으로 수도권에 소재하고 있다. 주어진 자료를 이용하여 2020년도에 청년이 감소한 경우의 2021년 과세연도의 각 상황별 고용증대세액공제 및 추가납부세액을 계산하시오.

연 도	청 년
2018년	5
2019년	7
2020년	2

(Case 1) 2021년 청년 상시근로자가 8명인 경우
(Case 2) 2021년 청년 상시근로자가 3명인 경우
(Case 3) 2021년 청년 상시근로자가 6명인 경우

관련규정

① 소득세 및 법인세를 공제받은 내국인이 2020년 12월 31일이 속하는 과세연도 종료일부터 3년이 되는 날이 속하는 과세연도의 종료일까지의 기간 중 상시근로자 수 또는 청년등 상시근로자의 수가 최초로 공제받은 과세연도에 비하여 감소한 경우에는 추가공제(2차년도 및 3차년도 세액공제)를 적용하지 않고 공제받은 세액 상당액을 법인세로 납부하여야 한다. 다만 2020년 12월 31일 속하는 과세연도에 대해서는 제2항 후단(고용 감소로 인한 추가납부세액)을 적용하지 아니한다(2025.12.23. 개정 전 조특법 29의 7 ⑤).

② '①'을 적용받은 내국인이 2021년 12월 31일이 속하는 과세연도의 전체 상시근로자의 수 또는 청년등 상시근로자의 수가 최초로 공제받은 과세연도에 비하여 감소하지 아니한 경우에는 해당 세액공제액을 2021년 12월 31일이 속하는 과세연도부터 최초로 공제받은 과세연도의 종료일부터 2년(중소기업 및 중견기업의 경우에는 3년)이 되는 날이 속하는 과세연도까지 법인세에서 공제한다(2025.12.23. 개정 전 조특법 29의 7 ⑥).

(1) 2018년(창업연도) 공제세액

1) 1차년도 공제액

• 청년 : 5명×11,000,000원 = 55,000,000원

(2) 2019년 공제세액

1) 1차년도 공제액

• 청년 : (7명 − 5명)×11,000,000원 = 22,000,000원

2) 2차년도 공제액

• 청년 : 55,000,000원

청년 상시근로자가 감소하지 않았으므로, 2018년도에 공제받은 금액을 한 번 더 공제

(3) 2020년 공제세액 및 추가납부세액

2020년 한시적 특례규정에 따라 2020년 고용감소 시에도 추가납부세액이 없으며, 2차년도 및 3차년도 세액공제는 적용되지 않음

(4) 2021년 공제세액 및 추가납부세액

(Case 1) 2021년 청년 상시근로자가 8명인 경우

1) 1차년도 공제액

• 청년 : (8명 − 2명)×11,000,000원 = 66,000,000원

2) 2019년분 2차년도 공제액

• 청년 : 22,000,000원

청년 상시근로자가 감소하지 않았으므로, 2019년도에 공제받은 금액을 한 번 더 공제

3) 2018년분 3차년도 공제액

• 청년 : 55,000,000원

2021년 청년 상시근로자가 감소하지 않았으므로, 2018년도에 공제받은 금액을 한 번 더 공제

(Case 2) 2021년 청년 상시근로자가 3명인 경우

1) 1차년도 공제액

• 청년 : (3명－2명)×11,000,000원 = 11,000,000원

2) 2019년 추가납부세액

Min[①(7명－3명), ②(7명－5명)]×11,000,000원 = 22,000,000원

3) 2018년 추가납부세액

=(5명－3명)×11,000,000원×2회 = 44,000,000원

(Case 3) 2021년 청년 상시근로자가 6명인 경우

1) 1차년도 공제액

• 청년 : (6명－2명)×11,000,000원 = 44,000,000원

2) 2019년 추가납부세액

= (7명－6명)×11,000,000원 = 11,000,000원

3) 2018년분 3차년도 공제액

• 청년 : 55,000,000원

청년 상시근로자가 감소하지 않았으므로, 2018년도에 공제받은 금액을 한 번 더 공제

---

3. 전체상시근로자 수는 증가하였으나 청년등 상시근로자 수가 감소한 경우의 공제방법

통합고용세액공제 기본공제는 상시근로자 수가 증가한 경우 해당 과세연도와 해당 과세연도의 종료일부터 1년(중소기업 · 중견기업은 2년)이 되는 날이 속하는 과세연도까지 공제한다(조특법 29의 8 ①). 그러나, 2차년도 또는 3차년도에 세액공제를 받기 위해서는 2년간 고용을 유지해야 하는데, 이를 요약하면 다음과 같다.

2년 이내 근로자 수	2차년도 및 3차년도 세액공제 적용 방법
1) 전체 상시근로자 수 감소	① 청년등 상시근로자 공제금액 : 공제불가
	② 청년등 외 상시근로자 공제금액 : 공제불가
2) 전체 상시근로자 수 유지 또는 증가, 청년등 상시근로자 감소	① 청년등 상시근로자 공제금액 : 다음의 금액으로 공제가능 "청년등 인원 수 × 청년등 외 공제금액"
	② 청년등 외 상시근로자 공제금액 : 공제가능

기획재정부에서는 과거 전체 상시근로자 수는 유지(또는 증가)하면서, 청년등 상시근로자 수만 감소하는 경우 2차년도 및 3차년도 세액공제를 받을 수 없다는 취지의 예규(사전-2020-법령해석소득-0541, 2020.10.29.)를 회신한 바 있다. 그러나, 2023.3.5. 청년 인원 수에 청년 외 공제금액을 곱하여 계산한 금액을 2차년도 및 3차년도 세액공제로 적용하도록 종전 해석을 변경하면서 종전 예규(사전-2020-법령해석소득-0541, 2020.10.29.)를 삭제하였고, 이후 유사한 취지의 해석을 연달아 회신하였다.

‖ 전체 증가(유지), 청년 감소 ‖

구분	구 분	주요내용
삭제사례	사전-2020-법령해석소득-0541, 2020.10.29. (기획재정부에서 종전해석을 변경)	감소한 과세연도부터 청년에 대한 2,3차년도 공제 불가
유지사례	① 기획재정부 조세특례제도과-215, 2023.3.6. ② 서면-2023-법인-0978, 2023.5.26. ③ 조세특례제도과-906, 2023.8.28.	청년 인원 수에 청년 외 공제금액을 곱하여 2,3차년도 공제 가능

그러나 2025년 귀속분 소득세·법인세를 신고함에 있어서 근로계약 당시 34세 이하였던 사람은 2025년 또는 그 이후 과세연도에 생일이 지나더라도 계속해서 청년으로 보아 세액공제 및 추가납부세액에 관한 규정을 적용한다.

사례

제조업을 영위하는 중소기업인 ㈜택스에듀의 상시근로자 등의 자료는 다음과 같다. ㈜택스에듀는 2025년에 창업한 12월말 결산법인이며 수도권에 소재하고 있으며, 2025년부터 2026년까지의 통합고용세액공제 기본공제액 및 추가납부세액을 계산하시오.

과세연도	2025년	2026년
전체 상시근로자 수	10	10
청년등 상시근로자 수	6	3
청년등 외 상시근로자 수	4	7

(1) **2025년 공제세액**

6명(청년등 증가인원) × 14,500,000원 = 87,000,000원

4명(청년등 외 증가인원) × 8,500,000원 = 34,000,000원

(2) **2026년**

1) **1차년도 공제세액** : 없음(전체 상시근로자 증가 없음)

2) **2차년도 공제**

6명(청년등 증가인원) × 8,500,000원 = 51,000,000원

4명(청년등 외 증가인원) × 8,500,000원 = 34,000,000원

3) **추가납부세액**

3명(청년등 감소인원) × (14,500,000원 - 8,500,000원) = 18,000,000원

관련규정

◎ 내국인의 2025년 12월 31일이 속하는 과세연도까지의 기간 중 해당 과세연도의 상시근로자의 수가 직전 과세연도의 상시근로자의 수보다 증가한 경우에는 세액공제 금액을 해당 과세연도와 해당 과세연도의 종료일부터 1년(중소기업 · 중견기업은 2년)이 되는 날이 속하는 과세연도까지의 소득세 또는 법인세에서 공제한다(2025.12.23. 개정 전 조특법 29의 8 ①).

◎ 통합고용세액공제의 기본공제를 받은 내국인이 최초로 공제를 받은 과세연도의 종료일부터 2년이 되는 날이 속하는 과세연도의 종료일까지의 기간 중 상시근로자 및 청년등 상시근로자가 감소한 경우에는 다음의 구분에 따라 세액공제(2차년도 및 3차년도 세액공제)를 적용하지 아니한다(2025.12.23. 개정 전 조특법 29의 8 ②).

① 전체 상시근로자의 수가 최초로 공제를 받은 과세연도에 비하여 감소한 경우에는 감소한 과세연도부터 통합고용세액공제 기본공제(2025.12.23. 개정 전 조특법 29의 8 ①)를 적용하지 아니한다.

② 청년등 상시근로자의 수가 최초로 공제를 받은 과세연도에 비하여 감소한 경우에는 감소한 과세연도부터 청년등 상시근로자에 대한 통합고용세액공제 기본공제(2025.12.23. 개정 전 조특법 29의 8 ① 1호)를 적용하지 아니한다.

관련예규

◎ 내국인이 해당 과세연도의 청년등 상시근로자 증가인원에 대해 「조세특례제한법」 제29조의 7 제1항 제1호에 따른 세액공제를 적용받은 후 다음 과세연도에 청년등 상시근로자의 수는 감소(최초 과세연도에는 29세 이하였으나, 이후 과세연도에 30세 이상이 되어 청년 수가 감소하는 경우를 포함)하였으나 전체 상시근로자의 수는 유지되는 경우, 잔여 공제연도에 대해서는 제29조의 7 제1항 제2호의 공제액을 적용하여 공제가 가능함(기획재정부 조세특례제도과-214, 2023.3.6.).

◎ 내국인이 해당 과세연도에 "청년등 상시근로자"와 "청년등 상시근로자 외 상시근로자"가 각각 증가하여 조세특례제한법 제29조의 7(고용을 증대시킨 기업에 대한 세액공제) 제1항 각 호를 적용받은 후, 다음 과세연도에 "청년등 상시근로자"의 수는 감소(최초 과세연도에 29세 이하였으나, 이후 과세연도에 30세 이상이 되어 청년 수가 감소하는 경우를 포함)하였으나 전체 상시근로자 수는 유지되거나 증가한 경우, 당초 적용받았던 "청년등 상시근로자 증가인원"에 대하여 같은 항 제1호 "청년등 상시근로자" 증가에 따른 세액공제는 적용받을 수 없지만, 같은 항 제2호 "청년등 상시근로자 외 상시근로자" 증가에 따른 세액공제는 적용할 수 있는 것임.
이 경우 당초 공제받았던 "청년등 상시근로자 외 상시근로자" 증가에 따른 세액공제는 "청년등 상시근로자 외 상시근로자"가 감소하지 않았으므로 잔여 공제연도에 대해서 계속 공제받을 수 있는 것임(서면-2023-법인-0978, 2023.5.26.).

◎ 「청년」에 대한 고용증대세액공제를 최초로 적용한 이후 과세연도에, 상시근로자 수는 증가하였으나, 「청년」은 감소한 경우 「청년」을 「청년 외」로 보아 추가공제를 적용할 수 있다(조세특례제도과-906, 2023.8.28.).

4. 최초 고용증대세액공제 적용시, "청년"을 "청년 외"로 보아 세액공제를 적용할 수 있는지 여부

관련예규

◎ 최초 고용증대세액공제 적용시, 청년을 청년 외로 보아 세액공제를 적용할 수 있는 것임(조세특례제도과-906, 2023.8.28.).

질의 1

최초 고용증대세액공제 적용시, 「청년」을 「청년 외」로 보아 세액공제를 적용할 수 있는지 여부

1안) 「청년 외」로 선택 적용 불가

2안) 「청년 외」로 선택 적용 가능

회신 1

귀 질의의 경우 2안이 타당함

질의 2

「청년」 최초공제 적용 이후 과세연도에 상시근로자 수는 증가하였으나, 「청년」은 감소한 경우 「추가공제」 계산방법

1안) 「청년」을 「청년 외」로 보아 추가공제 적용

2안) 「청년」을 「청년 외」로 보아 추가공제 적용 불가

회신 2

귀 질의의 경우 1안이 타당함

5. 사업연도가 변경된 경우 추가공제의 적용방법과 사후관리기간

사업연도를 변경하려는 법인은 그 법인의 직전 사업연도 종료일부터 3개월 이내에 납세지 관할 세무서장에게 이를 신고하여 이를 변경할 수 있다(법법 7 ①). 사업연도가 변경된 경우에는 종전의 사업연도 개시일부터 변경된 사업연도 개시일 전날까지의 기간을 1사업연도로 한다(법법 7 ③).

내국법인이 통합고용세액공제(또는 고용증대세액공제)를 적용받은 이후 사업연도가 변경되는 경우 사후관리는 변경 전 사업연도를 기준으로 기간을 계산한다. 따라서, 2차년도 · 3차년도 공제 변경 후 사업연도에 월수로 안분하여 공제금액을 계산하며, 추가납부세액과 관련하여 고용이 유지되어야 하는 사후관리 기간은 변경 전 사업연도를 기준으로 최초로 공제받은 사업연도의 종료일로부터 2년이 되는 날이 속하는 사업연도의 종료일까지로 기간을 계산한다.

사례

㈜A는 2020.7.7. 수도권 내에 설립된 중소기업으로, 2021.4.1. 직원 1명('청년등 외')을 고용하고, 2021사업연도에 대한 법인세 신고 시 고용증대세액공제를 최초로 적용하였다.

㈜A는 2022.3.30.에 「1.1.~12.31.」에서 「4.1.~3.31.」로 사업연도를 변경하는 신고를 하여, 사업연도가 다음과 같이 변경되었다.

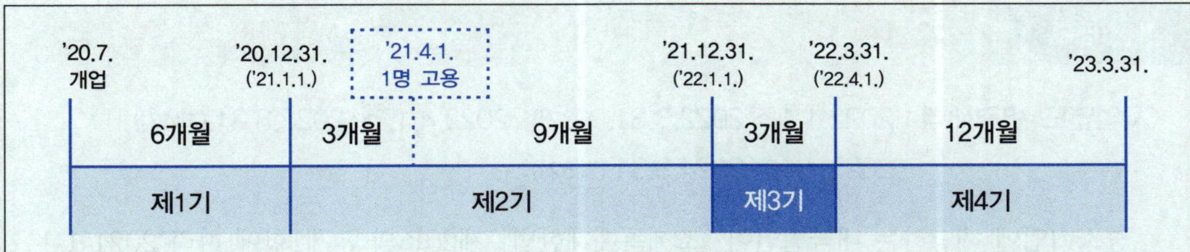

(1) 세액공제 금액

1) 2기(2021.1.1. ~ 2021.12.31.)

7,000,000원 × 1명 × 9/12 = 5,250,000원

2) 3기(2022.1.1. ~ 2022.3.31.)

7,000,000원 × 1명 × 3/12 = 1,750,000원

3) 4기(2022.4.1. ~ 2023.3.31.)

7,000,000원

4) 5기(2023.4.1. ~ 2024.3.31.)

7,000,000원 × 1명 × 9*/12 = 5,250,000원

* 2023.4.1.~2023.12.31.까지의 개월 수

(2) 고용 유지기간

최초로 공제를 받은 과세연도의 종료일부터 2년이 되는 날이 속하는 과세연도의 종료일까지의 기간 중 상시근로자 및 청년등 상시근로자가 감소한 경우에는 공제받은 세액에 상당하는 금액을 소득세 또는 법인세로 납부하여야 한다. 따라서, 본 사례의 경우 2024.3.31.까지 고용을 유지하여야 추가납부세액이 발생하지 않는다.

① 최초로 공제를 받은 과세연도의 종료일 : 2021.12.31.

② '①'의 날부터 2년이 되는 날 : 2023.12.31.

③ '②'의 날이 속하는 과세연도 종료일 : 2024.3.31.

관련예규

〈사업연도 변경내역 : 2022.1.1.~2022.3.31.(제3기), 2022.4.1. ~ 2023.3.31.(제4기), 2023.4.1.~2024.3.31.(제5기)〉

중소기업에 해당하는 내국법인이 「조세특례제한법」 제29조의 7 제1항에 따라 2021.1.1. ~ 2021.12.31. 사업연도(제2기)의 법인세에서 최초로 고용증대세액공제를 받고 사업연도를 변경한 경우

고용증대세액공제의 추가공제는 최초로 공제를 받은 사업연도의 종료일부터 2년이 되는 날이 속하는 사업연도까지(제3기부터 제5기까지) 적용하되, 제3기의 경우 '최초로 공제받은 세액×3개월/12개월'에 상당하는 금액을 공제하고, 제5기의 경우 '최초로 공제받은 세액×9개월/12개월'에 상당하는 금액을 공제하는 것이며,

고용증대세액공제를 최초로 공제받은 사업연도의 종료일로부터 2년이 되는 날이 속하는 사업연도의 종료일(2024.3.31.)까지의 기간 중 전체 상시근로자의 수가 최초로 공제를 받은 사업연도에 비하여 감소한 경우에는 감소한 사업연도부터 추가공제를 적용하지 아니하고 같은 법 시행령 제26조의 7 제5항에 따라 계산한 금액을 납부하여야 하는 것임(서면-2022-법규법인-2972 [법규과-3764], 2022.12.30.).

6. 통합고용세액공제를 인적용역사업에 대한 소득세에서 공제할 수 있는지 여부

저술가 · 작곡가나 그 밖의 자가 직업상 제공하는 인적(人的) 용역으로서 대통령령으로 정하는 것에 대하여는 부가가치세가 면세된다(부법 26 15호). 여기서 면세대상인 인적용역이란 개인이 물적 시설 없이 근로자를 고용(고용 외의 형태로 해당 용역의 주된 업무에 대해 타인으로부터 노무 등을 제공받는 경우를 포함한다)하지 아니하고 독립된 자격으로 용역을 공급하고 대가를 받는 다음에 규정하는 인적용역을 말한다(부령 42 1호).

① 저술 · 서화 · 도안 · 조각 · 작곡 · 음악 · 무용 · 만화 · 삽화 · 만담 · 배우 · 성우 · 가수와 이와 유사한 용역

② 연예에 관한 감독 · 각색 · 연출 · 촬영 · 녹음 · 장치 · 조명과 이와 유사한 용역

③ 건축감독 · 학술용역과 이와 유사한 용역

④ 음악 · 재단 · 무용(사교무용 포함) · 요리 · 바둑의 교수와 이와 유사한 용역

⑤ 직업운동가 · 역사 · 기수 · 운동지도가(심판 포함)와 이와 유사한 용역

⑥ 접대부 · 댄서와 이와 유사한 용역

⑦ 보험가입자의 모집 · 저축의 장려 또는 집금 등을 하고, 실적에 따라 보험회사 또는 금융

기관으로부터 모집수당 · 장려수당 · 집금수당 또는 이와 유사한 성질의 대가를 받는 용역과 서적 · 음반 등의 외판원이 판매실적에 따라 대가를 받는 용역

⑧ 저작자가 저작권에 의하여 사용료를 받는 용역

⑨ 교정 · 번역 · 고증 · 속기 · 필경 · 타자 · 음반취입과 이와 유사한 용역

⑩ 고용관계 없는 자가 다수인에게 강연을 하고, 강연료 · 강사료 등의 대가를 받는 용역

⑪ 라디오 · 텔레비전방송 등을 통하여 해설 · 계몽 또는 연기를 하거나 심사를 하고 사례금 또는 이와 유사한 성질의 대가를 받는 용역

⑫ 작명 · 관상 · 점술 또는 이와 유사한 용역

⑬ 개인이 일의 성과에 따라 수당 또는 이와 유사한 성질의 대가를 받는 용역

부가가치세가 면세되는 인적용역이란 근로자를 고용하지 않아야 하므로, 인적용역만을 영위하는 거주자에 대한 소득세에서 통합고용세액공제가 적용될 여지는 없다고 판단된다. 그런데, 면세대상 인적용역 소득과 그 외 근로자를 고용한 사업소득이 동시에 발생하고 있다면, 근로자 고용에 따른 통합고용세액공제액을 전체 사업소득에 대한 산출세액에서 공제할 수 있는지 여부가 논란이 될 수 있다.

조세특례제한법에서는 통합고용세액공제를 사업소득에 대한 소득세액에서 공제한다고 규정하는 한편, 사업소득에는 부동산임대업에서 발생하는 소득은 포함하지 않는다고 정하고 있다(조특법 7의 4 ①). 즉, 통합고용세액공제를 적용함에 있어서 부동산 임대업에 대한 소득세액은 공제대상이 아님을 명확히 규정하였으나 그 외 사업소득에 대해서는 명문화된 규정이 없다. 또한, 세액감면과 달리 세액공제규정에 대하여는 특별한 사정이 없는 한 구분경리(소득구분계산서)와 관련된 규정도 적용되지 아니하므로 통합고용세액공제를 제한하는 특별한 규정이 없는 한 인적용역의 소득에 대한 소득세에서도 공제될 수 있다고 생각할 여지도 있다.

그러나, 최근 예규에서는 인적용역과 기타의 사업을 겸업하는 경우 통합고용세액공제는 인적용역사업에 대한 소득세에서 공제될 수 없다고 회신하였다(사전-2025-법규소득-0923, 2025.11.28.). 따라서, 인적용역과 기타의 사업을 겸업하는 경우에는 사업소득에 대한 소득세액을 소득금액 비율로 안분하여 인적용역 소득 관련 소득세액에서는 통합고용세액공제를 적용하지 아니하고, 기타의 사업소득 관련 소득세액에서만 공제하여야 한다.

실무포인트

1. 통합고용세액공제를 인적용역사업에 대한 소득세에서 공제할 수 있는지 여부

질의

○ 신청인은 세무사업으로 사업자등록하여 계속 영업중으로 당해 사업장에서 세무사업의 사업을 위해 청년 정규직 근로자를 채용함.

○ 신청인은 세무사업에 따른 사업소득 이외에 외부 강의에 따른 강사료 등 인적용역수입(부가법 §26 ① 15호)이 발생하여 원천징수대상 사업소득으로 신고함.

○ 세무사업을 영위중인 거주자가 「조세제한특례법」 제29조의 8 통합고용 세액공제를 적용할 때

○ 부가가치세법 제26조 제1항 제15호의 인적용역 공급에 따른 소득이 함께 있는 경우 통합고용세액공제를 인적용역 사업소득에 대한 소득세에서 공제할 수 있는지 여부

회신

세무사업을 영위하는 거주자가 「부가가치세법 시행령」 제42조 제1호 차목에 따른 인적용역 사업소득이 함께 있는 경우 인적용역 사업에 대한 소득세는 「조세특례제한법」 제29조의 8의 통합고용세액공제를 적용받을 수 없는 것임(사전-2025-법규소득-0923, 2025.11.28).

4 이월세액 및 추가납부세액의 계산방법

1. 세액공제의 이월기간 및 이월방법

(1) 세액공제의 이월기간

세액공제액은 해당 과세연도에 납부할 세액이 없거나 조세특례제한법 제132조에 따른 법인세최저한세액에 미달하여 공제받지 못한 부분에 상당하는 금액은 해당 과세연도의 다음 과세연도 개시일부터 10년 이내에 끝나는 각 과세연도에 이월하여 그 이월된 각 과세연도의 법인세에서 공제한다(조특법 144 ①).

2020.12.31. 이전		2021.1.1. 이후
원칙	5년간 이월공제	10년
예외	중소기업투자세액공제 : 7년 연구인력개발비세액공제 : 10년 신성장원천기술연구개발비세액공제 : 10년	

이월공제 기간을 종전 5년(7년, 10년)에서 10년으로 적용하도록 개정한 규정은 2021년 1월 1일 이후 법인세 신고 시 이월공제기간이 경과하지 않은 세액공제에도 적용한다. 따라서, 과세연도 종료일이 12월 말인 법인이 2015년 과세연도에 공제받지 못한 세액공제 금액은 조세특례제한법 제144조 제1항 및 부칙 제35조(2020.12.29. 법률 제17759호)에 따라 해당 과세연도의 다음 과세연도 개시일부터 10년 이내에 끝나는 각 과세연도까지 이월하여 공제할 수 있다(서면법인-1779, 2022.7.11.).

(2) 세액공제의 이월 방법

각 과세연도의 법인세에서 공제할 금액과 이월된 미공제액이 중복되는 경우에는 이월된 미공제액을 먼저 공제하고 그 이월된 미공제액 간에 중복되는 경우에는 먼저 발생한 것부터 차례대로 공제한다(법법 59 ① 3호, 조특법 144 ②). 특히 조세특례제한법 제144조 제2항의 규정은 귀속 과세연도가 상이한 동일 종류의 세액공제가 중복되는 경우에 적용하는 것이고, 서로 다른 종류의 세액공제가 중복되는 경우에는 당해 규정을 적용하지 않는다(서면2팀-1246, 2004.6.16.).

관련예규

1. 세액공제의 이월기간의 개정규정 적용방법

과세연도 종료일이 12월 말인 법인이 2015년 과세연도에 공제받지 못한 세액공제 금액은 조세특례제한법(2020.12.29. 법률 제17759호로 개정된 것) 제144조 제1항 및 같은 법 부칙 제35조에 따라 해당 과세연도의 다음 과세연도 개시일부터 10년 이내에 끝나는 각 과세연도까지 이월하여 공제할 수 있는 것임(서면법인-1779, 2022.7.11.).

2. 세액공제의 이월방법

질의

이월공제 대상인 연구및인력개발비세액공제와 임시투자세액공제가 2001년과 2002년 귀속사업연도에 동시에 있는 법인이 조세특례제한법 제144조의 규정에 의하여 세액공제액

의 이월공제를 적용함에 있어서 공제순서

[갑설] 세액공제액의 종류에 관계없이 발생순서에 따라 2001년 이월공제액부터 세액공제함.

[을설] 조세특례제한법 제144조 제2항의 규정에 "미공제금액이 중복되는 경우"의 의미에서 "중복"의 의미가 세액공제 종류가 다른 경우까지를 포함하는 규정인지 불분명하고, 세액공제 종류가 다른 경우, 세액공제 종류별로 농특세 과세여부가 다를 수 있으므로 2001.12.29.의 법률 개정취지와 같이 세액공제 순서를 납세자의 선택에 따라 세액공제 종류별로 정할 수 있도록 하여(2003.12.30. 개정 전 규정은 일반 세액공제 이월공제연한 4년, 연구및인력개발비세액공제는 7년이었음) 납세자가 유리한 방법으로 세액공제할 수 있도록 함.

회신

조세특례제한법 제144조 제2항의 규정은 귀속 사업연도가 상이한 동일 종류의 세액공제가 중복되는 경우에 적용하는 것이고 서로 다른 종류의 세액공제가 중복되는 경우에는 당해 규정을 적용하지 않는 것임(서면인터넷방문상담2팀-1246, 2004.6.16.).

2. 이월세액을 실수로 공제하지 못한 경우의 공제방법

통합고용세액공제 및 고용증대세액공제는 최저한세가 적용되거나, 결손 등으로 산출세액이 없는 경우 10년간 이월공제 가능하다. 그런데 이월된 과세연도에 이월세액에 대한 공제를 누락한 채로 다음 과세연도가 되었다면, 원칙적으로는 직전연도로 경정청구를 하여야 할 것이나, 경정청구 없이 당해 연도의 최저한세액 범위 내에서 공제받는 것도 가능하다.

사례

과세연도	2018년	2019년	2020년
세액공제	1,000만원(고용증대)	공제누락	400만원공제 가능
최저한세한도	600만원	500만원	800만원

① 2018 : 2018년 최저한세 적용으로 400만원은 공제받지 못한 이월세액이므로, 다음연도인 2019년에 공제하여야 한다.

② 2019 : 최저한세 한도 이내인 500만원 범위 내에서는 2018년 이월세액을 공제하여야 한다.

③ 2020 : 2019년 공제한도가 있음에도 이월세액의 공제를 누락한 경우라면, 원칙적으로 2019년도 신고분에 대하여 경정청구하여야 한다. 그러나, 2020년은 세액공제 발생연도인

2018년으로부터 이월공제기간(10년) 이내이므로 경정청구 없이 2020년도 세액에서 공제가 가능하다.

관련예규

내국법인이 2018사업연도에 「조세특례제한법」 제29조의 7(고용을 증대시킨 기업에 대한 세액공제)을 적용받았으나, 같은 법 제132조에 따른 최저한세의 적용으로 인하여 공제할 세액 중 공제받지 못한 금액(이하 '이월세액')을 이월한 경우로서 2019사업연도에 해당 이월세액 외에 당해 사업연도에 공제받을 수 있는 세액공제액이 없음에도 이월세액에 대하여 세액공제를 적용받지 않은 경우, 해당 내국법인은 2020사업연도 이후 같은 법 제144조 제1항에 따른 이월공제기간 이내에 각 사업연도의 법인세에서 해당 이월세액을 공제할 수 있는 것임(법령해석과-2703, 2021.8.5.).

3. 고용감소로 추가납부세액 발생 시 이월세액이 있는 경우(고용증대세액공제)

고용증대 세액공제는 최초로 공제를 받은 과세연도의 종료일부터 2년이 되는 날이 속하는 과세연도의 종료일까지의 기간 중 상시근로자의 수가 감소하는 경우 공제받은 세액에 상당하는 금액을 소득세 또는 법인세로 납부하여야 한다. 이때 공제세액 중 최저한세의 적용으로 인해 일부 세액이 이월된 경우 다음연도 추가납부세액의 납부방법은 ① 공제받은 세액을 먼저 납부하고, ② 남은 세액은 이월세액에서 차감한다.

사례

구 분	내 용
20X1	① 고용증대세액공제액 1억원 발생 ② 최저한세 적용으로 4,000만원 공제, 6,000만원 이월
20X2	고용감소로 추가납부세액 5,000만원 발생 ① 4,000만원 납부 ② 1,000만원 이월세액에서 차감

관련규정

소득세 또는 법인세를 공제받은 내국법인이 최초로 공제를 받은 과세연도의 종료일부터 2년이 되는 날이 속하는 과세연도의 종료일까지의 기간 중 상시근로자의 수가 감소하는 경우 공제받은 세액에 상당하는 금액을 소득세 또는 법인세로 납부하여야 한다(조특법 29의 7 ②).

관련예규

◎「조세특례제한법」 제29조의 7 고용을 증대시킨 기업에 대한 세액공제를 신청한 내국인이 그 세액공제액 중 소득세 최저한세액에 미달하여 공제받지 못한 부분에 상당하는 금액을 이월한 후 최초로 공제를 받은 과세연도의 종료일부터 1년이 되는 날이 속하는 과세연도의 종료일까지의 기간 중 상시근로자 수가 최초로 공제를 받은 과세연도에 비하여 감소한 경우「조세특례제한법 시행령」 제26조의 7 제5항 제1호에 따라 계산한 금액을 공제받은 세액을 한도로 소득세로 납부하고 나머지 금액은 이월된 세액공제액에서 차감하는 것임(사전-2020-법령해석소득-0478 [법령해석과-3366], 2020.10.21.).

질의

○ 질의법인은 고속도로휴게소에서 음식점을 운영하는 업체로 상시근로자 증감내역은 아래와 같음.

(단위 : 명)

구분	2017년	2018년	2019년	순증감
상시근로자 수	143	203	177	
고용증감		+60	△26	34

○ 2018년에 고용증가로 고용증대세액공제 당기발생액이 약 4.9억원이나, 최저한세 적용으로 1.1억원을 공제하고 3.8억원을 이월함.

○ 2019년에 고용감소로 인하여 발생한 추가 납부세액 2.1억원이 발생하였음.

○ 고용감소로 인하여 발생한 추가 납부세액 2.1억원의 납부방법

(갑설) 2018년 이월공제세액(3.8억원)에서 차감

(을설) 2018년에 공제받은 1.1억원을 2019년 추가납부세액으로 우선 납부 후 나머지(1억원)를 이월공제세액(3.8억원)에서 차감

회신

「조세특례제한법」 제29조의 7에 따른 고용을 증대시킨 기업에 대한 세액공제를 신청한 내국인이 그 세액공제액 중 법인세 최저한세액에 미달하여 공제받지 못한 부분에 상당하는 금액

을 이월한 후 최초로 공제를 받은 과세연도의 종료일부터 1년이 되는 날이 속하는 과세연도의 종료일까지의 기간 중 상시근로자 수가 최초로 공제를 받은 과세연도에 비하여 감소한 경우 「조세특례제한법 시행령」 제26조의 7 제5항 제1호에 따라 계산한 금액을 같은 법 제29조의 7 제1항에 따라 공제받은 세액을 한도로 법인세를 납부하고 나머지 금액은 이월된 세액공제액에서 차감하는 것임(서면-2020-법인-5929 [법인세과-1474], 2021.7.29.).

4. 고용감소로 추가납부세액 발생 시 이월세액이 있는 경우(통합고용세액공제)

통합고용세액공제의 기본공제를 받은 내국인이 최초로 공제를 받은 과세연도의 종료일부터 2년이 되는 날이 속하는 과세연도의 종료일까지의 기간 중 상시근로자 및 청년등 상시근로자가 감소한 경우에는 공제받은 세액에 상당하는 금액을 소득세 또는 법인세로 납부하여야 한다(조특법 29의 8 ②). 이때 공제금액 중 공제받지 못하고 이월된 금액이 있는 경우에는 그 금액을 차감한 후의 금액을 납부하는 것이므로(조특법 29의 8 ②) 공제세액 중 최저한세의 적용으로 인해 일부세액이 이월된 경우 다음연도 추가납부세액의 납부방법은 ① 이월세액에서 먼저 차감하고, ② 남은세액은 공제받은 세액을 한도로 납부한다.

사례

구 분	내 용
20X1	① 통합세액공제액 1억원 발생 ② 최저한세 적용으로 4,000만원 공제, 6,000만원 이월
20X2	고용감소로 추가납부세액 5,000만원 발생 ① 5,000만원 이월세액에서 차감 ② 납부세액 없음

5. 폐업한 사업장에 대하여 추가납부세액을 계산하는지

통합고용세액공제 또는 고용증대세액공제를 적용받는 경우 2년간 고용을 유지하여야 하며, 2년 내에 고용이 감소하는 경우 공제받은 세액을 납부하여야 한다. 이 경우 사업장이 폐업하여 근로자가 모두 퇴사하는 경우에도 원칙적으로 고용감소로 인한 세액을 납부하여야 한다. 다만, 사업양수도 등에 의해 기존 근로자가 사업양수인에게 승계되는 경우에는 추가납부세액을 납부하지 않을 수 있다.

관련예규

질의

○ 질의인은 수도권에 개인사업장을 운영하던 중, 2020 과세연도에 상시근로자 수가 3.91명(청년등 상시근로자의 증가한 인원 수 : 2명, 청년등 상시근로자 외 상시근로자의 증가한 인원 수 : 1.91명) 증가하여 조세특례제한법 제29조의 7에 따라 고용증대세액공제를 적용받았으나

○ 2020.12.31. 위 사업장의 폐업에 따라 2021 과세연도 상시근로자 수는 0명으로 감소함

○ 2020년 고용을 증대시킨 기업에 대한 세액공제를 적용받은 거주자가 2020.12.31. 폐업한 사업장에 대하여 2021 과세연도 상시근로자 수 감소를 원인으로 조세특례제한법 제29조의 7 ②에 따른 사후관리 위반에 따른 추징세액이 발생하는지 여부

회신

「조세특례제한법」 제29조의 7 제2항에 따라 상시근로자의 수가 감소한 경우에는 「조세특례제한법 시행령」 제26조의 7 제5항에 따라 계산한 금액을 해당 과세연도의 과세표준을 신고할 때 소득세 또는 법인세로 납부하여야 하고, 이때 상시근로자 수는 같은 조 제7항에 따라 계산하는 것임(사전-2021-법령해석소득-1013, [법령해석과-4157], 2021.11.29.).

6. 2018년도에 최초로 공제받은 경우 사후관리의 기준이 되는 상시근로자 수

관련예규

질의

중소기업이 2018년에 상시근로자 수가 증가하여 최초로 고용증대세액공제를 받았으나, 이후 전체 상시근로자 수가 매년 감소하는 경우 사후관리 기준은 "공제를 받은 직전 과세연도(2017년)"의 상시근로자 수인지, "최초로 공제를 받은 과세연도(2018)"의 상시근로자 수인지 여부

회신

「조세특례제한법」 제29조의 7(2019.12.31. 법률 제16835호로 개정되기 전의 것)에 따라 2018년 최초로 고용증대세액공제 적용을 받은 경우에 대한 사후관리 규정 적용은 법률 제16835호 「조세특례제한법」 일부개정법률 제29조의 7 제2항 및 같은 법 부칙 제17조에 따라 최초로 공제를 받은 과세연도를 기준으로 판단하는 것임(기획재정부 조세특례제도과-679, 2023.6.20.).

5 창업 · 사업양수도 · 법인전환 시 세액공제 적용방법

해당 사업연도에 창업 등을 한 내국인의 경우에는 다음의 구분에 따른 수를 직전 또는 해당 사업연도의 상시근로자 수 또는 청년등 상시근로자 수로 본다(조특령 23 ⑬).

1) 창업(조특령 23 ⑬ 1호)

창업한 경우의 직전 과세연도의 상시근로자 수 : 0. 단, 조세특례제한법 제6조 제10항 제1호부터 제3호까지의 규정에 해당하는 경우 제외

2) 창업배제(조특령 23 ⑬ 2호)

조세특례제한법 제6조 제10항 제1호(합병 · 분할 · 현물출자 또는 사업의 양수 등을 통하여 종전의 사업을 승계하는 경우는 제외)부터 제3호까지의 어느 하나에 해당하는 "창업으로 보지 않는 경우"의 직전 사업연도의 상시근로자 수 또는 청년등 상시근로자 수 : 종전 사업, 법인전환 전의 사업 또는 폐업 전의 사업의 직전 사업연도 상시근로자 수 또는 청년등 상시근로자 수

[조세특례제한법 제6조 ⑩ 1호~3호]

① 합병 · 분할 · 현물출자 또는 사업의 양수를 통하여 종전의 사업을 승계하거나 종전의 사업에 사용되던 자산을 인수 또는 매입하여 같은 종류의 사업을 하는 경우. 다만, 다음 중 어느 하나에 해당하는 경우는 제외한다.

㉠ 종전의 사업에 사용되던 자산을 인수하거나 매입하여 같은 종류의 사업을 하는 경우. 그 자산가액의 합계가 사업 개시 당시 토지 · 건물 및 기계장치 등 법인세법 시행령 제24조의 사업용 자산의 총가액에서 차지하는 비율이 30% 이하인 경우(조특령 5 ⑲ · ⑳)

㉡ 사업의 일부를 분리하여 해당 기업의 임직원이 사업을 개시하는 경우로서 대통령령으로 정하는 요건에 해당하는 경우

② 거주자가 하던 사업을 법인으로 전환하여 새로운 법인을 설립하는 경우

③ 폐업 후 사업을 다시 개시하여 폐업 전의 사업과 같은 종류의 사업을 하는 경우

3) 근로자 승계(조특령 23 ⑬ 3호)

다음의 어느 하나에 해당하는 경우의 직전 또는 해당 과세연도의 상시근로자 수 또는

청년등 상시근로자 수 : 직전 과세연도의 상시근로자 수 또는 청년등 상시근로자 수는 승계시킨 기업의 경우에는 직전 과세연도 상시근로자 수 또는 청년등 상시근로자 수에 승계시킨 상시근로자 수 또는 청년등 상시근로자 수를 뺀 수로 하고, 승계한 기업의 경우에는 직전 과세연도 상시근로자 수 또는 청년등 상시근로자 수에 승계한 상시근로자 수 또는 청년등 상시근로자 수를 더한 수로 하며, 해당 과세연도의 상시근로자 수 또는 청년등 상시근로자 수는 해당 사업연도 개시일에 상시근로자 또는 청년등 상시근로자를 승계시키거나 승계한 것으로 보아 계산한 상시근로자 수는 청년등 상시근로자 수로 한다.

㉠ 해당 과세연도에 합병 · 분할 · 현물출자 또는 사업의 양수 등에 의하여 종전의 사업부문에서 종사하던 상시근로자는 청년등 상시근로자를 승계하는 경우

㉡ 조세특례제한법 시행령 제11조 제1항에 따른 특수관계인으로부터 상시근로자 또는 청년등 상시근로자를 승계하는 경우

▌창업 등을 한 경우의 상시근로자 수 등의 계산▐

구 분	사유	직전연도	해당연도
1) 원칙 (창업배제 제외)	해당연도 창업	0	–
2) 창업배제 (근로자 승계 제외)	① 사업양수도 등의 사유로 자산매입 ② 개인의 법인전환 ③ 폐업 후 재개업	종전 사업, 법인전환 전 또는 폐업 전의 사업의 직전 과세연도 상시근로자 수	–
3) 근로자 승계	① 사업양수도 등의 사유로 근로자 승계 ② 특수관계인으로부터 근로자 승계	① 승계시킨 기업 직전근로자 수 – 승계근로자 수 ② 승계한 기업 직전근로자 수 + 승계근로자 수	해당 과세연도 개시일에 승계한 것으로 계산

실무포인트

1. 근로자를 승계한 개인사업자의 법인전환 시 직전연도 상시근로자 수

질의

개인사업자가 사업의 포괄양수도 방법으로 법인전환함으로써 종전 사업에서 종사하던 상시근로자를 승계한 경우의 상시근로자 수 계산을 위한 조특령 §23 ⑬ 각 호의 적용방법

(제1안) 상시근로자를 승계하였으므로 같은 항 제3호가 적용됨.

(제2안) 법인전환이므로 같은 항 제2호가 적용됨.

회신

개인사업자가 사업의 포괄양수도 방법으로 법인전환함으로써 종전 사업에서 종사하던 상시근로자를 승계한 경우의 상시근로자 수 계산을 위한 조특령 §23 ⑬ 적용 시 같은 항 제3호가 적용됨(기획재정부 조세정책과-1837, 2023.9.5.).

1. 원칙(창업한 경우 최초 과세연도의 직전연도 근로자 수)

창업을 한 신설법인이나 개인사업자의 경우로서 창업일이 속하는 최초 과세연도에 고용이 증대되었다면, 직전연도의 근로자 수가 없으므로 직전연도 근로자 수는 '0'으로 보아 증가된 상시근로자 등을 계산한다(조특령 23 ⑬ 1호).

다만, 조특법 제6조 제10항 제1호부터 제3호까지의 규정에 해당하는 경우는 제외하므로, 다음에 해당하는 경우에는 직전연도 근로자 수를 '0'으로 보지 않는다(조특령 23 ⑬ 1호, 조특법 6 ⑩ 1호~3호).

① 합병 · 분할 · 현물출자 또는 사업의 양수를 통하여 종전의 사업을 승계하거나 종전의 사업에 사용되던 자산을 인수 또는 매입하여 같은 종류의 사업을 하는 경우. 다만, 다음 중 어느 하나에 해당하는 경우는 제외한다.

㉠ 종전의 사업에 사용되던 자산을 인수하거나 매입하여 같은 종류의 사업을 하는 경우 그 자산가액의 합계가 사업 개시 당시 토지 · 건물 및 기계장치 등 법인세법 시행령 제24조의 사업용 자산의 총가액에서 차지하는 비율이 30%이하인 경우(조특령 5 ⑲ · ⑳)

㉡ 사업의 일부를 분리하여 해당 기업의 임직원이 사업을 개시하는 경우로서 대통령령으로 정하는 요건에 해당하는 경우

② 거주자가 하던 사업을 법인으로 전환하여 새로운 법인을 설립하는 경우

③ 폐업 후 사업을 다시 개시하여 폐업 전의 사업과 같은 종류의 사업을 하는 경우

관련예규

1. 직전연도 근로자수를 '0'으로 보아야 하는지 여부

질의

ㅇ 질의법인은 공인 회계사업을 영위하는 법인으로 '18.4.4. 개업하였음.

ㅇ 법인의 2018년 사업연도는 2018.4.4.~2019.3.31.로 3월말 법인이며, 신규 개업 시 임

직원을 타 회계법인 및 회계사무실에서 근무했던 직원으로 구성하였음.

○ 신설 회계법인의 구성원을 다른 회계법인 및 개인 회계사무실에서 근무하였던 직원으로 구성한 경우

○ 조세특례제한법 제29조의 7(고용을 증대시킨 기업에 대한 세액공제)에 의해 직전 과세연도의 상시근로자의 수를 '0'으로 보아 고용증대 세액공제를 받을 수 있는지

회신

신설회계 법인이 창업에 해당하는 경우에는 "상시근로자의 수"를 적용할 때, 직전 근로자 수는 "0"으로 적용하는 것임. 다만, 신설 회계법인이 창업에 해당하는지 여부는 조세특례제한법 제6조 10항 및 조세특례제한법 시행령 제23조 제13항을 준용하여 사실 판단하여야 함(서면-2020-법인-2188 [법인세과-2332], 2020.7.6.).

2. 창업으로 보지 않는 경우 상시근로자 수의 계산방법

"창업으로 보지 않는 경우"(합병 · 분할 · 현물출자 또는 사업양수 등을 통하여 종전의 사업을 승계하는 경우는 제외)의 직전 과세연도의 상시근로자 수 또는 청년등 상시근로자 수는 "0"으로 보지 않으며, 종전 사업, 법인전환 전의 사업 또는 폐업 전의 사업의 직전 과세연도 상시근로자 수 또는 청년등 상시근로자 수로 한다(조특령 23 ⑬ 2호).

"창업으로 보지 않는 경우"란 다음 중 어느 하나에 해당하는 경우를 말한다(조특법 6 ⑩ 1~3호). 이때에 같은 종류의 사업의 분류는 한국표준산업분류에 따른 세분류에 따른다(조특령 5 ⑮).

① 합병 · 분할 · 현물출자 또는 사업의 양수를 통하여 종전의 사업을 승계하거나 종전의 사업에 사용되던 자산을 인수 또는 매입하여 같은 종류의 사업을 하는 경우. 다만, 다음 중 어느 하나에 해당하는 경우는 제외한다.

㉠ 종전의 사업에 사용되던 자산을 인수하거나 매입하여 같은 종류의 사업을 하는 경우 그 자산가액의 합계가 사업 개시 당시 토지와 건물 및 기계장치 등 법인세법 시행령 제24조의 감가상각자산의 총가액에서 차지하는 비율이 30% 이하인 경우(조특령 5 ⑱ · ⑲)

㉡ 사업의 일부를 분리하여 해당 기업의 임직원이 사업을 개시하는 경우로서 다음의 요건을 모두 갖춘 경우(조특령 5 ⑳)

ⓐ 기업과 사업을 개시하는 임직원 간에 사업 분리에 관한 계약을 체결할 것

ⓑ 사업을 개시하는 임직원이 새로 설립되는 기업의 대표자로서 지배주주 등에 해당하

는 해당 법인의 최대주주 또는 최대출자자일 것(개인사업자의 경우에는 대표자를 말한다)

② 거주자가 하던 사업을 법인으로 전환하여 새로운 법인을 설립하는 경우

③ 폐업 후 사업을 다시 개시하여 폐업 전의 사업과 같은 종류의 사업을 하는 경우

관련예규

1. 개인사업자의 법인전환 시 직전연도 상시근로자 수

① 거주자가 영위하던 사업을 법인으로 전환하여 새로이 설립된 내국법인이 법인전환일이 속하는 과세연도에 「조세특례제한법」 제29조의 7 제1항에 따른 고용을 증대시킨 기업에 대한 세액공제 금액을 계산함에 있어, 직전 과세연도의 상시근로자 수는 같은 법 시행령 제26조의 7 제9항에 따라 법인전환 전의 사업의 직전 과세연도 상시근로자 수로 하는 것임(서면-2021-법규법인-0020 [법규과-296], 2022.1.25.).

② 거주자가 하던 사업을 법인으로 전환하여 새로운 법인을 설립하는 경우에는 조세특례제한법 제6조 제10항 제2호의 법인전환에 해당하므로 직전 과세연도의 상시근로자 수는 조특령 제23조 제13항 제2호에 따라 법인전환 전의 사업의 직전 과세연도 상시근로자 수를 적용하는 것임(서면-2019-법인-1932 [법인세과-2690], 2020.7.28.).

3. 근로자를 승계한 경우 상시근로자 수의 적용방법

창업을 하였으나 사업의 양수 등 다음의 사유로 종전의 사업부문에서 종사하던 상시근로자 등을 승계하는 경우에는 직전 과세연도 상시근로자 수를 "0"으로 보지 않으며, 다음과 같이 적용한다. 이때, 해당 과세연도 개시일에 상시근로자 또는 청년등 상시근로자를 승계시키거나 승계한 것으로 보아 근로자 수를 계산한다(조특령 23 ⑬ 3호).

① 해당 과세연도에 합병 · 분할 · 현물출자 또는 사업의 양수 등에 의하여 종전의 사업부문에서 종사하던 상시근로자는 청년등 상시근로자를 승계하는 경우

② 조세특례제한법 시행령 제11조 제1항에 따른 특수관계인으로부터 상시근로자 또는 청년등 상시근로자를 승계하는 경우

구 분	직전 과세연도 상시근로자 수 등	해당 과세연도 상시근로자 수 등
승계한 기업	직전 과세연도 상시근로자 수 + 승계한 상시근로자 수	해당 과세연도 개시일에 승계한 것으로 보아 상시근로자 수 계산
승계시킨 기업	직전 과세연도 상시근로자 수 − 승계시킨 상시근로자 수	해당 과세연도 개시일에 승계시킨 것으로 보아 상시근로자 수 계산

위와 같이 계산하는 경우 승계한 기업은 승계한 근로자에 대하여는 고용증가로 인한 통합고용세액공제(고용증대세액공제)를 적용받을 수 없으며, 승계한 근로자 외 다른 근로자를 추가로 고용해야만 그 추가 고용분에 대하여 세액공제를 적용받게 된다.

또한, 승계시킨 기업은 근로자 수가 승계시킨 과세연도에 근로자 수가 감소하더라도 감소한 근로자 전부가 고용 승계되었다면, 고용감소로 인한 추징세액을 납부하지 않게 된다. 그러나, 감소인원 중 일부만 고용승계 된다면, 고용승계되지 않은 인원은 실질적으로 근로자 수가 감소하게 되어 이 부분에 대하여 추징세액을 납부하게 된다.

관련규정

◎ 해당 과세연도에 창업 등을 한 내국인의 경우에는 다음의 구분에 따른 수를 직전 또는 해당 과세연도의 상시근로자 수 또는 청년등 상시근로자 수로 본다(조특령 23 ⑬).

1) ~ 2) 생략

3) 사업양수 등

다음의 어느 하나에 해당하는 경우의 직전 또는 해당 과세연도의 상시근로자 수 또는 청년등 상시근로자 수 : 직전 과세연도의 상시근로자 수 또는 청년등 상시근로자 수는 승계시킨 기업의 경우에는 직전 과세연도 상시근로자 수 또는 청년등 상시근로자 수에 승계시킨 상시근로자 수 또는 청년등 상시근로자 수를 뺀 수로 하고, 승계한 기업의 경우에는 직전 과세연도 상시근로자 수 또는 청년등 상시근로자 수에 승계한 상시근로자 수 또는 청년등 상시근로자 수를 더한 수로 하며, 해당 과세연도의 상시근로자 수 또는 청년등 상시근로자 수는 해당 사업연도 개시일에 상시근로자 또는 청년등 상시근로자를 승계시키거나 승계한 것으로 보아 계산한 상시근로자 수는 청년등 상시근로자 수로 한다.

㉠ 해당 과세연도에 합병 · 분할 · 현물출자 또는 사업의 양수 등에 의하여 종전의 사업부문에서 종사하던 상시근로자는 청년등 상시근로자를 승계하는 경우

㉡ 조세특례제한법 시행령 제11조 제1항에 따른 특수관계인으로부터 상시근로자 또는 청년등 상시근로자를 승계하는 경우

◎ "대통령령으로 정하는 특수관계인"이란 「법인세법 시행령」 제2조 제8항 및 「소득세법 시

행령」 제98조 제1항에 따른 특수관계인을 말한다. 이 경우 「법인세법 시행령」 제2조 제8항 제2호의 소액주주 등을 판정할 때 「법인세법 시행령」 제50조 제2항 중 "1%"는 "30%"로 본다(조특령 11 ①).

관련예규

1. 개인사업자의 직원을 법인으로 승계한 경우

질의

◎ 주식회사△△△△(이하 '질의법인'이라 함)는 2019년에 개인사업 △△△△을 영위하던 중에 동일 장소에 동일 상호로 설립하였고, 개인사업을 대표자 본인 명의로 계속하여 운영하면서 해당 직원들을 법인에 승계하였음.

◎ 질의법인이 조세특례제한법 제29조의 7의 고용을 증대시킨 기업에 대한 세액공제 적용과 관련하여 직전 과세연도 및 당해 과세연도의 상시근로자 수 계산 방법 질의

회신

「조세특례제한법」 제29조의 7의 고용증대세액공제의 증가한 상시근로자 수를 계산함에 있어 창업에 해당하는지 여부는 궁극적으로 사업 창출의 효과가 있는지에 따라 판단하는 것으로, 인적 · 물적 설비를 승계 또는 인수하여 사업을 영위하는 경우에는 창업에 해당하지 않는 것임.

사업의 양수 또는 특수관계인으로부터 상시근로자를 승계하는 경우에 있어 승계한 기업의 직전 과세연도의 상시근로자 수는 조세특례제한법 시행령 제23조 제13항 제3호에 따라 승계한 상시근로자 수를 포함하여 계산하는 것이며, 해당 과세연도의 상시근로자 수는 해당 과세연도 개시일에 상시근로자를 승계한 것으로 보아 계산하는 것으로,

질의의 경우가 이에 해당하는지는 해당 신설법인의 설립 경위, 신설법인 설립 전후의 운영 실태, 경영관계 등을 감안하여 실질내용에 따라 사실판단할 사항임(서면-2020-법인-1569 [법인세과-4371], 2020.12.24.).

2. 용역업체 직원을 고용 승계한 경우

질의

◎ 주식회사 △△△(이하 '질의법인'이라 함)는 2019년 중에 설립된 법인으로 설립 이전에는 ㅁㅁㅁ와 개별 용역업체와의 계약에 의해 용역업무를 수행하여 왔으나, 질의법인이 해당 업무를 담당하면서 기존 용역업체 소속 직원들을 고용 승계함.

◎ 질의법인이 2019년 법인세를 신고함에 있어 조세특례제한법 제29조의 7의 고용증대

세액공제 대상에 해당하는지에 질의한 것으로,

◎ 직전사업연도 상시근로자 수 계산시, ① 종전 사업부문에서 종사하던 상시근로자를 승계한 것으로 보아 승계한 근로자 수만큼 직전사업연도 상시근로자 수에 포함(직전연도 대비 인원 수 증감차이 없음)하는 것인지, ② 창업으로 보아 직전연도 상시근로자 수는 '0'(직전연도 대비 인원 수 증가 발생)으로 하는 것인지 여부

회신

「조세특례제한법」 제29조의 7의 고용증대세액공제의 증가한 상시근로자 수를 계산함에 있어 창업에 해당하는지 여부는 궁극적으로 사업 창출의 효과가 있는지에 따라 판단하는 것으로, 인적·물적 설비를 승계 또는 인수하여 사업을 영위하는 사업양수 등은 창업에 해당하지 않는 것임.

사업의 양수 등을 통하여 종전의 사업을 승계한 경우의 직전 과세연도 상시근로자 수는 조세특례제한법 시행령 제23조 제13항 제3호에 따라 승계한 상시근로자 수를 포함하여 계산하는 것으로, 질의의 경우가 이에 해당하는지는 해당 신설법인의 설립 경위, 신설법인 설립 전후의 운영 실태, 경영관계 등을 감안하여 실질내용에 따라 사실판단할 사항임(서면-2020-법인-0247 [법인세과-4037], 2020.11.19.).

3. 내국법인의 대표이사가 다른 내국법인 설립하여 직원을 승계한 경우

내국법인의 대표이사가 동일업종을 영위하는 다른 내국법인을 설립하여 대표이사로 취임하고 기존 내국법인에서 퇴사한 상시근로자를 신설 내국법인이 채용한 경우, 근로자의 자의에 의한 것이 아니라 기존 내국법인의 경영방침에 의한 일방적인 결정에 따라 퇴직과 재입사의 형식을 거친 것에 불과하다면 신설 내국법인이 특수관계법인인 기존 내국법인으로부터 상시근로자를 승계받은 경우에 해당하므로, 신설 내국법인에 대해 「조세특례제한법」 제29조의 7을 적용함에 있어서 직전 과세연도의 상시근로자 수는 같은 법 시행령 제23조 제13항 제3호 나목에 따라 승계한 상시근로자 수를 더하여 산정함(사전-2019-법령해석법인-0103, 2019.6.13.).

4. 고용승계 후 임원이 된 자는 상시근로자에서 제외

「조세특례제한법」 제29조의 7 고용을 증대시킨 기업에 대한 세액공제를 적용함에 있어서 내국법인이 100% 출자한 자회사는 「법인세법 시행령」 제2조 제5항에 따라 해당 내국법인과 특수관계인에 해당함.

따라서, 귀 법인이 특수관계인인 자회사에 상시근로자를 승계한 경우 직전 과세연도의 상시근로자 수는 「조세특례제한법 시행령」 제23조 제13항 제3호에 따라 계산하는 것으로 고용을 승계시킨 기업(본 질의 경우 질의법인)의 경우에는 직전 과세연도 상시근로자 수에서

승계시킨 상시근로자 수를 뺀 수로 하고, 승계한 기업(본 질의의 경우 질의법인의 자회사)은 직전 과세연도 상시근로자 수에서 승계한 상시근로자 수를 더하는 것임.
또한, 승계한 기업이 승계받은 상시근로자 중 승계 이후에 「법인세법 시행령」 제40조 제1항 각 호의 임원에 해당하게 된 자가 있는 경우에는 승계한 과세연도의 상시근로자 수를 계산할 때 「조세특례제한법 시행령」 제23조 제10항 제3호에 따라 상시근로자에서 제외하는 것임(서면-2023-법인-3810, 2024.3.21.).

사례

제조업을 영위하는 중소기업인 ㈜A의 상시근로자 등의 자료는 다음과 같다. ㈜A는 2024년에 창업한 12월말 결산법인이며 수도권에 소재하고 있으며, 2025.4.1. ㈜B에게 사업전체를 양도하면서 근로자 전부를 승계하였다. ㈜B는 2025.1.1. 설립하였고, 2025.4.1.에 ㈜A로부터 근로자 전부를 승계, 2025.7.1. 승계한 근로자 외 청년 상시근로자 1명을 추가로 고용하였다. 2024년부터 2025년까지의 통합고용세액공제액을 계산하시오.

회사명	㈜A		㈜B	
과세연도	2024년	2025.3.31. 승계 전	2025.4.1. 승계 후	2025.7.1
전체상시근로자 수	10	10	10	11
청년등 상시근로자 수	6	6	6	7
청년등 외 상시근로자 수	4	4	4	4

[㈜A 승계시킨 기업]

(1) 2024년(창업사업연도) 공제세액

6명(청년등 증가인원)×14,500,000원 = 87,000,000원

4명(청년등 외 증가인원)×8,500,000원 = 34,000,000원

(2) 2025년

회사명	㈜A(실제)			㈜A(세액공제 적용)	
과세연도	2024년	2025.3.31	2025.4.1.	2024년*	2025.1.1.**
전체상시근로자 수	10	10	0	10 − 10 = 0	0
청년등 상시근로자 수	6	6	0	6 − 6 = 0	0
청년등 외 상시근로자 수	4	4	0	4 − 4 = 0	0

* 직전연도 근로자 수 = 직전연도 근로자 수 − 승계시킨 근로자 수

** 해당 과세연도 근로자 수 : 2025.1.1.에 승계시킨 것으로 보아 계산

1) 1차년도 공제세액 : 없음.

㈜A는 해당 과세연도 개시일에 승계한 것으로 보아 해당 과세연도 상시근로자 수를 계산 하므로 근로자 전부를 승계한 경우 2025년의 상시근로자 수는 0명이므로 공제세액은 없음.

2) 2차년도 공제 :

2025년 상시근로자 수는 0명이므로 2024년 공제분에 대한 2차년도 공제세액 없음.

3) 추가납부세액

직전연도 근로자 수는 "직전연도 근로자 수 – 승계시킨 근로자 수"로 계산하므로 직전연도 근로자 수와 해당 과세연도 근로자 수가 모두 "0명"이므로 추가납부세액 없음.

[(주)B 승계한 기업]

회사명	㈜B(실제)			㈜B(세액공제 적용)		
과세연도	2024년	2025.4.1.	2025.7.1.	2024년*	2025.1.1.**	2025.7.1.
전체상시근로자 수	0	10	11	0+10=10	10	11
청년등 상시근로자 수	0	6	7	0+6=6	6	4
청년등 외 상시근로자 수	0	4	4	0+4 =4	4	7

* 직전연도 근로자 수 = 직전연도 근로자 수 + 승계한 근로자 수
** 해당 과세연도 근로자 수 : 2025.1.1.에 승계한 것으로 보아 계산

구 분		1월	2월	3월	4월	5월	6월	7월	8월	9월	10월	11월	12월
2024년	청년	6	6	6	6	6	6	6	6	6	6	6	6
	청년 외	4	4	4	4	4	4	4	4	4	4	4	4
	상시 근로자	10	10	10	10	10	10	10	10	10	10	10	10
2025년	청년	6	6	6	6	6	6	7	7	7	7	7	7
	청년 외	4	4	4	4	4	4	4	4	4	4	4	4
	상시 근로자	10	10	10	10	10	10	11	11	11	11	11	11

1) 2025년(창업사업연도) 1차년도 세액공제

2025년 청년 상시근로자 수 : {(3명×6명)+(4명×6명)}/12 = 3.5명

(3.5명 – 3명)×14,500,000원 = 7,250,000원

2) 2024년분에 대한 2차년도 세액공제

㈜B는 2024년에 통합고용세액공제를 신청하지 않았으므로 2차년도 세액공제는 적용되지 않는다. 즉, ㈜A가 신청했던 2024년도 통합고용세액공제액에 대한 2차년도 공제금액은 ㈜B에게 승계되지 않는다.

4. 근로자를 승계한 경우 잔여기간 공제 및 이월세액 승계 가능 여부

통합고용세액공제 및 고용증대세액공제는 고용이 증대되어 세액공제를 받은 과세연도의 종료일부터 2년이 되는 날이 속하는 과세연도의 종료일까지 근로자 수가 감소하지 아니하면, 2차년도 및 3차년도에 한 번 더 세액공제를 적용받을 수 있다. 이때 사업양수도 등에 따라 근로자를 승계한 경우 잔여기간에 대한 세액공제 및 이월세액의 승계가 가능한지에 대하여는 다음과 같이 구분된다.

① 원칙 : 잔여기간 세액공제 및 이월세액 승계 불가

② 예외 : 조세제한특례법 제32조 제1항의 요건 충족 시 승계 가능

(1) 원칙 : 잔여기간 세액공제 및 이월세액 승계 불가

사업양수로 종전사업을 승계하면서 근로자도 함께 승계한 경우라도 양수법인은 고용증대세액공제 등과 관련하여 잔여기간 공제를 적용받을 수 없다.

관련예규

질의

◎ ****는 수도권에 소재하면서 광고 등 영상제작업을 영위하는 개인사업체로 2021과세연도에 고용증대세액공제(1차년도분 및 2차년도분)와 중소기업 사회보험료 세액공제(1차년도분)를 적용받음.

◎ 2022.1.1. 개인사업체인 *****의 대표자 ***은 개인사업체와 동일업종 · 상호로 법인사업체인 주식회사 ****를 설립하였으며, 설립과 동시에 개인사업체의 상시근로자 전원을 법인사업체가 승계함.

◎ 사업의 양수를 통하여 거주자의 사업을 승계한 법인이 거주자가 적용받은 세액공제(고용증대세액공제 및 중소기업 사회보험료 세액공제)를 승계받아 거주자의 잔여 공제기간까지 공제받을 수 있는지 여부

회신

거주자가 「조세특례제한법」 제29조의 7에 따른 고용을 증대시킨 기업에 대한 세액공제 및 같은 법 제30조의 4에 따른 중소기업 사회보험료 세액공제를 적용받은 후 영위하던 사업을 법인에 사업의 양수도를 통해 승계시킨 경우, 해당 사업을 양수한 법인은 거주자의 잔여 공제연도에 대하여 고용증대세액공제 및 중소기업 사회보험료 세액공제를 승계하여 적용받을 수 없는 것임(사전-2023-법규법인-0149, 2023.6.27.).

(2) 예외 : 잔여기간 세액공제 및 이월세액 승계 가능

① 근로자를 승계하여 개인사업자로서 세액공제를 적용받다가 법인으로 전환한 경우에도, 조세특례제한법 제32조 제1항에 따른 법인전환의 요건을 갖춘 경우라면, 법인전환 후 고용이 감소하지 아니하면 개인사업자 당시의 세액공제를 승계하여 적용받을 수 있다.

② 반면에, 조세특례제한법 제32조의 규정에 따라 법인으로 전환한 이후 상시근로자 수가 개인사업자가 최초로 공제받은 과세연도보다 감소한 경우에는 법인에서 추가납부 하여야 할 것으로 판단된다.

③ 한편, 개인사업자 당시 세액공제액 중 최저한세 적용 등으로 인하여 공제받지 못한 이월세액이 있는 경우에도 조세특례제한법 제32조 제1항에 따른 법인전환의 요건을 갖춘 경우에 한하여 미공제세액을 법인에서 승계하여 공제받을 수 있다.

관련예규

1. 적격 전환 시 잔여기간에 대한 세액공제 가능

질의

○ 개인사업체를 운영하는 ◇◇◇는 수도권 내 중소기업의 개인사업체로 '18과세연도에 청년 상시근로자 2.0명을 추가 고용함에 따라 「조세특례제한법」 제29조의 7 제1항 제1호에 따른 '고용을 증대시킨 기업에 대한 세액공제'를 적용받던 중

○ '19.6.**. 중소기업에 해당하는 A법인으로 「조세특례제한법」 제32조 제1항의 요건을 갖추어 법인전환하면서 개인사업체의 상시근로자를 그대로 승계하였음.

○ 「조세특례제한법」 제29조의 7에 따른 '고용을 증대시킨 기업에 대한 세액공제'를 적용받던 거주자가 법인으로 적격전환하는 경우

○ 거주자가 공제받던 고용증대 세액공제를 전환된 법인이 승계받아 당초 거주자의 공제기간까지 공제받을 수 있는지 여부

회신

「조세특례제한법」 제29조의 7 제1항 제1호에 따른 '고용을 증대시킨 기업에 대한 세액공제'(이하 "고용증대 세액공제")를 적용받던 거주자가 영위하던 사업을 같은 법 제32조 제1항에 따라 법인으로 전환하면서 새로이 설립되는 법인(이하 "전환법인")과 사업의 포괄양수도 계약을 체결하고 그 사업에 관한 일체의 권리와 의무를 포괄적으로 양도 및 양수한 경우로서 거주자가 고용증대 세액공제를 받은 과세연도의 종료일부터 2년이 되는 날이 속하는 과세연도의 종료일까지의 기간 중 청년등 상시근로자의 수가 공제를 받은 직전 과세연도에 비하여 감소하지 아니한 경우 전환법인은 거주자로부터 승계받은 고용증대 세액공제를 적용받을 수 있는 것임(사전-2021-법령해석법인-0432, [법령해석과-1671], 2021.5.11).

2. 적격 전환 후 고용감소 시 추징세액 계산방법

질의

○ 질의법인은 2021년 사업의 포괄양수도를 통해 개인사업자에서 법인으로 전환하였음.

○ 질의법인은 2020년 개인사업자일 때 고용증대세액공제를 최초 공제하고, 2021년 직전 과세연도(2020년)에 비해 상시근로자 수가 감소하지 않아 추가공제를 받았으며, 2022년 최초 공제받은 과세연도(2020년)에 비해 상시근로자 수가 감소하여 추가납부 대상에 해당하게 됨.

○ 질의법인의 법인전환 전·후의 상시근로자 수는 다음과 같음.

구분	개인		법인	
	2019년	2020년	2021년	2022년
상시근로자 수	1명	2명	2명*	1명
고용증대세액공제	–	700만원	700만원	추가납부 ? (700만원 or 1,400만원)

* 질의법인은 개인사업자의 고용인원 2명 승계 받았으며 「조세특례제한법 시행령」 제23조 제13항 제3호에 따라 상시근로자 수를 계산하여 쟁점 세액공제(추가공제)를 적용함.

○ 개인사업자일 때 고용증대세액공제를 최초 적용하고 사업의 포괄양수도를 통해 법인전환 후 추가공제 하였으나 이후 과세연도에 상시근로자 수가 감소한 경우 추가납부세액 계산 방법

(갑설) 감소한 인원 수에 대해 법인이 공제받은 세액을 납부함(700만원)

(을설) 감소한 인원 수에 대해 개인과 법인이 공제받은 세액의 합계액을 납부함(1,400만원)

회신

개인사업자(2020년)일 때 「조세특례제한법」 제29조의 7의 "고용을 증대시킨 기업에 대한 세액공제"를 최초 적용하고 다음 과세연도(2021년)에 같은 법 제32조 제1항에 따른 사업의 양도·양수 방법을 통하여 법인으로 전환하면서 종전 사업에서 종사하던 상시근로자를 승계함에 따라 같은 법 시행령 제23조 제13항 제3호를 적용하여 추가공제를 받은 내국법인이 그 다음 과세연도(2022년)의 상시근로자 수가 최초로 공제받은 과세연도(2020년)의 상시근로자 수보다 감소한 경우, 같은 법 시행령 제26조의 7 제5항 제2호에 따라 감소한 상시근로자 수에 대해 직전 2년 이내의 개인사업자가 공제받은 세액과 법인이 공제받은 세액의 합계액을 법인세로 납부하는 것임(사전-2022-법규법인-1190, 2023.9.25.).

3. 적격 전환 미해당 시 미공제세액의 이월 불가

① 「조세특례제한법」 제32조 제1항에 따른 법인전환에 해당하지 않는 경우, 사업을 양수한 법인은 종전 개인사업자의 미공제 세액을 승계하여 공제받을 수 없는 것임(서면-2024-법인-4312, 2025.06.25.).

② 「조세특례제한법」 제144조에 따른 미공제 세액이 있는 개인사업자가 법인으로 전환하는 경우로서 같은 법 제32조 제1항에 따른 법인전환에 해당하지 않는 경우, 전환 후 법인은 해당 개인 사업자의 미공제 세액을 승계하여 공제받을 수 없는 것임(서면-2021-법규법인-0020 [법규과-296], 2022.1.25.).

관련규정

1. 조특법 제32조 제1항에 따른 법인전환

○ 거주자가 사업용고정자산을 현물출자하거나 대통령령으로 정하는 사업 양도·양수의 방법에 따라 법인(대통령령으로 정하는 소비성서비스업을 경영하는 법인은 제외한다)으로 전환하는 경우 그 사업용고정자산에 대해서는 이월과세를 적용받을 수 있다. 다만, 해당 사업용 고정자산이 주택 또는 주택을 취득할 수 있는 권리인 경우는 제외한다(조특법 32 ①).

○ 법 제32조 제1항 본문에서 "대통령령으로 정하는 사업 양도·양수의 방법"이란 해당 사업을 영위하던 자가 발기인이 되어 제5항에 따른 금액 이상을 출자하여 법인을 설립하고, 그 법인설립일부터 3개월 이내에 해당 법인에게 사업에 관한 모든 권리와 의무를 포괄적으로 양도하는 것을 말한다(조특령 29 ②).

○ 법 제32조 제2항에서 "대통령령으로 정하는 금액"이란 사업용고정자산을 현물출자하거나 사업양수도하여 법인으로 전환하는 사업장의 순자산가액으로서 제28조 제1항 제2호의 규정을 준용하여 계산한 금액을 말한다(조특령 29 ⑤).

2. 조특법 제32조 제1항에 따른 법인전환 시 세액공제의 승계

○ 제1항에 따라 설립되는 법인에 대해서는 제31조 제4항부터 제6항까지의 규정을 준용한다(조특법 32 ④).

○ 제6조 제1항 및 제2항에 따른 창업중소기업 및 창업벤처중소기업 또는 제64조 제1항에 따라 세액감면을 받는 내국인이 제6조 또는 제64조에 따른 감면기간이 지나기 전에 제1항에 따른 통합을 하는 경우 통합법인은 대통령령으로 정하는 바에 따라 남은 감면기간에 대하여 제6조 또는 제64조를 적용받을 수 있다(조특법 31 ④).

○ 제63조에 따른 수도권과밀억제권역 밖으로 이전하는 중소기업 또는 제68조에 따른 농

업회사법인이 제63조 또는 제68조에 따른 감면기간이 지나기 전에 제1항에 따른 통합을 하는 경우 통합법인은 대통령령으로 정하는 바에 따라 남은 감면기간에 대하여 제63조 또는 제68조를 적용받을 수 있다(조특법 31 ⑤).

○ 제144조에 따른 미공제 세액이 있는 내국인이 제1항에 따른 통합을 하는 경우 통합법인은 대통령령으로 정하는 바에 따라 그 내국인의 미공제 세액을 승계하여 공제받을 수 있다(조특법 31 ⑥).

(3) 거주자의 경우

위에서 살펴본 바와 같이 법인의 경우 조세특례제한법 제31조(중소기업 간의 통합에 대한 양도소득세의 이월과세 등) 및 제32조(법인전환에 대한 양도소득세의 이월과세) 규정에 따라 잔여기간 세액공제 및 이월세액 승계가 가능하다. 그러나, 해당 규정은 법인에게 적용되는 규정으로 개인에게는 적용될 수 없으므로, 거주자는 잔여기간에 대한 세액공제 및 이월세액의 승계를 받을 수 없다.

실무포인트

조세특례제한법 제144조에 따라 발생한 이월세액의 경우, 조세특례제한법 제31조에 의거하여 통합법인은 승계가 가능한 것이나 거주자의 경우 승계가 가능하지 아니함(서면-2025-소득-0224, 2025.5.12).

5. 사업양도 또는 폐업 후 종전사업의 이월세액 공제 여부

사업을 영위하면서 고용증가로 인하여 고용증대세액공제나 통합고용세액공제액이 발생한 후 최저한세 적용으로 인해 이월세액이 발생할 수 있다. 이 경우 사업양도 또는 폐업으로 종전의 사업을 폐지한 후 새로운 사업을 영위하는 경우에도 고용감소로 인한 추징규정에 해당하지 않는다면, 종전사업에서 발생한 이월세액을 새로운 사업에서 계속하여 공제받을 수 있다.

관련예규

1. 고용증대 세액공제 등의 최저한세 이월액을 사업 양도 후 계속 적용받을 수 있는지

질의

ㅇ 질의인은 ㅇㅇㅇ 소재 사업장에서 쟁점사업장을 운영하던 자로서, 2019년 대비 2020년에 상시근로자 수가 증가하여 고용증대세액공제 및 중소기업 사회보험료 세액공제 적용요건을 충족하였으나, 최저한세 적용으로 이월된 세액공제액이 발생함.

ㅇ 질의인은 2021년 1월 쟁점사업장의 종업원을 포함한 사업일체를 포괄양도하고, 다른 지역에서 동일유형의 사업을 개업함.

ㅇ 거주자가 특정한 사업에서의 상시근로자 수 증가에 따라 고용증대 세액공제 및 중소기업 사회보험료 세액공제를 적용받던 중 해당 사업을 포괄적으로 양도한 경우 최저한세적용으로 공제받지 못하고 이월된 고용증대 세액공제액 및 중소기업 사회보험료 세액공제액을 사업을 양도한 거주자의 새로운 사업장에서 계속 적용받을 수 있는지 여부

회신

거주자의 특정한 사업과 관련하여 발생한 「조세특례제한법」 제29조의 7 및 같은 법 제30조의 4에 따라 공제할 세액 중 해당 과세연도에 같은 법 제132조에 따른 소득세 최저한세액에 미달하여 공제받지 못한 부분에 상당하는 금액은, 위 사업에 관한 일체의 권리와 의무를 포괄적으로 양도하더라도 같은 법 제29조의 7 제2항 및 같은 법 제30조의 4 제2항에 해당하지 않는 경우에는 같은 법 제144조 제1항에 따라 이월하여 공제하는 것임(사전-2023-법규소득-0267, 2023.6.22.).

2. 폐업 후 다시 사업을 개시한 경우 고용증대세액공제 이월액의 공제 여부

질의

ㅇ 질의인은 2021.00.00. AA(도소매/육류)이라는 개인사업자를 등록하여 2023.00.00.까지 사업을 영위하며 2021년 및 2022년 「조세특례제한법」 제29조의 7에 따른 고용증대세액공제를 적용받아 왔음.

ㅇ 2023년 00,000,000원의 고용증대세액공제 이월액이 남은 상태로 해당 사업장을 폐업(2023.10.10.)하고 2024.1.24. BBB(음식/한식)이라는 개인사업자를 새로이 등록함.

ㅇ 폐업 후 다시 사업을 개시한 경우, 고용증대세액공제 이월액의 공제 여부

회신

거주자의 특정한 사업과 관련하여 발생한 「조세특례제한법」 제29조의 7에 따라 공제할 세액 중 해당 과세연도에 같은 법 제132조에 따른 소득세 최저한세액에 미달하여 공제받

지 못한 부분에 상당하는 금액은, 위 사업을 폐업한 후 새로운 사업을 개시하는 경우에도 같은 법 제29조의 7 제2항에 해당하지 않는 경우에는 같은 법 제144조 제1항에 따라 이월하여 공제하는 것임(사전-2024-법규소득-0564, 2024.12.10.).

6 공동사업장의 경우 적용방법

1. 공동사업장의 세액공제 방법

개인사업자가 공동사업장을 영위하는 경우 통합고용세액공제를 어떻게 적용할 것인지에 대하여는 명문화된 규정이 없다. 그러나, 공동사업장의 경우 공동사업장을 1거주자로 보아 공동사업장별로 그 소득금액을 계산한 후, 각 공동사업자 간에 약정된 손익분배비율에 따라 각 공동사업자별로 분배한다(소법 43). 또한, 공동사업장에서 발생한 원천징수세액은 각 공동사업자의 손익분배비율에 따라 배분하며, 공동사업장에 관련된 가산세액은 각 공동사업자의 손익분배비율에 따라 배분한다(소법 87 ①·②).

이상의 법령의 내용으로 볼 때 공동사업장의 통합고용세액공제 적용방법은 상시근로자 수를 공동사업장 전체로 계산한 후 근로자 증가인원을 각 공동사업자의 손익분배비율에 따라 분배하여 세액공제를 적용하여야 할 것으로 판단된다. 예규에서도 공동사업장의 공동사업자별 상시근로자 수는 손익분배비율에 따라 계산한다고 해석하고 있다(서면-2025-소득-0224, 2025.5.12., 서면-2021-법규소득-8159, 2023.1.11.).

사례 1

김택스씨는 2020.6.20. 수도권에서 개인 단독사업장으로 개업하였으나, 2023.1.1. 공동사업자로 변경하였으며, 김택스의 손익분배비율은 60%이다. 연도별 청년 외 상시근로자 수는 다음과 같을 때(청년은 없음) 2024년 세액공제 금액을 계산하시오.

연도	2023년(공동)	2024년(공동)	2025년(공동)
상시근로자수(청년 외)	10명	12명	12명
증감 수	0	+2	유지

풀이

1. 김택스의 고용증가인원

2명(공동사업장 전체 증가인원)×60%(손익분배비율)=1.2명

2. 김택스의 세액공제금액

1.2명×8,500,000원=10,200,000원

---

2. 공동사업장의 구성원이 변경되는 경우

개인사업자가 공동사업장을 영위하는 경우 단독사업장에서 공동사업장으로 변경되거나, 공동사업장의 구성원 및 손익분배비율이 변경되거나, 공동사업장이 단독사업장으로 변경되는 등 다양한 경우로 구성원이 변경될 수 있다. 이 경우 다수의 예규에서 "조세특례제한법 시행령 제23조 제13항 제3호"에 따라 직전 또는 해당 과세연도의 상시근로자 수를 계산하도록 회신하고 있다(서면-2021-법규소득-8159, 2023.1.11. 외 다수).

"조세특례제한법 시행령 제23조 제13항 제3호"는 근로자 승계시 근로자 수의 계산방법을 규정한 것인데, 공동사업자가 새로 참여하게 되면, 기존의 사업자가 고용하고 있던 근로자를 새로 참여한 공동사업자에게 승계한 것으로 볼 수 있다는 해석이다. 또한, 공동사업자가 탈퇴하는 경우 탈퇴한 공동사업자의 고용인원은 기존의 공동사업자에게 근로자를 승계하였다고 해석한 것이다.

(1) 단독에서 공동으로 변경

구 분	직전 과세연도 상시근로자 수 등	해당 과세연도 상시근로자 수 등
기존 사업자	직전 과세연도 상시근로자 수 – 승계시킨 상시근로자 수	해당 과세연도 개시일에 승계시킨 것으로 보아 상시근로자 수 계산
새로 참여한 공동사업자	직전 과세연도 상시근로자 수 + 승계한 상시근로자 수	해당 과세연도 개시일에 승계한 것으로 보아 상시근로자 수 계산

(2) 공동에서 단독으로 변경

구 분	직전 과세연도 상시근로자 수 등	해당 과세연도 상시근로자 수 등
남아있는 사업자	직전 과세연도 상시근로자 수 + 승계한 상시근로자 수	해당 과세연도 개시일에 승계한 것으로 보아 상시근로자 수 계산
탈퇴한 사업자	직전 과세연도 상시근로자 수 − 승계시킨 상시근로자 수	해당 과세연도 개시일에 승계시킨 것으로 보아 상시근로자 수 계산

사례

본 사례는 "서면-2021-법규소득-8159, 2023.1.11."의 질의내용 및 회신내용을 기반으로 재구성하였다. A는 2020년부터 B과 함께 수도권에서 공동사업장을 운영하던 공동사업자이며, 2025.1.1.부터 C를 해당사업장의 공동사업자로 추가하여 사업을 영위하였고, 공동사업자별 손익분배비율은 다음과 같다.

과세기간	A	B	C
2024년까지	50%	50%	−
2025년 이후	40%	30%	30%

한편, 2023년부터 해당사업장의 근로자 수는 다음과 같으며, 2023년까지는 고용증가인원이 없었다.

과세기간 / 상시근로자 수	2023년	2024년	2025년
청년등 상시근로자	2	3	3
청년등 상시근로자 외	1	1	1
합 계	3	4	4

풀이

[2024년]

1. 고용증가인원

공동사업자	A, B	
과세연도	2023년	2024년
청년 근로자 수	2 × 50% = 1	3 × 50% = 1.5

A : 0.5명, B : 0.5명

2. 세액공제금액

(1) 1차년도 공제

A : 0.5명 × 14,500,000원 = 7,250,000원

B : 0.5명 × 14,500,000원 = 7,250,000원

[2025년]

1. 고용증가인원 : 없음(전체사업장)

▍A 기존공동사업자(승계시킨 기업)▍

회사명	A(실제)		A(세액공제 적용)	
과세연도	2024년*	2025년**	2024년***	2025년
청년 근로자 수	1.5	1.2	1.5 − 0.3 = 1.2	1.2

* 3명 × 50% =1.5명

** 3명 × 40% = 1.2명

*** A는 공동사업자 C의 참여로 분배비율이 50%에서 40%로 감소하였다. 그러나, 공동사업장의 근로자 수는 변경되지 않았으므로, 본인의 분배비율 감소분인 10%만큼은 신규참여 공동사업자 C에게 근로자를 승계한 것으로 보아야 한다. 따라서, A의 직전연도 근로자 수는 승계한 근로자 수 0.3명(3명×10%)을 차감한 수로 계산하여야 한다.

▍B 기존공동사업자(승계시킨 기업)▍

회사명	B(실제)		B(세액공제 적용)	
과세연도	2024년*	2025년**	2024년***	2025년
청년 근로자 수	1.5	0.9	1.5 − 0.6 = 0.9	0.9

* 3명×50% =1.5명

** 3명×30% = 0.9명

*** B는 공동사업자 C의 참여로 분배비율이 50%에서 30%로 감소하였다. 그러나, 공동사업장의 근로자 수는 변경되지 않았으므로, 본인의 분배비율 감소분인 20%만큼은 신규참여 공동사업자 C에게 근로자를 승계한 것으로 보아야 한다. 따라서, B의 직전연도 근로자 수는 승계한 근로자 수 0.6명(3명×20%)을 차감한 수로 계산하여야 한다.

▍C 신규 참여공동사업자(승계한 기업)▍

회사명	C(실제)		C(세액공제 적용)	
과세연도	2024*	2025**	2024***	2025
청년 근로자 수	0	0.9	0 + 0.9 = 0.9	0.9

* C는 해당 공동사업장에 신규로 참여하였으므로 2024년 고용 근로자 수는 0명이다.

** 3명×30% = 0.9명

*** C는 해당 공동사업장에 신규로 참여하였으며, 2025년 근로자 수 3명에 본인의 분배비율 30%를 곱한 0.9명이 근로자 수로 계산된다. 그러나, 직전연도 근로자 수를 계산함에 있어 A와 B로부터 승계받은 인원

수를 더한 수로 계산하여야 하므로 A로부터 승계받은 인원 0.3명과 B로부터 승계받은 인원 0.6명을 더한 0.9명을 직전연도 근로자 수로 계산하여야 한다.

2. 세액공제금액

(1) 1차년도 공제 : 없음.

(2) 2차년도 공제

A 와 B는 분배비율 변동에도 불구하고 직전연도 근로자수를 계산함에 있어 승계한 근로자 수를 뺀 수로 계산하였으므로, 감소한 인원이 없다. 따라서, A 와 B는 직전연도와 비교하여 근로자 수가 감소하지 아니하였으므로 직전연도의 공제금액 7,250,000원을 각각 적용받을 수 있다.

(3) 추가납부세액

A 와 B는 직전연도와 비교하여 근로자 수가 감소하지 아니하였으므로 추가납부세액은 발생하지 않는다.

실무포인트

1. 단독 → 공동사업장으로 변경

질의

○ ◇◇◇◇는 2001.6.20. 개인 단독사업장(aaa)으로 개업하였으나, 2019.1.1. 공동사업자로 변경함.

○ ◇◇◇◇의 연도별 청년 외 상시근로자 수는 아래와 같음.

❙◇◇◇◇의 연도별 상시근로자 수❙

연도	2017년	2018년	2019년	2020년
상시근로자 수 (청년 외)	9명	10명	12명	12명
증감 수		+1	+2	유지

○ 단독사업장이었을 때 당시 최저한세 적용 등으로 이월세액 존재

○ 단독사업장에서 공동사업장으로 변경되었을 경우 고용증대세액공제 계산 방법

(질의1) 단독사업장에서 공제받지 못한 이월세액을 단독사업장의 대표가 받는 것인지 아니면 공동사업장의 대표들이 손익분배비율로 나누어 받는 것인지 여부

(질의2) 고용 유지된 2차 연도에 고용증대세액공제 계산 방법

(질의3) 공동사업장으로 변경된 해에 고용 증가된 인원(2명)에 대한 공동사업자별 고

용증대세액공제 금액 계산 방법

회신

귀 질의1의 경우, 거주자의 특정한 사업과 관련하여 발생한 「조세특례제한법」 제29조의 7에 따라 공제할 세액 중 해당 과세연도에 같은 법 제132조에 따른 소득세 최저한세액에 미달하여 공제받지 못한 부분에 상당하는 금액은, 위 사업에 관한 권리와 의무를 일부 양도하더라도 같은 법 제29조의 7 제2항에 해당하지 않는 경우에는 같은 법 제144조 제1항에 따라 이월하여 공제하는 것임.

질의 2의 경우, 「조세특례제한법」 제29조의 7 제1항에 따른 세액공제를 적용받고 있던 거주자가 기존사업장을 공동사업장으로 변경하는 경우로서 같은 법 제29조의 7 제2항에 해당하지 않는 경우에는 해당 공동사업장의 손익분배비율에 의한 소득금액 상당액에 대하여 세액공제를 받을 수 있는 것임.

질의 3의 경우, 「조세특례제한법」 제29조의 7 제1항에 따른 고용증대세액공제를 적용함에 있어서 「소득세법」 제43조 제1항에 따른 공동사업장의 공동사업자별 상시근로자 수는 같은 조 제2항에 따른 손익분배비율에 따라 계산하는 것임(서면-2025-소득-0224, 2025. 5.12.).

2. 공동 → 단독사업장으로 변경

① 공동사업자가 고용증대 세액공제를 받은 후 2년 이내 탈퇴하는 경우라도 그 종사하던 상시근로자를 나머지 공동사업자가 승계하는 경우에 승계시킨 공동사업자의 직전 또는 해당 과세연도의 상시근로자 수는 같은 법 시행령 제23조 제13항 제3호에 따라 계산하는 것임(사전-2020-법령해석소득-0774, 2021.11.30).

② 「소득세법」 제43조 제1항에 따른 공동사업장이 공동사업자 간 지분승계를 통해 단독사업장이 되는 경우, 「조세특례제한법 시행령」 제23조 제13항 제3호 각 목 외의 부분에 따라 공동사업자별 직전 또는 해당 과세연도의 상시근로자 수를 계산하는 것이다. 해당 과세연도에 이 방법으로 계산한 공동사업자별 상시근로자 수가 최초로 공제를 받은 과세연도의 상시근로자 수에 비하여 감소한 경우 「조세특례제한법」 제29조의 7 제2항이 적용되는 것임(사전-2022-법규소득-0705, 2023.2.13.).

③ 사업장유형이 변경(공동→단독)되는 경우로서, 단독사업장으로 변경되기 전 발생한 공동사업자별 고용증대세액공제액 중 소득세 최저한세액에 미달하여 공제받지 못한 부분에 상당하는 금액은 공동사업자별 상시근로자 수가 최초로 공제를 받은 과세연도에 비하여 감소하지 아니한 경우에는 같은 법 제144조에 따라 이월하여 공제하는 것임(사전-2022-법규소득-0830, 2023.3.21.).

④ 「조세특례제한법」 제29조의 7에 따른 고용을 증대시킨 기업에 대한 세액공제를 적용함

에 있어서 「소득세법」 제43조 제1항에 따른 공동사업장이 공동사업자 간 지분승계를 통해 단독사업장이 되는 경우, 「조세특례제한법 시행령」 제23조 제13항 제3호에 따른 계산은 탈퇴한 공동사업자의 매월 말 상시근로자를 단독사업장에 근무한 것으로 간주하여 직전 또는 해당 과세연도의 상시근로자 수를 계산하는 것임(기준-2024-법규소득-0121, 2025.4.9.).

3. 단독 → 공동 → 단독사업장으로 변경

거주자의 단독사업장에서 발생한 「조세특례제한법」 제29조의 8에 따른 통합고용세액공제액 중 해당 과세연도에 같은 법 제132조에 따른 소득세 최저한세액에 미달하여 공제받지 못한 부분에 상당하는 금액은, 그 다음 과세연도 이후 거주자가 단독사업에서 공동사업으로 전환하였다가 다시 단독사업으로 변경한 경우에도 같은 법 제29조의 8 제3항에 해당하지 않는 경우에는 같은 법 제144조 제1항에 따라 이월하여 공제하는 것임(사전-2025-법규소득-0588, 2025.7.21.).

4. 공동사업장의 구성원 변경

「조세특례제한법」 제29조의 7 제1항에 따른 고용증대세액공제를 적용함에 있어서 「소득세법」 제43조 제1항에 따른 공동사업장의 공동사업자별 상시근로자 수는 같은 조 제2항에 따른 손익분배비율에 따라 계산하는 것이고, 공동사업자의 증가로 손익분배비율이 변경되는 경우에는 「조세특례제한법 시행령」 제23조 제13항 제3호 각 목 외의 부분에 따라 직전 또는 해당 과세연도의 상시근로자 수를 계산하는 것이다. 또한, 공동사업자의 증가에 따라 해당 과세연도의 손익분배비율이 감소한 기존 공동사업자의 위 법령에 따라 각각 계산한 해당 과세연도 상시근로자 수가 직전 과세연도(최초로 공제를 받은 과세연도)에 비하여 감소하지 않은 경우, 「조세특례제한법」 제29조의 7 제2항이 적용되지 않는 것임(서면-2021-법규소득-8159, 2023.1.11).

5. 공동사업장 탈퇴 후 동일업종으로 개업

① 공동사업장의 구성원이 탈퇴하면서 기존 사업을 공동사업장의 다른 구성원에게 승계시키고 새로운 장소에서 동일한 업종의 사업을 개업한 경우, 그 사업자가 「조세특례제한법」 제29조의 7에 따른 세액공제액을 계산함에 있어 직전 과세연도 상시근로자의 수는 「조세특례제한법 시행령」 제23조 제13항 제3호를 따르는 것임(사전-2019-법령해석소득-0765, 2020.1.22.).

② 공동사업장의 구성원이 탈퇴하면서 기존 사업을 공동사업장의 다른 구성원에게 승계시키고 새로운 장소에서 동일한 업종의 사업을 개업한 경우, 그 사업자가 「조세특례제한법」 제29조의 7에 따른 세액공제액을 계산함에 있어 직전 과세연도 상시근로자의 수는

「조세특례제한법 시행령」 제23조 제13항 제3호를 따르는 것임(사전-2020-법령해석소득-0032, 2020.4.27).

6. 동일 과세기간에 공동사업 구성원으로 참여하였다가 탈퇴한 경우

기존 사업장에 공동사업 구성원으로 참여하는 경우에는 손익분배비율만큼 해당 사업을 양수하여 종사하던 상시근로자를 승계한 것으로 보아 「조세특례제한법 시행령」 제23조 제13항을 준용하여 상시근로자 수를 계산하는 것이나,

귀 자문신청과 같이 동일 과세기간에 공동사업 구성원으로 참여하였다가 탈퇴한 경우 해당 과세연도의 개시일에 상시근로자를 승계하고 승계시킨 것으로 보아야 하므로 공동사업장의 상시근로자 수는 내국인의 상시근로자 수 계산에 영향을 미치지 않는 것임(기준-2022-법무소득-0182, 2022.11.28.).

7 통합고용세액공제와 고용증대세액공제

1. 통합고용과 고용증대의 중복적용 배제규정 적용방법

「조세특례제한법」 제29조의 8 제1항(통합고용세액공제 기본공제)은 제29조의 7(고용을 증대시킨 기업에 대한 세액공제) 또는 제30조의 4(중소기업 사회보험료 세액공제)에 따른 공제를 받지 아니한 경우에만 적용한다(조특법 127 ⑪). 고용증대세액공제와 사회보험료세액공제는 2024.12.31.까지 적용되므로, 2023년 및 2024년에 고용이 증대된 기업은 종전의 고용증대세액공제 및 사회보험료세액공제와 통합고용세액공제 중 선택적으로 적용이 가능하며, 2025년 이후부터는 통합고용세액공제만 적용될 것으로 예상된다.

그런데 기존에 2021년 및 2022년에 고용증대세액공제를 적용받은 기업이 2023년에 통합고용세액공제의 적용을 선택하는 경우 2021년 및 2022년도에 대한 고용증대세액공제 2차년도 및 3차년도 공제를 적용할 수 있는가에 대하여 논란이 될 수 있다. 왜냐하면, 고용증대세액공제 2차년도 및 3차년도 세액공제는 조세특례제한법 제29조의 7에 규정되어 있어, 법문대로 해석하면 고용인원이 계속적으로 증가하는 기업은 「조세특례제한법」 제29조의 8을 선택하는 연도에 같은 법 제29조의 7에 따른 2, 3차년도 공제를 적용받을 수 없게 되어 대단히 불리하게 될 수 있다. 이에 저자는 다음과 같이 국세청에 질의를 신청하였고, 2023년도에 통합고용세액공제를 선택하더라도 2022년도 및 2021년도에 대한 2, 3차년도 공제는 2023년에 적용받을 수 있다는 회신을 받았다.

관련예규

질의

○ 당사는 수도권 외의 지역에서 사업을 영위하는 중소기업으로서 2022년 고용증대세액공제 액공제 37,340,000원을 적용받은 바 있다. 질의법인은 2023년에도 2022년 대비 전체상시근로자 및 청년 상시근로자 인원 수가 1.84명 증가할 것으로 예상됨.

○ 2023년 귀속 법인세 신고 시 당사가 「조세특례제한법」 제29조의 7【고용을 증대시킨 기업에 대한 세액공제】 대신 같은 법 제29조의 8【통합고용세액공제】 적용을 선택한 경우 고용증대세액공제의 2차년도 공제 적용에 대한 다음과 같은 제설이 있어 질의함.

○ 갑설

「조세특례제한법」 제29조의 8에 따른 공제를 선택한 경우, 같은 법 제29조의 7 제1항에 따른 2022년도 공제세액을 2023년도에 공제한다.

① 통합고용세액공제액 : 1.84명×15,500,000원 = 28,520,000원

② 고용증대세액공제 2차년도 공제 : 37,340,000원

○ 을설

「조세특례제한법」 제29조의 8의 공제를 선택한 경우에는 같은 법 제29조의 7을 적용할 수 없어 2차년도 공제는 소멸하고 1차년도 공제만 적용한다.

① 통합고용세액공제 : 1.84명×15,500,000원 = 28,520,000원

회신

중소기업인 내국법인이 2022년 12월 31일이 속하는 과세연도에 대해 조세특례제한법 제29조의 7(고용을 증대시킨 기업에 대한 세액공제)에 따라 세액공제를 받은 경우, 2023년 12월 31일이 속하는 과세연도와 2024년 12월 31일이 속하는 과세연도까지 조세특례제한법 제29조의 7(고용을 증대시킨 기업에 대한 세액공제) 규정을 적용하여 세액공제 하는 것임.

또한, 2023년 12월 31일(또는 2024년 12월 31일)이 속하는 과세연도(이하 "해당 과세연도")의 상시근로자 수가 직전 과세연도보다 증가하는 경우, 해당 과세연도에는 조세특례제한법 제29조의 7(고용을 증대시킨 기업에 대한 세액공제)과 같은 법 제29조의 8(통합고용세액공제) 중 어느 하나를 선택하여 세액공제를 적용하고 이후 과세연도의 추가 공제 시에도 당초 선택한 공제방법을 적용하는 것임(법인세과-914, 2023.6.8.).

관련규정

조세특례제한법 제29조의 8 제1항(통합고용세액공제 기본공제)은 제29조의 7(고용증대세액공제) 또는 제30조의 4(중소기업 사회보험료 세액공제)에 따른 공제를 받지 아니한 경우에만 적용한다(조특법 127 ⑪).

2. 통합고용과 사회보험료의 중복적용 배제규정 적용방법

「조세특례제한법」 제29조의 8 제1항(통합고용세액공제 기본공제)은 제29조의 7(고용을 증대시킨 기업에 대한 세액공제) 또는 제30조의 4(중소기업 사회보험료 세액공제)에 따른 공제를 받지 아니한 경우에만 적용한다(조특법 127 ⑪). 고용증대세액공제의 적용과 마찬가지로 통합고용세액공제가 최초로 적용되는 2023년 시점에 중소기업 사회보험료세액공제 2차년도 공제가 중복적용 가능한지 여부에 대하여 논란이 될 수 있다.

사회보험료세액공제도 고용증대세액공제와 동일하게 적용이 가능하며, 중소기업이 중소기업사회보험료세액공제 2차년도분을 공제받는 사업연도에 같은 법 제29조의 8에 따른 통합고용세액공제 적용 요건을 충족한 경우 통합고용세액공제 1차년도 공제는 중소기업사회보험료세액공제 2차년도분 공제여부와는 관계없이 각각 공제할 수 있다(서면-2024-법인-0625, 2024.4.22.).

실무포인트

질의

- 질의법인은 관광자원의 개발·홍보를 통한 지역경제 및 관광산업 활성화를 목적으로 지방자치단체가 100% 출자하여 설립한 공기업임.
- 2021~2023사업연도 상시근로자 수 현황은 아래와 같으며 2022사업연도에 중소기업 사회보험료 세액공제 1.4억원 공제받음(조특법상 중소기업에 해당).

구분	'21년	'22년		'23년	
	인원	인원	증감	인원	증감
청년등	48.83	51.41	2.58	83.41	32.00
청년등 외	222.08	273.75	51.67	294.83	21.08
전 체	270.91	325.16	54.25	378.24	53.08

- 2022사업연도에 중소기업사회보험료세액공제 최초 적용 후 2023사업연도에 통합고용세액공제(최초)와 중소기업사회보험료세액공제(2차년도)를 동시에 적용할 수 있는지 여부

회신

중소기업이 「조세특례제한법」 제30조의 4에 따른 중소기업사회보험료세액공제 요건을 충족하여 공제를 적용받은 후 그 다음 사업연도의 상시근로자 수가 최초 공제대상 사업연도보다 감소하지 않으면 그 다음 사업연도에도 2차년도분을 공제하는 것이며, 해당 중소기업이 중소기업사회보험료세액공제 2차년도분을 공제받는 사업연도에 같은 법 제29조의 8에 따른 통합고용세액공제 적용 요건을 충족한 경우 통합고용세액공제 1차년도 공제는 중소기업사회보험

료세액공제 2차년도분 공제 여부와는 관계없이 각각 공제할 수 있는 것임.
따라서, 본 질의의 경우 2023사업연도에 중소기업사회보험료 2차년도 공제(2022사업연도에 요건을 충족하고 2023사업연도에 고용이 감소하지 않은 것에 기반한 공제)와 통합고용세액공제 1차년도 공제(2023사업연도에 요건을 충족한 것에 기반한 공제)를 각각의 적용요건 충족 여부를 판단하여 적용할 수 있는 것임(서면-2024-법인-0625, 2024.4.22.).

3. 고용증대세액공제와 통합고용세액공제 적용 시 청년등 상시근로자 수 계산 방법

고용증대세액공제(조특법 29의 7) 규정에서는 청년의 범위를 15세 이상 29세 이하인 사람으로 규정하고 있는데(조특령 26의 7 ③), 통합고용세액공제(조특법 29의 8)에서는 청년의 범위를 15세 이상 34세 이하로 규정하고 있다(조특령 26의 8 ③). 따라서, 내국인이 2022년도까지는 고용증대세액공제를 적용받다가, 2023년부터 통합고용세액공제를 적용하는 경우 청년등 상시근로자 수를 계산함에 있어 혼란이 발생될 수 있다.

고용증대세액공제 적용시 청년상시근로자는 해당연도와 직전연도 모두 15세 이상 29세 이하로 적용하고, 통합고용세액 기본공제 적용시 청년상시근로자는 해당연도와 직전연도 모두 15세 이상 34세 이하로 적용하여야 한다.

예를 들어 2022년에 31세인 정규직 1명을 고용한 경우 고용증대세액공제 규정이 적용되므로 청년 외 상시근로자로 보아 세액공제를 적용하게 되는데, 해당 근로자에 대하여 2023년 통합고용세액공제 제도 적용 시 청년 상시근로자인지 여부가 논란이 될 수 있다. 이에 대하여 아직 예규나 명확한 해석사례는 없으나, 저자의 의견으로는 2022년 입사당시에는 청년 외 상시근로자에 해당한 경우, 2차년도 및 3차년도 공제를 적용함에 있어서는 계속해서 청년 외 상시근로자로 보아 고용증대세액공제 규정을 적용하고, 2023년 통합고용세액공제를 적용함에 있어서는 청년등 상시근로자로 보아야 할 것으로 판단된다.

사례1

제조업을 영위하는 중소기업인 ㈜택스에듀의 상시근로자 등의 자료는 다음과 같다. ㈜택스에듀는 12월말 결산법인이며 수도권에 소재하고 있으며, 2022년에는 고용증대세액공제를 2023년에는 통합고용세액공제를 선택한 경우 각 연도별 공제세액을 계산하시오.

① 2021.9.1. : 법인설립(신규 창업에 해당함)

② 2022.1.5. : A직원(31세) 1명 고용 후 2023년 말까지 고용 유지 중

③ 2023.1.11. : B직원(33세) 1명 고용 후 2023년 말까지 고용 유지 중

▌상시근로자 수 계산(고용증대세액공제용)▐

구 분		1월	2월	3월	4월	5월	6월	7월	8월	9월	10월	11월	12월
2022년	청년	–	–	–	–	–	–	–	–	–	–	–	–
	청년 외	1	1	1	1	1	1	1	1	1	1	1	1
	상시 근로자	1	1	1	1	1	1	1	1	1	1	1	1
2023년	청년	–	–	–	–	–	–	–	–	–	–	–	–
	청년 외	2	2	2	2	2	2	2	2	2	2	2	2
	상시 근로자	2	2	2	2	2	2	2	2	2	2	2	2

▌상시근로자 수 계산(통합고용세액공제용)▐

구 분		1월	2월	3월	4월	5월	6월	7월	8월	9월	10월	11월	12월
2022년	청년	1	1	1	1	1	1	1	1	1	1	1	1
	청년 외	–	–	–	–	–	–	–	–	–	–	–	–
	상시 근로자	1	1	1	1	1	1	1	1	1	1	1	1
2023년	청년	2	2	2	2	2	2	2	2	2	2	2	2
	청년 외	–	–	–	–	–	–	–	–	–	–	–	–
	상시 근로자	2	2	2	2	2	2	2	2	2	2	2	2

(1) 2022년

1) 1차년도 공제액(고용증대세액공제)

- 청 년 : 없음.
- 청년 외 : (1명 – 0명) × 7,000,000원 = 7,000,000원

(2) 2023년

1) 1차년도 공제액(통합고용세액공제)

- 청 년 : (2명 – 1명) × 14,500,000원 = 14,500,000원
- 청년 외 : 없음.

2) 2차년도 공제액(고용증대세액공제)

- 7,000,000원(2022년도 공제금액)

전체 상시근로자 및 청년등 상시근로자가 감소하지 않았으므로, 2022년의 공제액을 한 번 더 공제한다.

사례2

㈜택스에듀는 수도권 내 중소기업이며, 2022년 1월에 창업하였다. 2022년 및 2023년의 직원 현황이 다음과 같을 때 각 연도별 공제세액 및 추가납부세액을 계산하시오.

1. 직원현황

〈2022년〉

성명	나이	입사	고용증대	통합고용
A직원	24세	2022년 1월 입사	청년	청년
B직원	25세	2022년 1월 입사	청년	청년
C직원	26세	2022년 1월 입사	청년	청년
D직원	31세	2022년 1월 입사	청년 외	청년

〈2023년〉

성명	나이	입사	고용증대	통합고용
A직원	25세	계속근무	청년	청년
B직원	26세	2023년 6월 30일 퇴사	청년	청년
C직원	27세	2023년 6월 30일 퇴사	청년	청년
D직원	32세	계속근무	청년 외	청년
E직원	33세	2023년 1월 입사	청년 외	청년
F직원	34세	2023년 1월 입사	청년 외	청년

2. 상시근로자 수

▌상시근로자 수 계산(고용증대세액공제용)▐

구 분		1월	2월	3월	4월	5월	6월	7월	8월	9월	10월	11월	12월	합계	평균
2022년	청년	3	3	3	3	3	3	3	3	3	3	3	3	36	3
	청년 외	1	1	1	1	1	1	1	1	1	1	1	1	12	1
	상시 근로자	4	4	4	4	4	4	4	4	4	4	4	4	48	4
2023년	청년	3	3	3	3	3	3	1	1	1	1	1	1	24	2
	청년 외	3	3	3	3	3	3	3	3	3	3	3	3	36	3
	상시 근로자	6	6	6	6	6	6	4	4	4	4	4	4	60	5

▌상시근로자 수 계산(통합고용세액공제용)▐

구 분		1월	2월	3월	4월	5월	6월	7월	8월	9월	10월	11월	12월	합계	평균
2022년	청년	4	4	4	4	4	4	4	4	4	4	4	4	48	4
	청년 외	–	–	–	–	–	–	–	–	–	–	–	–	0	0
	상시 근로자	4	4	4	4	4	4	4	4	4	4	4	4	48	4
2023년	청년	6	6	6	6	6	6	4	4	4	4	4	4	60	5
	청년 외	–	–	–	–	–	–	–	–	–	–	–	–	0	0
	상시 근로자	6	6	6	6	6	6	4	4	4	4	4	4	60	5

3. 상시근로자 수 정리

고용증대				통합고용			
구 분	전체	청년	청년 외	구 분	전체	청년	청년 외
2021년	0	0	0	2021	0	0	0
2022년(창업연도)	4	3	1	2022(창업연도)	4	4	0
2023년	5	2	3	2023	5	5	0

해설

1. 공제세액 및 추가납부세액

[2022년]

(1) 고용증대세액 1차년도 공제

3명 × 11,000,000원 + 1명 × 7,000,000원 = 40,000,000원

[2023년]

(1) 통합고용세액 1차년도 공제

1명 × 14,500,000원 = 14,500,000원

(2) 고용증대세액 2차년도 공제

3명 × 7,000,000원 + 1명 × 7,000,000원 = 28,000,000원

(3) 고용증대 추가납부세액

1명 × (11,000,000원 - 7,000,000원) = 4,000,000원

2. 2022년 공제세액 및 차감납부세액 계산(과세표준을 1억원으로 가정함)

(1) 산출세액

100,000,000원 × 10% = 10,000,000원

(2) 최저한세

100,000,000원 × 7% = 7,000,000원

(3) 고용증대세액공제액

10,000,000원 − 7,000,000원 = 3,000,000원

(4) 차감납부세액 및 이월세액

① 납부세액 10,000,000원 − 3,000,000원 = 7,000,000원

② 이월세액 37,000,000원

(5) 농어촌특별세

3,000,000원 × 20% = 600,000원

3. 2023년 공제세액 및 차감납부세액 계산(과세표준을 5억원으로 가정함)

(1) 추가납부세액 4,000,000원

① 3,000,000원 납부(직전연도 납부세액을 한도로 납부)

② 1,000,000원(이월세액에서 차감)

(2) 산출세액

200,000,000원 × 9% + 300,000,000원 × 19% = 75,000,000원

(3) 최저한세 및 세액공제액

① 최저한세 500,000,000원 × 7% = 35,000,000원

② 고용관련 세액공제액 40,000,000원

(4) 세액공제액과 이월세액

구 분	금액	세액공제	최저한세 적용에 따른 조정감	이월액소멸	차기이월세액
통합고용세액공제	1,450만원	1,450만원		−	0
고용증대(이월세액)	3,700만원	2,550만원	1,050만원	100만원	1,050만원
고용증대(당기발생)	2,800만원	−	2,800만원		2,800만원
합계	7,950만원	4,000만원	3,850만원	100만원	3,850만원

(5) 차감납부세액

75,000,000원 − 40,000,000원 = 35,000,000원

(6) 농어촌특별세

① 농특세 납부세액 40,000,000원 × 20% = 8,000,000원

② 농특세 환급세액 3,000,000원 × 20% = 600,000원

8 기 타

1. 다수의 사업장이 있는 개인사업자의 적용방법

다수의 사업장이 있는 개인사업자는 사업장별로 결산 및 세무조정을 한 후 종합소득세 신고 시 각 사업장의 소득금액을 합산하여 과세표준을 계산하고 세액을 산출한다. 즉, 종합소득세 산출세액은 각 사업장의 소득금액이 모두 합산된 것인데, 통합고용세액공제 및 고용증대세액공제는 산출세액에서 공제하는 것이므로, 상시근로자 수의 계산도 전체 사업장의 근로자 수를 기준으로 계산하여야 한다.

관련예규

2 이상의 사업장을 운영하는 개인사업자의 경우 「조세특례제한법」 제29조의 7 제1항 내지 제3항을 적용함에 있어 상시 근로자의 수는 전체 사업장을 기준으로 계산하는 것임(사전-2019-법령해석소득-0119, [법령해석과-1297], 2019.5.22.).

2. 수도권과 수도권 외 사업장이 있는 경우의 적용방법

통합고용세액공제 및 고용증대세액공제는 수도권 내 사업장과 수도권 외 사업장의 공제금액이 상이하다. 이렇게 수도권 내외에 사업장이 있는 경우라면 수도권 내 사업장에서 증가한 인원에 대하여는 수도권 내 공제금액을 적용하고, 수도권 외 사업장에서 증가한 인원에 대하여는 수도권 외 공제금액을 적용하여 세액공제 금액을 계산하여야 할 것으로 판단된다.

한편, 전체 상시근로자 수가 증가하면서 전체 청년등 상시근로자 수가 감소한 경우로서 수도권 외 사업장의 청년등 상시근로자 수가 증가한 경우에는, 청년등 상시근로자 수 증가인원에 대하여도 청년등 외 공제금액을 적용하여 세액공제 금액을 계산한다.

사례

제조업을 영위하는 중소기업인 ㈜택스에듀의 상시근로자 등의 자료는 다음과 같다. ㈜택스에듀는 12월말 결산법인이며 다음과 같이 수도권과 수도권 외 사업장을 보유하고 있다. 주어진 자료를 이용하여 통합고용세액공제 금액을 계산하시오.

구 분	전체	청년등	청년등 외
수도권 내 사업장	+10	−5	+15
수도권 외 사업장	+2	+1	+1
합 계	+12	−4	+16

1) **수도권 내 사업장** : 10명 × 8,500,000원 = 85,000,000원

2) **수도권 외 사업장** : 2명 × 9,500,000원 = 19,000,000원

관련예규

수도권 내 · 외에 위치한 다수의 사업장을 가지고 있는 내국법인의 전체 상시근로자 수가 직전 과세연도 대비 증가(수도권 내 · 외 모두 증가)한 경우로서 수도권 내 · 외를 포함한 전체 청년등 상시근로자 수는 감소하였으나, 수도권 외의 지역에서 청년등 상시근로자 수가 증가한 경우, 해당 내국법인은 수도권 내 · 외를 구분하여 증가한 상시근로자의 인원 수 한도를 적용하되, 수도권 외 청년등 상시근로자 수 증가분에 대하여는 청년등 상시근로자 외 상시근로자 수가 증가한 것으로 보아 「조세특례제한법」 제29조의 7 제1항에 따라 고용증대세액공제액을 계산하는 것임(서면-2020-법령해석법인-4043 [법령해석과-4117], 2020.12.14.).

3. 추계신고시 세액공제 적용가능 여부

「소득세법」 제80조 제3항 단서 또는 「법인세법」 제66조 제3항 단서에 따라 추계(推計)를 하는 경우에는 고용증대세액공제(조특법 29의 7) 및 통합고용세액공제(조특법 29의 8) 규정을 적용하지 않는다(조특법 128 ①).

4. 규모 확대 등으로 기업유형이 변경된 경우의 공제방법

중소기업에 해당하는 내국법인이 통합고용세액공제 또는 고용증대 세액공제를 적용받은 후 다음 과세연도 이후에 규모의 확대 등으로 중소기업에 해당하지 않더라도, 해당 과세연도의 법인세에서 공제받은 금액을 해당 과세연도의 종료일로부터 2년이 되는 날이 속하는 과세연도까지의 법인세에서 공제받을 수 있다(서면-2020-법령해석법인-0487, 2020.9.28.).

사례

제조업을 영위하는 수도권 내 중소기업인 ㈜택스에듀의 상시근로자의 증가인원은 다음과 같다. ㈜택스에듀가 다음과 같이 규모 확대로 인해 중견기업이 된 경우 통합고용세액공제 금액을 계산하시오.

구 분	기업규모	전체 증가인원	청년등 증가인원	청년등 외 증가인원
2024년	중소기업	+5	+5	0
2025년	중견기업	+2	+2	0
2026년	중견기업	+1	+1	0

(1) 2024년

1) 1차년도 세액공제

5명×14,500,000원 = 72,500,000원

(2) 2025년

1) 1차년도 세액공제(중견기업)

2명×8,000,000원 = 16,000,000원

2) 2차년도 세액공제(중소기업)

72,500,000원

(3) 2026년

1) 1차년도 세액공제(중견기업)

1명×8,000,000원 = 8,000,000원

2) 2차년도 세액공제(중견기업)

16,000,000원

3) 3차년도 세액공제(중소기업)

72,500,000원

관련예규

조세특례제한법 시행령 제2조에 따른 중소기업에 해당하는 내국법인이 해당 과세연도의 상시근로자의 수가 직전 과세연도의 상시근로자의 수보다 증가하여 같은 법 제29조의 7 제1항 각 호에 따른 세액공제를 적용받은 후 다음 과세연도 이후에 규모의 확대 등으로 중소기업에 해당하지 않더라도 같은 조 제2항에 따른 공제세액 추징사유에 해당하지 않는 경우 해당 과세연도의 법인세에서 공제받은 금액을 해당 과세연도의 종료일로부터 2년이 되는 날이 속하는 과세연도까지의 법인세에서 공제하는 것임(사전법령법인-1010, 2020.11.27.).

02 통합고용 및 고용증대 사례

CHAPTER

02 통합고용세액공제 서식작성사례

1. [서식사례 1] 3년 연속 고용 증가

제조업을 영위하는 중소기업인 ㈜택스에듀1의 상시근로자 등의 자료는 다음과 같다. ㈜택스에듀1은 12월말 결산법인이며 수도권에 소재하고 있다. 주어진 자료를 이용하여 각 사업연도에 대한 공제세액을 계산하시오. ㈜택스에듀1은 2023년에 창업하였으며, 통합고용세액공제를 선택하였다.

❙ 상시근로자 수 ❙

구 분	2023년	2024년	2025년
전체 상시근로자	10	12	16
청년등 상시근로자	6	7	8
청년등 외 상시근로자	4	5	8

[이월세액 및 과세표준]

2023년 : 이월세액 없음.

2024년 : 이월세액 없음.

2025년 : 과세표준 1,000,000,000원

풀이

1. 2023년 통합고용세액 기본 공제액

1차년도 공제액

6명×14,500,000원 + 4명×8,500,000원 = 121,000,000원

2. 2024년 공제세액

(1) 1차년도 통합고용세액 기본 공제액

1명×14,500,000원 + 1명×8,500,000원 = 23,000,000원

(2) 2차년도 통합고용세액 공제세액

6명×14,500,000원 + 4명×8,500,000원 = 121,000,000원

상시근로자 수가 감소하지 않았으므로, 2023년에 공제받은 금액을 한 번 더 공제

3. 2025년 공제세액

(1) 1차년도 통합고용세액 기본 공제액

1명×14,500,000원 + 3명×8,500,000원 = 40,000,000원

(2) 2차년도 통합고용세액 공제세액

1명×14,500,000원 + 1명×8,500,000원 = 23,000,000원

상시근로자 수가 감소하지 않았으므로, 2024년에 공제받은 금액을 한 번 더 공제

(3) 3차년도 고용증대 공제세액

6명×14,500,000원 + 4명×8,500,000원 = 121,000,000원

상시근로자 수가 감소하지 않았으므로, 2023년에 공제받은 금액을 한 번 더 공제

(4) 공제세액 합계액

40,000,000원 + 23,000,000원 + 121,000,000원 = 184,000,000원

4. 2025년 최저한세 및 이월세액

(1) 법인세 산출세액

200,000,000원×9% + 800,000,000원×19% = 170,000,000원

(2) 최저한세

Max[①, ②] = 70,000,000원

① 각종감면후세액 : 170,000,000 원 − 184,000,000원 = 0원

② 최저한세 : 1,000,000,000원(과세표준)×7%(최저한세율) = 70,000,000원

(3) 조정감 및 이월세액

170,000,000원(산출세액) − 70,000,000원(최저한세) = 100,000,000원(공제세액)

184,000,000원(공제대상세액) − 100,000,000원(공제세액) = 84,000,000원(조정감세액)

(단위 : 원)

구 분	공제대상세액	조정감	공제세액	이월세액
통합고용세액공제	184,000,000	84,000,000	100,000,000	84,000,000

(4) 농어촌 특별세액

100,000,000원(공제세액)×20%(농특세율) = 20,000,000원

■ 조세특례제한법 시행규칙 [별지 제10호의 9 서식] <개정 2025.6.30.>

통합고용세액공제 공제세액계산서

(3쪽 중 제1쪽)

❶ 신청인	① 상호 또는 법인명 ㈜택스에듀1	② 사업자등록번호 123-12-xxxxx
	③ 대표자 성명 김택스	④ 생년월일
	⑤ 주소 또는 본점소재지 (전화번호:)	

❷ 과세연도	2025 년 1 월 1 일부터 2025 년 12 월 31 일까지

❸ 상시근로자 현황 (작성방법 2,3번을 참고하시기 바랍니다.)

구분	직전전 과세연도	직전 과세연도	해당 과세연도
⑥ 상시근로자 수 (⑦+⑧)	10	12	16
⑦ 청년등상시근로자 수	6	7	8
⑧ 청년등상시근로자를 제외한 상시근로자 수	4	5	8
⑨ 정규직 전환 근로자 수	–		
⑩ 육아휴직 복귀자 수			

❹ 기본공제 공제세액 계산내용

가. 1차년도 세제지원 요건 : ⑬ > 0

1. 상시근로자 증가 인원

⑪ 해당 과세연도 상시근로자 수	⑫ 직전 과세연도 상시근로자 수	⑬ 상시근로자 증가 인원 수 (⑪–⑫)
16	12	4

2. 청년등상시근로자 증가 인원

⑭ 해당 과세연도 청년등상시근로자 수	⑮ 직전 과세연도 청년등상시근로자 수	⑯ 청년등상시근로자 증가 인원 수 (⑭–⑮)
8	7	1

3. 청년등상시근로자를 제외한 상시근로자 증가 인원

⑰ 해당 과세연도 청년등상시근로자를 제외한 상시근로자 수	⑱ 직전 과세연도 청년등상시근로자를 제외한 상시근로자 수	⑲ 청년등상시근로자를 제외한 상시근로자 증가 인원 수(⑰–⑱)
8	5	3

(3쪽 중 제2쪽)

4. 1차년도 세액공제액 계산

구분	구분		직전 과세연도 대비 상시근로자 증가 인원 수 (⑬ 상시근로자 증가 인원 수를 한도로 함)	1인당 공제금액	⑳ 1차년도 세액공제액
중소기업	수도권 내	청년등	1	1천4백5십만원	14,500,000
		청년등 외	3	8백5십만원	25,500,000
	수도권 밖	청년등		1천5백5십만원	
		청년등 외	4	9백5십만원	40,000,000
	계				40,000,000
중견기업	청년등			8백만원	
	청년등 외			4백5십만원	
	계				
일반기업	청년등			4백만원	
	청년등 외				
	계				

나. 2차년도 세제지원 요건 : ㉓ ≥ 0

1. 상시근로자 증가 인원

㉑ 2차년도(해당 과세연도) 상시근로자 수	㉒ 1차년도(직전 과세연도) 상시근로자 수	㉓ 상시근로자 증가 인원 수(㉑-㉒)
16	12	4

2. 2차년도 세액공제액 계산(상시근로자 감소여부)

1차년도(직전 과세연도) 대비 상시근로자 감소여부	1차년도(직전 과세연도) 대비 청년등상시근로자 수 감소여부	㉔ 1차년도 (직전 과세연도) 청년등상시근로자 증가 세액공제액	㉕ 1차년도 (직전 과세연도) 청년등 외 상시근로자 증가 세액공제액	㉖ 2차년도 세액공제액
부	부	14,500,000	8,500,000	23,000,000
	여			
여				

다. 3차년도 세제지원 요건(중소 · 중견기업만 해당) : ㉙ ≥ 0

1. 상시근로자 증가 인원

㉗ 3차년도(해당 과세연도) 상시근로자 수	㉘ 1차년도(직전전 과세연도) 상시근로자 수	㉙ 상시근로자 증가 인원(㉗-㉘)
16	10	6

2. 3차년도 세액공제액 계산(상시근로자 감소여부)

1차년도(직전전 과세연도) 대비 상시근로자 감소여부	1차년도(직전전 과세연도) 대비 청년등상시근로자 수 감소여부	㉚ 1차년도 (직전전 과세연도) 청년등 상시근로자 증가 세액공제액	㉛ 1차년도 (전전 과세연도) 청년등 외 상시근로자 증가 세액공제액	㉜ 3차년도 세액공제액
부	부	87,000,000	34,000,000	121,000,000
	여			
여				

(3쪽 중 제3쪽)

❺ 추가공제 공제세액 계산내용

가. 세제지원 요건 : ⑬ ≥ 0

㉝ 해당 과세연도 상시근로자 수	㉞ 직전 과세연도 상시근로자 수	㉟ 상시근로자 증가 인원 수 (㉝-㉞)

나. 세액공제액 계산

구분	구분	인원 수	1인당 공제금액	㊱ 추가공제 세액공제액
중소기업	정규직 전환자		1천3백만원	
	육아휴직 복귀자			
	계			
중견기업	정규직 전환자		9백만원	
	육아휴직 복귀자			
	계			

❻ 세액공제액 : ⑳ 1차년도 세액공제액 + ㉖ 2차년도 세액공제액 + ㉜ 3차년도 세액공제액 + ㊱ 추가공제 세액공제액	184,000,000

「조세특례제한법 시행령」 제26조의8제11항에 따라 위와 같이 공제세액계산서를 제출합니다.

2026 년 3 월 31 일

신청인 ㈜택스에듀1 (서명 또는 인)

세무서장 귀하

작 성 방 법

1. 근로자 수는 다음과 같이 계산하되, 100분의 1 미만의 부분은 없는 것으로 합니다.
 가. 상시근로자 수: 매월 말 현재 상시근로자 수의 합 / 과세연도의 개월 수
 나. 청년등상시근로자 수: 매월 말 현재 청년등상시근로자 수의 합 / 과세연도의 개월 수
 다. 청년등상시근로자 외 상시근로자 수: 매월 말 현재 청년등상시근로자 외 상시근로자 수의 합 / 과세연도의 개월 수
2. ⑥란의 상시근로자란 「근로기준법」에 따라 근로계약을 체결한 내국인 근로자로서 다음의 어느 하나에 해당하는 사람을 제외한 근로자를 말합니다.
 가. 근로계약기간이 1년 미만인 근로자. 다만, 근로계약의 연속된 갱신으로 인하여 그 근로계약의 총 기간이 1년 이상인 근로자는 상시근로자로 봅니다.
 나. 「근로기준법」 제2조제1항제9호에 따른 단시간근로자. 다만, 1개월간의 소정근로시간이 60시간 이상인 근로자는 상시근로자로 봅니다.
 다. 「법인세법 시행령」 제40조제1항 각 호의 어느 하나에 해당하는 임원
 라. 해당 기업의 최대주주 또는 최대출자자(개인사업자의 경우에는 대표자를 말합니다)와 그 배우자
 마. 라목에 해당하는 자의 직계존비속(그 배우자를 포함합니다) 및 「국세기본법 시행령」 제1조의2제1항에 따른 친족관계인 사람
 바. 「소득세법 시행령」 제196조에 따른 근로소득원천징수부에 의하여 근로소득세를 원천징수한 사실이 확인되지 않고, 「국민연금법」 제3조제1항제11호 및 제12호에 따른 부담금 및 기여금 또는 「국민건강보험법」 제69조에 따른 직장가입자의 보험료에 해당하는 금액의 납부사실도 확인되지 않는 자
3. ⑦란 등의 청년등상시근로자란 상시근로자 중 15세 이상 34세 이하인 사람으로서 다음 각 목의 어느 하나에 해당하는 사람을 제외한 사람(해당 근로자가 병역을 이행한 경우에는 6년을 한도로 병역을 이행한 기간을 현재 연령에서 빼고 계산한 연령이 34세 이하인 사람을 포함)과 「장애인복지법」의 적용을 받는 장애인, 「국가유공자 등 예우 및 지원에 관한 법률」에 따른 상이자, 「5ㆍ18민주유공자예우 및 단체설립에 관한 법률」 제4조제2호에 따른 5ㆍ18민주화운동부상자와 「고엽제후유의증 등 환자지원 및 단체설립에 관한 법률」 제2조제3호에 따른 고엽제후유의증환자로서 장애등급 판정을 받은 사람, 근로계약 체결일 현재 연령이 60세 이상인 사람, 「조세특례제한법」 제29조의8제2항에 따른 경력단절 근로자, 「북한이탈주민의 보호 및 정착지원에 관한 법률」에 따른 북한이탈주민을 말합니다.
 가. 「기간제 및 단시간근로자 보호 등에 관한 법률」에 따른 기간제근로자 및 단시간근로자
 나. 「파견근로자보호 등에 관한 법률」에 따른 파견근로자
 다. 「청소년 보호법」 제2조제5호 각 목에 따른 업소에 근무하는 같은 조 제1호에 따른 청소년
4. 청년등 외 상시근로자란 상시근로자 중 청년등상시근로자가 아닌 상시근로자를 말합니다.
5. ⑳, ㉖, ㉜ 계산 시 각 공제금액(청년/청년 외)은 전체 상시근로자 수 증가분을 한도로 합니다.
6. ㉝, ㉞란의 상시근로자 수는 「근로기준법」 제74조에 따른 출산전후휴가를 사용 중인 상시근로자를 대체하는 상시근로자가 있는 경우 해당 출산전후휴가를 사용 중인 상시근로자를 제외하고 계산한 상시근로자 수를 말합니다.
7. 해당 과세연도의 상시근로자 수가 전년 대비 증가하여 「조세특례제한법」 제29조의8의 통합고용세액공제 1차년도 공제를 신청할 경우 「조세특례제한법」 제29조의7의 고용 증대 기업에 대한 세액공제 1차년도 공제를 중복하여 신청할 수 없습니다.

210mm×297mm[백상지 80g/㎡]

[별지 제8호 서식 부표 3] (2025.7.4. 개정) (4쪽 중 제1쪽)

사 업 연 도	2025. 1. 1. ~ 2025. 12. 31.	세액공제조정명세서(3)	법인명	(주)택스에듀1
			사업자등록번호	123-81-xxxxx

1. 공제세액계산(「조세특례제한법」)

	(101) 구 분	근거법 조항	(102) 계 산 기 준	코드	(103) 계산 명세	(104) 공제대상 세 액
조세특례제한법	중소기업 등 투자세액공제	구 제5조	투자금액 × 1(2,3,5,10)/100	131		
	상생결제 지급금액에 대한 세액공제	제7조의4	지급기한 15일 이내: 지급 금액의 0.5% 지급기한 15일 ~ 30일: 지급 금액의 0.3% 지급기한 30일 ~ 60일: 지급 금액의 0.015%	14Z		
	대·중소기업 상생협력을 위한 기금출연 세액공제	제8조의3 제1항	출연금 × 10/100	14M		
	협력중소기업에 대한 유형고정자산 무상임대 세액공제	제8조의3 제2항	장부가액 × 3/100	18D		
	수탁기업에 설치하는 시설에 대한 세액공제	제8조의3 제3항	투자금액 × 1(3,7)/100	18L		
	교육기관에 무상 기증하는 중고자산에 대한 세액공제	제8조의3 제4항	기증자산 시가 × 10/100	18R		
	신성장·원천기술 연구개발비세액공제(최저한세 적용제외)	제10조 제1항 제1호	(일반 연구·인력개발비) '14.1.1.~'14.12.31.: 발생액 × 3~4(8,10,15,20,25,30)/100 또는 2년간 연평균 발생액의 초과액 × 40(50)/100 '15.1.1. 이후: 발생액 × 2~3(8,10,15,20,25,30)/100 또는 직전 발생액의 초과액 × 40(50)/100 '17.1.1. 이후: 발생액 × 1~3(8,10,15,20,25,30)/100 또는 직전 발생액의 초과액 × 30(40,50)/100 '18. 1. 1. 이후: 발생액 × 0~2(8,10,15,20,25,30)/100 또는 직전 발생액의 초과액 × 25(40,50)/100 (신성장·원천기술 연구개발비) '17. 1. 1. 이후: 발생액 × 20(30)/100 (국가전략기술 연구개발비) '21. 7. 1. 이후: 발생액 ×30(40)/100	16A		
	국가전략기술 연구개발비세액공제(최저한세 적용제외)	제10조 제1항 제2호		10D		
	일반 연구·인력개발비세액공제(최저한세 적용제외)	제10조 제1항 제3호		16B		
	신성장·원천기술 연구개발비세액공제(최저한세 적용대상)	제10조 제1항 제1호		13L		
	국가전략기술 연구개발비세액공제(최저한세 적용대상)	제10조 제1항 제2호		10E		
	일반 연구·인력개발비세액공제(최저한세 적용대상)	제10조 제1항 제3호		13M		
	기술취득에 대한 세액공제	제12조 제2항	특허권 등 취득금액 × 5(10)/100 *법인세의 10% 한도	176		
	기술혁신형 합병에 대한 세액공제	제12조의3	기술가치금액 × 10/100	14T		
	기술혁신형 주식취득에 대한 세액공제	제12조의4	기술가치금액 × 10/100	14U		
	벤처기업등 출자에 대한 세액공제	제13조의2	주식등 취득가액 × 5/100	18E		
	성과공유 중소기업 경영성과급 세액공제	제19조	'22.1.1. 이전 지급분: 근로자에 지급하는 경영성과급 × 10/100 '22.1.1. 이후 지급분: 근로자에 지급하는 경영성과급× 15/100	18H		
	연구·인력개발설비투자세액공제	구 제25조 제1항 제1호	'14.1.1.~'15.12.31. 투자분: 투자금액 × 3(5,10)/100 '16.1.1. 이후 투자분: 투자금액 × 1(3,6)/100 '19.1.1. 이후 투자분: 투자금액 × 1(3,7)/100	134		
	에너지절약시설투자세액공제	구 제25조 제1항 제2호	'14.1.1.~'15.12.31. 투자분: 투자금액 × 3(5,10)/100 ('16.1.1. 현재 투자진행 중인 경우 '16.12.31.까지 종전율 적용) '16.1.1. 이후 투자개시분: 투자금액 × 1(3,10)/100 '19.1.1. 이후 투자분: 투자금액 × 1(3,7)/100	177		

210mm×297mm[백상지 80g/㎡ 또는 중질지 80g/㎡]

	(101) 구 분	근거법 조 항	(102) 계 산 기 준	코드	(103) 계산 명세	(104) 공제대상 세 액
조세특례제한법	환경보전시설 투자세액공제	구 제25조 제1항 제3호	투자금액 × 3(5,10)/100 '19.1.1. 이후 투자분: 투자금액 × 3(5,10)/100	14A		
	근로자복지증진시설투자세액공제	구 제25조 제1항 제4호	투자금액 × 7(10)/100 '19.1.1. 이후 취득분: 취득금액 × 3(5,10)/100	142		
	안전시설투자세액공제	구 제25조 제1항 제5호	'13.1.1.~'14.12.31. 투자분: 투자금액 × 3(7)/100 '15.1.1. 이후 투자분: 투자금액 × 1(3,7)/100 '19.1.1. 이후 투자분: 투자금액 × 1(5,10)/100	136		
	생산성향상시설투자세액공제	구 제25조 제1항 제6호	'13.1.1.~'14.12.31. 투자분: 투자금액 × 3(7)/100 '15.1.1. 이후 투자분: 투자금액 × 1(3,7)/100 '20.1.1.~'20.12.31. 투자분: 투자금액 × 2(5,10))/100 '21.1.1.~'21.12.31. 투자분: 투자금액 × 1(5,10))/100 '21.1.1.~이후. 투자분: 투자금액 × 1(3,7))/100	135		
	의약품 품질관리시설투자세액공제	구 제25조의4	'14.1.1.~'16.12.31. 투자분: 투자금액 × 3(5,7)/100 '17.1.1. 이후 투자분: 투자금액 × 1(3,6)/100	14B		
	신성장기술 사업화를 위한 시설투자 세액공제	구 제25조의5	투자금액 × 5(7,10)/100	18B		
	영상콘텐츠 제작비용에 대한 세액공제(기본공제)	제25조의6	제작비용 × 5(10,15)/100	18C		
	영상콘텐츠 제작비용에 대한 세액공제(추가공제)	제25조의6	제작비용 × 10(15)/100	1B8		
	초연결 네트워크 시설투자에 대한 세액공제	구 제25조의7	투자금액 × 2(3)/100	18I		
	고용창출투자세액공제	제26조	'12.1.1.~12.31.: 투자금액 × {기본공제(3~4%)+추가공제(2~3%)} '13.1.1.~12.31.: 투자금액 × {기본공제(2~4%)+추가공제(3%)} '14.1.1. 이후: 투자금액 × {기본공제(1~4%)+추가공제(3%)} (한도: 상시근로자 증가분 × 1,000만원, 1,500만원, 2,000만원) '15.1.1. 이후: 투자금액 × {기본공제(0~3%)+추가공제(3~7%)} '17.1.1. 이후: (한도 : 상시근로자 증가분 × 1,000 (1,500)만원, 1,500(2,000)만원, 2,000(2,500)만원)	14N		
	산업수요맞춤형고등학교등 졸업자를 병역이행 후 복직시킨 중소기업에 대한 세액공제	제29조의2	복직자에게 지급한 인건비 × 중소30(중견15)/100	14S		
	경력단절 여성 고용 기업 등에 대한 세액공제	제29조의3 제1항	경력단절 여성 재고용 인건비 × 중소30(중견15)/100	14X		
	육아휴직 후 고용유지 기업에 대한 인건비 세액공제	제29조의3 제2항	육아휴직 복귀자 인건비 × 중소30(중견15)/100	18J		
	근로소득을 증대시킨 기업에 대한 세액공제	제29조의4	평균 초과 임금증가분 × 5(중견10, 중소20)/100 정규직 전환 근로자의 임금 증가분 × 5(10,20)/100	14Y		
	청년고용을 증대시킨 기업에 대한 세액공제	제29조의5	청년정규직근로자 증가인원수 × 3백만원(7백만원, 1천만원)	18A		
	고용을 증대시킨 기업에 대한 세액공제	제29조의7	직전연도 대비 상시근로자 증가수 × 4백만원(1천2백만원) '21.12.31~'22.12.31.: 직전연도 대비 상시근로자 증가수 × 5백만원(1천3백만원)	18F		
	통합고용세액공제	제29조의8	직전연도 대비 상시근로자 증가수 × 4백만원(1천4백5십만원)	18S		184,000,000
	통합고용세액공제(정규직전환)	제29조의8		1B4		
	통합고용세액공제(육아휴직복귀)	제29조의8		1B5		
	정규직 근로자 전환 세액공제	제30조의2	전환인원수 × 중소1천만원(중견7백만원)	14H		
	고용유지중소기업에 대한 세액공제	제30조의3	연간 임금감소 총액× 10/100 + 시간당 임금상승에 따른 보전액 × 15/100	18K		
	중소기업 고용증가 인원에 대한 사회보험료 세액공제	제30조의4 제1항	청년(만15~29세)근로자 등 순증인원의 사회보험료(증가분의 100%) 청년 및 경력단절 여성 외 근로자 순증인원의 사회보험료(증가분의 50%,75%)	14Q		

210mm×297mm[백상지 80g/㎡ 또는 중질지 80g/㎡]

(101) 구분	근거 법조항	(102) 계산기준	코드	(103) 계산 명세	(104) 공제 대상 세액
중소기업 사회보험 신규가입에 대한 사회보험료 세액공제	제30조의4 제3항	'20. 12. 31.까지 사회보험 신규가입에 따 른 사용자 부담액×50%	18G		
전자신고에 대한 세액공제(법인)	제104조의8 제1항	법인세 전자신고시 2만원	184		
전자신고에 대한 세액공제(세무법인 등)	제104조의8 제3항	법인세 · 소득세 전자신고 대리건수 × 2만원 *한도: 연300만원(세무 · 회계법인 연750만원) 한도액계산시 부가가치세 대리신고에 따른 세액공제액 포함	14J		
제3자 물류비용 세액공제	제104조의14	(전년대비 위탁물류비용 증가액)×3/100(중소기업은 5/100) * 직전 위탁물류비 30% 미만 : (당기 위탁물류비 - 당기 전체물류비 × 30%) ×3/100(중소기업은 5/100) * 법인세 10% 한도	14E		
대학 맞춤형 교육비용 세액공제	구 제104조의18 제1항	법 제10조 연구 · 인력개발비세액공제 준용 *수도권 소재대학의 발생액은 50%만 인정	14I		
대학등 기부설비에 대한 세액공제	구 제104조의18 제2항	법 제11조 연구 · 인력개발설비투자세액공제 준용 *수도권 소재대학의 기부금액은 50%만 인정	14K		
기업의 운동경비부 설치운영 세액공제	제104조의22	설치운영비용 × 10(20)/100	14O		
산업수요맞춤형 고등학교 등 재학생에 대한 현장훈련수당 등 세액공제	구 제104조의18 제4항	일반 연구 · 인력개발비 세액공제 준용	14R		
석유제품 전자상거래에 대한 세액공제	제104조의25	'13. 1. 1. ~ 12. 31.: 공급가액의 0.5%(산출세액의 10% 한도) '14. 1. 1. ~ '16. 12. 31.: 공급가액의 0.3%(산출세액의 10% 한도) '17. 1. 1. ~ '19. 12. 31.: 공급자는 공급가액의0.1%,수요자 0.2%,(산출세액의 10% 한도) '20.1.1.~'22.12.31.: 수요자만 공급가액의 0.2%(산출세액의 10% 한도)	14P		
금 현물시장에서 거래되는 금지금에 대한 과세특례	제126조의7 제8항	산출세액×[(금 현물시장 이용금액 - 직전 과세연도의 금 현물시장 이용금액)/매출액] 또는 산출세액×[(금 현물시장 이용금액×5/100)/매출액]	14V		
금사업자와 스크랩등사업자의 수입금액증가등 세액공제	제122조의4	산출세액×[(매입자납부익금및손금합계금액 - 직전 과세연도의 매입자납부익금및손금합계금액)×50/100]/익금및손금합계금액 또는 산출세액×[(매입자납부익금및손금합계금액×5/100)]/익금및손금합계금액 *한도: 해당 과세연도 산출세액-직전 과세연도 산출세액	14W		
성실신고 확인비용에 대한 세액공제	제126조의6	확인비용 × 60/100 (150만원 한도)	10A		
우수 선화주 인증받은 국제물류주선업자에 대한 세액공제	제104조의30	운송비용의 1% + 직전과세연도 대비 증가분의 3%(산출세액의 10%한도)	18M		
용역제공자에 관한 과세자료의 제출에 대한 세액공제	제104조의32	과세자료에 기재된 용역제공자 인원수×300원(200만원 한도)	10C		
이스포츠대회 운영에 대한 과세특례	제104조의35	이스포츠대회 운영비용 × 10/100	1F1		
소재 · 부품 · 장비 수요기업 공동출자세액공제	제13조의3 제1항	주식 또는 출자지분 취득가액 5%	18N		
소재 · 부품 · 장비 외국법인 인수세액 공제	제13조의3 제3항	주식 또는 출자지분 취득가액 5% (중견7%, 중소10%)	18P		
상가임대료를 인하한 임대사업자에 대한 세액공제	제96조의3	임대료 인하액의 70%	10B		
문화산업전문회사 출자에 대한 세액공제	제25조의 7	출자금액 중 영상콘텐츠제작비용의 3%	1B7		
선결제 금액에 대한 세액공제	제99조의12	선결제금액 × 1%	18Q		
통합투자세액공제(일반)	제24조	기본공제: 투자금액 × 1(중견5/7.5, 중소10)/100, 신성장 · 원천기술 투자금액 × 3(중견6/9,중소12)/100 국가전략기술 투자금액 × 15(중견15/20,중소25)/100 국가전략기술반도체 투자금액 × 20(중견20/25,중소30)/100 * 국가전략기술반도체 투자금액: '25.1.1. 이후 투자분부터 적용 추가공제: 직전 3년 연평균 투자금액 초과액 × 10/100(기본공제 200% 한도) 임시 투자 세액공제 기본공제: 투자금액 × 1(중견7, 중소12)/100, 신성장사업화시설 투자금액 × 3(중견8,중소14)/100 국가전략기술 투자금액 × 15(중견15/20,중소25)/100 국가전략기술반도체 투자금액 × 20(중견20/25,중소30)/100 * 국가전략기술반도체 투자금액: '25.1.1. 이후 투자분부터 적용 추가공제: 직전 3년 연평균 투자금액 초과액 × 10/100(기본공제 200% 한도)	13W		
임시통합투자세액공제(일반)			1B1		
통합투자세액공제(신성장 · 원천기술)			13X		
임시통합투자세액공제 (신성장 · 원천기술)			1B2		
통합투자세액공제(국가전략기술)			13Y		
임시통합투자세액공제(국가전략기술)			1B3		
통합투자세액공제 (반도체분야 국가전략기술)			13Z		
임시통합투자세액공제 (반도체분야 국가전략기술)			1B9		
해외자원개발투자에 대한 과세특례	제104조의15	투자금액×3%	1B6		
합계			1A1		184,000,000

210mm×297mm[백상지 80g/㎡ 또는 중질지 80g/㎡]

2. 당기공제세액 및 이월액계산

(105) 구분	(106) 사업연도	공제 대상 세액		당기 공제 대상 세액							(121) 최저한세 적용에 따른 미공제액	(122) 그밖의 사유로 인한 미공제액	(123) 공제세액 ((120)-(121)-(122))	(124) 소멸	(125) 이월액 ((107)+(108)-(123)-(124))
		(107) 당기분	(108) 이월분	(109) 당기분	(110) 1차 연도 (115) 6차 연도	(111) 2차 연도 (116) 7차 연도	(112) 3차 연도 (117) 8차 연도	(113) 4차 연도 (118) 9차 연도	(114) 5차 연도 (119) 10차 연도	(120) 계					
통합고용	2025	184,000,000		184,000,000						184,000,000	84,000,000		100,000,000		84,000,000
	소계														
합계		184,000,000		184,000,000						184,000,000	84,000,000		100,000,000		84,000,000

작성방법

1. (105) 구분란: 제1쪽의 1. 공제세액계산(「조세특례제한법」)의 코드란에 적혀 있는 코드를 적습니다.
2. (106) 사업연도란: 이월된 공제 대상 세액이 발생한 사업연도와 종료월을 적습니다.
3. (107) 당기분란: (104) 공제 대상 세액란에 적힌 금액을 적습니다.
4. (108) 이월분란: (105) 구분별, 사업연도별로 직전 사업연도의 (125) 이월액을 적습니다.
5. (109) 당기분란: 당기분 세액을 적습니다.
6. (110) 1차 연도란부터 (119) 10차 연도란까지: (106) 사업연도란에 적힌 사업연도부터의 경과 연차에 해당하는 란에 (108) 이월분란에 적힌 금액을 적습니다.
7. (121) 최저한세 적용에 따른 미공제액란: 「조세특례제한법」 제144조 제2항에 규정된 순서에 따라 각 란에 조정하여 적고, 합계란(※표란)에는 "최저한세 조정계산서(별지 제4호 서식)"의 (124) 세액공제란의 ④ 조정감란에 적힌 금액을 옮겨 적습니다.
8. 근거 법조항란 중 "구"는 2020년 12월 29일 법률 제17759호로 개정되기 전의 「조세특례제한법」을 말합니다.

210mm×297mm[백상지 80g/㎡ 또는 중질지 80g/㎡]

사업연도	2025. 1. 1. ~ 2025.12.31.	공제감면세액 및 추가납부세액합계표(갑)	법 인 명	㈜택스에듀1
			사업자등록번호	123-81-xxxxx

1. 최저한세 적용제외 공제감면세액

	① 구 분	② 근 거 법 조 항	코드	③ 대상세액	④ 감면(공제)세액
세액감면	(101) 창업중소기업에 대한 세액감면(최저한세 적용제외)	「조세특례제한법」 제6조 제7항 외	110		
	(102) 해외자원개발투자배당 감면	「조세특례제한법」 제22조	103		
	(103) 수도권과밀억제권역 밖으로 이전하는 중소기업 세액감면(수도권 밖으로 이전)	구 「조세특례제한법」 제63조	169		
	(104) 공장의 수도권 밖 이전에 대한 세액감면	「조세특례제한법」 제63조	108		
	(105) 본사의 수도권 밖 이전에 대한 세액감면	「조세특례제한법」 제63조의2	109		
	(106) 영농조합법인 감면	「조세특례제한법」 제66조	104		
	(107) 영어조합법인 감면	「조세특례제한법」 제67조	107		
	(108) 농업회사법인 감면(농업소득)	「조세특례제한법」 제68조	11B		
	(109) 행정중심복합도시 등 공장이전에 대한 조세감면	「조세특례제한법」 제85조의2제3항 (2019. 12. 31. 법률 제16835호로 개정되기 전의 것)	11A		
	(110) 위기지역 내 창업기업 세액감면(최저한세 적용제외)	「조세특례제한법」 제99조의9	11N		
	(111) 해외진출기업의 국내복귀에 대한 세액감면(철수방식)	「조세특례제한법」 제104조의24제1항 제1호	11F		
	(112) 해외진출기업의 국내복귀에 대한 세액감면(유지방식)	「조세특례제한법」 제104조의24제1항 제2호	11H		
	(113) 고도기술수반사업 외국인투자 세액감면	「조세특례제한법」 제121조의2제1항 제1호	186		
	(114) 외국인투자지역내 외국인투자 세액감면	「조세특례제한법」 제121조의2제1항 제2호 또는 제2호의5	187		
	(115) 경제자유구역내 외국인투자 세액감면	「조세특례제한법」 제121조의2제1항 제2호의2	188		
	(116) 경제자유구역 개발사업시행자 세액감면	「조세특례제한법」 제121조의2제1항 제2호의3	157		
	(117) 제주투자진흥기구의 개발사업시행자 세액감면	「조세특례제한법」 제121조의2제1항 제2호의4	158		
	(118) 기업도시 개발구역내 외국인투자 세액감면	「조세특례제한법」 제121조의2제1항 제2호의6	159		
	(119) 기업도시 개발사업의 시행자 세액감면	「조세특례제한법」 제121조의2제1항 제2호의7	160		
	(120) 새만금사업지역내 외국인투자 세액감면	「조세특례제한법」 제121조의2제1항 제2호의8	11J		
	(121) 새만금사업 시행자 세액감면	「조세특례제한법」 제121조의2제1항 제2호의9	11K		
	(122) 기타 외국인투자유치를 위한 조세감면	「조세특례제한법」 제121조의2제1항 제3호	167		
	(123) 외국인투자기업의 증자의 조세감면	「조세특례제한법」 제121조의4	172		
	(124) 기술도입대가에 대한 조세면제(국내지점 등)	법률 제9921호 조세특례제한법 일부개정법률 부칙 제77조	173		
	(125) 제주첨단과학기술단지 입주기업 조세감면(최저한세 적용제외)	「조세특례제한법」 제121조의8	181		
	(126) 제주투자진흥지구등 입주기업 조세감면(최저한세 적용제외)	「조세특례제한법」 제121조의9	182		
	(127) 기업도시개발구역 창업·사업장신설기업에 대한 세액감면(최저한세 적용제외)	「조세특례제한법」 제121조의17제1항 제1호	197		
	(128) 기업도시개발사업 시행자에 대한 세액감면	「조세특례제한법」 제121조의17제1항 제2호	198		
	(129) 지역개발사업구역 또는 지역활성화지역 창업·사업장신설기업에 대한 세액감면(최저한세 적용제외)	「조세특례제한법」 제121조의17제1항 제3호	1D2		

210mm×297mm[백상지 80g/㎡ 또는 중질지 80g/㎡]

세액감면	⑬⓪ 지역개발사업구역, 지역활성화지역 또는 낙후지역 사업시행자에 대한 감면	「조세특례제한법」 제121조의17제1항 제4호	1D3		
	⑬① 해양박람회특구 창업 · 사업장신설기업에 대한 감면(최저한세 적용제외)	「조세특례제한법」 제121조의17제1항 제5호	1D4		
	⑬② 해양박람회특구 박람회 사후활용 사업시행자에 대한 감면	「조세특례제한법」 제121조의17제1항 제6호	1D5		
	⑬③ 새만금투자진흥지구 사업시행자에 대한 감면	「조세특례제한법」 제121조의17제1항 제7호	1D7		
	⑬④ 새만금투자진흥지구 창업 · 사업장신설기업에 대한 감면(최저한세 적용제외)	「조세특례제한법」 제121조의17제1항 제8호	1D6		
	⑬⑤ 평화경제특구 창업 · 사업장신설기업에 대한 감면(최저한세 적용제외)	「조세특례제한법」 제121조의17제1항 제9호	1D8		
	⑬⑥ 평화경제특구 개발사업시행자에 대한 감면	「조세특례제한법」 제121조의17제1항 제10호	1D9		
	⑬⑦ 아시아문화중심도시 투자진흥지구 입주기업 감면(최저한세 적용제외)	「조세특례제한법」 제121조의20제1항	11C		
	⑬⑧ 금융중심지 창업기업에 대한 감면(최저한세 적용제외)	「조세특례제한법」 제121조의21제1항	11G		
	⑬⑨ 동업기업 세액감면 배분액(최저한세 적용제외)	「조세특례제한법」 제100조의18제4항	11D		
	⑭⓪ 사회적기업에 대한 감면	「조세특례제한법」 제85조의6	11L		
	⑭① 장애인 표준사업장에 대한 감면	「조세특례제한법」 제85조의6	11M		
	⑭② 첨단의료복합단지 입주기업에 대한 감면(최저한세 적용제외)	「조세특례제한법」 제121조의22제1항1호	17A		
	⑭③ 국가식품클러스터 입주기업에 대한 감면(최저한세 적용제외)	「조세특례제한법」 제121조의22제1항2호	17B		
	⑭④ 연구개발특구 입주기업에 대한 감면(최저한세 적용제외)	「조세특례제한법」 제12조의2	17C		
	⑭⑤ 감염병 피해에 따른 특별재난지역의 중소기업에 대한 감면	「조세특례제한법」 제99조의11	17D		
	⑭⑥ 기회발전특구 창업기업 등에 대한 법인세 등의 감면(최저한세 적용제외)	「조세특례제한법」 제121조의33	1D1		
	⑭⑦ 소계		170		
세액공제	⑭⑧ 외국납부세액공제	「법인세법」 제57조 및 제57조의2	101		
	⑭⑨ 재해손실세액공제	「법인세법」 제58조	102		
	⑮⓪ 신성장 · 원천기술 연구개발비세액공제(최저한세 적용제외)	「조세특례제한법」 제10조 제1항 제1호	16A		
	⑮① 국가전략기술 연구개발비세액공제(최저한세 적용제외)	「조세특례제한법」 제10조 제1항 제2호	10D		
	⑮② 일반 연구 · 인력개발비세액공제(최저한세 적용제외)	「조세특례제한법」 제10조 제1항 제3호	16B		
	⑮③ 동업기업 세액공제 배분액(최저한세 적용제외)	「조세특례제한법」 제100조의18제4항	12D		
	⑮④ 성실신고 확인비용에 대한 세액공제	「조세특례제한법」 제126조의6	10A		
	⑮⑤ 상가임대료를 인하한 임대사업자에 대한 세액공제	「조세특례제한법」 제96조의3	10B		
	⑮⑥ 용역제공자에 관한 과세자료의 제출에 대한 세액공제	「조세특례제한법」 제104조의32	10C		
	⑮⑦ 소계		180		
⑮⑧ 합계(⑭⑦ + ⑮⑦)			110		

210mm×297mm[백상지 80g/㎡ 또는 중질지 80g/㎡]

2. 최저한세 적용대상 공제감면세액

	① 구분	② 근거 법조항	코드	③ 대상세액	④ 감면(공제)세액
세액감면	(159) 창업중소기업에 대한 세액감면(최저한세 적용대상)	「조세특례제한법」 제6조 제1항 · 제5항 · 제6항	111		
	(160) 창업벤처중소기업 세액감면	「조세특례제한법」 제6조 제2항	174		
	(161) 에너지신기술 중소기업 세액감면	「조세특례제한법」 제6조 제4항	13E		
	(162) 중소기업에 대한 특별세액감면	「조세특례제한법」 제7조	112		
	(163) 연구개발특구 입주기업에 대한 세액감면(최저한세 적용대상)	「조세특례제한법」 제12조의2	179		
	(164) 국제금융거래이자소득 면제	「조세특례제한법」 제21조	123		
	(165) 사업전환 중소기업에 대한 세액감면	구 「조세특례제한법」 제33조의2	192		
	(166) 무역조정지원기업의 사업전환 세액감면	구 「조세특례제한법」 제33조의2	13A		
	(167) 기업구조조정 전문회사 주식양도차익 세액감면	법률 제9272호 조세특례제한법 일부개정법률 부칙 제10조 · 제40조	13B		
	(168) 혁신도시 이전 등 공공기관 세액감면	「조세특례제한법」 제62조 제4항	13F		
	(169) 공장의 지방이전에 대한 세액감면(중소기업의 수도권 인구감소지역 안으로 이전)	「조세특례제한법」 제63조	116		
	(170) 농공단지입주기업 등 감면	「조세특례제한법」 제64조	117		
	(171) 농업회사법인 감면(농업소득 외의 소득)	「조세특례제한법」 제68조	119		
	(172) 소형주택 임대사업자에 대한 세액감면	「조세특례제한법」 제96조	13I		
	(173) 상가건물 장기임대사업자에 대한 세액감면	「조세특례제한법」 제96조의2	13N		
	(174) 산림개발소득 감면	「조세특례제한법」 제102조	124		
	(175) 동업기업 세액감면 배분액(최저한세 적용대상)	「조세특례제한법」 제100조의18제4항	13D		
	(176) 첨단의료복합단지 입주기업에 대한 감면(최저한세 적용대상)	「조세특례제한법」 제121조의22제1항 제1호	13H		
	(177) 기술이전에 대한 세액감면	「조세특례제한법」 제12조 제1항	13J		
	(178) 기술대여에 대한 세액감면	「조세특례제한법」 제12조 제3항	13K		
	(179) 제주첨단과학기술단지 입주기업 감면(최저한세 적용대상)	「조세특례제한법」 제121조의8	13P		
	(180) 제주투자진흥지구등 입주기업 감면(최저한세 적용대상)	「조세특례제한법」 제121조의9	13Q		
	(181) 기업도시개발구역 창업 · 사업장신설기업에 대한 감면(최저한세 적용대상)	「조세특례제한법」 제121조의17제1항 제1호	13R		
	(182) 지역개발사업구역 또는 지역활성화지역 창업 · 사업장신설기업에 대한 감면(최저한세 적용대상)	「조세특례제한법」 제121조의17제1항 제3호	1E1		
	(183) 해양박람회특구 창업 · 사업장신설기업에 대한 감면(최저한세 적용대상)	「조세특례제한법」 제121조의17제1항 제5호	1E2		
	(184) 새만금투자진흥지구 창업 · 사업장신설기업에 대한 감면(최저한세 적용대상)	「조세특례제한법」 제121조의17제1항 제8호	1E3		
	(185) 평화경제특구 창업 · 사업장신설기업에 대한 감면(최저한세 적용대상)	「조세특례제한법」 제121조의17제1항 제9호	1E4		
	(186) 위기지역 내 창업기업 세액감면(최저한세 적용대상)	「조세특례제한법」 제99조의9	13S		
	(187) 아시아문화중심도시 투자진흥지구 입주기업 감면(최저한세 적용대상)	「조세특례제한법」 제121조의20제1항	13T		
	(188) 금융중심지 창업기업에 대한 감면(최저한세 적용대상)	「조세특례제한법」 제121조의21제1항	13U		
	(189) 국가식품클러스터 입주기업에 대한 감면(최저한세 적용대상)	「조세특례제한법」 제121조의22제1항 제2호	13V		
	(190) 기회발전특구 창업기업 등에 대한 법인세 등의 감면(최저한세 적용대상)	「조세특례제한법」 제121조의33	1C1		
	(191) 소계		130		

210mm×297mm[백상지 80g/㎡ 또는 중질지 80g/㎡]

(5쪽 중 제4쪽)

① 구분		② 근거 법조항	코드	⑤ 전기 이월액	⑥ 당기 발생액	⑦ 공제세액
세액공제	(192) 중소기업 등 투자세액공제	구 「조세특례제한법」 제5조	131			
	(193) 상생결제 지급금액에 대한 세액공제	「조세특례제한법」 제7조의4	14Z			
	(194) 대 · 중소기업 상생협력을 위한 기금출연 세액공제	「조세특례제한법」 제8조의3제1항	14M			
	(195) 협력중소기업에 대한 유형고정자산 무상임대 세액공제	「조세특례제한법」 제8조의3제2항	18D			
	(196) 수탁기업에 설치하는 시설에 대한 세액공제	「조세특례제한법」 제8조의3제3항	18L			
	(197) 교육기관에 무상 기증하는 중고자산에 대한 세액공제	「조세특례제한법」 제8조의3제4항	18R			
	(198) 신성장 · 원천기술 연구개발비세액공제(최저한세 적용대상)	「조세특례제한법」 제10조 제1항 제1호	13L			
	(199) 국가전략기술 연구개발비세액공제(최저한세 적용대상)	「조세특례제한법」 제10조 제1항 제2호	10E			
	(200) 일반 연구 · 인력개발비세액공제(최저한세 적용대상)	「조세특례제한법」 제10조 제1항 제3호	13M			
	(201) 기술취득에 대한 세액공제	「조세특례제한법」 제12조 제2항	176			
	(202) 기술혁신형 합병에 대한 세액공제	「조세특례제한법」 제12조의3	14T			
	(203) 기술혁신형 주식취득에 대한 세액공제	「조세특례제한법」 제12조의4	14U			
	(204) 벤처기업등 출자에 대한 세액공제	「조세특례제한법」 제13조의2	18E			
	(205) 성과공유 중소기업 경영성과급 세액공제	「조세특례제한법」 제19조	18H			
	(206) 연구 · 인력개발설비투자 세액공제	구 「조세특례제한법」 제25조 제1항 제1호	134			
	(207) 에너지절약시설투자 세액공제	구 「조세특례제한법」 제25조 제1항 제2호	177			
	(208) 환경보전시설 투자 세액공제	구 「조세특례제한법」 제25조 제1항 제3호	14A			
	(209) 근로자복지증진시설투자 세액공제	구 「조세특례제한법」 제25조 제1항 제4호	142			
	(210) 안전시설투자 세액공제	구 「조세특례제한법」 제25조 제1항 제5호	136			
	(211) 생산성향상시설투자세액공제	구 「조세특례제한법」 제25조 제1항 제6호	135			
	(212) 의약품 품질관리시설투자 세액공제	구 「조세특례제한법」 제25조의4	14B			
	(213) 신성장기술 사업화를 위한 시설투자 세액공제	구 「조세특례제한법」 제25조의5	18B			
	(214) 영상콘텐츠 제작비용에 대한 세액공제(기본공제)	「조세특례제한법」 제25조의6	18C			
	(215) 영상콘텐츠 제작비용에 대한 세액공제(추가공제)	「조세특례제한법」 제25조의6	1B8			
	(216) 초연결 네트워크 시설투자에 대한 세액공제	구 「조세특례제한법」 제25조의7	18I			
	(217) 고용창출투자세액공제	「조세특례제한법」 제26조	14N			
	(218) 산업수요맞춤형고등학교등 졸업자를 병역이행 후 복직시킨 중소기업에 대한 세액공제	「조세특례제한법」 제29조의2	14S			
	(219) 경력단절 여성 고용 기업 등에 대한 세액공제	「조세특례제한법」 제29조의3제1항	14X			
	(220) 육아휴직 후 고용유지 기업에 대한 인건비 세액공제	「조세특례제한법」 제29조의3제2항	18J			
	(221) 근로소득을 증대시킨 기업에 대한 세액공제	「조세특례제한법」 제29조의4	14Y			
	(222) 청년고용을 증대시킨 기업에 대한 세액공제	「조세특례제한법」 제29조의5	18A			
	(223) 고용을 증대시킨 기업에 대한 세액공제	「조세특례제한법」 제29조의7	18F			
	(224) 통합고용세액공제	「조세특례제한법」 제29조의8	18S		184,000,000	100,000,000
	(225) 통합고용세액공제(정규직 전환)	「조세특례제한법」 제29조의8	1B4			
	(226) 통합고용세액공제(육아휴직 복귀)	「조세특례제한법」 제29조의8	1B5			
	(227) 정규직근로자 전환 세액공제	「조세특례제한법」 제30조의2	14H			
	(228) 고용유지중소기업에 대한 세액공제	「조세특례제한법」 제30조의3	18K			
	(229) 중소기업 고용증가 인원에 대한 사회보험료 세액공제	「조세특례제한법」 제30조의4 제1항	14Q			
	(230) 중소기업 사회보험 신규가입에 대한 사회보험료 세액공제	「조세특례제한법」 제30조의4 제3항	18G			
	(231) 전자신고에 대한 세액공제(납세의무자)	「조세특례제한법」 제104조의8 제1항	184			
	(232) 전자신고에 대한 세액공제(세무법인 등)	「조세특례제한법」 제104조의8 제3항	14J			
	(233) 제3자 물류비용 세액공제	「조세특례제한법」 제104조의14	14E			
	(234) 대학 맞춤형 교육비용 등 세액공제	구 「조세특례제한법」 제104조의18제1항	14I			
	(235) 대학등 기부설비에 대한 세액공제	구 「조세특례제한법」 제104조의18제2항	14K			
	(236) 기업의 경기부 설치운영비용 세액공제	「조세특례제한법」 제104조의22	14O			
	(237) 동업기업 세액공제 배분액(최저한세 적용대상)	「조세특례제한법」 제100조의18제4항	14L			
	(238) 산업수요맞춤형 고등학교 등 재학생에 대한 현장훈련수당 등 세액공제	구 「조세특례제한법」 제104조의18제4항	14R			
	(239) 석유제품 전자상거래에 대한 세액공제	「조세특례제한법」 제104조의25	14P			
	(240) 금 현물시장에서 거래되는 금지금에 대한 과세특례	「조세특례제한법」 제126조의7제8항	14V			
	(241) 금사업자와 스크랩등사업자의 수입금액의 증가 등에 대한 세액공제	「조세특례제한법」 제122조의4	14W			
	(242) 우수 선화주 인증 국제물류주선업자 세액공제	「조세특례제한법」 제104조의30	18M			

210mm×297mm[백상지 80g/㎡ 또는 중질지 80g/㎡]

구분	항목	근거법조항	코드			
세액공제	(243) 이스포츠대회 운영에 대한 과세특례	「조세특례제한법」 제104조의35	1F1			
	(244) 소재 · 부품 · 장비 수요기업 공동출자 세액공제	「조세특례제한법」 제13조의3제1항	18N			
	(245) 소재 · 부품 · 장비 외국법인 인수세액 공제	「조세특례제한법」 제13조의3제3항	18P			
	(246) 선결제 금액에 대한 세액공제	「조세특례제한법」 제99조의12	18Q			
	(247) 해외자원개발투자에 대한 과세특례	「조세특례제한법」 제104조의15	1B6			
	(248) 통합투자세액공제(일반)	「조세특례제한법」 제24조	13W			
	(249) 통합투자세액공제(신성장 · 원천기술)	「조세특례제한법」 제24조	13X			
	(250) 통합투자세액공제(국가전략기술)	「조세특례제한법」 제24조	13Y			
	(251) 통합투자세액공제(반도체분야 국가전략기술)	「조세특례제한법」 제24조	13Z			
	(252) 임시통합투자세액공제(일반)	「조세특례제한법」 제24조	1B1			
	(253) 임시통합투자세액공제(신성장 · 원천기술)	「조세특례제한법」 제24조	1B2			
	(254) 임시통합투자세액공제(국가전략기술)	「조세특례제한법」 제24조	1B3			
	(255) 임시통합투자세액공제(반도체분야 국가전략기술)	「조세특례제한법」 제24조	1B9			
	(256) 문화산업전문회사 출자에 대한 세액공제	「조세특례제한법」 제25조의7	1B7			
	(257) 소계		149		184,000,000	100,000,000
(258) 합계((191) + (257))			150		184,000,000	100,000,000
(259) 공제감면세액 총계((158) + (258))			151		■	100,000,000
(260) 기술도입대가에 대한 조세면제		법률 제9921호 조세특례제한법 일부개정법률 부칙 제77조	183			
(261) 간주 · 간접 외국 납부세액공제		「법인세법」 제57조 제3항 · 제4항 · 제6항	189			
(262) 간접투자회사등 외국 납부세액공제		「법인세법」 제57조의2	1E5			

작성방법

1. ② 근거 법조항란 중 "구「조세특례제한법」"은 2020년 12월 29일 법률 제17759호로 개정되기 전의 「조세특례제한법」을 말합니다.
2. ③ 대상세액란:「법인세법」, 「조세특례제한법」등에 따른 공제감면대상금액이 있는 경우 공제감면세액계산서(별지 제8호 서식 부표 1부터 부표 5까지 및 부표 5의2부터 부표 5의 5까지)에 따라 감면구분별로 적습니다.
3. ④ 감면(공제)세액란 및 ⑦ 공제세액란:「법인세법」, 「조세특례제한법」등에 따른 공제 또는 감면 세액은 공제감면세액계산서(별지 제8호 서식 부표 1부터 부표 5까지 및 부표 5의 2부터 부표 5의 7까지)에 따라 계산된 공제세액 중 당기에 공제될 세액의 범위에서 「법인세법」 제59조 제1항에 따른 공제순서에 따라 감면 구분별로 적습니다.
4. (148) 외국납부세액공제란: 외국납부세액과 (261) 간주 · 간접 외국 납부세액공제액 및 (262) 간접투자회사등 외국 납부세액공제액을 합하여 적습니다.
5. 「조세특례제한법」 제10조에 따른 연구 · 인력개발비세액공제 중 최저한세가 적용되는 공제세액은 (198)란, (199)란 또는 (200)란에 각각 구분하여 적고, 최저한세 적용이 제외되는 공제세액은 (150)란, (151)란 또는 (152)란에 각각 구분하여 적습니다.
6. (198)란, (199)란 또는 (200)란의 ⑤ 전기이월액란:「조세특례제한법」 제144조 제1항에 따라 이월된 미공제 금액 중 해당 과세연도에 공제할 신성장 · 원천기술 연구개발비, 국가전략기술 연구개발비 또는 일반연구비 · 인력개발비를 각각 구분하여 적습니다(구 공제감면코드: 132).
7. (260) 기술도입대가에 대한 조세면제란의 ⑦ 공제세액란: 기술도입대가를 지급하는 내국법인이 별지 제8호 서식 부표 9 기술도입대가에 대한 조세면제명세서의 ⑧ 면제세액란에 적힌 금액의 합계액을 적습니다. 다만, 기술을 제공하는 자가 국내에 사업장이 있고 해당 기술이 국내사업장에 실질적으로 관련되거나 귀속되는 경우에는 해당 기술을 제공하는 외국법인이 적습니다.
8. 법령의 개정에 따라 종전의 규정 또는 개정규정에 따라 공제 또는 감면받는 경우에는 비어 있는 란 등에 해당 법령의 조문 순서에 따라 별도로 적습니다.

210mm×297mm[백상지 80g/㎡ 또는 중질지 80g/㎡]

[별지 제4호 서식] (2019.3.20. 개정) (앞쪽)

사 업 연 도	2025. 1. 1. ~ 2025.12.31.	최저한세조정계산서	법 인 명	㈜택스에듀1
			사업자등록번호	123-81-xxxxx

1. 최저한세 조정 계산 명세

① 구 분		코드	② 감면 후 세액	③ 최저한세	④ 조정감	⑤ 조정 후 세액
⑩ 결산서상 당기순이익		01	1,000,000,000			
소 득 조 정 금 액	⑩ 익 금 산 입	02				
	⑩ 손 금 산 입	03				
⑩ 조정 후 소득금액(⑩+⑩−⑩)		04	1,000,000,000	1,000,000,000		1,000,000,000
최저한세 적용대상 특별비용	⑩ 준 비 금	05				
	⑩ 특별상각 및 특례자산 감가상각비	06				
⑩ 특별비용 손금산입 전 소득금액 (⑩ + ⑩ + ⑩)		07				
⑩ 기 부 금 한 도 초 과 액		08				
⑩ 기부금 한도초과 이월액 손금산입		09				
⑩ 각 사 업 연 도 소 득 금 액 (⑩ + ⑩ − ⑩)		10	1,000,000,000	1,000,000,000		1,000,000,000
⑪ 이 월 결 손 금		11				
⑫ 비 과 세 소 득		12				
⑬ 최저한세 적용대상 비 과 세 소 득		13				
⑭ 최저한세 적용대상 익 금 불 산 입·손 금 산 입		14				
⑮ 차 가 감 소 득 금 액 (⑩ − ⑪ − ⑫ + ⑬ + ⑭)		15	1,000,000,000	1,000,000,000		1,000,000,000
⑯ 소 득 공 제		16				
⑰ 최 저 한 세 적 용 대 상 소 득 공 제		17				
⑱ 과 세 표 준 금 액 (⑮ − ⑯ + ⑰)		18	1,000,000,000	1,000,000,000		1,000,000,000
⑲ 선 박 표 준 이 익		24				
⑳ 과세표준금액(⑱ + ⑲)		25	1,000,000,000	1,000,000,000		1,000,000,000
㉑ 세 율		19	19%	7%		19%
㉒ 산 출 세 액		20	170,000,000	70,000,000		170,000,000
㉓ 감 면 세 액		21				
㉔ 세 액 공 제		22	184,000,000		84,000,000	100,000,000
㉕ 차 감 세 액(㉒−㉓−㉔)		23	0			70,000,000

2. 최저한세 세율 적용을 위한 구분 항목

㉖ 중소기업 유예기간 종료연월		㉗ 유예기간 종료 후 연차			

210mm×297mm[백상지 80g/㎡ 또는 중질지 80g/㎡]

[별지 제3호 서식] (2024. 3. 22. 개정) (앞쪽)

사업연도	2025.1.1. ~ 2025.12.31.	법인세 과세표준 및 세액조정계산서	법인명	㈜택스에듀1
			사업자등록번호	123-81-xxxxx

구분	항목	코드	금액
① 각 사업연도 소득계산	⑩ 결산서상 당기순손익	01	1 000 000 000
	소득조정금액 ⑩ 익금산입	02	
	소득조정금액 ⑩ 손금산입	03	
	⑩ 차가감소득금액 (⑩+⑩-⑩)	04	1 000 000 000
	⑩ 기부금한도초과액	05	
	⑩ 기부금한도초과이월액 손금산입	54	
	⑩ 각 사업연도소득금액 (⑭+⑮-⑯)	06	1 000 000 000
② 과세표준 계산	⑱ 각 사업연도소득금액 (⑱=⑰)		1 000 000 000
	⑲ 이월결손금	07	
	⑪ 비과세소득	08	
	⑪ 소득공제	09	
	⑫ 과세표준 (⑱-⑲-⑪-⑪)	10	1 000 000 000
	⑲ 선박표준이익	55	
③ 산출세액 계산	⑬ 과세표준(⑫+⑲)	56	1 000 000 000
	⑭ 세율	11	19
	⑮ 산출세액	12	170 000 000
	⑯ 지점유보소득 (「법인세법」 제96조)	13	
	⑰ 세율	14	
	⑱ 산출세액	15	
	⑲ 합계(⑮+⑱)	16	170 000 000
④ 납부할 세액 계산	⑳ 산출세액(⑳=⑲)		170 000 000
	㉑ 최저한세 적용대상 공제감면세액	17	100 000 000
	㉒ 차감세액	18	70 000 000
	㉓ 최저한세 적용제외 공제감면세액	19	
	㉔ 가산세액	20	
	㉕ 가감계(㉒-㉓+㉔)	21	70 000 000
	기납부세액 - 기한내납부세액 ㉖ 중간예납세액	22	
	기납부세액 - 기한내납부세액 ㉗ 수시부과세액	23	
	기납부세액 - 기한내납부세액 ㉘ 원천납부세액	24	
	기납부세액 - 기한내납부세액 ㉙ 간접투자회사등의 외국납부세액	25	
	기납부세액 - 기한내납부세액 ㉚ 소계 (㉖+㉗+㉘+㉙)	26	
	기납부세액 - ㉛ 신고납부전가산세액	27	
	기납부세액 - ㉜ 합계(㉚+㉛)	28	
	㉝ 감면분추가납부세액	29	
	㉞ 차감납부할세액 (㉕-㉜+㉝)	30	70 000 000
⑤ 토지등 양도소득에 대한 법인세 계산	양도차익 ㉟ 등기자산	31	
	양도차익 ㊱ 미등기자산	32	
	㊲ 비과세소득	33	
	㊳ 과세표준 (㉟+㊱-㊲)	34	
	㊴ 세율	35	
	㊵ 산출세액	36	
	㊶ 감면세액	37	
	㊷ 차감세액 (㊵-㊶)	38	
	㊸ 공제세액	39	
	㊹ 동업기업 법인세 배분액 (가산세 제외)	58	
	㊺ 가산세액 (동업기업 배분액 포함)	40	
	㊻ 가감계(㊷-㊸+㊹+㊺)	41	
	기납부세액 ㊼ 수시부과세액	42	
	기납부세액 ㊽ (　　)세액	43	
	기납부세액 ㊾ 계 (㊼+㊽)	44	
	㊿ 차감납부할세액(㊻-㊾)	45	
⑥ 미환류소득 법인세	⑯ 과세대상 미환류소득	59	
	⑯ 세율	60	
	⑯ 산출세액	61	
	⑯ 가산세액	62	
	⑯ 이자상당액	63	
	⑯ 납부할세액(⑯+⑯+⑯)	64	
⑦ 세액계	⑮ 차감납부할세액계 (㉞+㊿+⑯)	46	70 000 000
	⑮ 사실과 다른 회계처리 경정세액공제	57	
	⑮ 분납세액계산 범위액 (⑮-㉔-㉝-㊺-⑮+㉛)	47	70 000 000
	⑮ 분납할세액	48	35 000 000
	⑮ 차감납부세액 (⑮-⑮-⑮)	49	35 000 000

[별지 제2호 서식] (2024. 3. 22. 개정)

농어촌특별세 과세표준 및 세액신고서

※ 뒤쪽의 신고안내 및 작성방법을 읽고 작성하여 주시기 바랍니다. (앞쪽)

1. 신고인 인적사항

①소 재 지					
②법 인 명	㈜택스에듀1		③대표자성명	김택스	
④사업자등록번호	123-81-xxxxx	⑤사 업 연 도	2025. 1. 1. ~ 2025.12.31.	⑥전 화 번 호	

2. 농어촌특별세 과세표준 및 세액 조정내역

⑦과 세 표 준	100,000,000	
⑧산 출 세 액	20,000,000	
(미납세액, 미납일수, 세율) ⑨가 산 세 액	(, , 2.2/10,000)	
⑩총 부 담 세 액	20,000,000	
⑪기 납 부 세 액		
⑫환 급 예 정 세 액		
⑬차 감 납 부 할 세 액	20,000,000	
⑭분 납 할 세 액		
⑮차 감 납 부 세 액	20,000,000	
⑯충 당 후 납 부 세 액		
⑰국 세 환 급 금 충 당 신 청	환 급 법 인 세	
	충당할 농어촌특별세	

신고인은 「농어촌특별세법」 제7조에 따라 위의 내용을 신고하며, 위 내용을 충분히 검토하였고 신고인이 알고 있는 사실 그대로를 정확하게 적었음을 확인합니다.

2026년 3월 31일

신고인(대표자) ㈜택스에듀1 (서명 또는 인)

세무대리인은 조세전문자격자로서 위 신고서를 성실하고 공정하게 작성하였음을 확인합니다.

세무대리인 (서명 또는 인)

세무서장 귀하

210mm×297mm[백상지 80g/㎡ 또는 중질지 80g/㎡]

2. [서식사례 2] 3년 연속 증가, 1차 증가(통합고용), 2차 증가(통합고용), 3차 증가(통합고용 및 청년추가납부)

제조업을 영위하는 중소기업인 ㈜택스에듀2의 상시근로자 등의 자료는 다음과 같다. ㈜택스에듀2는 12월말 결산법인이며 수도권에 소재하고 있다. 주어진 자료를 이용하여 각 과세연도에 대한 공제세액을 계산하시오. ㈜택스에듀2는 2023년에 창업하였으며, 통합고용세액공제를 적용하였다.

▌상시근로자 수▐

구 분	2023년	2024년	2025년
전체 상시근로자	10	12	14
청년등 상시근로자	6	7	5
청년등 외 상시근로자	4	5	9

[이월세액 및 과세표준]

2023년 : 이월세액 없음

2024년 : 과세표준 800,000,000원, 이월세액 68,000,000원

2025년 : 과세표준 1,000,000,000원

풀이

1. 2023년(창업연도) 통합고용세액 기본 공제세액

(1) 1차년도 공제세액

6명×14,500,000원 + 4명×8,500,000원 = 121,000,000원

2. 2024년 공제세액

(1) 1차년도 통합고용세액 기본 공제세액

1명×14,500,000원 + 1명×8,500,000원 = 23,000,000원

(2) 2차년도 통합고용세액 공제세액

6명×14,500,000원 + 4명×8,500,000원 = 121,000,000원

상시근로자 수가 감소하지 않았으므로, 2023년에 공제받은 금액을 한 번 더 공제

(3) 공제세액 합계액

23,000,000원 + 121,000,000원 = 144,000,000원

3. 2025년 공제세액 및 추가납부세액

(1) 1차년도 통합고용세액 기본 공제세액

청　　년 : 없음

청년 외 : Min[①(9명−5명), ②(14명−12명)]×8,500,000원 = 17,000,000원

(2) 2차년도 통합고용세액 기본 공제세액

청　　년 : 1명×8,500,000원 = 8,500,000원

청년 외 : 1명×8,500,000원 = 8,500,000원

(3) 3차년도 통합고용세액 공제세액

청　　년 : 6명×8,500,000원 = 51,000,000원

청년 외 : 4명×8,500,000원 = 34,000,000원

(4) 공제세액 합계액

17,000,000원 + 17,000,000원 + 85,000,000원 = 119,000,000원

(5) 2023년도 통합고용세액공제 추가납부 세액

(6명−5명)×(14,500,000원 − 8,500,000원)×2회 = 12,000,000원

(6) 2024년도 통합고용세액공제 추가납부 세액

Min[①(7명−5명), ②1명(2024년 증가인원)]×(14,500,000원 − 8,500,000원)
= 6,000,000원

(7) 추가납부세액 합계액

12,000,000원+6,000,000원=18,000,000원

4. 2024년 최저한세 및 이월세액

(1) 법인세 산출세액

200,000,000원×9%+600,000,000원×19% = 132,000,000원

(2) 최저한세

Max[①, ②] = 56,000,000원

① 각종감면후세액 : 132,000,000원 − 144,000,000원 = 0원

② 최저한세 : 800,000,000원(과세표준)×7%(최저한세율) = 56,000,000원

(3) 조정감 및 이월세액

132,000,000원(산출세액) − 56,000,000원(최저한세) = 76,000,000원(공제세액)

144,000,000원(공제대상세액) − 76,000,000원(공제세액) = 68,000,000원(조정감세액)

(단위 : 원)

구 분	공제대상세액	조정감	공제세액	이월세액
통합고용세액공제	144,000,000	68,000,000	76,000,000	68,000,000

(4) 농어촌 특별세액

76,000,000원(공제세액)×20%(농특세율) = 15,200,000원

5. 2025년 최저한세 및 이월세액

(1) 법인세 산출세액

200,000,000원×9%+800,000,000원×19% = 170,000,000원

(2) 통합고용세액공제 추가납부세액 납부

통합고용세액공제 추가납부세액 18,000,000원

① 2024년 이월세액에서 차감 18,000,000원

② 추가납부세액 : 18,000,000원－18,000,000원＝0원

③ 2024 이월세액 변경 : 68,000,000원－18,000,000원＝50,000,000원

(3) 최저한세

Max[①, ②] = 70,000,000원

① 각종감면후세액 : 170,000,000원 － 169,000,000원* = 10,000,000원

* 50,000,000원(이월세액 잔액)＋119,000,000원(당기 공제세액)＝169,000,000원

② 최저한세 : 1,000,000,000원(과세표준)×7%(최저한세율) = 70,000,000원

(4) 조정감 및 이월세액

170,000,000원(산출세액) － 70,000,000원(최저한세) = 100,000,000원(공제세액)

169,000,000원(공제대상세액) － 100,000,000원(공제세액) = 69,000,000원(조정감세액)

(단위 : 원)

구 분	공제대상세액	조정감	공제세액**	이월세액
통합고용세액공제 (전기이월세액)	68,000,000 -18,000,000 =50,000,000		50,000,000	
통합고용세액공제 (당기발생액)	119,000,000	69,000,000	50,000,000	69,000,000
합 계	169,000,000	69,000,000	100,000,000	69,000,000

** 각 과세연도의 법인세에서 공제할 금액과 이월된 미공제액이 중복되는 경우에는 이월된 미공제액을 먼저 공제하고 그 이월된 미공제액 간에 중복되는 경우에는 먼저 발생한 것부터 차례대로 공제한다(법법 59 ① 3호, 조특법 144 ②). 여기서, 조세특례제한법 제144조 제2항의 규정은 귀속 과세연도가 상이한 동일 종류의 세액공제가 중복되는 경우에 적용하는 것이고, 서로 다른 종류의 세액공제가 중복되는 경우에는 당해 규정을 적용하지 않는다(서면2팀－1246, 2004.6.16.).

(5) 농어촌 특별세액

1) **납부세액** : 100,000,000원(공제세액)×20%(농특세율) = 20,000,000원

2) **환급세액** : 0원

3) **차감납부세액** : 20,000,000원－0원＝20,000,000원

1. 2024 사업연도

(1) 통합고용세액공제 공제세액계산서

■ 조세특례제한법 시행규칙 [별지 제10호의 9 서식] 〈개정 2025.6.30.〉

통합고용세액공제 공제세액계산서

(3쪽 중 제1쪽)

❶ 신청인	① 상호 또는 법인명 ㈜택스에듀2	② 사업자등록번호 123-12-xxxxx
	③ 대표자 성명 **김택스**	④ 생년월일
	⑤ 주소 또는 본점소재지 (전화번호:)	

❷ 과세연도	2024 년 1 월 1 일부터 2024 년 12 월 31 일까지

❸ 상시근로자 현황 (작성방법 2,3번을 참고하시기 바랍니다.)

구분	직전전 과세연도	직전 과세연도	해당 과세연도
⑥ 상시근로자 수 (⑦+⑧)		10	12
⑦ 청년등상시근로자 수		6	7
⑧ 청년등상시근로자를 제외한 상시근로자 수		4	5
⑨ 정규직 전환 근로자 수	–		
⑩ 육아휴직 복귀자 수			

❹ 기본공제 공제세액 계산내용

가. 1차년도 세제지원 요건 : ⑬ 〉 0

1. 상시근로자 증가 인원

⑪ 해당 과세연도 상시근로자 수	⑫ 직전 과세연도 상시근로자 수	⑬ 상시근로자 증가 인원 수 (⑪–⑫)
12	10	2

2. 청년등상시근로자 증가 인원

⑭ 해당 과세연도 청년등상시근로자 수	⑮ 직전 과세연도 청년등상시근로자 수	⑯ 청년등상시근로자 증가 인원 수 (⑭–⑮)
7	6	1

3. 청년등상시근로자를 제외한 상시근로자 증가 인원

⑰ 해당 과세연도 청년등상시근로자를 제외한 상시근로자 수	⑱ 직전 과세연도 청년등상시근로자를 제외한 상시근로자 수	⑲ 청년등상시근로자를 제외한 상시근로자 증가 인원 수(⑰–⑱)
5	4	1

(3쪽 중 제2쪽)

4. 1차년도 세액공제액 계산

구분	구분		직전 과세연도 대비 상시근로자 증가 인원 수 (⑬ 상시근로자 증가 인원 수를 한도로 함)	1인당 공제금액	⑳ 1차년도 세액공제액
중소기업	수도권 내	청년등	1	1천4백5십만원	14,500,000
		청년등 외	1	8백5십만원	8,500,000
	수도권 밖	청년등		1천5백5십만원	
		청년등 외		9백5십만원	
	계		2		23,000,000
중견기업	청년등			8백만원	
	청년등 외			4백5십만원	
	계				
일반기업	청년등			4백만원	
	청년등 외				
	계				

나. 2차년도 세제지원 요건 : ㉓ ≥ 0

1. 상시근로자 증가 인원

㉑ 2차년도(해당 과세연도) 상시근로자 수	㉒ 1차년도(직전 과세연도) 상시근로자 수	㉓ 상시근로자 증가 인원 수(㉑-㉒)
12	10	2

2. 2차년도 세액공제액 계산(상시근로자 감소여부)

1차년도(직전 과세연도) 대비 상시근로자 감소여부	1차년도(직전 과세연도) 대비 청년등상시근로자 수 감소여부	㉔ 1차년도 (직전 과세연도) 청년등상시근로자 증가 세액공제액	㉕ 1차년도 (직전 과세연도) 청년등 외 상시근로자 증가 세액공제액	㉖ 2차년도 세액공제액
부	부	87,000,000	34,000,000	121,000,000
	여			
여				

다. 3차년도 세제지원 요건(중소·중견기업만 해당) : ㉙ ≥ 0

1. 상시근로자 증가 인원

㉗ 3차년도(해당 과세연도) 상시근로자 수	㉘ 1차년도(직전전 과세연도) 상시근로자 수	㉙ 상시근로자 증가 인원(㉗-㉘)
16	10	6

2. 3차년도 세액공제액 계산(상시근로자 감소여부)

1차년도(직전전 과세연도) 대비 상시근로자 감소여부	1차년도(직전전 과세연도) 대비 청년등상시근로자 수 감소여부	㉚ 1차년도 (직전전 과세연도) 청년등 상시근로자 증가 세액공제액	㉛ 1차년도 (전전 과세연도) 청년등 외 상시근로자 증가 세액공제액	㉜ 3차년도 세액공제액
부	부			
	여			
여				

(3쪽 중 제3쪽)

❺ 추가공제 공제세액 계산내용

가. 세제지원 요건 : ⑬ ≥ 0

㉝ 해당 과세연도 상시근로자 수	㉞ 직전 과세연도 상시근로자 수	㉟ 상시근로자 증가 인원 수 (㉝-㉞)

나. 세액공제액 계산

구분	구분	인원 수	1인당 공제금액	㊱ 추가공제 세액공제액
중소기업	정규직 전환자		1천3백만원	
	육아휴직 복귀자			
	계			
중견기업	정규직 전환자		9백만원	
	육아휴직 복귀자			
	계			

❻ 세액공제액 : ⑳ 1차년도 세액공제액 + ㉖ 2차년도 세액공제액 + ㉜ 3차년도 세액공제액 + ㊱ 추가공제 세액공제액	144,000,000

「조세특례제한법 시행령」 제26조의8제11항에 따라 위와 같이 공제세액계산서를 제출합니다.

2025 년 3 월 31 일

신청인 ㈜택스에듀2 (서명 또는 인)

세무서장 귀하

작 성 방 법

1. 근로자 수는 다음과 같이 계산하되, 100분의 1 미만의 부분은 없는 것으로 합니다.
   가. 상시근로자 수 : 매월 말 현재 상시근로자 수의 합 / 과세연도의 개월 수
   나. 청년등상시근로자 수 : 매월 말 현재 청년등상시근로자 수의 합 / 과세연도의 개월 수
   다. 청년등상시근로자 외 상시근로자 수 : 매월 말 현재 청년등상시근로자 외 상시근로자 수의 합 / 과세연도의 개월 수
2. ⑥란의 상시근로자란 「근로기준법」에 따라 근로계약을 체결한 내국인 근로자로서 다음의 어느 하나에 해당하는 사람을 제외한 근로자를 말합니다.
   가. 근로계약기간이 1년 미만인 근로자. 다만, 근로계약의 연속된 갱신으로 인하여 그 근로계약의 총 기간이 1년 이상인 근로자는 상시근로자로 봅니다.
   나. 「근로기준법」 제2조제1항제9호에 따른 단시간근로자. 다만, 1개월간의 소정근로시간이 60시간 이상인 근로자는 상시근로자로 봅니다.
   다. 「법인세법 시행령」 제40조제1항 각 호의 어느 하나에 해당하는 임원
   라. 해당 기업의 최대주주 또는 최대출자자(개인사업자의 경우에는 대표자를 말한다)와 그 배우자
   마. 라목에 해당하는 자의 직계존비속(그 배우자를 포함) 및 「국세기본법 시행령」 제1조의2제1항에 따른 친족관계인 사람
   바. 「소득세법 시행령」 제196조에 따른 근로소득원천징수부에 의하여 근로소득세를 원천징수한 사실이 확인되지 않고, 「국민연금법」 제3조제1항제11호 및 제12호에 따른 부담금 및 기여금 또는 「국민건강보험법」 제69조에 따른 직장가입자의 보험료에 해당하는 금액의 납부사실도 확인되지 아니하는 자
3. ⑦란 등의 청년등상시근로자란 상시근로자 중 15세 이상 34세 이하인 사람으로서 다음 각 목의 어느 하나에 해당하는 사람을 제외한 사람(해당 근로자가 병역을 이행한 경우에는 6년을 한도로 병역을 이행한 기간을 현재 연령에서 빼고 계산한 연령이 34세 이하인 사람을 포함)과 「장애인복지법」의 적용을 받는 장애인, 「국가유공자 등 예우 및 지원에 관한 법률」에 따른 상이자, 「5 · 18민주유공자예우 및 단체설립에 관한 법률」 제4조제2호에 따른 5 · 18민주화운동부상자와 「고엽제후유의증 등 환자지원 및 단체설립에 관한 법률」 제2조제3호에 따른 고엽제후유의증환자로서 장애등급 판정을 받은 사람, 근로계약 체결일 현재 연령이 60세 이상인 사람, 「조세특례제한법」 제29조의3제1항에 따른 경력단절 여성을 말합니다.
   가. 「기간제 및 단시간근로자 보호 등에 관한 법률」에 따른 기간제근로자 및 단시간근로자
   나. 「파견근로자보호 등에 관한 법률」에 따른 파견근로자
   다. 「청소년 보호법」 제2조제5호 각 목에 따른 업소에 근무하는 같은 조 제1호에 따른 청소년
4. 청년등 외 상시근로자란 상시근로자 중 청년등상시근로자가 아닌 상시근로자를 말합니다.
5. ⑳,㉖,㉜ 계산 시 각 공제금액(청년/청년 외)은 전체 상시근로자 수 증가분을 한도로 합니다.
6. ㉝, ㉞란의 상시근로자 수는 「근로기준법」 제74조에 따른 출산전후휴가를 사용 중인 상시근로자를 대체하는 상시근로자가 있는 경우 해당 출산전후휴가를 사용 중인 상시근로자를 제외하고 계산한 상시근로자 수를 말합니다.
7. 해당 과세연도의 상시근로자 수가 전년 대비 증가하여 「조세특례제한법」 제29조의8의 통합고용세액공제 1차년도 공제를 신청할 경우 「조세특례제한법」 제29조의7의 고용 증대 기업에 대한 세액공제 1차년도 공제를 중복하여 신청할 수 없습니다.

210mm×297mm[백상지 80g/㎡]

(2) 세액공제조정명세서(3)

[별지 제8호 서식 부표 3] (2025.7.4. 개정) (4쪽 중 제1쪽)

사 업 연 도	2024. 1. 1. ~ 2024. 12. 31.	세액공제조정명세서(3)	법인명	(주)택스에듀1
			사업자등록번호	123-81-xxxxx

1. 공제세액계산(「조세특례제한법」)

	⑩ 구 분	근거법 조 항	⑫ 계 산 기 준	코드	⑬ 계산 명세	⑭ 공제대상 세 액
조세특례제한법	중소기업 등 투자세액공제	구 제5조	투자금액 × 1(2,3,5,10)/100	131		
	상생결제 지급금액에 대한 세액공제	제7조의4	지급기한 15일 이내: 지급 금액의 0.5% 지급기한 15일 ~ 30일: 지급 금액의 0.3% 지급기한 30일 ~ 60일: 지급 금액의 0.015%	14Z		
	대·중소기업 상생협력을 위한 기금출연 세액공제	제8조의3 제1항	출연금 × 10/100	14M		
	협력중소기업에 대한 유형고정자산 무상임대 세액공제	제8조의3 제2항	장부가액 × 3/100	18D		
	수탁기업에 설치하는 시설에 대한 세액공제	제8조의3 제3항	투자금액 × 1(3,7)/100	18L		
	교육기관에 무상 기증하는 중고자산에 대한 세액공제	제8조의3 제4항	기증자산 시가 × 10/100	18R		
	신성장·원천기술 연구개발비세액공제(최저한세 적용제외)	제10조 제1항 제1호	(일반 연구·인력개발비) '14.1.1.~'14.12.31.: 발생액 × 3~4(8,10,15,20,25,30)/100 또는 2년간 연평균 발생액의 초과액 × 40(50)/100 '15.1.1. 이후: 발생액 × 2~3(8,10,15,20,25,30)/100 또는 직전 발생액의 초과액 × 40(50)/100 '17.1.1. 이후: 발생액 × 1~3(8,10,15,20,25,30)/100 또는 직전 발생액의 초과액 × 30(40,50)/100 '18. 1. 1. 이후: 발생액 × 0~2(8,10,15,20,25,30)/100 또는 직전 발생액의 초과액 × 25(40,50)/100 (신성장·원천기술 연구개발비) '17. 1. 1. 이후: 발생액 × 20(30)/100 (국가전략기술 연구개발비) '21. 7. 1. 이후: 발생액 ×30(40)/100	16A		
	국가전략기술 연구개발비세액공제(최저한세 적용제외)	제10조 제1항 제2호		10D		
	일반 연구·인력개발비세액공제(최저한세 적용제외)	제10조 제1항 제3호		16B		
	신성장·원천기술 연구개발비세액공제(최저한세 적용대상)	제10조 제1항 제1호		13L		
	국가전략기술 연구개발비세액공제(최저한세 적용대상)	제10조 제1항 제2호		10E		
	일반 연구·인력개발비세액공제(최저한세 적용대상)	제10조 제1항 제3호		13M		
	기술취득에 대한 세액공제	제12조 제2항	특허권 등 취득금액 × 5(10)/100 *법인세의 10% 한도	176		
	기술혁신형 합병에 대한 세액공제	제12조의3	기술가치금액 × 10/100	14T		
	기술혁신형 주식취득에 대한 세액공제	제12조의4	기술가치금액 × 10/100	14U		
	벤처기업등 출자에 대한 세액공제	제13조의2	주식등 취득가액 × 5/100	18E		
	성과공유 중소기업 경영성과급 세액공제	제19조	'22.1.1. 이전 지급분: 근로자에 지급하는 경영성과급 × 10/100 '22.1.1. 이후 지급분: 근로자에 지급하는 경영성과급× 15/100	18H		
	연구·인력개발설비투자세액공제	구 제25조 제1항 제1호	'14.1.1.~'15.12.31. 투자분: 투자금액 × 3(5,10)/100 '16.1.1. 이후 투자분: 투자금액 × 1(3,6)/100 '19.1.1. 이후 투자분: 투자금액 × 1(3,7)/100	134		
	에너지절약시설투자세액공제	구 제25조 제1항 제2호	'14.1.1.~'15.12.31. 투자분: 투자금액 × 3(5,10)/100 ('16.1.1. 현재 투자진행 중인 경우 '16.12.31.까지 종전율 적용) '16.1.1. 이후 투자개시분: 투자금액 × 1(3,10)/100 '19.1.1. 이후 투자분: 투자금액 × 1(3,7)/100	177		

210mm×297mm[백상지 80g/㎡ 또는 중질지 80g/㎡]

	⑩ 구 분	근거법 조 항	⑩ 계 산 기 준	코드	⑩ 계산 명세	⑩ 공제대상 세 액
조세특례제한법	환경보전시설 투자세액공제	구 제25조 제1항 제3호	투자금액 × 3(5,10)/100 '19.1.1. 이후 투자분: 투자금액 × 3(5,10)/100	14A		
	근로자복지증진시설투자세액공제	구 제25조 제1항 제4호	투자금액 × 7(10)/100 '19.1.1. 이후 취득분: 취득금액 × 3(5,10)/100	142		
	안전시설투자세액공제	구 제25조 제1항 제5호	'13.1.1.~'14.12.31. 투자분: 투자금액 × 3(7)/100 '15.1.1. 이후 투자분: 투자금액 × 1(3,7)/100 '19.1.1. 이후 투자분: 투자금액 × 1(5,10)/100	136		
	생산성향상시설투자세액공제	구 제25조 제1항 제6호	'13.1.1.~'14.12.31. 투자분: 투자금액 × 3(7)/100 '15.1.1. 이후 투자분: 투자금액 × 1(3,7)/100 '20.1.1.~'20.12.31. 투자분: 투자금액 × 2(5,10))/100 '21.1.1.~'21.12.31. 투자분: 투자금액 × 1(5,10))/100 '21.1.1.~이후. 투자분: 투자금액 × 1(3,7))/100	135		
	의약품 품질관리시설투자세액공제	구 제25조의4	'14.1.1.~'16.12.31. 투자분: 투자금액 × 3(5,7)/100 '17.1.1. 이후 투자분: 투자금액 × 1(3,6)/100	14B		
	신성장기술 사업화를 위한 시설투자 세액공제	구 제25조의5	투자금액 × 5(7,10)/100	18B		
	영상콘텐츠 제작비용에 대한 세액공제(기본공제)	제25조의6	제작비용 × 5(10,15)/100	18C		
	영상콘텐츠 제작비용에 대한 세액공제(추가공제)	제25조의6	제작비용 × 10(15)/100	1B8		
	초연결 네트워크 시설투자에 대한 세액공제	구 제25조의7	투자금액 × 2(3)/100	18I		
	고용창출투자세액공제	제26조	'12.1.1.~12.31.: 투자금액 × {기본공제(3~4%)+추가공제(2~3%)} '13.1.1.~12.31.: 투자금액 × {기본공제(2~4%)+추가공제(3%)} '14.1.1. 이후: 투자금액 × {기본공제(1~4%)+추가공제(3%)} (한도: 상시근로자 증가분 × 1,000만원, 1,500만원, 2,000만원) '15.1.1. 이후: 투자금액 × {기본공제(0~3%)+추가공제(3~7%)} '17.1.1. 이후: (한도 : 상시근로자 증가분 × 1,000 (1,500)만원, 1,500(2,000)만원, 2,000(2,500)만원)	14N		
	산업수요맞춤형고등학교등 졸업자를 병역이행 후 복직시킨 중소기업에 대한 세액공제	제29조의2	복직자에게 지급한 인건비 × 중소30(중견15)/100	14S		
	경력단절 여성 고용 기업 등에 대한 세액공제	제29조의3 제1항	경력단절 여성 재고용 인건비 × 중소30(중견15)/100	14X		
	육아휴직 후 고용유지 기업에 대한 인건비 세액공제	제29조의3 제2항	육아휴직 복귀자 인건비 × 중소30(중견15)/100	18J		
	근로소득을 증대시킨 기업에 대한 세액공제	제29조의4	평균 초과 임금증가분 × 5(중견10, 중소20)/100 정규직 전환 근로자의 임금 증가분 × 5(10,20)/100	14Y		
	청년고용을 증대시킨 기업에 대한 세액공제	제29조의5	청년정규직근로자 증가인원수 × 3백만원(7백만원, 1천만원)	18A		
	고용을 증대시킨 기업에 대한 세액공제	제29조의7	직전연도 대비 상시근로자 증가수 × 4백만원(1천2백만원) '21.12.31~'22.12.31.: 직전연도 대비 상시근로자 증가수 × 5백만원(1천3백만원)	18F		
	통합고용세액공제	제29조의8	직전연도 대비 상시근로자 증가수 × 4백만원(1천4백5십만원)	18S		144,000,000
	통합고용세액공제(정규직전환)	제29조의8		1B4		
	통합고용세액공제(육아휴직복귀)	제29조의8		1B5		
	정규직 근로자 전환 세액공제	제30조의2	전환인원수 × 중소1천만원(중견7백만원)	14H		
	고용유지중소기업에 대한 세액공제	제30조의3	연간 임금감소 총액× 10/100 + 시간당 임금상승에 따른 보전액 × 15/100	18K		
	중소기업 고용증가 인원에 대한 사회보험료 세액공제	제30조의4 제1항	청년(만15~29세)근로자 등 순증인원의 사회보험료(증가분의 100%) 청년 및 경력단절 여성 외 근로자 순증인원의 사회보험료(증가분의 50%, 75%)	14Q		

210mm×297mm[백상지 80g/㎡ 또는 중질지 80g/㎡]

⑩ 구분	근거 법조항	⑫ 계산기준	코드	⑬ 계산 명세	⑭ 공제 대상 세액
중소기업 사회보험 신규가입에 대한 사회보험료 세액공제	제30조의4 제3항	'20. 12. 31.까지 사회보험 신규가입에 따 른 사용자 부담액×50%	18G		
전자신고에 대한 세액공제(법인)	제104조의8 제1항	법인세 전자신고시 2만원	184		
전자신고에 대한 세액공제(세무법인 등)	제104조의8 제3항	법인세 · 소득세 전자신고 대리건수 × 2만원 *한도: 연300만원(세무 · 회계법인 연750만원) 한도액계산시 부가가치세 대리신고에 따른 세액공제액 포함	14J		
제3자 물류비용 세액공제	제104조의14	(전년대비 위탁물류비용 증가액)×3/100(중소기업은 5/100) * 직전 위탁물류비 30% 미만 : (당기 위탁물류비 – 당기 전체물류비 × 30%) ×3/100(중소기업은 5/100) * 법인세 10% 한도	14E		
대학 맞춤형 교육비용 세액공제	구 제104조의18 제1항	법 제10조 연구 · 인력개발비세액공제 준용 *수도권 소재대학의 발생액은 50%만 인정	14I		
대학등 기부설비에 대한 세액공제	구 제104조의18 제2항	법 제11조 연구 · 인력개발설비투자세액공제 준용 *수도권 소재대학의 기부금액은 50%만 인정	14K		
기업의 운동경비부 설치운영 세액공제	제104조의22	설치운영비용 × 10(20)/100	14O		
산업수요맞춤형 고등학교 등 재학생에 대한 현장훈련수당 등 세액공제	구 제104조의18 제4항	일반 연구 · 인력개발비 세액공제 준용	14R		
석유제품 전자상거래에 대한 세액공제	제104조의25	'13. 1. 1. ~ 12. 31.: 공급가액의 0.5%(산출세액의 10% 한도) '14. 1. 1. ~ '16. 12. 31.: 공급가액의 0.3%(산출세액의 10% 한도) '17. 1. 1. ~ '19. 12. 31.: 공급자는 공급가액의0.1%,수요자 0.2%,(산출세액의 10% 한도) '20.1.1.~'22.12.31.: 수요자만 공급가액의 0.2%(산출세액의 10% 한도)	14P		
금 현물시장에서 거래되는 금지금에 대한 과세특례	제126조의7 제8항	산출세액×[(금 현물시장 이용금액 – 직전 과세연도의 금 현물시장 이용금액)/매출액] 또는 산출세액×[(금 현물시장 이용금액×5/100)/매출액]	14V		
금사업자와 스크랩등사업자의 수입금액증가등 세액공제	제122조의4	산출세액×[(매입자납부익금및손금합계금액 – 직전 과세연도의 매입자납부익금및손금합계금액)×50/100]/익금및손금합계금액 또는 산출세액×[(매입자납부익금및손금합계금액×5/100]/익금및손금합계금액 *한도: 해당 과세연도 산출세액–직전 과세연도 산출세액	14W		
성실신고 확인비용에 대한 세액공제	제126조의6	확인비용 × 60/100 (150만원 한도)	10A		
우수 선화주 인증받은 국제물류주선업자에 대한 세액공제	제104조의30	운송비용의 1% + 직전과세연도 대비 증가분의 3%(산출세액의 10%한도)	18M		
용역제공자에 관한 과세자료의 제출에 대한 세액공제	제104조의32	과세자료에 기재된 용역제공자 인원수×300원(200만원 한도)	10C		
이스포츠대회 운영에 대한 과세특례	제104조의35	이스포츠대회 운영비용 × 10/100	1F1		
소재 · 부품 · 장비 수요기업 공동출자세액공제	제13조의3 제1항	주식 또는 출자지분 취득가액 5%	18N		
소재 · 부품 · 장비 외국법인 인수세액 공제	제13조의3 제3항	주식 또는 출자지분 취득가액 5% (중견7%, 중소10%)	18P		
상가임대료를 인하한 임대사업자에 대한 세액공제	제96조의3	임대료 인하액의 70%	10B		
문화산업전문회사 출자에 대한 세액공제	제25조의 7	출자금액 중 영상콘텐츠제작비용의 3%	1B7		
선결제 금액에 대한 세액공제	제99조의12	선결제금액 × 1%	18Q		
통합투자세액공제(일반)	제24조	기본공제: 투자금액 × 1(중견5/7.5, 중소10)/100, 신성장 · 원천기술 투자금액 × 3(중견6/9,중소12)/100 국가전략기술 투자금액 × 15(중견15/20,중소25)/100 국가전략기술반도체 투자금액 × 20(중견20/25,중소30)/100 * 국가전략기술반도체 투자금액: '25. 1. 1. 이후 투자분부터 적용 추가공제: 직전 3년 연평균 투자금액 초과액 × 10/100(기본공제 200% 한도) 임시 투자 세액공제 기본공제: 투자금액 × 1(중견7, 중소12)/100, 신성장사업화시설 투자금액 × 3(중견8,중소14)/100 국가전략기술 투자금액 × 15(중견15/20,중소25)/100 국가전략기술반도체 투자금액 × 20(중견20/25,중소30)/100 * 국가전략기술반도체 투자금액: '25. 1. 1. 이후 투자분부터 적용 추가공제: 직전 3년 연평균 투자금액 초과액 × 10/100(기본공제 200% 한도)	13W		
임시통합투자세액공제(일반)			1B1		
통합투자세액공제(신성장 · 원천기술)			13X		
임시통합투자세액공제 (신성장 · 원천기술)			1B2		
통합투자세액공제(국가전략기술)			13Y		
임시통합투자세액공제(국가전략기술)			1B3		
통합투자세액공제 (반도체분야 국가전략기술)			13Z		
임시통합투자세액공제 (반도체분야 국가전략기술)			1B9		
해외자원개발투자에 대한 과세특례	제104조의15	투자금액×3%	1B6		
합계			1A1		144,000,000

210mm×297mm[백상지 80g/㎡ 또는 중질지 80g/㎡]

2. 당기공제세액 및 이월액계산

(105) 구분	(106) 사업연도	공제 대상 세액		당기 공제 대상 세액							(121) 최저한세 적용에 따른 미공제액	(122) 그밖의 사유로 인한 미공제액	(123) 공제세액 ((120)-(121)-(122))	(124) 소멸	(125) 이월액 ((107)+(108)-(123)-(124))
		(107) 당기분	(108) 이월분	(109) 당기분	(110) 1차 연도 / (115) 6차 연도	(111) 2차 연도 / (116) 7차 연도	(112) 3차 연도 / (117) 8차 연도	(113) 4차 연도 / (118) 9차 연도	(114) 5차 연도 / (119) 10차 연도	(120) 계					
통합고용	2024	144,000,000		144,000,000						144,000,000	68,000,000		76,000,000		68,000,000
	소계														
합계		144,000,000		144,000,000						144,000,000	68,000,000		76,000,000		68,000,000

작성방법

1. (105) 구분란: 제1쪽의 1. 공제세액계산(「조세특례제한법」)의 코드란에 적혀 있는 코드를 적습니다.
2. (106) 사업연도란: 이월된 공제 대상 세액이 발생한 사업연도와 종료월을 적습니다.
3. (107) 당기분란: (104) 공제 대상 세액란에 적힌 금액을 적습니다.
4. (108) 이월분란: (100) 구분별, 사업연도별로 직전 사업연도의 (125) 이월액을 적습니다.
5. (109) 당기분란: 당기분 세액을 적습니다.
6. (110) 1차 연도란부터 (119) 10차 연도란까지: (106) 사업연도란에 적힌 사업연도부터의 경과 연차에 해당하는 란에 (108) 이월분란에 적힌 금액을 적습니다.
7. (121) 최저한세 적용에 따른 미공제액란: 「조세특례제한법」 제144조 제2항에 규정된 순서에 따라 각 란에 조정하여 적고, 합계란(※표란)에는 "최저한세 조정계산서(별지 제4호 서식)"의 (124) 세액공제란의 ④ 조정감란에 적힌 금액을 옮겨 적습니다.
8. 근거 법조항란 중 "구"는 2020년 12월 29일 법률 제17759호로 개정되기 전의 「조세특례제한법」을 말합니다.

210mm×297mm[백상지 80g/㎡ 또는 중질지 80g/㎡]

2. 2025 사업연도

(1) 통합고용세액공제 공제세액계산서

■ 조세특례제한법 시행규칙 [별지 제10호의 9 서식] 〈개정 2025.6.30.〉

통합고용세액공제 공제세액계산서

(3쪽 중 제1쪽)

❶ 신청인	① 상호 또는 법인명 ㈜택스에듀2	② 사업자등록번호 123-12-xxxxx
	③ 대표자 성명 김택스	④ 생년월일
	⑤ 주소 또는 본점소재지 (전화번호:)	

❷ 과세연도	2025 년 1 월 1 일부터 2025 년 12 월 31 일까지

❸ 상시근로자 현황 (작성방법 2,3번을 참고하시기 바랍니다.)

구분	직전전 과세연도	직전 과세연도	해당 과세연도
⑥ 상시근로자 수 (⑦+⑧)	10	12	14
⑦ 청년등상시근로자 수	6	7	5
⑧ 청년등상시근로자를 제외한 상시근로자 수	4	5	9
⑨ 정규직 전환 근로자 수	–		
⑩ 육아휴직 복귀자 수			

❹ 기본공제 공제세액 계산내용

가. 1차년도 세제지원 요건 : ⑬ 〉 0

1. 상시근로자 증가 인원

⑪ 해당 과세연도 상시근로자 수	⑫ 직전 과세연도 상시근로자 수	⑬ 상시근로자 증가 인원 수 (⑪-⑫)
14	12	2

2. 청년등상시근로자 증가 인원

⑭ 해당 과세연도 청년등상시근로자 수	⑮ 직전 과세연도 청년등상시근로자 수	⑯ 청년등상시근로자 증가 인원 수 (⑭-⑮)
5	7	-2

3. 청년등상시근로자를 제외한 상시근로자 증가 인원

⑰ 해당 과세연도 청년등상시근로자를 제외한 상시근로자 수	⑱ 직전 과세연도 청년등상시근로자를 제외한 상시근로자 수	⑲ 청년등상시근로자를 제외한 상시근로자 증가 인원 수(⑰-⑱)
9	5	4

(3쪽 중 제2쪽)

4. 1차년도 세액공제액 계산

구분	구분		직전 과세연도 대비 상시근로자 증가 인원 수 (⑬ 상시근로자 증가 인원 수를 한도로 함)	1인당 공제금액	⑳ 1차년도 세액공제액
중소기업	수도권 내	청년등		1천4백5십만원	
		청년등 외	2	8백5십만원	17,000,000
	수도권 밖	청년등		1천5백5십만원	
		청년등 외		9백5십만원	
	계		2		17,000,000
중견기업	청년등			8백만원	
	청년등 외			4백5십만원	
	계				
일반기업	청년등			4백만원	
	청년등 외				
	계				

나. 2차년도 세제지원 요건 : ㉓ ≥ 0

1. 상시근로자 증가 인원

㉑ 2차년도(해당 과세연도) 상시근로자 수	㉒ 1차년도(직전 과세연도) 상시근로자 수	㉓ 상시근로자 증가 인원 수(㉑-㉒)
14	12	2

2. 2차년도 세액공제액 계산(상시근로자 감소여부)

1차년도(직전 과세연도) 대비 상시근로자 감소여부	1차년도(직전 과세연도) 대비 청년등상시근로자 수 감소여부	㉔ 1차년도 (직전 과세연도) 청년등상시근로자 증가 세액공제액	㉕ 1차년도 (직전 과세연도) 청년등 외 상시근로자 증가 세액공제액	㉖ 2차년도 세액공제액
부	부			
	여		17,000,000	17,000,000
여				

다. 3차년도 세제지원 요건(중소 · 중견기업만 해당) : ㉙ ≥ 0

1. 상시근로자 증가 인원

㉗ 3차년도(해당 과세연도) 상시근로자 수	㉘ 1차년도(직전전 과세연도) 상시근로자 수	㉙ 상시근로자 증가 인원(㉗-㉘)
14	10	4

2. 3차년도 세액공제액 계산(상시근로자 감소여부)

1차년도(직전전 과세연도) 대비 상시근로자 감소여부	1차년도(직전전 과세연도) 대비 청년등상시근로자 수 감소여부	㉚ 1차년도 (직전전 과세연도) 청년등 상시근로자 증가 세액공제액	㉛ 1차년도 (전전 과세연도) 청년등 외 상시근로자 증가 세액공제액	㉜ 3차년도 세액공제액
부	부			
	여		85,000,000	85,000,000
여				

(3쪽 중 제3쪽)

❺ 추가공제 공제세액 계산내용

가. 세제지원 요건 : ⑬ ≥ 0

㉝ 해당 과세연도 상시근로자 수	㉞ 직전 과세연도 상시근로자 수	㉟ 상시근로자 증가 인원 수 (㉝-㉞)

나. 세액공제액 계산

구분	구분	인원 수	1인당 공제금액	㊱ 추가공제 세액공제액
중소기업	정규직 전환자		1천3백만원	
	육아휴직 복귀자			
	계			
중견기업	정규직 전환자		9백만원	
	육아휴직 복귀자			
	계			

❻ 세액공제액 : ⑳ 1차년도 세액공제액 + ㉖ 2차년도 세액공제액 + ㉜ 3차년도 세액공제액 + ㊱ 추가공제 세액공제액	119,000,000

「조세특례제한법 시행령」 제26조의8제11항에 따라 위와 같이 공제세액계산서를 제출합니다.

2026 년 3 월 31 일

신청인 ㈜택스에듀2 (서명 또는 인)

세무서장 귀하

작 성 방 법

1. 근로자 수는 다음과 같이 계산하되, 100분의 1 미만의 부분은 없는 것으로 합니다.
   가. 상시근로자 수 : 매월 말 현재 상시근로자 수의 합 / 과세연도의 개월 수
   나. 청년등상시근로자 수 : 매월 말 현재 청년등상시근로자 수의 합 / 과세연도의 개월 수
   다. 청년등상시근로자 외 상시근로자 수 : 매월 말 현재 청년등상시근로자 외 상시근로자 수의 합 / 과세연도의 개월 수
2. ⑥란의 상시근로자란 「근로기준법」에 따라 근로계약을 체결한 내국인 근로자로서 다음의 어느 하나에 해당하는 사람을 제외한 근로자를 말합니다.
   가. 근로계약기간이 1년 미만인 근로자. 다만, 근로계약의 연속된 갱신으로 인하여 그 근로계약의 총 기간이 1년 이상인 근로자는 상시근로자로 봅니다.
   나. 「근로기준법」 제2조제1항제9호에 따른 단시간근로자. 다만, 1개월간의 소정근로시간이 60시간 이상인 근로자는 상시근로자로 봅니다.
   다. 「법인세법 시행령」 제40조제1항 각 호의 어느 하나에 해당하는 임원
   라. 해당 기업의 최대주주 또는 최대출자자(개인사업자의 경우에는 대표자를 말한다)와 그 배우자
   마. 라목에 해당하는 자의 직계존비속(그 배우자를 포함) 및 「국세기본법 시행령」 제1조의2제1항에 따른 친족관계인 사람
   바. 「소득세법 시행령」 제196조에 따른 근로소득원천징수부에 의하여 근로소득세를 원천징수한 사실이 확인되지 않고, 「국민연금법」 제3조제1항제11호 및 제12호에 따른 부담금 및 기여금 또는 「국민건강보험법」 제69조에 따른 직장가입자의 보험료에 해당하는 금액의 납부사실도 확인되지 아니하는 자
3. ⑦란 등의 청년등상시근로자란 상시근로자 중 15세 이상 34세 이하인 사람으로서 다음 각 목의 어느 하나에 해당하는 사람을 제외한 사람(해당 근로자가 병역을 이행한 경우에는 6년을 한도로 병역을 이행한 기간을 현재 연령에서 빼고 계산한 연령이 34세 이하인 사람을 포함)과 「장애인복지법」의 적용을 받는 장애인, 「국가유공자 등 예우 및 지원에 관한 법률」에 따른 상이자, 「5 · 18민주유공자예우 및 단체설립에 관한 법률」 제4조제2호에 따른 5 · 18민주화운동부상자와 「고엽제후유의증 등 환자지원 및 단체설립에 관한 법률」 제2조제3호에 따른 고엽제후유의증환자로서 장애등급 판정을 받은 사람, 근로계약 체결일 현재 연령이 60세 이상인 사람, 「조세특례제한법」 제29조의3제1항에 따른 경력단절 여성을 말합니다.
   가. 「기간제 및 단시간근로자 보호 등에 관한 법률」에 따른 기간제근로자 및 단시간근로자
   나. 「파견근로자보호 등에 관한 법률」에 따른 파견근로자
   다. 「청소년 보호법」 제2조제5호 각 목에 따른 업소에 근무하는 같은 조 제1호에 따른 청소년
4. 청년등 외 상시근로자란 상시근로자 중 청년등상시근로자가 아닌 상시근로자를 말합니다.
5. ⑳,㉖,㉜ 계산 시 각 공제금액(청년/청년 외)은 전체 상시근로자 수 증가분을 한도로 합니다.
6. ㉝, ㉞란의 상시근로자 수는 「근로기준법」 제74조에 따른 출산전후휴가를 사용 중인 상시근로자를 대체하는 상시근로자가 있는 경우 해당 출산전후휴가를 사용 중인 상시근로자를 제외하고 계산한 상시근로자 수를 말합니다.
7. 해당 과세연도의 상시근로자 수가 전년 대비 증가하여 「조세특례제한법」 제29조의8의 통합고용세액공제 1차년도 공제를 신청할 경우 「조세특례제한법」 제29조의7의 고용 증대 기업에 대한 세액공제 1차년도 공제를 중복하여 신청할 수 없습니다.

210mm×297mm[백상지 80g/㎡]

(2) 세액공제조정명세서(3)

[별지 제8호 서식 부표 3] (2025.7.4. 개정) (4쪽 중 제1쪽)

사 업 연 도	2025. 1. 1. ~ 2025. 12. 31.	세액공제조정명세서(3)	법인명	(주)택스에듀2
			사업자등록번호	123-81-xxxxx

1. 공제세액계산(「조세특례제한법」)

	(101) 구 분	근거법 조 항	(102) 계 산 기 준	코드	(103) 계산 명세	(104) 공제대상 세 액
조세특례제한법	중소기업 등 투자세액공제	구 제5조	투자금액 × 1(2,3,5,10)/100	131		
	상생결제 지급금액에 대한 세액공제	제7조의4	지급기한 15일 이내: 지급 금액의 0.5% 지급기한 15일 ~ 30일: 지급 금액의 0.3% 지급기한 30일 ~ 60일: 지급 금액의 0.015%	14Z		
	대·중소기업 상생협력을 위한 기금출연 세액공제	제8조의3 제1항	출연금 × 10/100	14M		
	협력중소기업에 대한 유형고정자산 무상임대 세액공제	제8조의3 제2항	장부가액 × 3/100	18D		
	수탁기업에 설치하는 시설에 대한 세액공제	제8조의3 제3항	투자금액 × 1(3,7)/100	18L		
	교육기관에 무상 기증하는 중고자산에 대한 세액공제	제8조의3 제4항	기증자산 시가 × 10/100	18R		
	신성장·원천기술 연구개발비세액공제(최저한세 적용제외)	제10조 제1항 제1호	(일반 연구·인력개발비) '14.1.1.~'14.12.31.: 발생액 × 3~4(8,10,15,20,25,30)/100 또는 2년간 연평균 발생액의 초과액 × 40(50)/100 '15.1.1. 이후: 발생액 × 2~3(8,10,15,20,25,30)/100 또는 직전 발생액의 초과액 × 40(50)/100 '17.1.1. 이후: 발생액 × 1~3(8,10,15,20,25,30)/100 또는 직전 발생액의 초과액 × 30(40,50)/100 '18. 1. 1. 이후: 발생액 × 0~2(8,10,15,20,25,30)/100 또는 직전 발생액의 초과액 × 25(40,50)/100 (신성장·원천기술 연구개발비) '17. 1. 1. 이후: 발생액 × 20(30)/100 (국가전략기술 연구개발비) '21. 7. 1. 이후: 발생액 ×30(40)/100	16A		
	국가전략기술 연구개발비세액공제(최저한세 적용제외)	제10조 제1항 제2호		10D		
	일반 연구·인력개발비세액공제(최저한세 적용제외)	제10조 제1항 제3호		16B		
	신성장·원천기술 연구개발비세액공제(최저한세 적용대상)	제10조 제1항 제1호		13L		
	국가전략기술 연구개발비세액공제(최저한세 적용대상)	제10조 제1항 제2호		10E		
	일반 연구·인력개발비세액공제(최저한세 적용대상)	제10조 제1항 제3호		13M		
	기술취득에 대한 세액공제	제12조 제2항	특허권 등 취득금액 × 5(10)/100 *법인세의 10% 한도	176		
	기술혁신형 합병에 대한 세액공제	제12조의3	기술가치금액 × 10/100	14T		
	기술혁신형 주식취득에 대한 세액공제	제12조의4	기술가치금액 × 10/100	14U		
	벤처기업등 출자에 대한 세액공제	제13조의2	주식등 취득가액 × 5/100	18E		
	성과공유 중소기업 경영성과급 세액공제	제19조	'22.1.1. 이전 지급분: 근로자에 지급하는 경영성과급 × 10/100 '22.1.1. 이후 지급분: 근로자에 지급하는 경영성과급× 15/100	18H		
	연구·인력개발설비투자세액공제	구 제25조 제1항 제1호	'14.1.1.~'15.12.31. 투자분: 투자금액 × 3(5,10)/100 '16.1.1. 이후 투자분: 투자금액 × 1(3,6)/100 '19.1.1. 이후 투자분: 투자금액 × 1(3,7)/100	134		
	에너지절약시설투자세액공제	구 제25조 제1항 제2호	'14.1.1.~'15.12.31. 투자분: 투자금액 × 3(5,10)/100 ('16.1.1. 현재 투자진행 중인 경우 '16.12.31.까지 종전율 적용) '16.1.1. 이후 투자개시분: 투자금액 × 1(3,10)/100 '19.1.1. 이후 투자분: 투자금액 × 1(3,7)/100	177		

210mm×297mm[백상지 80g/㎡ 또는 중질지 80g/㎡]

(101) 구 분		근거법 조항	(102) 계 산 기 준	코드	(103) 계산 명세	(104) 공제대상 세 액
조세특례제한법	환경보전시설 투자세액공제	구 제25조 제1항 제3호	투자금액 × 3(5,10)/100 '19.1.1. 이후 투자분: 투자금액 × 3(5,10)/100	14A		
	근로자복지증진시설투자세액공제	구 제25조 제1항 제4호	투자금액 × 7(10)/100 '19.1.1. 이후 취득분: 취득금액 × 3(5,10)/100	142		
	안전시설투자세액공제	구 제25조 제1항 제5호	'13.1.1.~'14.12.31. 투자분: 투자금액 × 3(7)/100 '15.1.1. 이후 투자분: 투자금액 × 1(3,7)/100 '19.1.1. 이후 투자분: 투자금액 × 1(5,10)/100	136		
	생산성향상시설투자세액공제	구 제25조 제1항 제6호	'13.1.1.~'14.12.31. 투자분: 투자금액 × 3(7)/100 '15.1.1. 이후 투자분: 투자금액 × 1(3,7)/100 '20.1.1.~'20.12.31. 투자분: 투자금액 × 2(5,10))/100 '21.1.1.~'21.12.31. 투자분: 투자금액 × 1(5,10))/100 '21.1.1.~이후. 투자분: 투자금액 × 1(3,7))/100	135		
	의약품 품질관리시설투자세액공제	구 제25조의4	'14.1.1.~'16.12.31. 투자분: 투자금액 × 3(5,7)/100 '17.1.1. 이후 투자분: 투자금액 × 1(3,6)/100	14B		
	신성장기술 사업화를 위한 시설투자 세액공제	구 제25조의5	투자금액 × 5(7,10)/100	18B		
	영상콘텐츠 제작비용에 대한 세액공제(기본공제)	제25조의6	제작비용 × 5(10,15)/100	18C		
	영상콘텐츠 제작비용에 대한 세액공제(추가공제)	제25조의6	제작비용 × 10(15)/100	1B8		
	초연결 네트워크 시설투자에 대한 세액공제	구 제25조의7	투자금액 × 2(3)/100	18I		
	고용창출투자세액공제	제26조	'12.1.1.~12.31.: 투자금액 × {기본공제(3~4%)+추가공제(2~3%)} '13.1.1.~12.31.: 투자금액 × {기본공제(2~4%)+추가공제(3%)} '14.1.1. 이후: 투자금액 × {기본공제(1~4%)+추가공제(3%)} (한도: 상시근로자 증가분 × 1,000만원, 1,500만원, 2,000만원) '15.1.1. 이후: 투자금액 × {기본공제(0~3%)+추가공제(3~7%)} '17.1.1. 이후: (한도 : 상시근로자 증가분 × 1,000 (1,500)만원, 1,500(2,000)만원, 2,000(2,500)만원)	14N		
	산업수요맞춤형고등학교등 졸업자를 병역이행 후 복직시킨 중소기업에 대한 세액공제	제29조의2	복직자에게 지급한 인건비 × 중소30(중견15)/100	14S		
	경력단절 여성 고용 기업 등에 대한 세액공제	제29조의3 제1항	경력단절 여성 재고용 인건비 × 중소30(중견15)/100	14X		
	육아휴직 후 고용유지 기업에 대한 인건비 세액공제	제29조의3 제2항	육아휴직 복귀자 인건비 × 중소30(중견15)/100	18J		
	근로소득을 증대시킨 기업에 대한 세액공제	제29조의4	평균 초과 임금증가분 × 5(중견10, 중소20)/100 정규직 전환 근로자의 임금 증가분 × 5(10,20)/100	14Y		
	청년고용을 증대시킨 기업에 대한 세액공제	제29조의5	청년정규직근로자 증가인원수 × 3백만원(7백만원, 1천만원)	18A		
	고용을 증대시킨 기업에 대한 세액공제	제29조의7	직전연도 대비 상시근로자 증가수 × 4백만원(1천2백만원) '21.12.31~'22.12.31.: 직전연도 대비 상시근로자 증가수 × 5백만원(1천3백만원)	18F		
	통합고용세액공제	제29조의8	직전연도 대비 상시근로자 증가수 × 4백만원(1천4백5십만원)	18S		169,000,000
	통합고용세액공제(정규직전환)	제29조의8		1B4		
	통합고용세액공제(육아휴직복귀)	제29조의8		1B5		
	정규직 근로자 전환 세액공제	제30조의2	전환인원수 × 중소1천만원(중견7백만원)	14H		
	고용유지중소기업에 대한 세액공제	제30조의3	연간 임금감소 총액× 10/100 + 시간당 임금상승에 따른 보전액 × 15/100	18K		
	중소기업 고용증가 인원에 대한 사회보험료 세액공제	제30조의4 제1항	청년(만15~29세)근로자 등 순증인원의 사회보험료(증가분의 100%) 청년 및 경력단절 여성 외 근로자 순증인원의 사회보험료(증가분의 50%, 75%)	14Q		

210mm×297mm[백상지 80g/㎡ 또는 중질지 80g/㎡]

⑩ 구분	근거 법조항	⑩ 계산기준	코드	⑩ 계산 명세	⑩ 공제 대상 세액
중소기업 사회보험 신규가입에 대한 사회보험료 세액공제	제30조의4 제3항	'20. 12. 31.까지 사회보험 신규가입에 따 른 사용자 부담액×50%	18G		
전자신고에 대한 세액공제(법인)	제104조의8 제1항	법인세 전자신고시 2만원	184		
전자신고에 대한 세액공제(세무법인 등)	제104조의8 제3항	법인세·소득세 전자신고 대리건수 × 2만원 *한도: 연300만원(세무·회계법인 연750만원) 한도액계산시 부가가치세 대리신고에 따른 세액공제액 포함	14J		
제3자 물류비용 세액공제	제104조의14	(전년대비 위탁물류비용 증가액)×3/100(중소기업은 5/100) * 직전 위탁물류비 30% 미만 : (당기 위탁물류비 – 당기 전체물류비 × 30%) ×3/100(중소기업은 5/100) * 법인세 10% 한도	14E		
대학 맞춤형 교육비용 세액공제	구 제104조의18 제1항	법 제10조 연구·인력개발비세액공제 준용 *수도권 소재대학의 발생액은 50%만 인정	14I		
대학등 기부설비에 대한 세액공제	구 제104조의18 제2항	법 제11조 연구·인력개발설비투자세액공제 준용 *수도권 소재대학의 기부금액은 50%만 인정	14K		
기업의 운동경비부 설치운영 세액공제	제104조의22	설치운영비용 × 10(20)/100	14O		
산업수요맞춤형 고등학교 등 재학생에 대한 현장훈련수당 등 세액공제	구 제104조의18 제4항	일반 연구·인력개발비 세액공제 준용	14R		
석유제품 전자상거래에 대한 세액공제	제104조의25	'13.1.1. ~ 12.31.: 공급가액의 0.5%(산출세액의 10% 한도) '14.1.1. ~ '16.12.31.: 공급가액의 0.3%(산출세액의 10% 한도) '17.1.1. ~ '19.12.31.: 공급자는 공급가액의0.1%,수요자0.2%,(산출세액의 10% 한도) '20.1.1.~'22.12.31.: 수요자만 공급가액의 0.2%(산출세액의 10% 한도)	14P		
금 현물시장에서 거래되는 금지금에 대한 과세특례	제126조의7 제8항	산출세액×[(금 현물시장 이용금액 – 직전 과세연도의 금 현물시장 이용금액)/매출액] 또는 산출세액×[(금 현물시장 이용금액×5/100)/매출액]	14V		
금사업자와 스크랩등사업자의 수입금액증가등 세액공제	제122조의4	산출세액×[(매입자납부익금및손금합계금액 – 직전 과세연도의 매입자납부익금및손금합계금액)×50/100]/익금및손금합계금액 또는 산출세액×[(매입자납부익금및손금합계금액×5/100]/익금및손금합계금액 *한도: 해당 과세연도 산출세액–직전 과세연도 산출세액	14W		
성실신고 확인비용에 대한 세액공제	제126조의6	확인비용 × 60/100 (150만원 한도)	10A		
우수 선화주 인증받은 국제물류주선업자에 대한 세액공제	제104조의30	운송비용의 1% + 직전과세연도 대비 증가분의 3%(산출세액의 10%한도)	18M		
용역제공자에 관한 과세자료의 제출에 대한 세액공제	제104조의32	과세자료에 기재된 용역제공자 인원수×300원(200만원 한도)	10C		
이스포츠대회 운영에 대한 과세특례	제104조의35	이스포츠대회 운영비용 × 10/100	1F1		
소재·부품·장비 수요기업 공동출자세액공제	제13조의3 제1항	주식 또는 출자지분 취득가액 5%	18N		
소재·부품·장비 외국법인 인수세액 공제	제13조의3 제3항	주식 또는 출자지분 취득가액 5% (중견7%, 중소10%)	18P		
상가임대료를 인하한 임대사업자에 대한 세액공제	제96조의3	임대료 인하액의 70%	10B		
문화산업전문회사 출자에 대한 세액공제	제25조의 7	출자금액 중 영상콘텐츠제작비용의 3%	1B7		
선결제 금액에 대한 세액공제	제99조의12	선결제금액 × 1%	18Q		
통합투자세액공제(일반)	제24조	기본공제: 투자금액 × 1(중견5/7.5, 중소10)/100, 신성장·원천기술 투자금액 × 3(중견6/9,중소12)/100 국가전략기술 투자금액 × 15(중견15/20,중소25)/100 국가전략기술반도체 투자금액 × 20(중견20/25,중소30)/100 * 국가전략기술반도체 투자금액: '25.1.1. 이후 투자분부터 적용 추가공제: 직전 3년 연평균 투자금액 초과액 × 10/100(기본공제 200% 한도) 임시 투자 세액공제 기본공제: 투자금액 × 1(중견7, 중소12)/100, 신성장사업화시설 투자금액 × 3(중견8,중소14)/100 국가전략기술 투자금액 × 15(중견15/20,중소25)/100 국가전략기술반도체 투자금액 × 20(중견20/25,중소30)/100 * 국가전략기술반도체 투자금액: '25.1.1. 이후 투자분부터 적용 추가공제: 직전 3년 연평균 투자금액 초과액 × 10/100(기본공제 200% 한도)	13W		
임시통합투자세액공제(일반)			1B1		
통합투자세액공제(신성장·원천기술)			13X		
임시통합투자세액공제(신성장·원천기술)			1B2		
통합투자세액공제(국가전략기술)			13Y		
임시통합투자세액공제(국가전략기술)			1B3		
통합투자세액공제(반도체분야 국가전략기술)			13Z		
임시통합투자세액공제(반도체분야 국가전략기술)			1B9		
해외자원개발투자에 대한 과세특례	제104조의15	투자금액×3%	1B6		
합계			1A1		169,000,000

210mm×297mm[백상지 80g/㎡ 또는 중질지 80g/㎡]

2. 당기공제세액 및 이월액계산

(105) 구분	(106) 사업연도	공제 대상 세액 (107) 당기분	공제 대상 세액 (108) 이월분	당기 공제 대상 세액 (109) 당기분	(110) 1차 연도 / (115) 6차 연도	(111) 2차 연도 / (116) 7차 연도	(112) 3차 연도 / (117) 8차 연도	(113) 4차 연도 / (118) 9차 연도	(114) 5차 연도 / (119) 10차 연도	(120) 계	(121) 최저한세 적용에 따른 미공제액	(122) 그밖의 사유로 인한 미공제액	(123) 공제세액 ((120)-(121)-(122))	(124) 소멸	(125) 이월액 ((107)+(108)-(123)-(124))
통합고용	2025	119,000,000	50,000,000	119,000,000	50,000,000					169,000,000	69,000,000	0	100,000,000		69,000,000
	소계														
합계		119,000,000	50,000,000	119,000,000	50,000,000					169,000,000	69,000,000	0	100,000,000		69,000,000

작성방법

1. (105) 구분란: 제1쪽의 1. 공제세액계산(「조세특례제한법」)의 코드란에 적혀 있는 코드를 적습니다.
2. (106) 사업연도란: 이월된 공제 대상 세액이 발생한 사업연도와 종료월을 적습니다.
3. (107) 당기분란: (104) 공제 대상 세액란에 적힌 금액을 적습니다.
4. (108) 이월분란: (105) 구분별, 사업연도별로 직전 사업연도의 (125) 이월액을 적습니다.
5. (109) 당기분란: 당기분 세액을 적습니다.
6. (110) 1차 연도란부터 (119) 10차 연도란까지: (106) 사업연도란에 적힌 사업연도부터의 경과 연차에 해당하는 란에 (108) 이월분란에 적힌 금액을 적습니다.
7. (121) 최저한세 적용에 따른 미공제액란: 「조세특례제한법」 제144조 제2항에 규정된 순서에 따라 각 란에 조정하여 적고, 합계란(※표란)에는 "최저한세조정계산서(별지 제4호 서식)"의 (124) 세액공제란의 ④ 조정감란에 적힌 금액을 옮겨 적습니다.
8. 근거 법조항란 중 "구"는 2020년 12월 29일 법률 제17759호로 개정되기 전의 「조세특례제한법」을 말합니다.

210mm×297mm[백상지 80g/㎡ 또는 중질지 80g/㎡]

[별지 제8호 서식(갑)] (2025.7.4. 개정)

(5쪽 중 제1쪽)

사 업 연 도	2025. 1. 1. ~ 2025.12.31.	공제감면세액 및 추가납부세액합계표(갑)	법 인 명	㈜택스에듀2
			사업자등록번호	123-81-xxxxx

1. 최저한세 적용제외 공제감면세액

	① 구 분	② 근 거 법 조 항	코드	③ 대상세액	④ 감면(공제)세액
세액감면	⑩ 창업중소기업에 대한 세액감면(최저한세 적용제외)	「조세특례제한법」 제6조 제7항 외	110		
	⑩ 해외자원개발투자배당 감면	「조세특례제한법」 제22조	103		
	⑩ 수도권과밀억제권역 밖으로 이전하는 중소기업 세액감면(수도권 밖으로 이전)	구 「조세특례제한법」 제63조	169		
	⑩ 공장의 수도권 밖 이전에 대한 세액감면	「조세특례제한법」 제63조	108		
	⑩ 본사의 수도권 밖 이전에 대한 세액감면	「조세특례제한법」 제63조의2	109		
	⑩ 영농조합법인 감면	「조세특례제한법」 제66조	104		
	⑩ 영어조합법인 감면	「조세특례제한법」 제67조	107		
	⑩ 농업회사법인 감면(농업소득)	「조세특례제한법」 제68조	11B		
	⑩ 행정중심복합도시 등 공장이전에 대한 조세감면	「조세특례제한법」 제85조의2제3항 (2019. 12. 31. 법률 제16835호로 개정되기 전의 것)	11A		
	⑪ 위기지역 내 창업기업 세액감면(최저한세 적용제외)	「조세특례제한법」 제99조의9	11N		
	⑪ 해외진출기업의 국내복귀에 대한 세액감면(철수방식)	「조세특례제한법」 제104조의24제1항 제1호	11F		
	⑪ 해외진출기업의 국내복귀에 대한 세액감면(유지방식)	「조세특례제한법」 제104조의24제1항 제2호	11H		
	⑪ 고도기술수반사업 외국인투자 세액감면	「조세특례제한법」 제121조의2제1항 제1호	186		
	⑪ 외국인투자지역내 외국인투자 세액감면	「조세특례제한법」 제121조의2제1항 제2호 또는 제2호의5	187		
	⑪ 경제자유구역내 외국인투자 세액감면	「조세특례제한법」 제121조의2제1항 제2호의2	188		
	⑪ 경제자유구역 개발사업시행자 세액감면	「조세특례제한법」 제121조의2제1항 제2호의3	157		
	⑪ 제주투자진흥기구의 개발사업시행자 세액감면	「조세특례제한법」 제121조의2제1항 제2호의4	158		
	⑪ 기업도시 개발구역내 외국인투자 세액감면	「조세특례제한법」 제121조의2제1항 제2호의6	159		
	⑪ 기업도시 개발사업의 시행자 세액감면	「조세특례제한법」 제121조의2제1항 제2호의7	160		
	⑫ 새만금사업지역내 외국인투자 세액감면	「조세특례제한법」 제121조의2제1항 제2호의8	11J		
	⑫ 새만금사업 시행자 세액감면	「조세특례제한법」 제121조의2제1항 제2호의9	11K		
	⑫ 기타 외국인투자유치를 위한 조세감면	「조세특례제한법」 제121조의2제1항 제3호	167		
	⑫ 외국인투자기업의 증자의 조세감면	「조세특례제한법」 제121조의4	172		
	⑫ 기술도입대가에 대한 조세면제(국내지점 등)	법률 제9921호 조세특례제한법 일부개정법률 부칙 제77조	173		
	⑫ 제주첨단과학기술단지 입주기업 조세감면(최저한세 적용제외)	「조세특례제한법」 제121조의8	181		
	⑫ 제주투자진흥지구등 입주기업 조세감면(최저한세 적용제외)	「조세특례제한법」 제121조의9	182		
	⑫ 기업도시개발구역 창업 · 사업장신설기업에 대한 세액감면(최저한세 적용제외)	「조세특례제한법」 제121조의17제1항 제1호	197		
	⑫ 기업도시개발사업 시행자에 대한 세액감면	「조세특례제한법」 제121조의17제1항 제2호	198		
	⑫ 지역개발사업구역 또는 지역활성화지역 창업 · 사업장신설기업에 대한 세액감면(최저한세 적용제외)	「조세특례제한법」 제121조의17제1항 제3호	1D2		

210mm×297mm[백상지 80g/㎡ 또는 중질지 80g/㎡]

세액감면	⑬⓪ 지역개발사업구역, 지역활성화지역 또는 낙후지역 사업시행자에 대한 감면	「조세특례제한법」 제121조의17제1항 제4호	1D3		
	⑬① 해양박람회특구 창업 · 사업장신설기업에 대한 감면(최저한세 적용제외)	「조세특례제한법」 제121조의17제1항 제5호	1D4		
	⑬② 해양박람회특구 박람회 사후활용 사업시행자에 대한 감면	「조세특례제한법」 제121조의17제1항 제6호	1D5		
	⑬③ 새만금투자진흥지구 사업시행자에 대한 감면	「조세특례제한법」 제121조의17제1항 제7호	1D7		
	⑬④ 새만금투자진흥지구 창업 · 사업장신설기업에 대한 감면(최저한세 적용제외)	「조세특례제한법」 제121조의17제1항 제8호	1D6		
	⑬⑤ 평화경제특구 창업 · 사업장신설기업에 대한 감면(최저한세 적용제외)	「조세특례제한법」 제121조의17제1항 제9호	1D8		
	⑬⑥ 평화경제특구 개발사업시행자에 대한 감면	「조세특례제한법」 제121조의17제1항 제10호	1D9		
	⑬⑦ 아시아문화중심도시 투자진흥지구 입주기업 감면(최저한세 적용제외)	「조세특례제한법」 제121조의20제1항	11C		
	⑬⑧ 금융중심지 창업기업에 대한 감면(최저한세 적용제외)	「조세특례제한법」 제121조의21제1항	11G		
	⑬⑨ 동업기업 세액감면 배분액(최저한세 적용제외)	「조세특례제한법」 제100조의18제4항	11D		
	⑭⓪ 사회적기업에 대한 감면	「조세특례제한법」 제85조의6	11L		
	⑭① 장애인 표준사업장에 대한 감면	「조세특례제한법」 제85조의6	11M		
	⑭② 첨단의료복합단지 입주기업에 대한 감면(최저한세 적용제외)	「조세특례제한법」 제121조의22제1항1호	17A		
	⑭③ 국가식품클러스터 입주기업에 대한 감면(최저한세 적용제외)	「조세특례제한법」 제121조의22제1항2호	17B		
	⑭④ 연구개발특구 입주기업에 대한 감면(최저한세 적용제외)	「조세특례제한법」 제12조의2	17C		
	⑭⑤ 감염병 피해에 따른 특별재난지역의 중소기업에 대한 감면	「조세특례제한법」 제99조의11	17D		
	⑭⑥ 기회발전특구 창업기업 등에 대한 법인세 등의 감면(최저한세 적용제외)	「조세특례제한법」 제121조의33	1D1		
	⑭⑦ 소계		170		
세액공제	⑭⑧ 외국납부세액공제	「법인세법」 제57조 및 제57조의2	101		
	⑭⑨ 재해손실세액공제	「법인세법」 제58조	102		
	⑮⓪ 신성장 · 원천기술 연구개발비세액공제(최저한세 적용제외)	「조세특례제한법」 제10조 제1항 제1호	16A		
	⑮① 국가전략기술 연구개발비세액공제(최저한세 적용제외)	「조세특례제한법」 제10조 제1항 제2호	10D		
	⑮② 일반 연구 · 인력개발비세액공제(최저한세 적용제외)	「조세특례제한법」 제10조 제1항 제3호	16B		
	⑮③ 동업기업 세액공제 배분액(최저한세 적용제외)	「조세특례제한법」 제100조의18제4항	12D		
	⑮④ 성실신고 확인비용에 대한 세액공제	「조세특례제한법」 제126조의6	10A		
	⑮⑤ 상가임대료를 인하한 임대사업자에 대한 세액공제	「조세특례제한법」 제96조의3	10B		
	⑮⑥ 용역제공자에 관한 과세자료의 제출에 대한 세액공제	「조세특례제한법」 제104조의32	10C		
	⑮⑦ 소계		180		
⑮⑧ 합계(⑭⑦ + ⑮⑦)			110		

210mm×297mm[백상지 80g/㎡ 또는 중질지 80g/㎡]

2. 최저한세 적용대상 공제감면세액

	① 구분	② 근거 법조항	코드	③ 대상세액	④ 감면(공제)세액
세액감면	⑮9 창업중소기업에 대한 세액감면(최저한세 적용대상)	「조세특례제한법」 제6조 제1항 · 제5항 · 제6항	111		
	⑯0 창업벤처중소기업 세액감면	「조세특례제한법」 제6조 제2항	174		
	⑯1 에너지신기술 중소기업 세액감면	「조세특례제한법」 제6조 제4항	13E		
	⑯2 중소기업에 대한 특별세액감면	「조세특례제한법」 제7조	112		
	⑯3 연구개발특구 입주기업에 대한 세액감면(최저한세 적용대상)	「조세특례제한법」 제12조의2	179		
	⑯4 국제금융거래이자소득 면제	「조세특례제한법」 제21조	123		
	⑯5 사업전환 중소기업에 대한 세액감면	구 「조세특례제한법」 제33조의2	192		
	⑯6 무역조정지원기업의 사업전환 세액감면	구 「조세특례제한법」 제33조의2	13A		
	⑯7 기업구조조정 전문회사 주식양도차익 세액감면	법률 제9272호 조세특례제한법 일부개정법률 부칙 제10조 · 제40조	13B		
	⑯8 혁신도시 이전 등 공공기관 세액감면	「조세특례제한법」 제62조 제4항	13F		
	⑯9 공장의 지방이전에 대한 세액감면(중소기업의 수도권 인구감소지역 안으로 이전)	「조세특례제한법」 제63조	116		
	⑰0 농공단지입주기업 등 감면	「조세특례제한법」 제64조	117		
	⑰1 농업회사법인 감면(농업소득 외의 소득)	「조세특례제한법」 제68조	119		
	⑰2 소형주택 임대사업자에 대한 세액감면	「조세특례제한법」 제96조	13I		
	⑰3 상가건물 장기임대사업자에 대한 세액감면	「조세특례제한법」 제96조의2	13N		
	⑰4 산림개발소득 감면	「조세특례제한법」 제102조	124		
	⑰5 동업기업 세액감면 배분액(최저한세 적용대상)	「조세특례제한법」 제100조의18제4항	13D		
	⑰6 첨단의료복합단지 입주기업에 대한 감면(최저한세 적용대상)	「조세특례제한법」 제121조의22제1항 제1호	13H		
	⑰7 기술이전에 대한 세액감면	「조세특례제한법」 제12조 제1항	13J		
	⑰8 기술대여에 대한 세액감면	「조세특례제한법」 제12조 제3항	13K		
	⑰9 제주첨단과학기술단지 입주기업 감면(최저한세 적용대상)	「조세특례제한법」 제121조의8	13P		
	⑱0 제주투자진흥지구등 입주기업 감면(최저한세 적용대상)	「조세특례제한법」 제121조의9	13Q		
	⑱1 기업도시개발구역 창업 · 사업장신설기업에 대한 감면(최저한세 적용대상)	「조세특례제한법」 제121조의17제1항 제1호	13R		
	⑱2 지역개발사업구역 또는 지역활성화지역 창업 · 사업장신설기업에 대한 감면(최저한세 적용대상)	「조세특례제한법」 제121조의17제1항 제3호	1E1		
	⑱3 해양박람회특구 창업 · 사업장신설기업에 대한 감면(최저한세 적용대상)	「조세특례제한법」 제121조의17제1항 제5호	1E2		
	⑱4 새만금투자진흥지구 창업 · 사업장신설기업에 대한 감면(최저한세 적용대상)	「조세특례제한법」 제121조의17제1항 제8호	1E3		
	⑱5 평화경제특구 창업 · 사업장신설기업에 대한 감면(최저한세 적용대상)	「조세특례제한법」 제121조의17제1항 제9호	1E4		
	⑱6 위기지역 내 창업기업 세액감면(최저한세 적용대상)	「조세특례제한법」 제99조의9	13S		
	⑱7 아시아문화중심도시 투자진흥지구 입주기업 감면(최저한세 적용대상)	「조세특례제한법」 제121조의20제1항	13T		
	⑱8 금융중심지 창업기업에 대한 감면(최저한세 적용대상)	「조세특례제한법」 제121조의21제1항	13U		
	⑱9 국가식품클러스터 입주기업에 대한 감면(최저한세 적용대상)	「조세특례제한법」 제121조의22제1항 제2호	13V		
	⑲0 기회발전특구 창업기업 등에 대한 법인세 등의 감면(최저한세 적용대상)	「조세특례제한법」 제121조의33	1C1		
	⑲1 소계		130		

210mm×297mm[백상지 80g/㎡ 또는 중질지 80g/㎡]

	① 구분	② 근거 법조항	코드	⑤ 전기 이월액	⑥ 당기 발생액	⑦ 공제세액
세액공제	(192) 중소기업 등 투자세액공제	구 「조세특례제한법」 제5조	131			
	(193) 상생결제 지급금액에 대한 세액공제	「조세특례제한법」 제7조의4	14Z			
	(194) 대 · 중소기업 상생협력을 위한 기금출연 세액공제	「조세특례제한법」 제8조의3제1항	14M			
	(195) 협력중소기업에 대한 유형고정자산 무상임대 세액공제	「조세특례제한법」 제8조의3제2항	18D			
	(196) 수탁기업에 설치하는 시설에 대한 세액공제	「조세특례제한법」 제8조의3제3항	18L			
	(197) 교육기관에 무상 기증하는 중고자산에 대한 세액공제	「조세특례제한법」 제8조의3제4항	18R			
	(198) 신성장 · 원천기술 연구개발비세액공제(최저한세 적용대상)	「조세특례제한법」 제10조 제1항 제1호	13L			
	(199) 국가전략기술 연구개발비세액공제(최저한세 적용대상)	「조세특례제한법」 제10조 제1항 제2호	10E			
	(200) 일반 연구 · 인력개발비세액공제(최저한세 적용대상)	「조세특례제한법」 제10조 제1항 제3호	13M			
	(201) 기술취득에 대한 세액공제	「조세특례제한법」 제12조 제2항	176			
	(202) 기술혁신형 합병에 대한 세액공제	「조세특례제한법」 제12조의3	14T			
	(203) 기술혁신형 주식취득에 대한 세액공제	「조세특례제한법」 제12조의4	14U			
	(204) 벤처기업등 출자에 대한 세액공제	「조세특례제한법」 제13조의2	18E			
	(205) 성과공유 중소기업 경영성과급 세액공제	「조세특례제한법」 제19조	18H			
	(206) 연구 · 인력개발설비투자 세액공제	구 「조세특례제한법」 제25조 제1항 제1호	134			
	(207) 에너지절약시설투자 세액공제	구 「조세특례제한법」 제25조 제1항 제2호	177			
	(208) 환경보전시설 투자 세액공제	구 「조세특례제한법」 제25조 제1항 제3호	14A			
	(209) 근로자복지증진시설투자 세액공제	구 「조세특례제한법」 제25조 제1항 제4호	142			
	(210) 안전시설투자 세액공제	구 「조세특례제한법」 제25조 제1항 제5호	136			
	(211) 생산성향상시설투자세액공제	구 「조세특례제한법」 제25조 제1항 제6호	135			
	(212) 의약품 품질관리시설투자 세액공제	구 「조세특례제한법」 제25조의4	14B			
	(213) 신성장기술 사업화를 위한 시설투자 세액공제	구 「조세특례제한법」 제25조의5	18B			
	(214) 영상콘텐츠 제작비용에 대한 세액공제(기본공제)	「조세특례제한법」 제25조의6	18C			
	(215) 영상콘텐츠 제작비용에 대한 세액공제(추가공제)	「조세특례제한법」 제25조의6	1B8			
	(216) 초연결 네트워크 시설투자에 대한 세액공제	구 「조세특례제한법」 제25조의7	18I			
	(217) 고용창출투자세액공제	「조세특례제한법」 제26조	14N			
	(218) 산업수요맞춤형고등학교등 졸업자를 병역이행 후 복직시킨 중소기업에 대한 세액공제	「조세특례제한법」 제29조의2	14S			
	(219) 경력단절 여성 고용 기업 등에 대한 세액공제	「조세특례제한법」 제29조의3제1항	14X			
	(220) 육아휴직 후 고용유지 기업에 대한 인건비 세액공제	「조세특례제한법」 제29조의3제2항	18J			
	(221) 근로소득을 증대시킨 기업에 대한 세액공제	「조세특례제한법」 제29조의4	14Y			
	(222) 청년고용을 증대시킨 기업에 대한 세액공제	「조세특례제한법」 제29조의5	18A			
	(223) 고용을 증대시킨 기업에 대한 세액공제	「조세특례제한법」 제29조의7	18F			
	(224) 통합고용세액공제	「조세특례제한법」 제29조의8	18S	50,000,000	119,000,000	100,000,000
	(225) 통합고용세액공제(정규직 전환)	「조세특례제한법」 제29조의8	1B4			
	(226) 통합고용세액공제(육아휴직 복귀)	「조세특례제한법」 제29조의8	1B5			
	(227) 정규직근로자 전환 세액공제	「조세특례제한법」 제30조의2	14H			
	(228) 고용유지중소기업에 대한 세액공제	「조세특례제한법」 제30조의3	18K			
	(229) 중소기업 고용증가 인원에 대한 사회보험료 세액공제	「조세특례제한법」 제30조의4 제1항	14Q			
	(230) 중소기업 사회보험 신규가입에 대한 사회보험료 세액공제	「조세특례제한법」 제30조의4 제3항	18G			
	(231) 전자신고에 대한 세액공제(납세의무자)	「조세특례제한법」 제104조의8 제1항	184			
	(232) 전자신고에 대한 세액공제(세무법인 등)	「조세특례제한법」 제104조의8 제3항	14J			
	(233) 제3자 물류비용 세액공제	「조세특례제한법」 제104조의14	14E			
	(234) 대학 맞춤형 교육비용 등 세액공제	구 「조세특례제한법」 제104조의18제1항	14I			
	(235) 대학등 기부설비에 대한 세액공제	구 「조세특례제한법」 제104조의18제2항	14K			
	(236) 기업의 경기부 설치운영비용 세액공제	「조세특례제한법」 제104조의22	14O			
	(237) 동업기업 세액공제 배분액(최저한세 적용대상)	「조세특례제한법」 제100조의18제4항	14L			
	(238) 산업수요맞춤형 고등학교 등 재학생에 대한 현장훈련수당 등 세액공제	구 「조세특례제한법」 제104조의18제4항	14R			
	(239) 석유제품 전자상거래에 대한 세액공제	「조세특례제한법」 제104조의25	14P			
	(240) 금 현물시장에서 거래되는 금지금에 대한 과세특례	「조세특례제한법」 제126조의7제8항	14V			
	(241) 금사업자와 스크랩등사업자의 수입금액의 증가 등에 대한 세액공제	「조세특례제한법」 제122조의4	14W			
	(242) 우수 선화주 인증 국제물류주선업자 세액공제	「조세특례제한법」 제104조의30	18M			

210mm×297mm[백상지 80g/㎡ 또는 중질지 80g/㎡]

구분	항목	근거 법조항	코드			
세액공제	(243) 이스포츠대회 운영에 대한 과세특례	「조세특례제한법」 제104조의35	1F1			
	(244) 소재 · 부품 · 장비 수요기업 공동출자 세액공제	「조세특례제한법」 제13조의3제1항	18N			
	(245) 소재 · 부품 · 장비 외국법인 인수세액 공제	「조세특례제한법」 제13조의3제3항	18P			
	(246) 선결제 금액에 대한 세액공제	「조세특례제한법」 제99조의12	18Q			
	(247) 해외자원개발투자에 대한 과세특례	「조세특례제한법」 제104조의15	1B6			
	(248) 통합투자세액공제(일반)	「조세특례제한법」 제24조	13W			
	(249) 통합투자세액공제(신성장 · 원천기술)	「조세특례제한법」 제24조	13X			
	(250) 통합투자세액공제(국가전략기술)	「조세특례제한법」 제24조	13Y			
	(251) 통합투자세액공제(반도체분야 국가전략기술)	「조세특례제한법」 제24조	13Z			
	(252) 임시통합투자세액공제(일반)	「조세특례제한법」 제24조	1B1			
	(253) 임시통합투자세액공제(신성장 · 원천기술)	「조세특례제한법」 제24조	1B2			
	(254) 임시통합투자세액공제(국가전략기술)	「조세특례제한법」 제24조	1B3			
	(255) 임시통합투자세액공제(반도체분야 국가전략기술)	「조세특례제한법」 제24조	1B9			
	(256) 문화산업전문회사 출자에 대한 세액공제	「조세특례제한법」 제25조의7	1B7			
	(257) 소계		149	50,000,000	119,000,000	100,000,000
(258) 합계((191) + (257))			150	50,000,000	119,000,000	100,000,000
(259) 공제감면세액 총계((158) + (258))			151			100,000,000
(260) 기술도입대가에 대한 조세면제		법률 제9921호 조세특례제한법 일부개정법률 부칙 제77조	183			
(261) 간주 · 간접 외국 납부세액공제		「법인세법」 제57조 제3항 · 제4항 · 제6항	189			
(262) 간접투자회사등 외국 납부세액공제		「법인세법」 제57조의2	1E5			

작성방법

1. ② 근거 법조항란 중 "구「조세특례제한법」"은 2020년 12월 29일 법률 제17759호로 개정되기 전의 「조세특례제한법」을 말합니다.
2. ③ 대상세액란:「법인세법」, 「조세특례제한법」등에 따른 공제감면대상금액이 있는 경우 공제감면세액계산서(별지 제8호 서식 부표 1부터 부표 5까지 및 부표 5의2부터 부표 5의 5까지)에 따라 감면구분별로 적습니다.
3. ④ 감면(공제)세액란 및 ⑦ 공제세액란:「법인세법」, 「조세특례제한법」등에 따른 공제 또는 감면 세액은 공제감면세액계산서(별지 제8호 서식 부표 1부터 부표 5까지 및 부표 5의 2부터 부표 5의 7까지)에 따라 계산된 공제세액 중 당기에 공제될 세액의 범위에서 「법인세법」 제59조 제1항에 따른 공제순서에 따라 감면 구분별로 적습니다.
4. (148) 외국납부세액공제란: 외국납부세액과 (261) 간주 · 간접 외국 납부세액공제액 및 (262) 간접투자회사등 외국 납부세액공제액을 합하여 적습니다.
5. 「조세특례제한법」 제10조에 따른 연구 · 인력개발비세액공제 중 최저한세가 적용되는 공제세액은 (198)란, (199)란 또는 (200)란에 각각 구분하여 적고, 최저한세 적용이 제외되는 공제세액은 (150)란, (151)란 또는 (152)란에 각각 구분하여 적습니다.
6. (198)란, (199)란 또는 (200)란의 ⑤ 전기이월액란:「조세특례제한법」 제144조 제1항에 따라 이월된 미공제 금액 중 해당 과세연도에 공제할 신성장 · 원천기술 연구개발비, 국가전략기술 연구개발비 또는 일반연구비 · 인력개발비를 각각 구분하여 적습니다(구 공제감면코드: 132).
7. (260) 기술도입대가에 대한 조세면제란의 ⑦ 공제세액란: 기술도입대가를 지급하는 내국법인이 별지 제8호 서식 부표 9 기술도입대가에 대한 조세면제명세서의 ⑧ 면제세액란에 적힌 금액의 합계액을 적습니다. 다만, 기술을 제공하는 자가 국내에 사업장이 있고 해당 기술이 국내사업장에 실질적으로 관련되거나 귀속되는 경우에는 해당 기술을 제공하는 외국법인이 적습니다.
8. 법령의 개정에 따라 종전의 규정 또는 개정규정에 따라 공제 또는 감면받는 경우에는 비어 있는 란 등에 해당 법령의 조문 순서에 따라 별도로 적습니다.

210mm×297mm[백상지 80g/㎡ 또는 중질지 80g/㎡]

[별지 제4호 서식] (2019.3.20. 개정) (앞쪽)

사업연도	2025. 1. 1. ~ 2025.12.31.	최저한세조정계산서	법 인 명	㈜택스에듀2
			사업자등록번호	123-81-xxxxx

1. 최저한세 조정 계산 명세

① 구 분		코드	② 감면 후 세액	③ 최저한세	④ 조정감	⑤ 조정 후 세액
⑩ 결산서상 당기순이익		01	1,000,000,000			
소득조정금액	⑩ 익금산입	02				
	⑩ 손금산입	03				
⑩ 조정 후 소득금액(⑩+⑩-⑩)		04	1,000,000,000	1,000,000,000		1,000,000,000
최저한세 적용대상 특별비용	⑩ 준비금	05				
	⑩ 특별상각 및 특례자산 감가상각비	06				
⑩ 특별비용 손금산입 전 소득금액 (⑩ + ⑩ + ⑩)		07				
⑩ 기부금한도초과액		08				
⑩기부금 한도초과 이월액 손금산입		09				
⑩ 각사업연도소득금액 (⑩ + ⑩ - ⑩)		10	1,000,000,000	1,000,000,000		1,000,000,000
⑪ 이월결손금		11				
⑫ 비과세소득		12				
⑬ 최저한세 적용대상 비과세소득		13				
⑭ 최저한세 적용대상 익금불산입·손금산입		14				
⑮ 차가감소득금액 (⑩ - ⑪ - ⑫ + ⑬ + ⑭)		15	1,000,000,000	1,000,000,000		1,000,000,000
⑯ 소득공제		16				
⑰ 최저한세적용대상 소득공제		17				
⑱ 과세표준금액 (⑮ - ⑯ + ⑰)		18	1,000,000,000	1,000,000,000		1,000,000,000
⑲ 선박표준이익		24				
⑳ 과세표준금액(⑱ + ⑲)		25	1,000,000,000	1,000,000,000		1,000,000,000
㉑ 세율		19	19%	7%		19%
㉒ 산출세액		20	170,000,000	70,000,000		170,000,000
㉓ 감면세액		21				
㉔ 세액공제		22	169,000,000		69,000,000	100,000,000
㉕ 차감세액(㉒-㉓-㉔)		23	1,000,000			70,000,000

2. 최저한세 세율 적용을 위한 구분 항목

㉖ 중소기업 유예기간 종료연월		㉗ 유예기간 종료 후 연차			

210mm×297mm[백상지 80g/㎡ 또는 중질지 80g/㎡]

[별지 제3호 서식] (2024. 3. 22. 개정) (앞쪽)

사업연도	2025.1.1. ~ 2025.12.31.	법인세 과세표준 및 세액조정계산서	법인명	㈜택스에듀2
			사업자등록번호	123-81-xxxxx

구분	항목	코드	금액
① 각 사업연도 소득계산	⑩ 결산서상 당기순손익	01	1,000,000,000
	소득조정금액 ⑩ 익금산입	02	
	소득조정금액 ⑩ 손금산입	03	
	⑩ 차가감소득금액 (⑩+⑩-⑩)	04	1,000,000,000
	⑩ 기부금한도초과액	05	
	⑩ 기부금한도초과이월액 손금산입	54	
	⑩ 각 사업연도소득금액 (⑩+⑩-⑩)	06	1,000,000,000
② 과세표준 계산	⑩ 각 사업연도소득금액 (⑩=⑩)		1,000,000,000
	⑩ 이월결손금	07	
	⑩ 비과세소득	08	
	⑪ 소득공제	09	
	⑫ 과세표준 (⑩-⑩-⑩-⑪)	10	1,000,000,000
	⑮ 선박표준이익	55	
③ 산출세액 계산	⑬ 과세표준(⑫+⑮)	56	1,000,000,000
	⑭ 세율	11	19
	⑮ 산출세액	12	170,000,000
	⑯ 지점유보소득 (「법인세법」 제96조)	13	
	⑰ 세율	14	
	⑱ 산출세액	15	
	⑲ 합계(⑮+⑱)	16	170,000,000
④ 납부할 세액 계산	⑳ 산출세액(⑳ = ⑲)		170,000,000
	㉑ 최저한세 적용대상 공제감면세액	17	100,000,000
	㉒ 차감세액	18	70,000,000
	㉓ 최저한세 적용제외 공제감면세액	19	
	㉔ 가산세액	20	
	㉕ 가감계(㉒-㉓+㉔)	21	70,000,000
	기납부세액 - 기한내납부세액 ㉖ 중간예납세액	22	
	기납부세액 - 기한내납부세액 ㉗ 수시부과세액	23	
	기납부세액 - 기한내납부세액 ㉘ 원천납부세액	24	
	기납부세액 - 기한내납부세액 ㉙ 간접투자회사등의 외국납부세액	25	
	기납부세액 - 기한내납부세액 ㉚ 소계 (㉖+㉗+㉘+㉙)	26	
	기납부세액 ㉛ 신고납부전가산세액	27	
	기납부세액 ㉜ 합계(㉚+㉛)	28	
	㉝ 감면분추가납부세액	29	
	㉞ 차감납부할세액 (㉕-㉜+㉝)	30	70,000,000
⑤ 토지등양도소득에 대한 법인세 계산	양도차익 ㉟ 등기자산	31	
	양도차익 ㊱ 미등기자산	32	
	㊲ 비과세소득	33	
	㊳ 과세표준 (㉟+㊱-㊲)	34	
	㊴ 세율	35	
	㊵ 산출세액	36	
	㊶ 감면세액	37	
	㊷ 차감세액 (㊵-㊶)	38	
	㊸ 공제세액	39	
	㊹ 동업기업 법인세 배분액 (가산세 제외)	58	
	㊺ 가산세액 (동업기업 배분액 포함)	40	
	㊻ 가감계(㊷-㊸+㊹+㊺)	41	
	기납부세액 ㊼ 수시부과세액	42	
	기납부세액 ㊽ ( )세액	43	
	기납부세액 ㊾ 계 (㊼+㊽)	44	
	㊿ 차감납부할세액(㊻-㊾)	45	
⑥ 미환류소득법인세	⑯ 과세대상 미환류소득	59	
	⑯ 세율	60	
	⑯ 산출세액	61	
	⑯ 가산세액	62	
	⑯ 이자상당액	63	
	⑯ 납부할세액(⑯+⑯+⑯)	64	
⑦ 세액계	⑮ 차감납부할세액계 (⑬+⑮+⑯)	46	70,000,000
	⑮ 사실과 다른 회계처리 경정세액공제	57	
	⑮ 분납세액계산 범위액 (⑮-⑫-⑬-⑮-⑮+⑬)	47	70,000,000
	⑮ 분납할세액	48	35,000,000
	⑮ 차감납부세액 (⑮-⑮-⑮)	49	35,000,000

[별지 제2호 서식] (2024. 3. 22. 개정)

농어촌특별세 과세표준 및 세액신고서

※ 뒤쪽의 신고안내 및 작성방법을 읽고 작성하여 주시기 바랍니다. (앞쪽)

1. 신고인 인적사항

①소 재 지					
②법 인 명	㈜택스에듀2		③대 표 자 성 명	김택스	
④사업자등록번호	123-81-xxxxx	⑤사 업 연 도	2025. 1. 1. ~ 2025.12.31.	⑥전 화 번 호	

2. 농어촌특별세 과세표준 및 세액 조정내역

구분		금액
⑦과 세 표 준		100,000,000
⑧산 출 세 액		20,000,000
⑨가 산 세 액	(미납세액, 미납일수, 세율)	(, , 2.2/10,000)
⑩총 부 담 세 액		20,000,000
⑪기 납 부 세 액		
⑫환 급 예 정 세 액		
⑬차 감 납 부 할 세 액		20,000,000
⑭분 납 할 세 액		
⑮차 감 납 부 세 액		20,000,000
⑯충 당 후 납 부 세 액		
⑰국 세 환 급 금 충 당 신 청	환 급 법 인 세	
	충당할 농어촌특별세	

신고인은 「농어촌특별세법」 제7조에 따라 위의 내용을 신고하며, 위 내용을 충분히 검토하였고 신고인이 알고 있는 사실 그대로를 정확하게 적었음을 확인합니다.

2026년 3월 31일

신고인(대표자) ㈜택스에듀2 (서명 또는 인)

세무대리인은 조세전문자격자로서 위 신고서를 성실하고 공정하게 작성하였음을 확인합니다.

세무대리인 (서명 또는 인)

세무서장 귀하

210mm×297mm[백상지 80g/㎡ 또는 중질지 80g/㎡]

3. [서식사례 3] 1차 증가(고용증대), 2차 증가(통합고용), 3차 감소(2023 추징, 2022 3차년도 공제), 4차(통합고용)

제조업을 영위하는 중소기업인 ㈜택스에듀3의 상시근로자 등의 자료는 다음과 같다. ㈜택스에듀3은 12월말 결산법인이며 수도권에 소재하고 있다. 주어진 자료를 이용하여 각 귀속 과세연도에 대한 공제세액을 계산하시오. ㈜택스에듀3은 2022년에 창업하였으며, 2022년까지는 고용증대세액공제를 선택하였고 2023년 이후에는 통합고용세액공제를 선택하였다.

고용증대세액공제 시 청년등 상시근로자 수와 통합고용세액공제 시 청년등 상시근로자 수는 동일하다고 가정한다.

▌상시근로자 수▐

구 분	2022년	2023년	2024년	2025년
전체 상시근로자	10	20	12	15
청년등 상시근로자	6	10	7	5
청년등 외 상시근로자	4	10	5	10

[이월세액 및 과세표준]

2022년 : 이월세액 없음
2023년 : 이월세액 없음
2024년 : 과세표준 500,000,000원
2025년 : 과세표준 450,000,000원

풀이

1. 2022년(창업연도) 고용증대 공제세액

(1) 1차년도 공제세액

6명 × 11,000,000원 + 4명 × 7,000,000원 = 94,000,000원

2. 2023년 통합고용세액 공제세액

(1) 1차년도 공제세액

4명 × 14,500,000원 + 6명 × 8,500,000원 = 109,000,000원

(2) 2차년도 공제세액

6명 × 11,000,000원 + 4명 × 7,000,000원 = 94,000,000원
상시근로자 수가 감소하지 않았으므로, 2022년에 공제받은 금액을 한 번 더 공제

3. 2024년 공제세액 및 추가납부세액

(1) 1차년도 통합고용세액 공제세액

전체 상시근로자 수가 감소하였으므로 1차년도 공제금액 없음.

(2) 2차년도 통합고용세액 공제세액

전체 상시근로자 수(12명)가 최초로 공제받은 2023년(20명)에 비해 감소하였으므로 2차년도 공제금액 없음.

(3) 3차년도 고용증대세액 공제세액

6명×11,000,000원 + 4명×7,000,000원 = 94,000,000원

상시근로자 수가 감소하지 않았으므로, 2022년에 공제받은 금액을 한 번 더 공제

(4) 2023년도 통합고용세액 공제액 추가납부세액

(10명−7명)×14,500,000원 + (10명−5명)×8,500,000원 = 86,000,000원

4. 2025년 공제세액 및 추가납부세액

(1) 1차년도 통합고용세액 공제세액

청　　년 : 없음.

청년 외 : Min[①(10명−5명), ②(15명−12명)]×8,500,000원 = 25,500,000원

(2) 2차년도 통합고용세액 공제세액

없음.

(3) 3차년도 통합고용세액 공제세액

전체 상시근로자 수(15명)가 최초로 공제받은 2023년(20명)에 비해 감소하였으므로 3차년도 공제금액 없음.

(4) 2023년도 통합고용세액 공제액 추가납부세액

(10명−5명)×14,500,000원 + (10명−10명)×8,500,000원 − 86,000,000원

= (−)13,500,000원

최초로 공제받은 과세연도 대비한 추징세액이므로, 2024년도에 이미 납부한 세액은 차감해서 계산하며, 음수인 경우라면 추가납부세액은 없다.

5. 2024년 최저한세 및 이월세액

(1) 법인세 산출세액

200,000,000원×9%+300,000,000원×19% = 75,000,000원

(2) 최저한세

Max[①, ②] = 35,000,000원

① 각종감면후세액 : 75,000,000원 − 94,000,000원 = 0원

② 최저한세 : 500,000,000원(과세표준)×7%(최저한세율) = 35,000,000원

(3) 조정감 및 이월세액

75,000,000원(산출세액) − 35,000,000원(최저한세) = 40,000,000원(공제세액)

94,000,000원(공제대상세액) − 40,000,000원(공제세액) = 54,000,000원(조정감세액)

(단위 : 원)

구 분	공제대상세액	조정감	공제세액	이월세액
고용증대세액공제(당기발생액)	94,000,000	54,000,000	40,000,000	54,000,000

(4) 농어촌 특별세액

1) **납부세액** : 40,000,000원(공제세액)×20%(농특세율) = 8,000,000원

2) **환급세액** : 86,000,000원(추가납부세액)×20%(농특세율) = 17,200,000원

3) **차감납부세액** : (−)9,200,000원(환급)

6. 2025년 최저한세 및 이월세액

(1) 법인세 산출세액

200,000,000원×9%+250,000,000×19% = 65,500,000원

(2) 최저한세

Max[①, ②] = 31,500,000원

① 결정세액 : 65,500,000원 − 79,500,000원* = 0원

* 54,000,000원(이월세액)+25,500,000(당기공제세액)=79,500,000원

② 최저한세 : 450,000,000원(과세표준)×7%(최저한세율) = 31,500,000원

(3) 조정감 및 이월세액

65,500,000원(산출세액) − 31,500,000원(최저한세) = 34,000,000원(공제세액)

79,500,000원(공제대상세액) − 34,000,000원(공제세액) = 45,500,000원(조정감세액)

(단위 : 원)

구 분	공제대상세액	조정감*	공제세액**	이월세액
고용증대세액공제(전기이월세액)	54,000,000	45,500,000	8,500,000	45,500,000
통합고용세액공제	25,500,000	0	25,500,000	0
합 계	79,500,000	45,500,000	34,000,000	45,500,000

* 최저한세의 적용으로 감면 등이 배제되는 경우에는 기업이 임의로 감면배제항목을 선택할 수 있다(조특집 132-126-3 ④).

** 각 과세연도의 법인세에서 공제할 금액과 이월된 미공제액이 중복되는 경우에는 이월된 미공제액을 먼저 공제하고 그 이월된 미공제액 간에 중복되는 경우에는 먼저 발생한 것부터 차례대로 공제한다(법법 59 ① 3호, 조특법 144 ②). 여기서, 조세특례제한법 제144조 제2항의 규정은 귀속 과세연도가 상이한 동일 종류의 세액공제가 중복되는 경우에 적용하는 것이고, 서로 다른 종류의 세액공제가 중복되는 경우에는 당해 규정을 적용하지 않는다(서면2팀-1246, 2004.6.16.).

(4) 농어촌 특별세액

34,000,000원(공제세액)×20%(농특세율) = 6,800,000원

1. 2024 사업연도

(1) 고용 증대 기업에 대한 공제세액계산서

■ 조세특례제한법 시행규칙 [별지 제10호의 8 서식] (2024.3.22. 개정)

고용 증대 기업에 대한 공제세액계산서

(3쪽 중 제1쪽)

❶ 신청인	① 상호 또는 법인명 ㈜택스에듀3	② 사업자등록번호 123-81-xxxxx
	③ 대표자 성명 김택스	④ 생년월일
	⑤ 주소 또는 본점소재지 (전화번호:)	

❷ 과세연도	2024 년 1 월 1 일부터 2024 년 12 월 31 일까지

❸ 공제세액 계산내용

가. 1차년도 세제지원 요건 : ⑧ ＞ 0

1. 상시근로자 증가 인원

⑥ 해당 과세연도 상시근로자 수	⑦ 직전 과세연도 상시근로자 수	⑧ 상시근로자 증가 인원 수 (⑥-⑦)

2. 청년등 상시근로자 증가 인원

⑨ 해당 과세연도 청년등 상시근로자 수	⑩ 직전 과세연도 청년등 상시근로자 수	⑪ 청년등 상시근로자 증가 인원 수 (⑨-⑩)

3. 청년등 상시근로자 외 상시근로자 증가 인원

⑫ 해당 과세연도 청년등 상시 근로자 외 상시근로자 수	⑬ 직전 과세연도 청년등 상시 근로자 외 상시근로자 수	⑭ 청년등 상시근로자 외 상시 근로자 증가 인원 수(⑫-⑬)

4. 1차년도 세액공제액 계산

구분	구분		직전 과세연도 대비 상시근로자 증가 인원 수 (⑧ 상시근로자 증가 인원 수를 한도)	1인당 공제금액	⑮ 1차년도 세액공제액
중소기업	수도권 내	청년등		1천1백만원	
		청년등 외		7백만원	
	수도권 밖	청년등		1천2백만원	
		청년등 외		7백7십만원	
	계				
중견기업	청년등			8백만원	
	청년등 외			4백5십만원	
	계				
일반기업	청년등			4백만원	
	청년등 외				
	계				

나. 2차년도 세제지원 요건 : ⑱ ≥ 0

1. 상시근로자 증가 인원

⑯ 2차년도(해당 과세연도) 상시근로자 수	⑰ 1차년도(직전 과세연도) 상시근로자 수	⑱ 상시근로자 증가 인원 수(⑯−⑰)

2. 2차년도 세액공제액 계산(상시근로자 감소여부)

1차년도(직전 과세연도) 대비 상시근로자 감소여부	1차년도(직전 과세연도) 대비 청년 등 상시근로자 수 감소여부	⑲ 1차년도(직전 과세연도) 청년 등 상시근로자 증가 세액공제액	⑳ 1차년도(직전 과세연도) 청년 등 외 상시근로자 증가 세액공제액	㉑ 2차년도 세액공제액
부	부			
	여			
여				

다. 3차년도 세제지원 요건(중소 · 중견기업만 해당) : ㉔ ≥ 0

1. 상시근로자 증가 인원

㉒ 3차년도(해당 과세연도) 상시근로자 수	㉓ 1차년도(직전전 과세연도) 상시근로자 수	㉔ 상시근로자 증가 인원 수(㉒−㉓)

2. 3차년도 세액공제액 계산(상시근로자 감소여부)

1차년도(직전전 과세연도) 대비 상시근로자 감소여부	1차년도(직전전 과세연도) 대비 청년 등 상시근로자 수 감소여부	㉕ 1차년도(직전전 과세연도) 청년 등 상시근로자 증가 세액공제액	㉖ 1차년도(직전전 과세연도) 청년 등 외 상시근로자 증가 세액공제액	㉗ 3차년도 세액공제액
㊀부	㊀부	66,000,000	28,000,000	94,000,000
	여			
여				

❹ 세액공제액 [⑮ 1차년도 세액공제액 + ㉑ 2차년도 세액공제액 + ㉗ 3차년도 세액공제액]	94,000,000

「조세특례제한법 시행령」 제26조의7제10항에 따라 위와 같이 공제세액계산서를 제출합니다.

2025 년 3 월 31 일

신청인 ㈜택스에듀3 (서명 또는 인)

세무서장 귀하

(2) 세액공제조정명세서(3)

[별지 제8호 서식 부표 3] (2025.7.4. 개정) (4쪽 중 제1쪽)

사 업 연 도	2024. 1. 1. ~ 2024. 12. 31.	세액공제조정명세서(3)	법인명	(주)택스에듀3
			사업자등록번호	123-81-xxxxx

1. 공제세액계산(「조세특례제한법」)

(101) 구 분		근거법 조항	(102) 계 산 기 준	코드	(103) 계산명세	(104) 공제대상 세 액
조세특례제한법	중소기업 등 투자세액공제	구 제5조	투자금액 × 1(2,3,5,10)/100	131		
	상생결제 지급금액에 대한 세액공제	제7조의4	지급기한 15일 이내: 지급 금액의 0.5% 지급기한 15일 ~ 30일: 지급 금액의 0.3% 지급기한 30일 ~ 60일: 지급 금액의 0.015%	14Z		
	대·중소기업 상생협력을 위한 기금출연 세액공제	제8조의3 제1항	출연금 × 10/100	14M		
	협력중소기업에 대한 유형고정자산 무상임대 세액공제	제8조의3 제2항	장부가액 × 3/100	18D		
	수탁기업에 설치하는 시설에 대한 세액공제	제8조의3 제3항	투자금액 × 1(3,7)/100	18L		
	교육기관에 무상 기증하는 중고자산에 대한 세액공제	제8조의3 제4항	기증자산 시가 × 10/100	18R		
	신성장·원천기술 연구개발비세액공제(최저한세 적용제외)	제10조 제1항 제1호	(일반 연구·인력개발비) '14.1.1.~'14.12.31.: 발생액 × 3~4(8,10,15,20,25,30)/100 또는 2년간 연평균 발생액의 초과액 × 40(50)/100 '15.1.1. 이후: 발생액 × 2~3(8,10,15,20,25,30)/100 또는 직전 발생액의 초과액 × 40(50)/100 '17.1.1. 이후: 발생액 × 1~3(8,10,15,20,25,30)/100 또는 직전 발생액의 초과액 × 30(40,50)/100 '18. 1. 1. 이후: 발생액 × 0~2(8,10,15,20,25,30)/100 또는 직전 발생액의 초과액 × 25(40,50)/100 (신성장·원천기술 연구개발비) '17. 1. 1. 이후: 발생액 × 20(30)/100 (국가전략기술 연구개발비) '21. 7. 1. 이후: 발생액 ×30(40)/100	16A		
	국가전략기술 연구개발비세액공제(최저한세 적용제외)	제10조 제1항 제2호		10D		
	일반 연구·인력개발비세액공제(최저한세 적용제외)	제10조 제1항 제3호		16B		
	신성장·원천기술 연구개발비세액공제(최저한세 적용대상)	제10조 제1항 제1호		13L		
	국가전략기술 연구개발비세액공제(최저한세 적용대상)	제10조 제1항 제2호		10E		
	일반 연구·인력개발비세액공제(최저한세 적용대상)	제10조 제1항 제3호		13M		
	기술취득에 대한 세액공제	제12조 제2항	특허권 등 취득금액 × 5(10)/100 *법인세의 10% 한도	176		
	기술혁신형 합병에 대한 세액공제	제12조의3	기술가치금액 × 10/100	14T		
	기술혁신형 주식취득에 대한 세액공제	제12조의4	기술가치금액 × 10/100	14U		
	벤처기업등 출자에 대한 세액공제	제13조의2	주식등 취득가액 × 5/100	18E		
	성과공유 중소기업 경영성과급 세액공제	제19조	'22.1.1. 이전 지급분: 근로자에 지급하는 경영성과급 × 10/100 '22.1.1. 이후 지급분: 근로자에 지급하는 경영성과급× 15/100	18H		
	연구·인력개발설비투자세액공제	구 제25조 제1항 제1호	'14.1.1.~'15.12.31. 투자분: 투자금액 × 3(5,10)/100 '16.1.1. 이후 투자분: 투자금액 × 1(3,6)/100 '19.1.1. 이후 투자분: 투자금액 × 1(3,7)/100	134		
	에너지절약시설투자세액공제	구 제25조 제1항 제2호	'14.1.1.~'15.12.31. 투자분: 투자금액 × 3(5,10)/100 ('16.1.1. 현재 투자진행 중인 경우 '16.12.31.까지 종전율 적용) '16.1.1. 이후 투자개시분: 투자금액 × 1(3,10)/100 '19.1.1. 이후 투자분: 투자금액 × 1(3,7)/100	177		

210mm×297mm[백상지 80g/㎡ 또는 중질지 80g/㎡]

	(101) 구 분	근거법 조항	(102) 계 산 기 준	코드	(103) 계산명세	(104) 공제대상 세 액
조세특례제한법	환경보전시설 투자세액공제	구 제25조 제1항 제3호	투자금액 × 3(5,10)/100 '19.1.1. 이후 투자분: 투자금액 × 3(5,10)/100	14A		
	근로자복지증진시설투자세액공제	구 제25조 제1항 제4호	투자금액 × 7(10)/100 '19.1.1. 이후 취득분: 취득금액 × 3(5,10)/100	142		
	안전시설투자세액공제	구 제25조 제1항 제5호	'13.1.1.~'14.12.31. 투자분: 투자금액 × 3(7)/100 '15.1.1. 이후 투자분: 투자금액 × 1(3,7)/100 '19.1.1. 이후 투자분: 투자금액 × 1(5,10)/100	136		
	생산성향상시설투자세액공제	구 제25조 제1항 제6호	'13.1.1.~'14.12.31. 투자분: 투자금액 × 3(7)/100 '15.1.1. 이후 투자분: 투자금액 × 1(3,7)/100 '20.1.1.~'20.12.31. 투자분: 투자금액 × 2(5,10))/100 '21.1.1.~'21.12.31. 투자분: 투자금액 × 1(5,10))/100 '21.1.1.~이후. 투자분: 투자금액 × 1(3,7))/100	135		
	의약품 품질관리시설투자세액공제	구 제25조의4	'14.1.1.~'16.12.31. 투자분: 투자금액 × 3(5,7)/100 '17.1.1. 이후 투자분: 투자금액 × 1(3,6)/100	14B		
	신성장기술 사업화를 위한 시설투자 세액공제	구 제25조의5	투자금액 × 5(7,10)/100	18B		
	영상콘텐츠 제작비용에 대한 세액공제(기본공제)	제25조의6	제작비용 × 5(10,15)/100	18C		
	영상콘텐츠 제작비용에 대한 세액공제(추가공제)	제25조의6	제작비용 × 10(15)/100	1B8		
	초연결 네트워크 시설투자에 대한 세액공제	구 제25조의7	투자금액 × 2(3)/100	18I		
	고용창출투자세액공제	제26조	'12.1.1.~12.31.: 투자금액 × {기본공제(3~4%)+추가공제(2~3%)} '13.1.1.~12.31.: 투자금액 × {기본공제(2~4%)+추가공제(3%)} '14.1.1. 이후: 투자금액 × {기본공제(1~4%)+추가공제(3%)} (한도: 상시근로자 증가분 × 1,000만원, 1,500만원, 2,000만원) '15.1.1. 이후: 투자금액 × {기본공제(0~3%)+추가공제(3~7%)} '17.1.1. 이후: (한도 : 상시근로자 증가분 × 1,000 (1,500)만원, 1,500(2,000)만원, 2,000(2,500)만원)	14N		
	산업수요맞춤형고등학교등 졸업자를 병역이행 후 복직시킨 중소기업에 대한 세액공제	제29조의2	복직자에게 지급한 인건비 × 중소30(중견15)/100	14S		
	경력단절 여성 고용 기업 등에 대한 세액공제	제29조의3 제1항	경력단절 여성 재고용 인건비 × 중소30(중견15)/100	14X		
	육아휴직 후 고용유지 기업에 대한 인건비 세액공제	제29조의3 제2항	육아휴직 복귀자 인건비 × 중소30(중견15)/100	18J		
	근로소득을 증대시킨 기업에 대한 세액공제	제29조의4	평균 초과 임금증가분 × 5(중견10, 중소20)/100 정규직 전환 근로자의 임금 증가분 × 5(10,20)/100	14Y		
	청년고용을 증대시킨 기업에 대한 세액공제	제29조의5	청년정규직근로자 증가인원수 × 3백만원(7백만원, 1천만원)	18A		
	고용을 증대시킨 기업에 대한 세액공제	제29조의7	직전연도 대비 상시근로자 증가수 × 4백만원(1천2백만원) '21.12.31~'22.12.31.: 직전연도 대비 상시근로자 증가수 × 5백만원(1천3백만원)	18F		94,000,000
	통합고용세액공제	제29조의8	직전연도 대비 상시근로자 증가수 × 4백만원(1천4백5십만원)	18S		
	통합고용세액공제(정규직전환)	제29조의8		1B4		
	통합고용세액공제(육아휴직복귀)	제29조의8		1B5		
	정규직 근로자 전환 세액공제	제30조의2	전환인원수 × 중소1천만원(중견7백만원)	14H		
	고용유지중소기업에 대한 세액공제	제30조의3	연간 임금감소 총액× 10/100 + 시간당 임금상승에 따른 보전액 × 15/100	18K		
	중소기업 고용증가 인원에 대한 사회보험료 세액공제	제30조의4 제1항	청년(만15~29세)근로자 등 순증인원의 사회보험료(증가분의 100%) 청년 및 경력단절 여성 외 근로자 순증인원의 사회보험료(증가분의 50%,75%)	14Q		

210mm×297mm[백상지 80g/㎡ 또는 중질지 80g/㎡]

(101) 구분	근거 법조항	(102) 계산기준	코드	(103) 계산 명세	(104) 공제 대상 세액
중소기업 사회보험 신규가입에 대한 사회보험료 세액공제	제30조의4 제3항	'20. 12. 31.까지 사회보험 신규가입에 따 른 사용자 부담액× 50%	18G		
전자신고에 대한 세액공제(법인)	제104조의8 제1항	법인세 전자신고시 2만원	184		
전자신고에 대한 세액공제(세무법인 등)	제104조의8 제3항	법인세 · 소득세 전자신고 대리건수 × 2만원 *한도: 연300만원(세무 · 회계법인 연750만원) 한도액계산시 부가가치세 대리신고에 따른 세액공제액 포함	14J		
제3자 물류비용 세액공제	제104조의14	(전년대비 위탁물류비용 증가액)×3/100(중소기업은 5/100) * 직전 위탁물류비 30% 미만 : (당기 위탁물류비 - 당기 전체물류비 × 30%) ×3/100(중소기업은 5/100) * 법인세 10% 한도	14E		
대학 맞춤형 교육비용 세액공제	구 제104조의18 제1항	법 제10조 연구 · 인력개발비세액공제 준용 *수도권 소재대학의 발생액은 50%만 인정	14I		
대학등 기부설비에 대한 세액공제	구 제104조의18 제2항	법 제11조 연구 · 인력개발설비투자세액공제 준용 *수도권 소재대학의 기부금액은 50%만 인정	14K		
기업의 운동경비부 설치운영 세액공제	제104조의22	설치운영비용 × 10(20)/100	14O		
산업수요맞춤형 고등학교 등 재학생에 대한 현장훈련수당 등 세액공제	구 제104조의18 제4항	일반 연구 · 인력개발비 세액공제 준용	14R		
석유제품 전자상거래에 대한 세액공제	제104조의25	'13. 1. 1. ~ 12. 31.: 공급가액의 0.5%(산출세액의 10% 한도) '14. 1. 1. ~ '16. 12. 31.: 공급가액의 0.3%(산출세액의 10% 한도) '17. 1. 1. ~ '19. 12. 31.: 공급자는 공급가액의0.1%,수요자 0.2%,(산출세액의 10% 한도) '20.1.1.~'22.12.31.: 수요자만 공급가액의 0.2%(산출세액의 10% 한도)	14P		
금 현물시장에서 거래되는 금지금에 대한 과세특례	제126조의7 제8항	산출세액×[(금 현물시장 이용금액 - 직전 과세연도의 금 현물시장 이용금액)/매출액] 또는 산출세액×[(금 현물시장 이용금액 ×5/100)/매출액]	14V		
금사업자와 스크랩등사업자의 수입금액증가등 세액공제	제122조의4	산출세액×[(매입자납부익금및손금합계금액 - 직전 과세연도의 매입자납부익금및손금합계금액)×50/100]/익금및손금합계금액 또는 산출세액×[(매입자납부익금및손금합계금액×5/100)]/익금및손금합계금액 *한도: 해당 과세연도 산출세액-직전 과세연도 산출세액	14W		
성실신고 확인비용에 대한 세액공제	제126조의6	확인비용 × 60/100 (150만원 한도)	10A		
우수 선화주 인증받은 국제물류주선업자에 대한 세액공제	제104조의30	운송비용의 1% + 직전과세연도 대비 증가분의 3%(산출세액의 10%한도)	18M		
용역제공자에 관한 과세자료의 제출에 대한 세액공제	제104조의32	과세자료에 기재된 용역제공자 인원수×300원(200만원 한도)	10C		
이스포츠대회 운영에 대한 과세특례	제104조의35	이스포츠대회 운영비용 × 10/100	1F1		
소재 · 부품 · 장비 수요기업 공동출자세액공제	제13조의3 제1항	주식 또는 출자지분 취득가액 5%	18N		
소재 · 부품 · 장비 외국법인 인수세액 공제	제13조의3 제3항	주식 또는 출자지분 취득가액 5% (중견7%, 중소10%)	18P		
상가임대료를 인하한 임대사업자에 대한 세액공제	제96조의3	임대료 인하액의 70%	10B		
문화산업전문회사 출자에 대한 세액공제	제25조의 7	출자금액 중 영상콘텐츠제작비용의 3%	1B7		
선결제 금액에 대한 세액공제	제99조의12	선결제금액 × 1%	18Q		
통합투자세액공제(일반)	제24조	기본공제: 투자금액 × 1(중견5/7.5, 중소10)/100, 신성장 · 원천기술 투자금액 × 3(중견6/9,중소12)/100 국가전략기술 투자금액 × 15(중견15/20,중소25)/100 국가전략기술반도체 투자금액 × 20(중견20/25,중소30)/100 * 국가전략기술반도체 투자금액: '25.1.1. 이후 투자분부터 적용 추가공제: 직전 3년 연평균 투자금액 초과액 × 10/100(기본공제 200% 한도) 임시 투자 세액공제 기본공제: 투자금액 × 1(중견7, 중소12)/100, 신성장사업화시설 투자금액 × 3(중견8,중소14)/100 국가전략기술 투자금액 × 15(중견15/20,중소25)/100 국가전략기술반도체 투자금액 × 20(중견20/25,중소30)/100 * 국가전략기술반도체 투자금액: '25.1.1. 이후 투자분부터 적용 추가공제: 직전 3년 연평균 투자금액 초과액 × 10/100(기본공제 200% 한도)	13W		
임시통합투자세액공제(일반)			1B1		
통합투자세액공제(신성장 · 원천기술)			13X		
임시통합투자세액공제(신성장 · 원천기술)			1B2		
통합투자세액공제(국가전략기술)			13Y		
임시통합투자세액공제(국가전략기술)			1B3		
통합투자세액공제(반도체분야 국가전략기술)			13Z		
임시통합투자세액공제(반도체분야 국가전략기술)			1B9		
해외자원개발투자에 대한 과세특례	제104조의15	투자금액×3%	1B6		
합계			1A1		94,000,000

210mm×297mm[백상지 80g/㎡ 또는 중질지 80g/㎡]

2. 당기공제세액 및 이월액계산

(105) 구분	(106) 사업연도	공제 대상 세액		당기 공제 대상 세액								(121) 최저한세 적용에 따른 미공제액	(122) 그 밖의 사유로 인한 미공제액	(123) 공제세액 ((120)-(121)-(122))	(124) 소멸	(125) 이월액 ((107)+(108)-(123)-(124))
		(107) 당기분	(108) 이월분	(109) 당기분	(110) 1차 연도 / (115) 6차 연도	(111) 2차 연도 / (116) 7차 연도	(112) 3차 연도 / (117) 8차 연도	(113) 4차 연도 / (118) 9차 연도	(114) 5차 연도 / (119) 10차 연도	(120) 계						
고용증대세액공제	2024	94,000,000		94,000,000						94,000,000		54,000,000		40,000,000		54,000,000
	소계	94,000,000		94,000,000						94,000,000		54,000,000		40,000,000		54,000,000
합계		94,000,000		*94,000,000*						94,000,000		54,000,000		40,000,000		54,000,000

작성방법

1. (105) 구분란: 제1쪽의 1. 공제세액계산(「조세특례제한법」)의 코드란에 적혀 있는 코드를 적습니다.
2. (106) 사업연도란: 이월된 공제 대상 세액이 발생한 사업연도와 종료월을 적습니다.
3. (107) 당기분란: (104) 공제 대상 세액란에 적힌 금액을 적습니다.
4. (108) 이월분란: (105) 구분별, 사업연도별로 직전 사업연도의 (125) 이월액을 적습니다.
5. (109) 당기분란: 당기분 세액을 적습니다.
6. (110) 1차 연도란부터 (119) 10차 연도란까지: (106) 사업연도란에 적힌 사업연도부터의 경과 연차에 해당하는 란에 (108) 이월분란에 적힌 금액을 적습니다.
7. (121) 최저한세 적용에 따른 미공제액란: 「조세특례제한법」 제144조 제2항에 규정된 순서에 따라 각 란에 조정하여 적고, 합계란(※표란)에는 "최저한세 조정계산서(별지 제4호 서식)"의 (124) 세액공제란의 ④ 조정감란에 적힌 금액을 옮겨 적습니다.
8. 근거 법조항란 중 "구"는 2020년 12월 29일 법률 제17759호로 개정되기 전의 「조세특례제한법」을 말합니다.

210mm×297mm[백상지 80g/㎡ 또는 중질지 80g/㎡]

(3) 추가납부세액계산서(6)

[별지 제8호 서식 부표 6] (2024.3.22. 개정)　　(앞 쪽)

사 업 연 도	2024. 1. 1. ~ 2024.12.31.	추가납부세액계산서(6)	법인명	㈜택스에듀3
			사업자등록번호	123-81-xxxxx

1. 준비금 환입에 대한 법인세 추가납부액

① 구분		② 손금산입연도	③ 추가납부대상 준비금환입액	④ 공제액	⑤ 차감계 (③-④)	⑥ 법인세 상당액	⑦ 이율 (일변)	⑧ 기간	⑨법인세 추가납부액 (⑥×⑦×⑧)
코드	내용								
계									

2. 소득공제액에 대한 법인세 추가납부액

⑩ 구분		⑪ 소득공제연도	⑫ 추가납부사유	⑬ 공제받은 소득금액	⑭ 법인세 상당액	가산액			⑱법인세 추가납부액 (⑭+⑰)
코드	내용					⑮이율 (일변)	⑯기간	⑰금액 (⑭×⑮×⑯)	
계									

3. 공제감면세액에 대한 법인세 추가납부액

⑲ 구분		⑳ 공제감면 받은 연도	㉑ 추가납부사유	㉒ 공제감면 세액	가 산 액			㉖법 인 세 추가납부액 (㉒+㉕)
코드	내용				㉓이율 (일변)	㉔기간	㉕금액 (㉒×㉓×㉔)	
18S	통합고용 세액공제	2023	근로자 감소	86,000,000				86,000,000
계				86,000,000				86,000,000

4. 법인세 추가납부세액 합계 ㉗(⑨+⑱+㉖)

210mm×297mm[백상지 80g/㎡ 또는 중질지 80g/㎡]

(4) 공제감면세액 및 추가납부세액합계표(갑)

[별지 제8호 서식(갑)] (2025.7.4. 개정)

(5쪽 중 제1쪽)

사 업 연 도	2024. 1. 1. ~ 2024.12.31.	공제감면세액 및 추가납부세액합계표(갑)	법 인 명	㈜택스에듀3
			사업자등록번호	123-81-xxxxx

1. 최저한세 적용제외 공제감면세액

	① 구 분	② 근 거 법 조 항	코드	③ 대상세액	④ 감면(공제)세액
세액감면	⑩ 창업중소기업에 대한 세액감면(최저한세 적용제외)	「조세특례제한법」 제6조 제7항 외	11O		
	⑫ 해외자원개발투자배당 감면	「조세특례제한법」 제22조	103		
	⑬ 수도권과밀억제권역 밖으로 이전하는 중소기업 세액감면(수도권 밖으로 이전)	구 「조세특례제한법」 제63조	169		
	⑭ 공장의 수도권 밖 이전에 대한 세액감면	「조세특례제한법」 제63조	108		
	⑮ 본사의 수도권 밖 이전에 대한 세액감면	「조세특례제한법」 제63조의2	109		
	⑯ 영농조합법인 감면	「조세특례제한법」 제66조	104		
	⑰ 영어조합법인 감면	「조세특례제한법」 제67조	107		
	⑱ 농업회사법인 감면(농업소득)	「조세특례제한법」 제68조	11B		
	⑲ 행정중심복합도시 등 공장이전에 대한 조세감면	「조세특례제한법」 제85조의2제3항 (2019. 12. 31. 법률 제16835호로 개정되기 전의 것)	11A		
	⑩ 위기지역 내 창업기업 세액감면(최저한세 적용제외)	「조세특례제한법」 제99조의9	11N		
	⑪ 해외진출기업의 국내복귀에 대한 세액감면(철수방식)	「조세특례제한법」 제104조의24제1항 제1호	11F		
	⑫ 해외진출기업의 국내복귀에 대한 세액감면(유지방식)	「조세특례제한법」 제104조의24제1항 제2호	11H		
	⑬ 고도기술수반사업 외국인투자 세액감면	「조세특례제한법」 제121조의2제1항 제1호	186		
	⑭ 외국인투자지역내 외국인투자 세액감면	「조세특례제한법」 제121조의2제1항 제2호 또는 제2호의5	187		
	⑮ 경제자유구역내 외국인투자 세액감면	「조세특례제한법」 제121조의2제1항 제2호의2	188		
	⑯ 경제자유구역 개발사업시행자 세액감면	「조세특례제한법」 제121조의2제1항 제2호의3	157		
	⑰ 제주투자진흥기구의 개발사업시행자 세액감면	「조세특례제한법」 제121조의2제1항 제2호의4	158		
	⑱ 기업도시 개발구역내 외국인투자 세액감면	「조세특례제한법」 제121조의2제1항 제2호의6	159		
	⑲ 기업도시 개발사업의 시행자 세액감면	「조세특례제한법」 제121조의2제1항 제2호의7	160		
	⑳ 새만금사업지역내 외국인투자 세액감면	「조세특례제한법」 제121조의2제1항 제2호의8	11J		
	㉑ 새만금사업 시행자 세액감면	「조세특례제한법」 제121조의2제1항 제2호의9	11K		
	㉒ 기타 외국인투자유치를 위한 조세감면	「조세특례제한법」 제121조의2제1항 제3호	167		
	㉓ 외국인투자기업의 증자의 조세감면	「조세특례제한법」 제121조의4	172		
	㉔ 기술도입대가에 대한 조세면제(국내지점 등)	법률 제9921호 조세특례제한법 일부개정법률 부칙 제77조	173		
	㉕ 제주첨단과학기술단지 입주기업 조세감면(최저한세 적용제외)	「조세특례제한법」 제121조의8	181		
	㉖ 제주투자진흥지구등 입주기업 조세감면(최저한세 적용제외)	「조세특례제한법」 제121조의9	182		
	㉗ 기업도시개발구역 창업·사업장신설기업에 대한 세액감면(최저한세 적용제외)	「조세특례제한법」 제121조의17제1항 제1호	197		
	㉘ 기업도시개발사업 시행자에 대한 세액감면	「조세특례제한법」 제121조의17제1항 제2호	198		
	㉙ 지역개발사업구역 또는 지역활성화지역 창업·사업장신설기업에 대한 세액감면(최저한세 적용제외)	「조세특례제한법」 제121조의17제1항 제3호	1D2		

210mm×297mm[백상지 80g/㎡ 또는 중질지 80g/㎡]

세액감면	⑬⓪ 지역개발사업구역, 지역활성화지역 또는 낙후지역 사업시행자에 대한 감면	「조세특례제한법」 제121조의17제1항 제4호	1D3		
	⑬① 해양박람회특구 창업 · 사업장신설기업에 대한 감면(최저한세 적용제외)	「조세특례제한법」 제121조의17제1항 제5호	1D4		
	⑬② 해양박람회특구 박람회 사후활용 사업시행자에 대한 감면	「조세특례제한법」 제121조의17제1항 제6호	1D5		
	⑬③ 새만금투자진흥지구 사업시행자에 대한 감면	「조세특례제한법」 제121조의17제1항 제7호	1D7		
	⑬④ 새만금투자진흥지구 창업 · 사업장신설기업에 대한 감면(최저한세 적용제외)	「조세특례제한법」 제121조의17제1항 제8호	1D6		
	⑬⑤ 평화경제특구 창업 · 사업장신설기업에 대한 감면(최저한세 적용제외)	「조세특례제한법」 제121조의17제1항 제9호	1D8		
	⑬⑥ 평화경제특구 개발사업시행자에 대한 감면	「조세특례제한법」 제121조의17제1항 제10호	1D9		
	⑬⑦ 아시아문화중심도시 투자진흥지구 입주기업 감면(최저한세 적용제외)	「조세특례제한법」 제121조의20제1항	11C		
	⑬⑧ 금융중심지 창업기업에 대한 감면(최저한세 적용제외)	「조세특례제한법」 제121조의21제1항	11G		
	⑬⑨ 동업기업 세액감면 배분액(최저한세 적용제외)	「조세특례제한법」 제100조의18제4항	11D		
	⑭⓪ 사회적기업에 대한 감면	「조세특례제한법」 제85조의6	11L		
	⑭① 장애인 표준사업장에 대한 감면	「조세특례제한법」 제85조의6	11M		
	⑭② 첨단의료복합단지 입주기업에 대한 감면(최저한세 적용제외)	「조세특례제한법」 제121조의22제1항1호	17A		
	⑭③ 국가식품클러스터 입주기업에 대한 감면(최저한세 적용제외)	「조세특례제한법」 제121조의22제1항2호	17B		
	⑭④ 연구개발특구 입주기업에 대한 감면(최저한세 적용제외)	「조세특례제한법」 제12조의2	17C		
	⑭⑤ 감염병 피해에 따른 특별재난지역의 중소기업에 대한 감면	「조세특례제한법」 제99조의11	17D		
	⑭⑥ 기회발전특구 창업기업 등에 대한 법인세 등의 감면(최저한세 적용제외)	「조세특례제한법」 제121조의33	1D1		
	⑭⑦ 소계		170		
세액공제	⑭⑧ 외국납부세액공제	「법인세법」 제57조 및 제57조의2	101		
	⑭⑨ 재해손실세액공제	「법인세법」 제58조	102		
	⑮⓪ 신성장 · 원천기술 연구개발비세액공제(최저한세 적용제외)	「조세특례제한법」 제10조 제1항 제1호	16A		
	⑮① 국가전략기술 연구개발비세액공제(최저한세 적용제외)	「조세특례제한법」 제10조 제1항 제2호	10D		
	⑮② 일반 연구 · 인력개발비세액공제(최저한세 적용제외)	「조세특례제한법」 제10조 제1항 제3호	16B		
	⑮③ 동업기업 세액공제 배분액(최저한세 적용제외)	「조세특례제한법」 제100조의18제4항	12D		
	⑮④ 성실신고 확인비용에 대한 세액공제	「조세특례제한법」 제126조의6	10A		
	⑮⑤ 상가임대료를 인하한 임대사업자에 대한 세액공제	「조세특례제한법」 제96조의3	10B		
	⑮⑥ 용역제공자에 관한 과세자료의 제출에 대한 세액공제	「조세특례제한법」 제104조의32	10C		
	⑮⑦ 소계		180		
⑮⑧ 합계(⑭⑦ + ⑮⑦)			110		

210mm×297mm[백상지 80g/㎡ 또는 중질지 80g/㎡]

2. 최저한세 적용대상 공제감면세액

	① 구분	② 근거 법조항	코드	③ 대상세액	④ 감면(공제)세액
세액감면	⑮⑨ 창업중소기업에 대한 세액감면(최저한세 적용대상)	「조세특례제한법」 제6조 제1항 · 제5항 · 제6항	111		
	⑯⓪ 창업벤처중소기업 세액감면	「조세특례제한법」 제6조 제2항	174		
	⑯① 에너지신기술 중소기업 세액감면	「조세특례제한법」 제6조 제4항	13E		
	⑯② 중소기업에 대한 특별세액감면	「조세특례제한법」 제7조	112		
	⑯③ 연구개발특구 입주기업에 대한 세액감면(최저한세 적용대상)	「조세특례제한법」 제12조의2	179		
	⑯④ 국제금융거래이자소득 면제	「조세특례제한법」 제21조	123		
	⑯⑤ 사업전환 중소기업에 대한 세액감면	구 「조세특례제한법」 제33조의2	192		
	⑯⑥ 무역조정지원기업의 사업전환 세액감면	구 「조세특례제한법」 제33조의2	13A		
	⑯⑦ 기업구조조정 전문회사 주식양도차익 세액감면	법률 제9272호 조세특례제한법 일부개정법률 부칙 제10조 · 제40조	13B		
	⑯⑧ 혁신도시 이전 등 공공기관 세액감면	「조세특례제한법」 제62조 제4항	13F		
	⑯⑨ 공장의 지방이전에 대한 세액감면(중소기업의 수도권 인구감소지역 안으로 이전)	「조세특례제한법」 제63조	116		
	⑰⓪ 농공단지입주기업 등 감면	「조세특례제한법」 제64조	117		
	⑰① 농업회사법인 감면(농업소득 외의 소득)	「조세특례제한법」 제68조	119		
	⑰② 소형주택 임대사업자에 대한 세액감면	「조세특례제한법」 제96조	13I		
	⑰③ 상가건물 장기임대사업자에 대한 세액감면	「조세특례제한법」 제96조의2	13N		
	⑰④ 산림개발소득 감면	「조세특례제한법」 제102조	124		
	⑰⑤ 동업기업 세액감면 배분액(최저한세 적용대상)	「조세특례제한법」 제100조의18제4항	13D		
	⑰⑥ 첨단의료복합단지 입주기업에 대한 감면(최저한세 적용대상)	「조세특례제한법」 제121조의22제1항 제1호	13H		
	⑰⑦ 기술이전에 대한 세액감면	「조세특례제한법」 제12조 제1항	13J		
	⑰⑧ 기술대여에 대한 세액감면	「조세특례제한법」 제12조 제3항	13K		
	⑰⑨ 제주첨단과학기술단지 입주기업 감면(최저한세 적용대상)	「조세특례제한법」 제121조의8	13P		
	⑱⓪ 제주투자진흥지구등 입주기업 감면(최저한세 적용대상)	「조세특례제한법」 제121조의9	13Q		
	⑱① 기업도시개발구역 창업 · 사업장신설기업에 대한 감면(최저한세 적용대상)	「조세특례제한법」 제121조의17제1항 제1호	13R		
	⑱② 지역개발사업구역 또는 지역활성화지역 창업 · 사업장신설기업에 대한 감면(최저한세 적용대상)	「조세특례제한법」 제121조의17제1항 제3호	1E1		
	⑱③ 해양박람회특구 창업 · 사업장신설기업에 대한 감면(최저한세 적용대상)	「조세특례제한법」 제121조의17제1항 제5호	1E2		
	⑱④ 새만금투자진흥지구 창업 · 사업장신설기업에 대한 감면(최저한세 적용대상)	「조세특례제한법」 제121조의17제1항 제8호	1E3		
	⑱⑤ 평화경제특구 창업 · 사업장신설기업에 대한 감면(최저한세 적용대상)	「조세특례제한법」 제121조의17제1항 제9호	1E4		
	⑱⑥ 위기지역 내 창업기업 세액감면(최저한세 적용대상)	「조세특례제한법」 제99조의9	13S		
	⑱⑦ 아시아문화중심도시 투자진흥지구 입주기업 감면(최저한세 적용대상)	「조세특례제한법」 제121조의20제1항	13T		
	⑱⑧ 금융중심지 창업기업에 대한 감면(최저한세 적용대상)	「조세특례제한법」 제121조의21제1항	13U		
	⑱⑨ 국가식품클러스터 입주기업에 대한 감면(최저한세 적용대상)	「조세특례제한법」 제121조의22제1항 제2호	13V		
	⑲⓪ 기회발전특구 창업기업 등에 대한 법인세 등의 감면(최저한세 적용대상)	「조세특례제한법」 제121조의33	1C1		
	⑲① 소계		130		

210mm×297mm[백상지 80g/㎡ 또는 중질지 80g/㎡]

① 구분		② 근거 법조항	코드	⑤ 전기 이월액	⑥ 당기 발생액	⑦ 공제세액
세액공제	(192) 중소기업 등 투자세액공제	구 「조세특례제한법」 제5조	131			
	(193) 상생결제 지급금액에 대한 세액공제	「조세특례제한법」 제7조의4	14Z			
	(194) 대·중소기업 상생협력을 위한 기금출연 세액공제	「조세특례제한법」 제8조의3제1항	14M			
	(195) 협력중소기업에 대한 유형고정자산 무상임대 세액공제	「조세특례제한법」 제8조의3제2항	18D			
	(196) 수탁기업에 설치하는 시설에 대한 세액공제	「조세특례제한법」 제8조의3제3항	18L			
	(197) 교육기관에 무상 기증하는 중고자산에 대한 세액공제	「조세특례제한법」 제8조의3제4항	18R			
	(198) 신성장·원천기술 연구개발비세액공제(최저한세 적용대상)	「조세특례제한법」 제10조 제1항 제1호	13L			
	(199) 국가전략기술 연구개발비세액공제(최저한세 적용대상)	「조세특례제한법」 제10조 제1항 제2호	10E			
	(200) 일반 연구·인력개발비세액공제(최저한세 적용대상)	「조세특례제한법」 제10조 제1항 제3호	13M			
	(201) 기술취득에 대한 세액공제	「조세특례제한법」 제12조 제2항	176			
	(202) 기술혁신형 합병에 대한 세액공제	「조세특례제한법」 제12조의3	14T			
	(203) 기술혁신형 주식취득에 대한 세액공제	「조세특례제한법」 제12조의4	14U			
	(204) 벤처기업등 출자에 대한 세액공제	「조세특례제한법」 제13조의2	18E			
	(205) 성과공유 중소기업 경영성과급 세액공제	「조세특례제한법」 제19조	18H			
	(206) 연구·인력개발설비투자 세액공제	구 「조세특례제한법」 제25조 제1항 제1호	134			
	(207) 에너지절약시설투자 세액공제	구 「조세특례제한법」 제25조 제1항 제2호	177			
	(208) 환경보전시설 투자 세액공제	구 「조세특례제한법」 제25조 제1항 제3호	14A			
	(209) 근로자복지증진시설투자 세액공제	구 「조세특례제한법」 제25조 제1항 제4호	142			
	(210) 안전시설투자 세액공제	구 「조세특례제한법」 제25조 제1항 제5호	136			
	(211) 생산성향상시설투자세액공제	구 「조세특례제한법」 제25조 제1항 제6호	135			
	(212) 의약품 품질관리시설투자 세액공제	구 「조세특례제한법」 제25조의4	14B			
	(213) 신성장기술 사업화를 위한 시설투자 세액공제	구 「조세특례제한법」 제25조의5	18B			
	(214) 영상콘텐츠 제작비용에 대한 세액공제(기본공제)	「조세특례제한법」 제25조의6	18C			
	(215) 영상콘텐츠 제작비용에 대한 세액공제(추가공제)	「조세특례제한법」 제25조의6	1B8			
	(216) 초연결 네트워크 시설투자에 대한 세액공제	구 「조세특례제한법」 제25조의7	18I			
	(217) 고용창출투자세액공제	「조세특례제한법」 제26조	14N			
	(218) 산업수요맞춤형고등학교등 졸업자를 병역이행 후 복직시킨 중소기업에 대한 세액공제	「조세특례제한법」 제29조의2	14S			
	(219) 경력단절 여성 고용 기업 등에 대한 세액공제	「조세특례제한법」 제29조의3제1항	14X			
	(220) 육아휴직 후 고용유지 기업에 대한 인건비 세액공제	「조세특례제한법」 제29조의3제2항	18J			
	(221) 근로소득을 증대시킨 기업에 대한 세액공제	「조세특례제한법」 제29조의4	14Y			
	(222) 청년고용을 증대시킨 기업에 대한 세액공제	「조세특례제한법」 제29조의5	18A			
	(223) 고용을 증대시킨 기업에 대한 세액공제	「조세특례제한법」 제29조의7	18F		94,000,000	40,000,000
	(224) 통합고용세액공제	「조세특례제한법」 제29조의8	18S			
	(225) 통합고용세액공제(정규직 전환)	「조세특례제한법」 제29조의8	1B4			
	(226) 통합고용세액공제(육아휴직 복귀)	「조세특례제한법」 제29조의8	1B5			
	(227) 정규직근로자 전환 세액공제	「조세특례제한법」 제30조의2	14H			
	(228) 고용유지중소기업에 대한 세액공제	「조세특례제한법」 제30조의3	18K			
	(229) 중소기업 고용증가 인원에 대한 사회보험료 세액공제	「조세특례제한법」 제30조의4 제1항	14Q			
	(230) 중소기업 사회보험 신규가입에 대한 사회보험료 세액공제	「조세특례제한법」 제30조의4 제3항	18G			
	(231) 전자신고에 대한 세액공제(납세의무자)	「조세특례제한법」 제104조의8 제1항	184			
	(232) 전자신고에 대한 세액공제(세무법인 등)	「조세특례제한법」 제104조의8 제3항	14J			
	(233) 제3자 물류비용 세액공제	「조세특례제한법」 제104조의14	14E			
	(234) 대학 맞춤형 교육비용 등 세액공제	구 「조세특례제한법」 제104조의18제1항	14I			
	(235) 대학등 기부설비에 대한 세액공제	구 「조세특례제한법」 제104조의18제2항	14K			
	(236) 기업의 경기부 설치운영비용 세액공제	「조세특례제한법」 제104조의22	14O			
	(237) 동업기업 세액공제 배분액(최저한세 적용대상)	「조세특례제한법」 제100조의18제4항	14L			
	(238) 산업수요맞춤형 고등학교 등 재학생에 대한 현장훈련수당 등 세액공제	구 「조세특례제한법」 제104조의18제4항	14R			
	(239) 석유제품 전자상거래에 대한 세액공제	「조세특례제한법」 제104조의25	14P			
	(240) 금 현물시장에서 거래되는 금지금에 대한 과세특례	「조세특례제한법」 제126조의7제8항	14V			
	(241) 금사업자와 스크랩등사업자의 수입금액의 증가 등에 대한 세액공제	「조세특례제한법」 제122조의4	14W			
	(242) 우수 선화주 인증 국제물류주선업자 세액공제	「조세특례제한법」 제104조의30	18M			

210mm×297mm[백상지 80g/㎡ 또는 중질지 80g/㎡]

세액공제	(243) 이스포츠대회 운영에 대한 과세특례	「조세특례제한법」 제104조의35	1F1			
	(244) 소재 · 부품 · 장비 수요기업 공동출자 세액공제	「조세특례제한법」 제13조의3제1항	18N			
	(245) 소재 · 부품 · 장비 외국법인 인수세액 공제	「조세특례제한법」 제13조의3제3항	18P			
	(246) 선결제 금액에 대한 세액공제	「조세특례제한법」 제99조의12	18Q			
	(247) 해외자원개발투자에 대한 과세특례	「조세특례제한법」 제104조의15	1B6			
	(248) 통합투자세액공제(일반)	「조세특례제한법」 제24조	13W			
	(249) 통합투자세액공제(신성장 · 원천기술)	「조세특례제한법」 제24조	13X			
	(250) 통합투자세액공제(국가전략기술)	「조세특례제한법」 제24조	13Y			
	(251) 통합투자세액공제(반도체분야 국가전략기술)	「조세특례제한법」 제24조	13Z			
	(252) 임시통합투자세액공제(일반)	「조세특례제한법」 제24조	1B1			
	(253) 임시통합투자세액공제(신성장 · 원천기술)	「조세특례제한법」 제24조	1B2			
	(254) 임시통합투자세액공제(국가전략기술)	「조세특례제한법」 제24조	1B3			
	(255) 임시통합투자세액공제(반도체분야 국가전략기술)	「조세특례제한법」 제24조	1B9			
	(256) 문화산업전문회사 출자에 대한 세액공제	「조세특례제한법」 제25조의7	1B7			
	(257) 소계		149		94,000,000	40,000,000
(258) 합계((191) + (257))			150		94,000,000	40,000,000
(259) 공제감면세액 총계((158) + (258))			151			40,000,000
(260) 기술도입대가에 대한 조세면제		법률 제9921호 조세특례제한법 일부개정법률 부칙 제77조	183			
(261) 간주 · 간접 외국 납부세액공제		「법인세법」 제57조 제3항 · 제4항 · 제6항	189			
(262) 간접투자회사등 외국 납부세액공제		「법인세법」 제57조의2	1E5			

작성방법

1. ② 근거 법조항란 중 "구「조세특례제한법」"은 2020년 12월 29일 법률 제17759호로 개정되기 전의 「조세특례제한법」을 말합니다.
2. ③ 대상세액란:「법인세법」, 「조세특례제한법」등에 따른 공제감면대상금액이 있는 경우 공제감면세액계산서(별지 제8호 서식 부표 1부터 부표 5까지 및 부표 5의2부터 부표 5의 5까지)에 따라 감면구분별로 적습니다.
3. ④ 감면(공제)세액란 및 ⑦ 공제세액란:「법인세법」, 「조세특례제한법」등에 따른 공제 또는 감면 세액은 공제감면세액계산서(별지 제8호 서식 부표 1부터 부표 5까지 및 부표 5의 2부터 부표 5의 7까지)에 따라 계산된 공제세액 중 당기에 공제될 세액의 범위에서 「법인세법」 제59조 제1항에 따른 공제순서에 따라 감면 구분별로 적습니다.
4. (148) 외국납부세액공제란: 외국납부세액과 (261) 간주 · 간접 외국 납부세액공제액 및 (262) 간접투자회사등 외국 납부세액공제액을 합하여 적습니다.
5. 「조세특례제한법」 제10조에 따른 연구 · 인력개발비세액공제 중 최저한세가 적용되는 공제세액은 (198)란, (199)란 또는 (200)란에 각각 구분하여 적고, 최저한세 적용이 제외되는 공제세액은 (150)란, (151)란 또는 (152)란에 각각 구분하여 적습니다.
6. (198)란, (199)란 또는 (200)란의 ⑤ 전기이월액란:「조세특례제한법」 제144조 제1항에 따라 이월된 미공제 금액 중 해당 과세연도에 공제할 신성장 · 원천기술 연구개발비, 국가전략기술 연구개발비 또는 일반연구비 · 인력개발비를 각각 구분하여 적습니다(구 공제감면코드: 132).
7. (260) 기술도입대가에 대한 조세면제란의 ⑦ 공제세액란: 기술도입대가를 지급하는 내국법인이 별지 제8호 서식 부표 9 기술도입대가에 대한 조세면제명세서의 ⑧ 면제세액란에 적힌 금액의 합계액을 적습니다. 다만, 기술을 제공하는 자가 국내에 사업장이 있고 해당 기술이 국내사업장에 실질적으로 관련되거나 귀속되는 경우에는 해당 기술을 제공하는 외국법인이 적습니다.
8. 법령의 개정에 따라 종전의 규정 또는 개정규정에 따라 공제 또는 감면받는 경우에는 비어 있는 란 등에 해당 법령의 조문 순서에 따라 별도로 적습니다.

210mm×297mm[백상지 80g/㎡ 또는 중질지 80g/㎡]

(5) 공제감면세액 및 추가납부세액합계표(을)

[별지 제8호 서식(을) (2021.3.16. 개정)] (3쪽 중 제1쪽)

사 업 연 도	2024. 1. 1. ~ 2024.12.31.	공제감면세액 및 추가납부세액합계표(을)	법 인 명	㈜택스에듀3
			사업자등록번호	123-81-xxxxx

1. 비과세등(「조세특례제한법」)

① 구 분		②「조세특례제한법」의 근거 조항	코드	③ 금 액
비과세·면제·소득공제	⑩ 중소기업창업투자회사등의 주식양도차익등 비과세	제13조	601	
	⑩ 해외자원개발투자 배당소득에 대한 면제	제22조	61A	
	⑩ 기업구조조정전문회사등의 양도차익 감면	법률 제9272호 「조세특례제한법」 부칙 제10조·제40조	604	
	⑩ 어업협정에 따른 어업인에 대한 지원금 비과세	제104조의 2 제1항	605	
	⑩ 중소기업창업투자회사 등의 소재·부품·장비전문기업 주식양도차익 등에 대한 비과세	제13조의 4	62Q	
	⑩ 프로젝트금융투자회사에 대한 소득공제	제104조의 31	62R	
	⑩		606	
	⑩ 합 계		610	

2. 익금불산입(「조세특례제한법」)

④ 구 분		⑤「조세특례제한법」의 근거 조항	코드	⑥ 결산조정액	⑦ 세무조정액	⑧ 합계 (⑥+⑦)
익금불산입	⑩ 상생협력 중소기업 수입배당금 익금불산입	제8조의 2	62D			
	⑪ 출연금 등의 과세특례	제10조의 2	627			
	⑪ 사업전환 중소기업의 양도차익 과세특례	법률 제9272호 「조세특례제한법」 부칙 제33조	622			
	⑪ 사업전환 무역조정기업 양도차익 과세특례	제33조	62A			
	⑪ 기업의 금융채무상환 자산매각 양도차익 과세특례	제34조	62F			
	⑪ 내국법인의 외국자회사 주식등 현물출자양도차익 과세특례	제38조의 3	611			
	⑪ 재무구조개선을 위한 채무감소액 과세특례	제39조 제2항	62G			
	⑪ 주주등의 자산양도소득에 대한 과세특례	제40조	62J			
	⑪ 재무구조 개선을 위한 법인의 채무면제익 과세특례	제44조	613			
	⑪ 재무구조개선 무상감자 수증 주식가액 과세특례	제45조 제1항	62H			
	⑪ 공공기관의 구조개편에 따른 양도차익 과세특례	제45조의 2	62K			
	⑫ 기업 간 주식등의 교환에 따른 양도차익 과세특례	제46조	62I			
	⑫ 자가물류시설 양도차익 과세특례	제46조의 4	628			
	⑫ 합병에 따른 중복자산 양도차익 과세특례	제47조의 4	625			
	⑫ 공장 대도시 밖 이전 양도차익 과세특례	제60조 제2항	615			
	⑫ 본사 지방이전 양도차익 과세특례	제61조 제3항	616			
	⑫ 혁신도시 이전 공공기관 양도차익 과세특례	제62조 제1항	62P			
	⑫ 지방이전법인 수도권과밀억제권역 내 공장 양도차익 과세특례	제63조	617			
	⑫ 지방이전법인 수도권과밀억제권역 내 본사 양도차익 과세특례	제63조의 2 제5항	618			
	⑫ 행정중심복합도시 등 내 공장의 지방이전에 대한 양도차익 과세특례	제85조의 2	629			
	⑫ 보육시설 양도차익 과세특례	제85조의 5	631			
	⑬ 공익사업목적 공장수용 양도차익 과세특례	제85조의 7	62B			
	⑬ 중소기업 과밀억제권역외 공장이전 과세특례	제85조의 8	62E			
	⑬ 공익사업목적 물류시설이전 과세특례	제85조의 9	62L			
	⑬ 자본확충목적회사에 대한 손실보전준비금 과세특례	제104조의 3	62M			
	⑬ 어업협정에 따른 어업인에 대한 보조금 과세특례	제104조의 2 제2항	620			
	⑬ 대학재정 건전화를 위한 양도차익 과세특례	제104조의 16	62C			
	⑬ 대한주택공사 및 한국토지공사 배당금에 대한 과세특례	제104조의 21 제2항	62N			
	⑬ 국제회계기준 적용 내국법인에 대한 대손충당금 환입액 익금불산입	제104조의 23	62O			
	⑬ 내국법인의 금융채무 상환을 위한 자산매각에 대한 과세특례	제121조의 26	681			
	⑬ 채무의 인수·변제에 대한 과세특례	제121조의 27	682			
	⑭ 주주등의 자산양도에 관한 법인세 등 과세특례	제121조의 28	683			
	⑭ 사업재편계획에 따른 기업의 채무면제익에 대한 과세특례	제121조의 29	684			
	⑭ 기업 간 주식등의 교환에 대한 과세특례	제121조의 30	685			
	⑭ 합병에 따른 중복자산의 양도에 대한 과세특례	제121조의 31	686			
	⑭		621			
	⑭ 합 계		640			

210mm×297mm[백상지 80g/㎡ 또는 중질지 80g/㎡]

3.손금산입

	④ 구 분	⑤ 근거 조항	코드	⑥ 결산 조정액	⑦ 세무 조정액	⑧ 합계 (⑥+⑦)
손금산입	⑭⑤ 중소기업지원설비 손금산입(무상기증)	「조세특례제한법」 제8조 제1항 제1호	659			
	⑭⑥ 중소기업지원설비 손금산입(저가양도)	「조세특례제한법」 제8조 제2항 제2호	63B			
	⑭⑦ 연구인력개발준비금 손금산입	「조세특례제한법」제9조 (2019.12.31. 법률 제16835호로 개정되기 전의 것)	63J			
	⑭⑧ 감가상각비의 손금산입 특례	법률 제10068호 「조세특례제한법」 부칙 제4조 및 「조세특례제한법」 제28조	657			
	⑭⑨ 자산의 포괄적양도에 따른 과세특례	「조세특례제한법」 제37조 (2017.12.19. 법률 제15227호로 개정되기 전의 것)	63L			
	⑮⓪ 주식의 포괄적 교환·이전에 대한 과세특례	「조세특례제한법」 제38조	63M			
	⑮① 현물출자에 따른 자산의 양도차익 손금산입	「법인세법」 제47조의 2	644			
	⑮② 지주회사의 설립 등 주식양도차익 손금산입	「조세특례제한법」 제38조의 2	645			
	⑮③ 채무의 인수·변제금액 손금산입	「조세특례제한법」 제39조 제1항	63E			
	⑮④ 재무구조개선을 위해 채무면제한 금융회사의 손금산입	「조세특례제한법」 제44조 제4항	647			
	⑮⑤ 재무구조개선 무상감자 증여주식가액 손금산입	「조세특례제한법」 제45조 제2항	63F			
	⑮⑥ 물류산업 분할평가차익 손금산입	「조세특례제한법」 제46조의 5	664			
	⑮⑦ 구조개선적립금의 손금산입	「조세특례제한법」 제48조	63G			
	⑮⑧ 금융기관의 자산·부채인수에 따른 손금산입	「조세특례제한법」 제52조	650			
	⑮⑨ 기부금의 손금산입	「조세특례제한법」 제73조 (2010.12.27. 법률 제10406호로 개정되기 전의 것)	651			
	⑯⓪ 경제자유구역개발사업 토지 현물출자 양도차익 손금산입	「조세특례제한법」 제85조의 4	666			
	⑯① 무주택근로자에 대한 주택보조금 손금산입	「조세특례제한법」 제100조	654			
	⑯② 여수세계박람회 참가 준비금 손금산입	「조세특례제한법」 제104조의 9	63N			
	⑯③ 금융기관 부실채권정리기금 반환출자 시 손금산입	「조세특례제한법」 제104조의 11	63H			
	⑯④ 신용회복목적회사의 손금산입	「조세특례제한법」 제104조의 12	63O			
	⑯⑤ 정비사업조합 설립인가등의 취소에 따른 채권 손금산입	「조세특례제한법」 제104조의 26	63Q			
	⑯⑥ 해외자원개발사업자의 사업용자산 취득 보조금 손금산입	「조세특례제한법」 제104조의 15 제4항	63I			
	⑯⑦ 학교법인 출연금액 손금산입	「조세특례제한법」 제104조의 16	63A			
	⑯⑧ 휴면예금 출연금액 손금산입	「조세특례제한법」 제104조의 17	63C			
	⑯⑨ 대한주택공사 및 한국토지공사의 합병 손금산입	「조세특례제한법」 제104조의 21 제1항	63P			
	⑰⓪		656			
	⑰⑤ 합 계		670			

4. 이월과세(「조세특례제한법」)

⑨ 구 분	⑩ 근거 조항	코드	⑪ 이월과세 납부세액
⑰⑥ 중소기업 통합에 대한 양도소득세 이월과세	제31조	661	
⑰⑦ 법인전환에 대한 양도소득세 이월과세	제32조	662	
⑰⑧ 영농조합법인에 현물출자 시 양도소득세 이월과세	제66조 제7항	66A	
⑰⑨ 농업회사법인에 현물출자 시 양도소득세 이월과세	제68조 제3항	66B	
⑱⓪ 합 계		667	

5. 추가납부세액

	⑫ 구 분	⑬ 근거법 조항	코드	⑭ 대상금액	⑮ 세 액
조세특례제한법	⑱① 준비금환입에 대한 법인세 추가납부		771		
	⑱② 소득공제액에 대한 법인세 추가납부		772		
	⑱③ 공제감면세액에 대한 법인세 추가납부 * 제5조·제11조·제24조·제25조·제25조의2·제26조·제94조·제96조		773		86,000,000
	⑱④ 기 타		775		
	⑱⑤ 소 계		780		86,000,000
법인세법 등	⑱⑥ 기공제 원천납부세액 추가납부	「법인세법 시행령」 제113조 제6항	781		
	⑱⑦ 업무무관부동산 지급이자 손금부인에 따른 증가세액	「법인세법 시행규칙」 제27조	782		
	⑱⑧ 외국법인의 신고기한 연장에 따른 이자상당액	「법인세법」 제97조 제3항	783		
	⑱⑨ 내국법인의 신고기한 연장에 따른 이자상당액	「법인세법」 제60조 제8항	786		
	⑲⓪ 혼성금융상품 관련 추가 손금불산입 이자상당액	「국제조세조정에 관한 법률」 제25조 제2항	787		
	⑲① 기 타		785		
	⑲② 소 계		784		
⑲⑤ 추가납부세액 합계(⑱⑤ + ⑲②)			790		86,000,000

210mm×297mm[백상지 80g/㎡ 또는 중질지 80g/㎡]

(6) 최저한세조정계산서

[별지 제4호 서식] (2019.3.20. 개정) (앞쪽)

사 업 연 도	2024. 1. 1. ~ 2024.12.31.	최저한세조정계산서	법 인 명	㈜택스에듀3
			사업자등록번호	123-81-xxxxx

1. 최저한세 조정 계산 명세

① 구 분		코드	② 감면 후 세액	③ 최저한세	④ 조정감	⑤ 조정 후 세액
⑩ 결산서상 당기순이익		01	500,000,000			
소 득 조 정 금 액	⑩ 익 금 산 입	02				
	⑩ 손 금 산 입	03				
⑭ 조정 후 소득금액(⑩+⑩-⑩)		04	500,000,000	500,000,000		500,000,000
최저한세 적용대상 특별비용	⑮ 준 비 금	05				
	⑯ 특별상각 및 특례자산 감가상각비	06				
⑰ 특별비용 손금산입 전 소득금액 (⑭ + ⑮ + ⑯)		07				
⑱ 기 부 금 한 도 초 과 액		08				
⑲ 기부금 한도초과 이월액 손금산입		09				
⑪ 각 사 업 연 도 소 득 금 액 (⑰ + ⑱ - ⑲)		10	500,000,000	500,000,000		500,000,000
⑪ 이 월 결 손 금		11				
⑫ 비 과 세 소 득		12				
⑬ 최저한세 적용대상 비 과 세 소 득		13				
⑭ 최저한세 적용대상 익 금 불 산 입·손 금 산 입		14				
⑮ 차 가 감 소 득 금 액 (⑩ - ⑪ - ⑫ + ⑬ + ⑭)		15	500,000,000	500,000,000		500,000,000
⑯ 소 득 공 제		16				
⑰ 최 저 한 세 적 용 대 상 소 득 공 제		17				
⑱ 과 세 표 준 금 액 (⑮ - ⑯ + ⑰)		18	500,000,000	500,000,000		500,000,000
⑲ 선 박 표 준 이 익		24				
⑳ 과세표준금액(⑱ + ⑲)		25	500,000,000	500,000,000		500,000,000
㉑ 세 율		19	19%	7%		19%
㉒ 산 출 세 액		20	75,000,000	35,000,000		75,000,000
㉓ 감 면 세 액		21				
㉔ 세 액 공 제		22	94,000,000		54,000,000	40,000,000
㉕ 차 감 세 액(㉒-㉓-㉔)		23	0			35,000,000

2. 최저한세 세율 적용을 위한 구분 항목

㉖ 중소기업 유예기간 종료연월		㉗ 유예기간 종료 후 연차		

210mm×297mm[백상지 80g/㎡ 또는 중질지 80g/㎡]

(7) 법인세 과세표준 및 세액조정계산서

[별지 제3호 서식] (2024. 3. 22. 개정) (앞쪽)

사 업 연 도	2024.1.1. ~ 2024.12.31.	법인세 과세표준 및 세액조정계산서	법 인 명	㈜택스에듀3
			사업자등록번호	123-81-xxxxx

구분	항목		코드	금액
① 각 사업연도 소득계산	⑩ 결 산 서 상 당 기 순 손 익		01	500 000 000
	소 득 조 정 금 액	⑩ 익 금 산 입	02	
		⑩ 손 금 산 입	03	
	⑩ 차 가 감 소 득 금 액 (⑩+⑩-⑩)		04	500 000 000
	⑩ 기 부 금 한 도 초 과 액		05	
	⑩ 기부금한도초과이월액 손금산입		54	
	⑩ 각 사업연도소득금액 (⑩+⑩-⑩)		06	500 000 000
② 과세표준 계산	⑩ 각 사 업 연 도 소 득 금 액 (⑩=⑩)			500 000 000
	⑩ 이 월 결 손 금		07	
	⑩ 비 과 세 소 득		08	
	⑪ 소 득 공 제		09	
	⑪ 과 세 표 준 (⑩-⑩-⑩-⑪)		10	500 000 000
	⑮ 선 박 표 준 이 익		55	
③ 산출세액 계산	⑪ 과 세 표 준(⑪+⑮)		56	500 000 000
	⑪ 세 율		11	19
	⑪ 산 출 세 액		12	75 000 000
	⑪ 지 점 유 보 소 득 (「법인세법」 제96조)		13	
	⑪ 세 율		14	
	⑪ 산 출 세 액		15	
	⑪ 합 계(⑪+⑪)		16	75 000 000
④ 납부할 세액 계산	⑫ 산 출 세 액(⑫ = ⑪)			75 000 000
	⑫ 최저한세 적용대상 공 제 감 면 세 액		17	40 000 000
	⑫ 차 감 세 액		18	35 000 000
	⑫ 최저한세 적용제외 공 제 감 면 세 액		19	
	⑫ 가 산 세 액		20	
	⑫ 가 감 계(⑫-⑫+⑫)		21	35 000 000
	기납부세액 / 기한내납부세액	⑫ 중 간 예 납 세 액	22	
		⑫ 수 시 부 과 세 액	23	
		⑫ 원 천 납 부 세 액	24	
		⑫ 간접투자회사등의 외국납부세액	25	
		⑬ 소 계 (⑫+⑫+⑫+⑫)	26	
		⑬ 신고납부전가산세액	27	
		⑬ 합 계(⑬+⑬)	28	
	⑬ 감 면 분 추 가 납 부 세 액		29	86 000 000
	⑬ 차 감 납 부 할 세 액 (⑫-⑬+⑬)		30	121 000 000

구분	항목		코드	금액
⑤ 토지등 양도소득에 대한 법인세 계산	양도 차익	⑬ 등 기 자 산	31	
		⑬ 미 등 기 자 산	32	
	⑬ 비 과 세 소 득		33	
	⑬ 과 세 표 준 (⑬+⑬-⑬)		34	
	⑬ 세 율		35	
	⑭ 산 출 세 액		36	
	⑭ 감 면 세 액		37	
	⑭ 차 감 세 액 (⑭-⑭)		38	
	⑭ 공 제 세 액		39	
	⑭ 동업기업 법인세 배분액 (가산세 제외)		58	
	⑭ 가 산 세 액 (동업기업 배분액 포함)		40	
	⑭ 가 감 계(⑭-⑭+⑭+⑭)		41	
	기납부세액	⑭ 수 시 부 과 세 액	42	
		⑭ ( ) 세 액	43	
		⑭ 계 (⑭+⑭)	44	
	⑮ 차감납부할세액(⑭-⑭)		45	
⑥ 미환류소득법인세	⑯ 과세대상 미환류소득		59	
	⑯ 세 율		60	
	⑯ 산 출 세 액		61	
	⑯ 가 산 세 액		62	
	⑯ 이 자 상 당 액		63	
	⑯ 납부할세액(⑯+⑯+⑯)		64	
⑦ 세 액 계	⑮ 차 감 납 부 할 세 액 계 (⑬+⑮+⑯)		46	121 000 000
	⑮ 사 실 과 다 른 회 계 처 리 경 정 세 액 공 제		57	
	⑮ 분 납 세 액 계 산 범 위 액 (⑮-⑫-⑬-⑭-⑮+⑬)		47	35 000 000
	⑮ 분 납 할 세 액		48	17 500 000
	⑮ 차 감 납 부 세 액 (⑮-⑮-⑮)		49	103 500 000

(8) 농어촌특별세 과세표준 및 세액신고서

[별지 제2호 서식] (2024. 3. 22. 개정)

농어촌특별세 과세표준 및 세액신고서

※ 뒤쪽의 신고안내 및 작성방법을 읽고 작성하여 주시기 바랍니다. (앞쪽)

1. 신고인 인적사항

①소 재 지					
②법 인 명	㈜택스에듀3		③대표자성명	김택스	
④사업자등록번호	123-81-xxxxx	⑤사 업 연 도	2024. 1. 1. ~ 2024.12.31.	⑥전 화 번 호	

2. 농어촌특별세 과세표준 및 세액 조정내역

⑦과 세 표 준	40,000,000	
⑧산 출 세 액	8,000,000	
(미납세액, 미납일수, 세율) ⑨가 산 세 액	(, , 2.2/10,000)	
⑩총 부 담 세 액	8,000,000	
⑪기 납 부 세 액		
⑫환 급 예 정 세 액	17,200,000	
⑬차 감 납 부 할 세 액	-9,200,000	
⑭분 납 할 세 액		
⑮차 감 납 부 세 액	-9,200,000	
⑯충 당 후 납 부 세 액		
⑰국 세 환 급 금 충 당 신 청	환 급 법 인 세	
	충당할 농어촌특별세	

신고인은 「농어촌특별세법」 제7조에 따라 위의 내용을 신고하며, 위 내용을 충분히 검토하였고 신고인이 알고 있는 사실 그대로를 정확하게 적었음을 확인합니다.

2025년 3월 31일

신고인(대표자) ㈜택스에듀3 (서명 또는 인)

세무대리인은 조세전문자격자로서 위 신고서를 성실하고 공정하게 작성하였음을 확인합니다.

세무대리인 (서명 또는 인)

세무서장 귀하

210mm×297mm[백상지 80g/㎡ 또는 중질지 80g/㎡]

2. 2025 사업연도

(1) 통합고용세액공제 공제세액계산서

■ 조세특례제한법 시행규칙 [별지 제10호의 9 서식] 〈개정 2025.6.30.〉

통합고용세액공제 공제세액계산서

(3쪽 중 제1쪽)

❶ 신청인	① 상호 또는 법인명 ㈜**택스에듀3**	② 사업자등록번호 123-12-xxxxx
	③ 대표자 성명 **김택스**	④ 생년월일
	⑤ 주소 또는 본점소재지 (전화번호:)	

❷ 과세연도	2025 년 1 월 1 일부터 2025 년 12 월 31 일까지

❸ 상시근로자 현황 (작성방법 2,3번을 참고하시기 바랍니다.)

구분	직전전 과세연도	직전 과세연도	해당 과세연도
⑥ 상시근로자 수 (⑦+⑧)	20	12	15
⑦ 청년등상시근로자 수	10	7	5
⑧ 청년등상시근로자를 제외한 상시근로자 수	10	5	10
⑨ 정규직 전환 근로자 수	−		
⑩ 육아휴직 복귀자 수			

❹ 기본공제 공제세액 계산내용

가. 1차년도 세제지원 요건 : ⑬ 〉 0

1. 상시근로자 증가 인원

⑪ 해당 과세연도 상시근로자 수	⑫ 직전 과세연도 상시근로자 수	⑬ 상시근로자 증가 인원 수 (⑪−⑫)
15	12	3

2. 청년등상시근로자 증가 인원

⑭ 해당 과세연도 청년등상시근로자 수	⑮ 직전 과세연도 청년등상시근로자 수	⑯ 청년등상시근로자 증가 인원 수 (⑭−⑮)
5	7	−2

3. 청년등상시근로자를 제외한 상시근로자 증가 인원

⑰ 해당 과세연도 청년등상시근로자를 제외한 상시근로자 수	⑱ 직전 과세연도 청년등상시근로자를 제외한 상시근로자 수	⑲ 청년등상시근로자를 제외한 상시근로자 증가 인원 수(⑰−⑱)
10	5	5

4. 1차년도 세액공제액 계산

구분	구분		직전 과세연도 대비 상시근로자 증가 인원 수 (⑬상시근로자 증가 인원 수를 한도로 함)	1인당 공제금액	⑳ 1차년도 세액공제액
중소기업	수도권 내	청년등		1천4백5십만원	
		청년등 외	3	8백5십만원	25,500,000
	수도권 밖	청년등		1천5백5십만원	
		청년등 외		9백5십만원	
	계		3		25,500,000
중견기업	청년등			8백만원	
	청년등 외			4백5십만원	
	계				
일반기업	청년등			4백만원	
	청년등 외				
	계				

나. 2차년도 세제지원 요건 : ㉓ ≥ 0

1. 상시근로자 증가 인원

㉑ 2차년도(해당 과세연도) 상시근로자 수	㉒ 1차년도(직전 과세연도) 상시근로자 수	㉓ 상시근로자 증가 인원 수(㉑-㉒)

2. 2차년도 세액공제액 계산(상시근로자 감소여부)

1차년도(직전 과세연도) 대비 상시근로자 감소여부	1차년도(직전 과세연도) 대비 청년등상시근로자 수 감소여부	㉔ 1차년도 (직전 과세연도) 청년등상시근로자 증가 세액공제액	㉕ 1차년도 (직전 과세연도) 청년등 외 상시근로자 증가 세액공제액	㉖ 2차년도 세액공제액
부	부			
	여			
여				

다. 3차년도 세제지원 요건(중소ㆍ중견기업만 해당) : ㉙ ≥ 0

1. 상시근로자 증가 인원

㉗ 3차년도(해당 과세연도) 상시근로자 수	㉘ 1차년도(직전전 과세연도) 상시근로자 수	㉙ 상시근로자 증가 인원(㉗-㉘)

2. 3차년도 세액공제액 계산(상시근로자 감소여부)

1차년도(직전전 과세연도) 대비 상시근로자 감소여부	1차년도(직전전 과세연도) 대비 청년등상시근로자 수 감소여부	㉚ 1차년도 (직전전 과세연도) 청년등 상시근로자 증가 세액공제액	㉛ 1차년도 (전전 과세연도) 청년등 외 상시근로자 증가 세액공제액	㉜ 3차년도 세액공제액
부	부			
	여			
여				

❺ 추가공제 공제세액 계산내용

가. 세제지원 요건 : ⑬ ≥ 0

㉝ 해당 과세연도 상시근로자 수	㉞ 직전 과세연도 상시근로자 수	㉟ 상시근로자 증가 인원 수 (㉝-㉞)

나. 세액공제액 계산

구분	구분	인원 수	1인당 공제금액	㊱ 추가공제 세액공제액
중소기업	정규직 전환자		1천3백만원	
	육아휴직 복귀자			
	계			
중견기업	정규직 전환자		9백만원	
	육아휴직 복귀자			
	계			

❻ 세액공제액 : ⑳ 1차년도 세액공제액 + ㉖ 2차년도 세액공제액 + ㉜ 3차년도 세액공제액 + ㊱ 추가공제 세액공제액	25,500,000

「조세특례제한법 시행령」 제26조의8제11항에 따라 위와 같이 공제세액계산서를 제출합니다.

2026 년 3 월 31 일

신청인 ㈜택스에듀3 (서명 또는 인)

세무서장 귀하

작 성 방 법

1. 근로자 수는 다음과 같이 계산하되, 100분의 1 미만의 부분은 없는 것으로 합니다.
   가. 상시근로자 수 : 매월 말 현재 상시근로자 수의 합 / 과세연도의 개월 수
   나. 청년등상시근로자 수 : 매월 말 현재 청년등상시근로자 수의 합 / 과세연도의 개월 수
   다. 청년등상시근로자 외 상시근로자 수 : 매월 말 현재 청년등상시근로자 외 상시근로자 수의 합 / 과세연도의 개월 수
2. ⑥란의 상시근로자란 「근로기준법」에 따라 근로계약을 체결한 내국인 근로자로서 다음의 어느 하나에 해당하는 사람을 제외한 근로자를 말합니다.
   가. 근로계약기간이 1년 미만인 근로자. 다만, 근로계약의 연속된 갱신으로 인하여 그 근로계약의 총 기간이 1년 이상인 근로자는 상시근로자로 봅니다.
   나. 「근로기준법」 제2조제1항제9호에 따른 단시간근로자. 다만, 1개월간의 소정근로시간이 60시간 이상인 근로자는 상시근로자로 봅니다.
   다. 「법인세법 시행령」 제40조제1항 각 호의 어느 하나에 해당하는 임원
   라. 해당 기업의 최대주주 또는 최대출자자(개인사업자의 경우에는 대표자를 말한다)와 그 배우자
   마. 라목에 해당하는 자의 직계존비속(그 배우자를 포함) 및 「국세기본법 시행령」 제1조의2제1항에 따른 친족관계인 사람
   바. 「소득세법 시행령」 제196조에 따른 근로소득원천징수부에 의하여 근로소득세를 원천징수한 사실이 확인되지 않고, 「국민연금법」 제3조제1항제11호 및 제12호에 따른 부담금 및 기여금 또는 「국민건강보험법」 제69조에 따른 직장가입자의 보험료에 해당하는 금액의 납부사실도 확인되지 아니하는 자
3. ⑦란 등의 청년등상시근로자란 상시근로자 중 15세 이상 34세 이하인 사람으로서 다음 각 목의 어느 하나에 해당하는 사람을 제외한 사람(해당 근로자가 병역을 이행한 경우에는 6년을 한도로 병역을 이행한 기간을 현재 연령에서 빼고 계산한 연령이 34세 이하인 사람을 포함)과 「장애인복지법」의 적용을 받는 장애인, 「국가유공자 등 예우 및 지원에 관한 법률」에 따른 상이자, 「5·18민주유공자예우 및 단체설립에 관한 법률」 제4조제2호에 따른 5·18민주화운동부상자와 「고엽제후유의증 등 환자지원 및 단체설립에 관한 법률」 제2조제3호에 따른 고엽제후유의증환자로서 장애등급 판정을 받은 사람, 근로계약 체결일 현재 연령이 60세 이상인 사람, 「조세특례제한법」 제29조의3제1항에 따른 경력단절 여성을 말합니다.
   가. 「기간제 및 단시간근로자 보호 등에 관한 법률」에 따른 기간제근로자 및 단시간근로자
   나. 「파견근로자보호 등에 관한 법률」에 따른 파견근로자
   다. 「청소년 보호법」 제2조제5호 각 목에 따른 업소에 근무하는 같은 조 제1호에 따른 청소년
4. 청년등 외 상시근로자란 상시근로자 중 청년등상시근로자가 아닌 상시근로자를 말합니다.
5. ⑳,㉖,㉜ 계산 시 각 공제금액(청년/청년 외)은 전체 상시근로자 수 증가분을 한도로 합니다.
6. ㉝, ㉞란의 상시근로자 수는 「근로기준법」 제74조에 따른 출산전후휴가를 사용 중인 상시근로자를 대체하는 상시근로자가 있는 경우 해당 출산전후휴가를 사용 중인 상시근로자를 제외하고 계산한 상시근로자 수를 말합니다.
7. 해당 과세연도의 상시근로자 수가 전년 대비 증가하여 「조세특례제한법」 제29조의8의 통합고용세액공제 1차년도 공제를 신청할 경우 「조세특례제한법」 제29조의7의 고용 증대 기업에 대한 세액공제 1차년도 공제를 중복하여 신청할 수 없습니다.

210mm×297mm[백상지 80g/㎡]

(2) 세액공제조정명세서(3)

[별지 제8호 서식 부표 3] (2025.7.4. 개정) (4쪽 중 제1쪽)

사 업 연 도	2025. 1. 1. ~ 2025. 12. 31.	세액공제조정명세서(3)	법인명	(주)택스에듀3
			사업자등록번호	123-81-xxxxx

1. 공제세액계산(「조세특례제한법」)

⑩ 구 분		근거법 조항	⑩ 계 산 기 준	코드	⑩ 계산 명세	⑩ 공제대상 세 액
조세특례제한법	중소기업 등 투자세액공제	구 제5조	투자금액 × 1(2,3,5,10)/100	131		
	상생결제 지급금액에 대한 세액공제	제7조의4	지급기한 15일 이내: 지급 금액의 0.5% 지급기한 15일 ~ 30일: 지급 금액의 0.3% 지급기한 30일 ~ 60일: 지급 금액의 0.015%	14Z		
	대·중소기업 상생협력을 위한 기금출연 세액공제	제8조의3 제1항	출연금 × 10/100	14M		
	협력중소기업에 대한 유형고정자산 무상임대 세액공제	제8조의3 제2항	장부가액 × 3/100	18D		
	수탁기업에 설치하는 시설에 대한 세액공제	제8조의3 제3항	투자금액 × 1(3,7)/100	18L		
	교육기관에 무상 기증하는 중고자산에 대한 세액공제	제8조의3 제4항	기증자산 시가 × 10/100	18R		
	신성장·원천기술 연구개발비세액공제(최저한세 적용제외)	제10조 제1항 제1호	(일반 연구·인력개발비) '14.1.1.~'14.12.31.: 발생액 × 3~4(8,10,15,20,25,30)/100 또는 2년간 연평균 발생액의 초과액 × 40(50)/100 '15.1.1. 이후: 발생액 × 2~3(8,10,15,20,25,30)/100 또는 직전 발생액의 초과액 × 40(50)/100 '17.1.1. 이후: 발생액 × 1~3(8,10,15,20,25,30)/100 또는 직전 발생액의 초과액 × 30(40,50)/100 '18. 1. 1. 이후: 발생액 × 0~2(8,10,15,20,25,30)/100 또는 직전 발생액의 초과액 × 25(40,50)/100 (신성장·원천기술 연구개발비) '17. 1. 1. 이후: 발생액 × 20(30)/100 (국가전략기술 연구개발비) '21. 7. 1. 이후: 발생액 ×30(40)/100	16A		
	국가전략기술 연구개발비세액공제(최저한세 적용제외)	제10조 제1항 제2호		10D		
	일반 연구·인력개발비세액공제(최저한세 적용제외)	제10조 제1항 제3호		16B		
	신성장·원천기술 연구개발비세액공제(최저한세 적용대상)	제10조 제1항 제1호		13L		
	국가전략기술 연구개발비세액공제(최저한세 적용대상)	제10조 제1항 제2호		10E		
	일반 연구·인력개발비세액공제(최저한세 적용대상)	제10조 제1항 제3호		13M		
	기술취득에 대한 세액공제	제12조 제2항	특허권 등 취득금액 × 5(10)/100 *법인세의 10% 한도	176		
	기술혁신형 합병에 대한 세액공제	제12조의3	기술가치금액 × 10/100	14T		
	기술혁신형 주식취득에 대한 세액공제	제12조의4	기술가치금액 × 10/100	14U		
	벤처기업등 출자에 대한 세액공제	제13조의2	주식등 취득가액 × 5/100	18E		
	성과공유 중소기업 경영성과급 세액공제	제19조	'22.1.1. 이전 지급분: 근로자에 지급하는 경영성과급 × 10/100 '22.1.1. 이후 지급분: 근로자에 지급하는 경영성과급× 15/100	18H		
	연구·인력개발설비투자세액공제	구 제25조 제1항 제1호	'14.1.1.~'15.12.31. 투자분: 투자금액 × 3(5,10)/100 '16.1.1. 이후 투자분: 투자금액 × 1(3,6)/100 '19.1.1. 이후 투자분: 투자금액 × 1(3,7)/100	134		
	에너지절약시설투자세액공제	구 제25조 제1항 제2호	'14.1.1.~'15.12.31. 투자분: 투자금액 × 3(5,10)/100 ('16.1.1. 현재 투자진행 중인 경우 '16.12.31.까지 종전율 적용) '16.1.1. 이후 투자개시분: 투자금액 × 1(3,10)/100 '19.1.1. 이후 투자분: 투자금액 × 1(3,7)/100	177		

210mm×297mm[백상지 80g/㎡ 또는 중질지 80g/㎡]

	(101) 구 분	근거법 조항	(102) 계 산 기 준	코드	(103) 계산 명세	(104) 공제대상 세 액
조세특례제한법	환경보전시설 투자세액공제	구 제25조 제1항 제3호	투자금액 × 3(5,10)/100 '19.1.1. 이후 투자분: 투자금액 × 3(5,10)/100	14A		
	근로자복지증진시설투자세액공제	구 제25조 제1항 제4호	투자금액 × 7(10)/100 '19.1.1. 이후 취득분: 취득금액 × 3(5,10)/100	142		
	안전시설투자세액공제	구 제25조 제1항 제5호	'13.1.1.~'14.12.31. 투자분: 투자금액 × 3(7)/100 '15.1.1. 이후 투자분: 투자금액 × 1(3,7)/100 '19.1.1. 이후 투자분: 투자금액 × 1(5,10)/100	136		
	생산성향상시설투자세액공제	구 제25조 제1항 제6호	'13.1.1.~'14.12.31. 투자분: 투자금액 × 3(7)/100 '15.1.1. 이후 투자분: 투자금액 × 1(3,7)/100 '20.1.1.~'20.12.31. 투자분: 투자금액 × 2(5,10))/100 '21.1.1.~'21.12.31. 투자분: 투자금액 × 1(5,10))/100 '21.1.1.~이후. 투자분: 투자금액 × 1(3,7))/100	135		
	의약품 품질관리시설투자세액공제	구 제25조의4	'14.1.1.~'16.12.31. 투자분: 투자금액 × 3(5,7)/100 '17.1.1. 이후 투자분: 투자금액 × 1(3,6)/100	14B		
	신성장기술 사업화를 위한 시설투자 세액공제	구 제25조의5	투자금액 × 5(7,10)/100	18B		
	영상콘텐츠 제작비용에 대한 세액공제(기본공제)	제25조의6	제작비용 × 5(10,15)/100	18C		
	영상콘텐츠 제작비용에 대한 세액공제(추가공제)	제25조의6	제작비용 × 10(15)/100	1B8		
	초연결 네트워크 시설투자에 대한 세액공제	구 제25조의7	투자금액 × 2(3)/100	18I		
	고용창출투자세액공제	제26조	'12.1.1.~12.31.: 투자금액 × {기본공제(3~4%)+추가공제(2~3%)} '13.1.1.~12.31.: 투자금액 × {기본공제(2~4%)+추가공제(3%)} '14.1.1. 이후: 투자금액 × {기본공제(1~4%)+추가공제(3%)} (한도: 상시근로자 증가분 × 1,000만원, 1,500만원, 2,000만원) '15.1.1. 이후: 투자금액 × {기본공제(0~3%)+추가공제(3~7%)} '17.1.1. 이후: (한도 : 상시근로자 증가분 × 1,000 (1,500)만원, 1,500(2,000)만원, 2,000(2,500)만원)	14N		
	산업수요맞춤형고등학교등 졸업자를 병역이행 후 복직시킨 중소기업에 대한 세액공제	제29조의2	복직자에게 지급한 인건비 × 중소30(중견15)/100	14S		
	경력단절 여성 고용 기업 등에 대한 세액공제	제29조의3 제1항	경력단절 여성 재고용 인건비 × 중소30(중견15)/100	14X		
	육아휴직 후 고용유지 기업에 대한 인건비 세액공제	제29조의3 제2항	육아휴직 복귀자 인건비 × 중소30(중견15)/100	18J		
	근로소득을 증대시킨 기업에 대한 세액공제	제29조의4	평균 초과 임금증가분 × 5(중견10, 중소20)/100 정규직 전환 근로자의 임금 증가분 × 5(10,20)/100	14Y		
	청년고용을 증대시킨 기업에 대한 세액공제	제29조의5	청년정규직근로자 증가인원수 × 3백만원(7백만원, 1천만원)	18A		
	고용을 증대시킨 기업에 대한 세액공제	제29조의7	직전연도 대비 상시근로자 증가수 × 4백만원(1천2백만원) '21.12.31~'22.12.31.: 직전연도 대비 상시근로자 증가수 × 5백만원(1천3백만원)	18F		
	통합고용세액공제	제29조의8	직전연도 대비 상시근로자 증가수 × 4백만원(1천4백5십만원)	18S		25,000,000
	통합고용세액공제(정규직전환)	제29조의8		1B4		
	통합고용세액공제(육아휴직복귀)	제29조의8		1B5		
	정규직 근로자 전환 세액공제	제30조의2	전환인원수 × 중소1천만원(중견7백만원)	14H		
	고용유지중소기업에 대한 세액공제	제30조의3	연간 임금감소 총액× 10/100 + 시간당 임금상승에 따른 보전액 × 15/100	18K		
	중소기업 고용증가 인원에 대한 사회보험료 세액공제	제30조의4 제1항	청년(만15~29세)근로자 등 순증인원의 사회보험료(증가분의 100%) 청년 및 경력단절 여성 외 근로자 순증인원의 사회보험료(증가분의 50%, 75%)	14Q		

210mm×297mm[백상지 80g/㎡ 또는 중질지 80g/㎡]

⑩ 구분	근거 법조항	⑩ 계산기준	코드	⑩ 계산 명세	⑩ 공제 대상 세액
중소기업 사회보험 신규가입에 대한 사회보험료 세액공제	제30조의4 제3항	'20. 12. 31.까지 사회보험 신규가입에 따 른 사용자 부담액× 50%	18G		
전자신고에 대한 세액공제(법인)	제104조의8 제1항	법인세 전자신고시 2만원	184		
전자신고에 대한 세액공제(세무법인 등)	제104조의8 제3항	법인세 · 소득세 전자신고 대리건수 × 2만원 *한도: 연300만원(세무 · 회계법인 연750만원) 한도액계산시 부가가치세 대리신고에 따른 세액공제액 포함	14J		
제3자 물류비용 세액공제	제104조의14	(전년대비 위탁물류비용 증가액)×3/100(중소기업은 5/100) * 직전 위탁물류비 30% 미만 : (당기 위탁물류비 – 당기 전체물류비 × 30%) ×3/100(중소기업은 5/100) * 법인세 10% 한도	14E		
대학 맞춤형 교육비용 세액공제	구 제104조의18 제1항	법 제10조 연구 · 인력개발비세액공제 준용 *수도권 소재대학의 발생액은 50%만 인정	14I		
대학등 기부설비에 대한 세액공제	구 제104조의18 제2항	법 제11조 연구 · 인력개발설비투자세액공제 준용 *수도권 소재대학의 기부금액은 50%만 인정	14K		
기업의 운동경비부 설치운영 세액공제	제104조의22	설치운영비용 × 10(20)/100	14O		
산업수요맞춤형 고등학교 등 재학생에 대한 현장훈련수당 등 세액공제	구 제104조의18 제4항	일반 연구 · 인력개발비 세액공제 준용	14R		
석유제품 전자상거래에 대한 세액공제	제104조의25	'13. 1. 1. ~ 12. 31.: 공급가액의 0.5%(산출세액의 10% 한도) '14. 1. 1. ~ '16. 12. 31.: 공급가액의 0.3%(산출세액의 10% 한도) '17. 1. 1. ~ '19. 12. 31.: 공급자는 공급가액의0.1%,수요자 0.2%,(산출세액의 10% 한도) '20.1.1.~'22.12.31.: 수요자만 공급가액의 0.2%(산출세액의 10% 한도)	14P		
금 현물시장에서 거래되는 금지금에 대한 과세특례	제126조의7 제8항	산출세액×[(금 현물시장 이용금액 – 직전 과세연도의 금 현물시장 이용금액)/매출액] 또는 산출세액×[(금 현물시장 이용금액 ×5/100)/매출액]	14V		
금사업자와 스크랩등사업자의 수입금액증가등 세액공제	제122조의4	산출세액×[(매입자납부익금및손금합계금액 – 직전 과세연도의 매입자납부익금및손금합계금액)×50/100]/익금및손금합계금액 또는 산출세액×[(매입자납부익금및손금합계금액×5/100)/익금및손금합계금액 *한도: 해당 과세연도 산출세액–직전 과세연도 산출세액	14W		
성실신고 확인비용에 대한 세액공제	제126조의6	확인비용 × 60/100 (150만원 한도)	10A		
우수 선화주 인증받은 국제물류주선업자에 대한 세액공제	제104조의30	운송비용의 1% + 직전과세연도 대비 증가분의 3%(산출세액의 10%한도)	18M		
용역제공자에 관한 과세자료의 제출에 대한 세액공제	제104조의32	과세자료에 기재된 용역제공자 인원수×300원(200만원 한도)	10C		
이스포츠대회 운영에 대한 과세특례	제104조의35	이스포츠대회 운영비용 × 10/100	1F1		
소재 · 부품 · 장비 수요기업 공동출자세액공제	제13조의3 제1항	주식 또는 출자지분 취득가액 5%	18N		
소재 · 부품 · 장비 외국법인 인수세액 공제	제13조의3 제3항	주식 또는 출자지분 취득가액 5% (중견7%, 중소10%)	18P		
상가임대료를 인하한 임대사업자에 대한 세액공제	제96조의3	임대료 인하액의 70%	10B		
문화산업전문회사 출자에 대한 세액공제	제25조의 7	출자금액 중 영상콘텐츠제작비용의 3%	1B7		
선결제 금액에 대한 세액공제	제99조의12	선결제금액 × 1%	18Q		
통합투자세액공제(일반)	제24조	기본공제: 투자금액 × 1(중견5/7.5, 중소10)/100, 신성장 · 원천기술 투자금액 × 3(중견6/9,중소12)/100 국가전략기술 투자금액 × 15(중견15/20,중소25)/100 국가전략기술반도체 투자금액 × 20(중견20/25,중소30)/100 * 국가전략기술반도체 투자금액: '25.1.1. 이후 투자분부터 적용 추가공제: 직전 3년 연평균 투자금액 초과액 × 10/100(기본공제 200% 한도) 임시 투자 세액공제 기본공제: 투자금액 × 1(중견7, 중소12)/100, 신성장사업화시설 투자금액 × 3(중견8,중소14)/100 국가전략기술 투자금액 × 15(중견15/20,중소25)/100 국가전략기술반도체 투자금액 × 20(중견20/25,중소30)/100 * 국가전략기술반도체 투자금액: '25.1.1. 이후 투자분부터 적용 추가공제: 직전 3년 연평균 투자금액 초과액 × 10/100(기본공제 200% 한도)	13W		
임시통합투자세액공제(일반)			1B1		
통합투자세액공제(신성장 · 원천기술)			13X		
임시통합투자세액공제 (신성장 · 원천기술)			1B2		
통합투자세액공제(국가전략기술)			13Y		
임시통합투자세액공제(국가전략기술)			1B3		
통합투자세액공제 (반도체분야 국가전략기술)			13Z		
임시통합투자세액공제 (반도체분야 국가전략기술)			1B9		
해외자원개발투자에 대한 과세특례	제104조의15	투자금액×3%	1B6		
합계			1A1		25,500,000

210mm×297mm[백상지 80g/㎡ 또는 중질지 80g/㎡]

2. 당기공제세액 및 이월액계산

(105) 구분	(106) 사업연도	공제 대상 세액 (107) 당기분	공제 대상 세액 (108) 이월분	당기 공제 대상 세액 (109) 당기분	(110) 1차 연도 / (115) 6차 연도	(111) 2차 연도 / (116) 7차 연도	(112) 3차 연도 / (117) 8차 연도	(113) 4차 연도 / (118) 9차 연도	(114) 5차 연도 / (119) 10차 연도	(120) 계	(121) 최저한세 적용에 따른 미공제액	(122) 그밖의 사유로 인한 미공제액	(123) 공제세액 ((120)-(121)-(122))	(124) 소멸	(125) 이월액 ((107)+(108)-(123)-(124))
통합고용세액공제	2025	25,500,000		25,500,000						25,500,000			25,500,000		0
	소계	25,500,000		25,500,000						25,500,000			25,500,000		0
고용증대세액공제	2025		54,000,000		54,000,000					54,000,000	45,500,000		8,500,000		45,500,000
	소계		54,000,000		54,000,000					54,000,000	45,500,000		8,500,000		45,500,000
합계		25,500,000	54,000,000	25,500,000	54,000,000					79,500,000	45,500,000		34,000,000		45,500,000

작성방법

1. (105) 구분란: 제1쪽의 1. 공제세액계산(「조세특례제한법」)의 코드란에 적혀 있는 코드를 적습니다.
2. (106) 사업연도란: 이월된 공제 대상 세액이 발생한 사업연도와 종료월을 적습니다.
3. (107) 당기분란: (104) 공제 대상 세액란에 적힌 금액을 적습니다.
4. (108) 이월분란: (105) 구분별, 사업연도별로 직전 사업연도의 (125) 이월액을 적습니다.
5. (109) 당기분란: 당기분 세액을 적습니다.
6. (110) 1차 연도란부터 (119) 10차 연도란까지: (106) 사업연도란에 적힌 사업연도부터의 경과 연차에 해당하는 란에 (108) 이월분란에 적힌 금액을 적습니다.
7. (121) 최저한세 적용에 따른 미공제액란: 「조세특례제한법」 제144조 제2항에 규정된 순서에 따라 각 란에 조정하여 적고, 합계란(※표란)에는 "최저한세 조정계산서(별지 제4호 서식)"의 (124) 세액공제란의 ④ 조정감란에 적힌 금액을 옮겨 적습니다.
8. 근거 법조항란 중 "구"는 2020년 12월 29일 법률 제17759호로 개정되기 전의 「조세특례제한법」을 말합니다.

210mm×297mm[백상지 80g/㎡ 또는 중질지 80g/㎡]

(3) 공제감면세액 및 추가납부세액합계표(갑)

[별지 제8호 서식(갑)] (2025.7.4. 개정)

(5쪽 중 제1쪽)

사업연도	2025. 1. 1. ~ 2025.12.31.	공제감면세액 및 추가납부세액합계표(갑)	법 인 명	㈜택스에듀3
			사업자등록번호	123-81-xxxxx

1. 최저한세 적용제외 공제감면세액

	① 구 분	② 근 거 법 조 항	코드	③ 대상세액	④ 감면(공제)세액
세액감면	(101) 창업중소기업에 대한 세액감면(최저한세 적용제외)	「조세특례제한법」 제6조 제7항 외	11O		
	(102) 해외자원개발투자배당 감면	「조세특례제한법」 제22조	103		
	(103) 수도권과밀억제권역 밖으로 이전하는 중소기업 세액감면(수도권 밖으로 이전)	구「조세특례제한법」 제63조	169		
	(104) 공장의 수도권 밖 이전에 대한 세액감면	「조세특례제한법」 제63조	108		
	(105) 본사의 수도권 밖 이전에 대한 세액감면	「조세특례제한법」 제63조의2	109		
	(106) 영농조합법인 감면	「조세특례제한법」 제66조	104		
	(107) 영어조합법인 감면	「조세특례제한법」 제67조	107		
	(108) 농업회사법인 감면(농업소득)	「조세특례제한법」 제68조	11B		
	(109) 행정중심복합도시 등 공장이전에 대한 조세감면	「조세특례제한법」 제85조의2제3항 (2019. 12. 31. 법률 제16835호로 개정되기 전의 것)	11A		
	(110) 위기지역 내 창업기업 세액감면(최저한세 적용제외)	「조세특례제한법」 제99조의9	11N		
	(111) 해외진출기업의 국내복귀에 대한 세액감면(철수방식)	「조세특례제한법」 제104조의24제1항 제1호	11F		
	(112) 해외진출기업의 국내복귀에 대한 세액감면(유지방식)	「조세특례제한법」 제104조의24제1항 제2호	11H		
	(113) 고도기술수반사업 외국인투자 세액감면	「조세특례제한법」 제121조의2제1항 제1호	186		
	(114) 외국인투자지역내 외국인투자 세액감면	「조세특례제한법」 제121조의2제1항 제2호 또는 제2호의5	187		
	(115) 경제자유구역내 외국인투자 세액감면	「조세특례제한법」 제121조의2제1항 제2호의2	188		
	(116) 경제자유구역 개발사업시행자 세액감면	「조세특례제한법」 제121조의2제1항 제2호의3	157		
	(117) 제주투자진흥기구의 개발사업시행자 세액감면	「조세특례제한법」 제121조의2제1항 제2호의4	158		
	(118) 기업도시 개발구역내 외국인투자 세액감면	「조세특례제한법」 제121조의2제1항 제2호의6	159		
	(119) 기업도시 개발사업의 시행자 세액감면	「조세특례제한법」 제121조의2제1항 제2호의7	160		
	(120) 새만금사업지역내 외국인투자 세액감면	「조세특례제한법」 제121조의2제1항 제2호의8	11J		
	(121) 새만금사업 시행자 세액감면	「조세특례제한법」 제121조의2제1항 제2호의9	11K		
	(122) 기타 외국인투자유치를 위한 조세감면	「조세특례제한법」 제121조의2제1항 제3호	167		
	(123) 외국인투자기업의 증자의 조세감면	「조세특례제한법」 제121조의4	172		
	(124) 기술도입대가에 대한 조세면제(국내지점 등)	법률 제9921호 조세특례제한법 일부개정법률 부칙 제77조	173		
	(125) 제주첨단과학기술단지 입주기업 조세감면(최저한세 적용제외)	「조세특례제한법」 제121조의8	181		
	(126) 제주투자진흥지구등 입주기업 조세감면(최저한세 적용제외)	「조세특례제한법」 제121조의9	182		
	(127) 기업도시개발구역 창업 · 사업장신설기업에 대한 세액감면(최저한세 적용제외)	「조세특례제한법」 제121조의17제1항 제1호	197		
	(128) 기업도시개발사업 시행자에 대한 세액감면	「조세특례제한법」 제121조의17제1항 제2호	198		
	(129) 지역개발사업구역 또는 지역활성화지역 창업 · 사업장신설기업에 대한 세액감면(최저한세 적용제외)	「조세특례제한법」 제121조의17제1항 제3호	1D2		

210mm×297mm[백상지 80g/㎡ 또는 중질지 80g/㎡]

세액감면	⑬⓪ 지역개발사업구역, 지역활성화지역 또는 낙후지역 사업시행자에 대한 감면	「조세특례제한법」 제121조의17제1항 제4호	1D3		
	⑬① 해양박람회특구 창업 · 사업장신설기업에 대한 감면(최저한세 적용제외)	「조세특례제한법」 제121조의17제1항 제5호	1D4		
	⑬② 해양박람회특구 박람회 사후활용 사업시행자에 대한 감면	「조세특례제한법」 제121조의17제1항 제6호	1D5		
	⑬③ 새만금투자진흥지구 사업시행자에 대한 감면	「조세특례제한법」 제121조의17제1항 제7호	1D7		
	⑬④ 새만금투자진흥지구 창업 · 사업장신설기업에 대한 감면(최저한세 적용제외)	「조세특례제한법」 제121조의17제1항 제8호	1D6		
	⑬⑤ 평화경제특구 창업 · 사업장신설기업에 대한 감면(최저한세 적용제외)	「조세특례제한법」 제121조의17제1항 제9호	1D8		
	⑬⑥ 평화경제특구 개발사업시행자에 대한 감면	「조세특례제한법」 제121조의17제1항 제10호	1D9		
	⑬⑦ 아시아문화중심도시 투자진흥지구 입주기업 감면(최저한세 적용제외)	「조세특례제한법」 제121조의20제1항	11C		
	⑬⑧ 금융중심지 창업기업에 대한 감면(최저한세 적용제외)	「조세특례제한법」 제121조의21제1항	11G		
	⑬⑨ 동업기업 세액감면 배분액(최저한세 적용제외)	「조세특례제한법」 제100조의18제4항	11D		
	⑭⓪ 사회적기업에 대한 감면	「조세특례제한법」 제85조의6	11L		
	⑭① 장애인 표준사업장에 대한 감면	「조세특례제한법」 제85조의6	11M		
	⑭② 첨단의료복합단지 입주기업에 대한 감면(최저한세 적용제외)	「조세특례제한법」 제121조의22제1항1호	17A		
	⑭③ 국가식품클러스터 입주기업에 대한 감면(최저한세 적용제외)	「조세특례제한법」 제121조의22제1항2호	17B		
	⑭④ 연구개발특구 입주기업에 대한 감면(최저한세 적용제외)	「조세특례제한법」 제12조의2	17C		
	⑭⑤ 감염병 피해에 따른 특별재난지역의 중소기업에 대한 감면	「조세특례제한법」 제99조의11	17D		
	⑭⑥ 기회발전특구 창업기업 등에 대한 법인세 등의 감면(최저한세 적용제외)	「조세특례제한법」 제121조의33	1D1		
	⑭⑦ 소계		170		
세액공제	⑭⑧ 외국납부세액공제	「법인세법」 제57조 및 제57조의2	101		
	⑭⑨ 재해손실세액공제	「법인세법」 제58조	102		
	⑮⓪ 신성장 · 원천기술 연구개발비세액공제(최저한세 적용제외)	「조세특례제한법」 제10조 제1항 제1호	16A		
	⑮① 국가전략기술 연구개발비세액공제(최저한세 적용제외)	「조세특례제한법」 제10조 제1항 제2호	10D		
	⑮② 일반 연구 · 인력개발비세액공제(최저한세 적용제외)	「조세특례제한법」 제10조 제1항 제3호	16B		
	⑮③ 동업기업 세액공제 배분액(최저한세 적용제외)	「조세특례제한법」 제100조의18제4항	12D		
	⑮④ 성실신고 확인비용에 대한 세액공제	「조세특례제한법」 제126조의6	10A		
	⑮⑤ 상가임대료를 인하한 임대사업자에 대한 세액공제	「조세특례제한법」 제96조의3	10B		
	⑮⑥ 용역제공자에 관한 과세자료의 제출에 대한 세액공제	「조세특례제한법」 제104조의32	10C		
	⑮⑦ 소계		180		
⑮⑧ 합계(⑭⑦ + ⑮⑦)			110		

210mm×297mm[백상지 80g/㎡ 또는 중질지 80g/㎡]

2. 최저한세 적용대상 공제감면세액

	① 구분	② 근거 법조항	코드	③ 대상세액	④ 감면(공제)세액
세액감면	⑮9 창업중소기업에 대한 세액감면(최저한세 적용대상)	「조세특례제한법」 제6조 제1항 · 제5항 · 제6항	111		
	⑯0 창업벤처중소기업 세액감면	「조세특례제한법」 제6조 제2항	174		
	⑯1 에너지신기술 중소기업 세액감면	「조세특례제한법」 제6조 제4항	13E		
	⑯2 중소기업에 대한 특별세액감면	「조세특례제한법」 제7조	112		
	⑯3 연구개발특구 입주기업에 대한 세액감면(최저한세 적용대상)	「조세특례제한법」 제12조의2	179		
	⑯4 국제금융거래이자소득 면제	「조세특례제한법」 제21조	123		
	⑯5 사업전환 중소기업에 대한 세액감면	구 「조세특례제한법」 제33조의2	192		
	⑯6 무역조정지원기업의 사업전환 세액감면	구 「조세특례제한법」 제33조의2	13A		
	⑯7 기업구조조정 전문회사 주식양도차익 세액감면	법률 제9272호 조세특례제한법 일부개정법률 부칙 제10조 · 제40조	13B		
	⑯8 혁신도시 이전 등 공공기관 세액감면	「조세특례제한법」 제62조 제4항	13F		
	⑯9 공장의 지방이전에 대한 세액감면(중소기업의 수도권 인구감소지역 안으로 이전)	「조세특례제한법」 제63조	116		
	⑰0 농공단지입주기업 등 감면	「조세특례제한법」 제64조	117		
	⑰1 농업회사법인 감면(농업소득 외의 소득)	「조세특례제한법」 제68조	119		
	⑰2 소형주택 임대사업자에 대한 세액감면	「조세특례제한법」 제96조	13I		
	⑰3 상가건물 장기임대사업자에 대한 세액감면	「조세특례제한법」 제96조의2	13N		
	⑰4 산림개발소득 감면	「조세특례제한법」 제102조	124		
	⑰5 동업기업 세액감면 배분액(최저한세 적용대상)	「조세특례제한법」 제100조의18제4항	13D		
	⑰6 첨단의료복합단지 입주기업에 대한 감면(최저한세 적용대상)	「조세특례제한법」 제121조의22제1항 제1호	13H		
	⑰7 기술이전에 대한 세액감면	「조세특례제한법」 제12조 제1항	13J		
	⑰8 기술대여에 대한 세액감면	「조세특례제한법」 제12조 제3항	13K		
	⑰9 제주첨단과학기술단지 입주기업 감면(최저한세 적용대상)	「조세특례제한법」 제121조의8	13P		
	⑱0 제주투자진흥지구등 입주기업 감면(최저한세 적용대상)	「조세특례제한법」 제121조의9	13Q		
	⑱1 기업도시개발구역 창업 · 사업장신설기업에 대한 감면(최저한세 적용대상)	「조세특례제한법」 제121조의17제1항 제1호	13R		
	⑱2 지역개발사업구역 또는 지역활성화지역 창업 · 사업장신설기업에 대한 감면(최저한세 적용대상)	「조세특례제한법」 제121조의17제1항 제3호	1E1		
	⑱3 해양박람회특구 창업 · 사업장신설기업에 대한 감면(최저한세 적용대상)	「조세특례제한법」 제121조의17제1항 제5호	1E2		
	⑱4 새만금투자진흥지구 창업 · 사업장신설기업에 대한 감면(최저한세 적용대상)	「조세특례제한법」 제121조의17제1항 제8호	1E3		
	⑱5 평화경제특구 창업 · 사업장신설기업에 대한 감면(최저한세 적용대상)	「조세특례제한법」 제121조의17제1항 제9호	1E4		
	⑱6 위기지역 내 창업기업 세액감면(최저한세 적용대상)	「조세특례제한법」 제99조의9	13S		
	⑱7 아시아문화중심도시 투자진흥지구 입주기업 감면(최저한세 적용대상)	「조세특례제한법」 제121조의20제1항	13T		
	⑱8 금융중심지 창업기업에 대한 감면(최저한세 적용대상)	「조세특례제한법」 제121조의21제1항	13U		
	⑱9 국가식품클러스터 입주기업에 대한 감면(최저한세 적용대상)	「조세특례제한법」 제121조의22제1항 제2호	13V		
	⑲0 기회발전특구 창업기업 등에 대한 법인세 등의 감면(최저한세 적용대상)	「조세특례제한법」 제121조의33	1C1		
	⑲1 소계		130		

210mm×297mm[백상지 80g/㎡ 또는 중질지 80g/㎡]

(5쪽 중 제4쪽)

① 구분		② 근거 법조항	코드	⑤ 전기 이월액	⑥ 당기 발생액	⑦ 공제세액
세액공제	⑲② 중소기업 등 투자세액공제	구「조세특례제한법」 제5조	131			
	⑲③ 상생결제 지급금액에 대한 세액공제	「조세특례제한법」 제7조의4	14Z			
	⑲④ 대 · 중소기업 상생협력을 위한 기금출연 세액공제	「조세특례제한법」 제8조의3제1항	14M			
	⑲⑤ 협력중소기업에 대한 유형고정자산 무상임대 세액공제	「조세특례제한법」 제8조의3제2항	18D			
	⑲⑥ 수탁기업에 설치하는 시설에 대한 세액공제	「조세특례제한법」 제8조의3제3항	18L			
	⑲⑦ 교육기관에 무상 기증하는 중고자산에 대한 세액공제	「조세특례제한법」 제8조의3제4항	18R			
	⑲⑧ 신성장 · 원천기술 연구개발비세액공제(최저한세 적용대상)	「조세특례제한법」 제10조 제1항 제1호	13L			
	⑲⑨ 국가전략기술 연구개발비세액공제(최저한세 적용대상)	「조세특례제한법」 제10조 제1항 제2호	10E			
	⑳⓪ 일반 연구 · 인력개발비세액공제(최저한세 적용대상)	「조세특례제한법」 제10조 제1항 제3호	13M			
	⑳① 기술취득에 대한 세액공제	「조세특례제한법」 제12조 제2항	176			
	⑳② 기술혁신형 합병에 대한 세액공제	「조세특례제한법」 제12조의3	14T			
	⑳③ 기술혁신형 주식취득에 대한 세액공제	「조세특례제한법」 제12조의4	14U			
	⑳④ 벤처기업등 출자에 대한 세액공제	「조세특례제한법」 제13조의2	18E			
	⑳⑤ 성과공유 중소기업 경영성과급 세액공제	「조세특례제한법」 제19조	18H			
	⑳⑥ 연구 · 인력개발설비투자 세액공제	구「조세특례제한법」 제25조 제1항 제1호	134			
	⑳⑦ 에너지절약시설투자 세액공제	구「조세특례제한법」 제25조 제1항 제2호	177			
	⑳⑧ 환경보전시설 투자 세액공제	구「조세특례제한법」 제25조 제1항 제3호	14A			
	⑳⑨ 근로자복지증진시설투자 세액공제	구「조세특례제한법」 제25조 제1항 제4호	142			
	㉑⓪ 안전시설투자 세액공제	구「조세특례제한법」 제25조 제1항 제5호	136			
	㉑① 생산성향상시설투자세액공제	구「조세특례제한법」 제25조 제1항 제6호	135			
	㉑② 의약품 품질관리시설투자 세액공제	구「조세특례제한법」 제25조의4	14B			
	㉑③ 신성장기술 사업화를 위한 시설투자 세액공제	구「조세특례제한법」 제25조의5	18B			
	㉑④ 영상콘텐츠 제작비용에 대한 세액공제(기본공제)	「조세특례제한법」 제25조의6	18C			
	㉑⑤ 영상콘텐츠 제작비용에 대한 세액공제(추가공제)	「조세특례제한법」 제25조의6	1B8			
	㉑⑥ 초연결 네트워크 시설투자에 대한 세액공제	구「조세특례제한법」 제25조의7	18I			
	㉑⑦ 고용창출투자세액공제	「조세특례제한법」 제26조	14N			
	㉑⑧ 산업수요맞춤형고등학교등 졸업자를 병역이행 후 복직시킨 중소기업에 대한 세액공제	「조세특례제한법」 제29조의2	14S			
	㉑⑨ 경력단절 여성 고용 기업 등에 대한 세액공제	「조세특례제한법」 제29조의3제1항	14X			
	㉒⓪ 육아휴직 후 고용유지 기업에 대한 인건비 세액공제	「조세특례제한법」 제29조의3제2항	18J			
	㉒① 근로소득을 증대시킨 기업에 대한 세액공제	「조세특례제한법」 제29조의4	14Y			
	㉒② 청년고용을 증대시킨 기업에 대한 세액공제	「조세특례제한법」 제29조의5	18A			
	㉒③ 고용을 증대시킨 기업에 대한 세액공제	「조세특례제한법」 제29조의7	18F	*54,000,000*		*8,500,000*
	㉒④ 통합고용세액공제	「조세특례제한법」 제29조의8	18S		*25,500,000*	*25,500,000*
	㉒⑤ 통합고용세액공제(정규직 전환)	「조세특례제한법」 제29조의8	1B4			
	㉒⑥ 통합고용세액공제(육아휴직 복귀)	「조세특례제한법」 제29조의8	1B5			
	㉒⑦ 정규직근로자 전환 세액공제	「조세특례제한법」 제30조의2	14H			
	㉒⑧ 고용유지중소기업에 대한 세액공제	「조세특례제한법」 제30조의3	18K			
	㉒⑨ 중소기업 고용증가 인원에 대한 사회보험료 세액공제	「조세특례제한법」 제30조의4 제1항	14Q			
	㉓⓪ 중소기업 사회보험 신규가입에 대한 사회보험료 세액공제	「조세특례제한법」 제30조의4 제3항	18G			
	㉓① 전자신고에 대한 세액공제(납세의무자)	「조세특례제한법」 제104조의8 제1항	184			
	㉓② 전자신고에 대한 세액공제(세무법인 등)	「조세특례제한법」 제104조의8 제3항	14J			
	㉓③ 제3자 물류비용 세액공제	「조세특례제한법」 제104조의14	14E			
	㉓④ 대학 맞춤형 교육비용 등 세액공제	구「조세특례제한법」 제104조의18제1항	14I			
	㉓⑤ 대학등 기부설비에 대한 세액공제	구「조세특례제한법」 제104조의18제2항	14K			
	㉓⑥ 기업의 경기부 설치운영비용 세액공제	「조세특례제한법」 제104조의22	14O			
	㉓⑦ 동업기업 세액공제 배분액(최저한세 적용대상)	「조세특례제한법」 제100조의18제4항	14L			
	㉓⑧ 산업수요맞춤형 고등학교 등 재학생에 대한 현장훈련수당 등 세액공제	구「조세특례제한법」 제104조의18제4항	14R			
	㉓⑨ 석유제품 전자상거래에 대한 세액공제	「조세특례제한법」 제104조의25	14P			
	㉔⓪ 금 현물시장에서 거래되는 금지금에 대한 과세특례	「조세특례제한법」 제126조의7제8항	14V			
	㉔① 금사업자와 스크랩등사업자의 수입금액의 증가 등에 대한 세액공제	「조세특례제한법」 제122조의4	14W			
	㉔② 우수 선화주 인증 국제물류주선업자 세액공제	「조세특례제한법」 제104조의30	18M			

210mm×297mm[백상지 80g/㎡ 또는 중질지 80g/㎡]

구분	항목	근거 법조항	코드			
세액공제	(243) 이스포츠대회 운영에 대한 과세특례	「조세특례제한법」 제104조의35	1F1			
	(244) 소재 · 부품 · 장비 수요기업 공동출자 세액공제	「조세특례제한법」 제13조의3제1항	18N			
	(245) 소재 · 부품 · 장비 외국법인 인수세액 공제	「조세특례제한법」 제13조의3제3항	18P			
	(246) 선결제 금액에 대한 세액공제	「조세특례제한법」 제99조의12	18Q			
	(247) 해외자원개발투자에 대한 과세특례	「조세특례제한법」 제104조의15	1B6			
	(248) 통합투자세액공제(일반)	「조세특례제한법」 제24조	13W			
	(249) 통합투자세액공제(신성장 · 원천기술)	「조세특례제한법」 제24조	13X			
	(250) 통합투자세액공제(국가전략기술)	「조세특례제한법」 제24조	13Y			
	(251) 통합투자세액공제(반도체분야 국가전략기술)	「조세특례제한법」 제24조	13Z			
	(252) 임시통합투자세액공제(일반)	「조세특례제한법」 제24조	1B1			
	(253) 임시통합투자세액공제(신성장 · 원천기술)	「조세특례제한법」 제24조	1B2			
	(254) 임시통합투자세액공제(국가전략기술)	「조세특례제한법」 제24조	1B3			
	(255) 임시통합투자세액공제(반도체분야 국가전략기술)	「조세특례제한법」 제24조	1B9			
	(256) 문화산업전문회사 출자에 대한 세액공제	「조세특례제한법」 제25조의7	1B7			
	(257) 소계		149	*54,000,000*	*25,500,000*	*34,000,000*
(258) 합계((191) + (257))			150	*54,000,000*	*25,500,000*	*34,000,000*
(259) 공제감면세액 총계((158) + (258))			151			*34,000,000*
(260) 기술도입대가에 대한 조세면제		법률 제9921호 조세특례제한법 일부개정 법률 부칙 제77조	183			
(261) 간주 · 간접 외국 납부세액공제		「법인세법」 제57조 제3항 · 제4항 · 제6항	189			
(262) 간접투자회사등 외국 납부세액공제		「법인세법」 제57조의2	1E5			

작성방법

1. ② 근거 법조항란 중 "구「조세특례제한법」"은 2020년 12월 29일 법률 제17759호로 개정되기 전의 「조세특례제한법」을 말합니다.

2. ③ 대상세액란:「법인세법」, 「조세특례제한법」등에 따른 공제감면대상금액이 있는 경우 공제감면세액계산서(별지 제8호 서식 부표 1부터 부표 5까지 및 부표 5의2부터 부표 5의 5까지)에 따라 감면구분별로 적습니다.

3. ④ 감면(공제)세액란 및 ⑦ 공제세액란:「법인세법」, 「조세특례제한법」등에 따른 공제 또는 감면 세액은 공제감면세액계산서(별지 제8호 서식 부표 1부터 부표 5까지 및 부표 5의 2부터 부표 5의 7까지)에 따라 계산된 공제세액 중 당기에 공제될 세액의 범위에서 「법인세법」 제59조 제1항에 따른 공제순서에 따라 감면 구분별로 적습니다.

4. (148) 외국납부세액공제란: 외국납부세액과 (261) 간주 · 간접 외국 납부세액공제액 및 (262) 간접투자회사등 외국 납부세액공제액을 합하여 적습니다.

5. 「조세특례제한법」 제10조에 따른 연구 · 인력개발비세액공제 중 최저한세가 적용되는 공제세액은 (198)란, (199)란 또는 (200)란에 각각 구분하여 적고, 최저한세 적용이 제외되는 공제세액은 (150)란, (151)란 또는 (152)란에 각각 구분하여 적습니다.

6. (198)란, (199)란 또는 (200)란의 ⑤ 전기이월액란:「조세특례제한법」 제144조 제1항에 따라 이월된 미공제 금액 중 해당 과세연도에 공제할 신성장 · 원천기술 연구개발비, 국가전략기술 연구개발비 또는 일반연구비 · 인력개발비를 각각 구분하여 적습니다(구 공제감면코드: 132).

7. (260) 기술도입대가에 대한 조세면제란의 ⑦ 공제세액란: 기술도입대가를 지급하는 내국법인이 별지 제8호 서식 부표 9 기술도입대가에 대한 조세면제명세서의 ⑧ 면제세액란에 적힌 금액의 합계액을 적습니다. 다만, 기술을 제공하는 자가 국내에 사업장이 있고 해당 기술이 국내사업장에 실질적으로 관련되거나 귀속되는 경우에는 해당 기술을 제공하는 외국법인이 적습니다.

8. 법령의 개정에 따라 종전의 규정 또는 개정규정에 따라 공제 또는 감면받는 경우에는 비어 있는 란 등에 해당 법령의 조문 순서에 따라 별도로 적습니다.

210mm×297mm[백상지 80g/㎡ 또는 중질지 80g/㎡]

(4) 최저한세조정계산서

[별지 제4호 서식] (2019.3.20. 개정) (앞쪽)

사 업 연 도	2025. 1. 1. ~ 2025.12.31.	최저한세조정계산서	법 인 명	㈜택스에듀3
			사업자등록번호	123-81-xxxxxx

1. 최저한세 조정 계산 명세

① 구 분		코드	② 감면 후 세액	③ 최저한세	④ 조정감	⑤ 조정 후 세액
⑩ 결산서상 당기순이익		01	450,000,000			
소 득 조 정 금 액	⑩ 익 금 산 입	02				
	⑩ 손 금 산 입	03				
⑩ 조정 후 소득금액(⑩+⑩-⑩)		04	450,000,000	450,000,000		450,000,000
최저한세 적용대상 특별비용	⑩ 준 비 금	05				
	⑩ 특별상각 및 특례자산 감가상각비	06				
⑩ 특별비용 손금산입 전 소득금액 (⑩ + ⑩ + ⑩)		07				
⑩ 기 부 금 한 도 초 과 액		08				
⑩기부금 한도초과 이월액 손금산입		09				
⑩ 각 사 업 연 도 소 득 금 액 (⑩ + ⑩ - ⑩)		10	450,000,000	450,000,000		450,000,000
⑪ 이 월 결 손 금		11				
⑫ 비 과 세 소 득		12				
⑬ 최저한세 적용대상 비 과 세 소 득		13				
⑭ 최저한세 적용대상 익 금 불 산 입·손 금 산 입		14				
⑮ 차 가 감 소 득 금 액 (⑩ - ⑪ - ⑫ + ⑬ + ⑭)		15	450,000,000	450,000,000		450,000,000
⑯ 소 득 공 제		16				
⑰ 최 저 한 세 적 용 대 상 소 득 공 제		17				
⑱ 과 세 표 준 금 액 (⑮ - ⑯ + ⑰)		18	450,000,000	450,000,000		450,000,000
⑲ 선 박 표 준 이 익		24				
⑳ 과세표준금액(⑱ + ⑲)		25	450,000,000	450,000,000		450,000,000
㉑ 세 율		19	19%	7%		19%
㉒ 산 출 세 액		20	65,500,000	31,500,000		65,500,000
㉓ 감 면 세 액		21				
㉔ 세 액 공 제		22	79,500,000		45,500,000	34,000,000
㉕ 차 감 세 액(㉒-㉓-㉔)		23	0			31,500,000

2. 최저한세 세율 적용을 위한 구분 항목

㉖ 중소기업 유예기간 종료연월		㉗ 유예기간 종료 후 연차			

210mm×297mm[백상지 80g/㎡ 또는 중질지 80g/㎡]

(5) 법인세 과세표준 및 세액조정계산서

[별지 제3호 서식] (2024. 3. 22. 개정) (앞쪽)

사업연도	2025.1.1. ~ 2025.13.31.	법인세 과세표준 및 세액조정계산서	법인명	㈜택스에듀3
			사업자등록번호	123-81-xxxxxx

구분		항목	코드	금액
① 각 사업연도 소득계산		(101) 결산서상 당기순손익	01	450 000 000
	소득조정금액	(102) 익금산입	02	
		(103) 손금산입	03	
		(104) 차가감소득금액 ((101)+(102)-(103))	04	450 000 000
		(105) 기부금한도초과액	05	
		(106) 기부금한도초과이월액 손금산입	54	
		(107) 각 사업연도소득금액 ((104)+(105)-(106))	06	450 000 000
② 과세표준 계산		(108) 각 사업연도소득금액 ((108)=(107))		450 000 000
		(109) 이월결손금	07	
		(110) 비과세소득	08	
		(111) 소득공제	09	
		(112) 과세표준 ((108)-(109)-(110)-(111))	10	450 000 000
		(159) 선박표준이익	55	
③ 산출세액 계산		(113) 과세표준((112)+(159))	56	450 000 000
		(114) 세율	11	19
		(115) 산출세액	12	65 500 000
		(116) 지점유보소득(「법인세법」 제96조)	13	
		(117) 세율	14	
		(118) 산출세액	15	
		(119) 합계((115)+(118))	16	65 500 000
④ 납부할 세액 계산		(120) 산출세액((120)=(119))		65 500 000
		(121) 최저한세 적용대상 공제감면세액	17	34 000 000
		(122) 차감세액	18	31 500 000
		(123) 최저한세 적용제외 공제감면세액	19	
		(124) 가산세액	20	
		(125) 가감계((122)-(123)+(124))	21	31 500 000
	기납부세액 / 기한내납부세액	(126) 중간예납세액	22	
		(127) 수시부과세액	23	
		(128) 원천납부세액	24	
		(129) 간접투자회사등의 외국납부세액	25	
		(130) 소계((126)+(127)+(128)+(129))	26	
	기납부세액	(131) 신고납부전가산세액	27	
		(132) 합계((130)+(131))	28	

구분		항목	코드	금액
		(133) 감면분추가납부세액	29	
		(134) 차감납부할세액 ((125)-(132)+(133))	30	31 500 000
⑤ 토지등양도소득에 대한 법인세 계산	양도차익	(135) 등기자산	31	
		(136) 미등기자산	32	
		(137) 비과세소득	33	
		(138) 과세표준 ((135)+(136)-(137))	34	
		(139) 세율	35	
		(140) 산출세액	36	
		(141) 감면세액	37	
		(142) 차감세액((140)-(141))	38	
		(143) 공제세액	39	
		(144) 동업기업 법인세 배분액 (가산세 제외)	58	
		(145) 가산세액 (동업기업 배분액 포함)	40	
		(146) 가감계((142)-(143)+(144)+(145))	41	
	기납부세액	(147) 수시부과세액	42	
		(148) (　　　)세액	43	
		(149) 계((147)+(148))	44	
		(150) 차감납부할세액((146)-(149))	45	
⑥ 미환류소득 법인세		(161) 과세대상 미환류소득	59	
		(162) 세율	60	
		(163) 산출세액	61	
		(164) 가산세액	62	
		(165) 이자상당액	63	
		(166) 납부할세액((163)+(164)+(165))	64	
⑦ 세액계		(151) 차감납부할세액계 ((134)+(150)+(166))	46	31 500 000
		(152) 사실과 다른 회계처리 경정세액공제	57	
		(153) 분납세액계산 범위액 ((151)-(124)-(133)-(145)-(152)+(131))	47	31 500 000
		(154) 분납할세액	48	15 750 000
		(155) 차감납부세액 ((151)-(152)-(154))	49	15 750 000

02 통합고용 및 고용증대 사례

(6) 농어촌특별세 과세표준 및 세액신고서

[별지 제2호 서식] (2024. 3. 22. 개정)

농어촌특별세 과세표준 및 세액신고서

※ 뒤쪽의 신고안내 및 작성방법을 읽고 작성하여 주시기 바랍니다. (앞쪽)

1. 신고인 인적사항

①소 재 지					
②법 인 명	㈜택스에듀3		③대 표 자 성 명	김택스	
④사업자등록번호	123-81-xxxxx	⑤사 업 연 도	2025. 1. 1. ~ 2025.12.31.	⑥전 화 번 호	

2. 농어촌특별세 과세표준 및 세액 조정내역

⑦과 세 표 준		34,000,000
⑧산 출 세 액		6,800,000
(미납세액, 미납일수, 세율) ⑨가 산 세 액		(, , 2.2/10,000)
⑩총 부 담 세 액		6,800,000
⑪기 납 부 세 액		
⑫환 급 예 정 세 액		
⑬차 감 납 부 할 세 액		6,800,000
⑭분 납 할 세 액		
⑮차 감 납 부 세 액		6,800,000
⑯충 당 후 납 부 세 액		
⑰국 세 환 급 금 충 당 신 청	환 급 법 인 세	
	충당할 농어촌특별세	

신고인은 「농어촌특별세법」 제7조에 따라 위의 내용을 신고하며, 위 내용을 충분히 검토하였고 신고인이 알고 있는 사실 그대로를 정확하게 적었음을 확인합니다.

2026년 3월 31일

신고인(대표자) ㈜택스에듀3 (서명 또는 인)

세무대리인은 조세전문자격자로서 위 신고서를 성실하고 공정하게 작성하였음을 확인합니다.

세무대리인 (서명 또는 인)

세무서장 귀하

4. [서식사례 4] 3년 연속 증가, 1차 증가(고용증대), 2차 감소(고용증대 추가납부), 3차 증가(통합고용), 4차(통합고용 추가납부)

제조업을 영위하는 중소기업인 ㈜택스에듀4의 상시근로자 등의 자료는 다음과 같다. ㈜택스에듀4는 12월말 결산법인이며 수도권에 소재하고 있다. 주어진 자료를 이용하여 각 과세연도에 대한 공제세액을 계산하시오. ㈜택스에듀4는 2022년에 창업하였으며, 2022년까지는 고용증대세액공제를 선택하였고 2023년 이후에는 통합고용세액공제를 선택하였다.

고용증대세액공제 시 청년등 상시근로자 수와 통합고용세액공제 시 청년등 상시근로자 수는 동일하다고 가정한다.

▌상시근로자 수▐

구 분	2022년	2023년	2024년	2025년
전체 상시근로자	10	8	14	10
청년등 상시근로자	6	3	7	5
청년등 외 상시근로자	4	5	7	5

[이월세액 및 과세표준]

2022년 : 과세표준 600,000,000원, 이월세액 36,000,000원
2023년 : 과세표준 800,000,000원
2024년 : 과세표준 450,000,000원, 이월세액 41,000,000원
2025년 : 과세표준 300,000,000원

풀이

1. 2022년(창업연도) 고용증대세액 공제세액

(1) 1차년도 공제액

6명×11,000,000원 + 4명×7,000,000원 = 94,000,000원

2. 2023년 공제세액 및 추가납부세액

(1) 1차년도 고용증대세액 공제세액

전체 상시근로자 수가 감소하였으므로 1차년도 공제금액 없음.

(2) 2차년도 통합고용세액 공제세액

전체 상시근로자 수(8명)가 최초로 공제받은 2021년(10명)에 비해 감소하였으므로 2차년도 공제금액 없음.

(3) 고용증대세액 추가납부세액

(3명−2명)×(11,000,000원 − 7,000,000원) + 2명×11,000,000원 = 26,000,000원

3. 2024년 공제세액

(1) 1차년도 통합고용세액 기본 공제세액

4명 × 14,500,000원 + 2명 × 8,500,000원 = 75,000,000원

(2) 2차년도 고용증대세액 공제세액

없음.

(3) 3차년도 고용증대세액 공제세액

없음.

4. 2025년 공제세액 및 추가납부세액

(1) 1차년도 통합고용세액 기본 공제세액

전체 상시근로자 수가 감소하였으므로 1차년도 공제금액 없음.

(2) 2차년도 통합고용세액 기본 공제세액

전체 상시근로자 수(10명)가 최초로 공제받은 2023년(14명)에 비해 감소하였으므로 2차년도 공제금액 없음.

(3) 2024년도 추가납부세액

2명 × 14,500,000원 + 2명 × 8,500,000원 = 46,000,000원

5. 2022년 최저한세 및 이월세액

(1) 법인세 산출세액

200,000,000원 × 10%+400,000,000 × 20% = 100,000,000원

(2) 최저한세

Max[①, ②] = 42,000,000원

① 각종감면후세액 : 100,000,000원 − 94,000,000원 = 6,000,000원

② 최저한세 : 600,000,000원(과세표준) × 7%(최저한세율) = 42,000,000원

(3) 조정감 및 이월세액

100,000,000원(산출세액) − 42,000,000원(최저한세) = 58,000,000원(공제세액)

94,000,000원(공제대상세액) − 58,000,000원(공제세액) = 36,000,000원(조정감세액)

(단위 : 원)

구 분	공제대상세액	조정감	공제세액	이월세액
고용증대세액공제(당기발생액)	94,000,000	36,000,000	58,000,000	36,000,000

(4) 농어촌 특별세액

58,000,000원(공제세액) × 20%(농특세율) = 11,600,000원

6. 2023년 최저한세 및 이월세액

(1) 법인세 산출세액

200,000,000원 × 10%+600,000,000원 × 20% = 140,000,000원

(2) 최저한세

Max[①, ②] = 104,000,000원

① 각종감면후세액 : 140,000,000원 - 36,000,000원(이월세액) = 104,000,000원

② 최저한세 : 800,000,000원(과세표준) × 7%(최저한세율) = 56,000,000원

(3) 조정감 및 이월세액

36,000,000원(공제대상세액) - 36,000,000원(공제세액) = 0원(조정감세액)

(단위 : 원)

구 분	공제대상세액	조정감	공제세액	이월세액
고용증대세액공제(이월세액)	36,000,000	0	36,000,000	0

(4) 농어촌 특별세액

1) 납부세액 : 36,000,000원(공제세액) × 20%(농특세율) = 7,200,000원

2) 환급세액 : 26,000,000원(추가납부세액) × 20%(농특세율) = 5,200,000원

3) 차감납부세액 : 2,000,000원

7. 2024년 최저한세 및 이월세액

(1) 법인세 산출세액

200,000,000원 × 9%+250,000,000 × 19% = 65,500,000원

(2) 최저한세

Max[①, ②] = 31,500,000원

① 각종감면후세액 : 65,500,000원 - 75,000,000원 = 0원

② 최저한세 : 450,000,000원(과세표준) × 7%(최저한세율) = 31,500,000원

(3) 조정감 및 이월세액

65,500,000원(산출세액) - 31,500,000원(최저한세) = 34,000,000원(공제세액)

75,000,000원(공제대상세액) - 34,000,000원(공제세액) = 41,000,000원(조정감세액)

(단위 : 원)

구 분	공제대상세액	조정감	공제세액	이월세액
통합고용세액공제	75,000,000	41,000,000	34,000,000	41,000,000

(4) 농어촌 특별세액

34,000,000원(공제세액) × 20%(농특세율) = 6,800,000원

8. 2025년 최저한세 및 이월세액

(1) 법인세 산출세액

200,000,000원 × 9%+100,000,000원 × 19% = 37,000,000원

(2) 공제세액 : 0원

(3) 통합고용세액공제 추가납부세액 납부

통합고용세액공제 추가납부세액 46,000,000원

① 2024년 이월세액 차감 41,000,000원

② 추가납부세액 : 46,000,000원－41,000,000원＝5,000,000원

(4) 농어촌 특별세액

환급세액 : 5,000,000원(추가납부세액) × 20%(농특세율) = 1,000,000원

1. 2022 사업연도

(1) 고용 증대 기업에 대한 공제세액계산서

■ 조세특례제한법 시행규칙 [별지 제10호의 8 서식] (2024.3.22. 개정)

고용 증대 기업에 대한 공제세액계산서

(3쪽 중 제1쪽)

❶ 신청인	① 상호 또는 법인명 ㈜택스에듀4	② 사업자등록번호 123-81-xxxxx
	③ 대표자 성명 김택스	④ 생년월일
	⑤ 주소 또는 본점소재지 (전화번호:)	

❷ 과세연도	2022 년 1 월 1 일부터 2022 년 12 월 31 일까지

❸ 공제세액 계산내용

가. 1차년도 세제지원 요건 : ⑧ > 0

1. 상시근로자 증가 인원

⑥ 해당 과세연도 상시근로자 수	⑦ 직전 과세연도 상시근로자 수	⑧ 상시근로자 증가 인원 수 (⑥-⑦)
10	0	10

2. 청년등 상시근로자 증가 인원

⑨ 해당 과세연도 청년등 상시근로자 수	⑩ 직전 과세연도 청년등 상시근로자 수	⑪ 청년등 상시근로자 증가 인원 수 (⑨-⑩)
6	0	6

3. 청년등 상시근로자 외 상시근로자 증가 인원

⑫ 해당 과세연도 청년등 상시 근로자 외 상시근로자 수	⑬ 직전 과세연도 청년등 상시 근로자 외 상시근로자 수	⑭ 청년등 상시근로자 외 상시 근로자 증가 인원 수(⑫-⑬)
4	0	0

4. 1차년도 세액공제액 계산

구분	구분		직전 과세연도 대비 상시근로자 증가 인원 수 (⑧ 상시근로자 증가 인원 수를 한도)	1인당 공제금액	⑮ 1차년도 세액공제액
중소기업	수도권 내	청년등	6	1천1백만원	66,000,000
		청년등 외	4	7백만원	28,000,000
	수도권 밖	청년등		1천2백만원	
		청년등 외		7백7십만원	
	계		10		94,000,000
중견기업	청년등			8백만원	
	청년등 외			4백5십만원	
	계				
일반기업	청년등			4백만원	
	청년등 외				
	계				

나. 2차년도 세제지원 요건 : ⑱ ≥ 0

1. 상시근로자 증가 인원

⑯ 2차년도(해당 과세연도) 상시근로자 수	⑰ 1차년도(직전 과세연도) 상시근로자 수	⑱ 상시근로자 증가 인원 수(⑯-⑰)

2. 2차년도 세액공제액 계산(상시근로자 감소여부)

1차년도(직전 과세연도) 대비 상시근로자 감소여부	1차년도(직전 과세연도) 대비 청년 등 상시근로자 수 감소여부	⑲ 1차년도(직전 과세연도) 청년 등 상시근로자 증가 세액공제액	⑳ 1차년도(직전 과세연도) 청년 등 외 상시근로자 증가 세액공제액	㉑ 2차년도 세액공제액
부	부			
	여			
여				

다. 3차년도 세제지원 요건(중소 · 중견기업만 해당) : ㉔ ≥ 0

1. 상시근로자 증가 인원

㉒ 3차년도(해당 과세연도) 상시근로자 수	㉓ 1차년도(직전전 과세연도) 상시근로자 수	㉔ 상시근로자 증가 인원 수(㉒-㉓)

2. 3차년도 세액공제액 계산(상시근로자 감소여부)

1차년도(직전전 과세연도) 대비 상시근로자 감소여부	1차년도(직전전 과세연도) 대비 청년 등 상시근로자 수 감소여부	㉕ 1차년도(직전전 과세연도) 청년 등 상시근로자 증가 세액공제액	㉖ 1차년도(직전전 과세연도) 청년 등 외 상시근로자 증가 세액공제액	㉗ 3차년도 세액공제액
부	부			
	여			
여				

❹ 세액공제액 [⑮ 1차년도 세액공제액 + ㉑ 2차년도 세액공제액 + ㉗ 3차년도 세액공제액]	94,000,000

「조세특례제한법 시행령」 제26조의7제10항에 따라 위와 같이 공제세액계산서를 제출합니다.

2023 년 3 월 31 일

신청인 ㈜택스에듀4 (서명 또는 인)

세무서장 귀하

(2) 세액공제조정명세서(3)

[별지 제8호 서식 부표 3] (2025.7.4. 개정) (4쪽 중 제1쪽)

사 업 연 도	2022. 1. 1. ~ 2022. 12. 31.	세액공제조정명세서(3)	법인명	(주)택스에듀4
			사업자등록번호	123-81-xxxxx

1. 공제세액계산(「조세특례제한법」)

	⑩ 구 분	근거법 조항	⑩ 계 산 기 준	코드	⑩ 계산명세	⑩ 공제대상세액
조세특례제한법	중소기업 등 투자세액공제	구 제5조	투자금액 × 1(2,3,5,10)/100	131		
	상생결제 지급금액에 대한 세액공제	제7조의4	지급기한 15일 이내: 지급 금액의 0.5% 지급기한 15일 ~ 30일: 지급 금액의 0.3% 지급기한 30일 ~ 60일: 지급 금액의 0.015%	14Z		
	대·중소기업 상생협력을 위한 기금출연 세액공제	제8조의3 제1항	출연금 × 10/100	14M		
	협력중소기업에 대한 유형고정자산 무상임대 세액공제	제8조의3 제2항	장부가액 × 3/100	18D		
	수탁기업에 설치하는 시설에 대한 세액공제	제8조의3 제3항	투자금액 × 1(3,7)/100	18L		
	교육기관에 무상 기증하는 중고자산에 대한 세액공제	제8조의3 제4항	기증자산 시가 × 10/100	18R		
	신성장·원천기술 연구개발비세액공제(최저한세 적용제외)	제10조 제1항 제1호	(일반 연구·인력개발비) '14.1.1.~'14.12.31.: 발생액 × 3~4(8,10,15,20,25,30)/100 또는 2년간 연평균 발생액의 초과액 × 40(50)/100 '15.1.1. 이후: 발생액 × 2~3(8,10,15,20,25,30)/100 또는 직전 발생액의 초과액 × 40(50)/100 '17.1.1. 이후: 발생액 × 1~3(8,10,15,20,25,30)/100 또는 직전 발생액의 초과액 × 30(40,50)/100 '18. 1. 1. 이후: 발생액 × 0~2(8,10,15,20,25,30)/100 또는 직전 발생액의 초과액 × 25(40,50)/100 (신성장·원천기술 연구개발비) '17. 1. 1. 이후: 발생액 × 20(30)/100 (국가전략기술 연구개발비) '21. 7. 1. 이후: 발생액 ×30(40)/100	16A		
	국가전략기술 연구개발비세액공제(최저한세 적용제외)	제10조 제1항 제2호		10D		
	일반 연구·인력개발비세액공제(최저한세 적용제외)	제10조 제1항 제3호		16B		
	신성장·원천기술 연구개발비세액공제(최저한세 적용대상)	제10조 제1항 제1호		13L		
	국가전략기술 연구개발비세액공제(최저한세 적용대상)	제10조 제1항 제2호		10E		
	일반 연구·인력개발비세액공제(최저한세 적용대상)	제10조 제1항 제3호		13M		
	기술취득에 대한 세액공제	제12조 제2항	특허권 등 취득금액 × 5(10)/100 *법인세의 10% 한도	176		
	기술혁신형 합병에 대한 세액공제	제12조의3	기술가치금액 × 10/100	14T		
	기술혁신형 주식취득에 대한 세액공제	제12조의4	기술가치금액 × 10/100	14U		
	벤처기업등 출자에 대한 세액공제	제13조의2	주식등 취득가액 × 5/100	18E		
	성과공유 중소기업 경영성과급 세액공제	제19조	'22.1.1. 이전 지급분: 근로자에 지급하는 경영성과급 × 10/100 '22.1.1. 이후 지급분: 근로자에 지급하는 경영성과급× 15/100	18H		
	연구·인력개발설비투자세액공제	구 제25조 제1항 제1호	'14.1.1.~'15.12.31. 투자분: 투자금액 × 3(5,10)/100 '16.1.1. 이후 투자분: 투자금액 × 1(3,6)/100 '19.1.1. 이후 투자분: 투자금액 × 1(3,7)/100	134		
	에너지절약시설투자세액공제	구 제25조 제1항 제2호	'14.1.1.~'15.12.31. 투자분: 투자금액 × 3(5,10)/100 ('16.1.1. 현재 투자진행 중인 경우 '16.12.31.까지 종전율 적용) '16.1.1. 이후 투자개시분: 투자금액 × 1(3,10)/100 '19.1.1. 이후 투자분: 투자금액 × 1(3,7)/100	177		

210mm×297mm[백상지 80g/㎡ 또는 중질지 80g/㎡]

(101) 구 분		근거법 조항	(102) 계 산 기 준	코드	(103) 계산 명세	(104) 공제대상 세 액
조세특례제한법	환경보전시설 투자세액공제	구 제25조 제1항 제3호	투자금액 × 3(5,10)/100 '19.1.1. 이후 투자분: 투자금액 × 3(5,10)/100	14A		
	근로자복지증진시설투자세액공제	구 제25조 제1항 제4호	투자금액 × 7(10)/100 '19.1.1. 이후 취득분: 취득금액 × 3(5,10)/100	142		
	안전시설투자세액공제	구 제25조 제1항 제5호	'13.1.1.~'14.12.31. 투자분: 투자금액 × 3(7)/100 '15.1.1. 이후 투자분: 투자금액 × 1(3,7)/100 '19.1.1. 이후 투자분: 투자금액 × 1(5,10)/100	136		
	생산성향상시설투자세액공제	구 제25조 제1항 제6호	'13.1.1.~'14.12.31. 투자분: 투자금액 × 3(7)/100 '15.1.1. 이후 투자분: 투자금액 × 1(3,7)/100 '20.1.1.~'20.12.31. 투자분: 투자금액 × 2(5,10))/100 '21.1.1.~'21.12.31. 투자분: 투자금액 × 1(5,10))/100 '21.1.1.~이후. 투자분: 투자금액 × 1(3,7))/100	135		
	의약품 품질관리시설투자세액공제	구 제25조의4	'14.1.1.~'16.12.31. 투자분: 투자금액 × 3(5,7)/100 '17.1.1. 이후 투자분: 투자금액 × 1(3,6)/100	14B		
	신성장기술 사업화를 위한 시설투자 세액공제	구 제25조의5	투자금액 × 5(7,10)/100	18B		
	영상콘텐츠 제작비용에 대한 세액공제(기본공제)	제25조의6	제작비용 × 5(10,15)/100	18C		
	영상콘텐츠 제작비용에 대한 세액공제(추가공제)	제25조의6	제작비용 × 10(15)/100	1B8		
	초연결 네트워크 시설투자에 대한 세액공제	구 제25조의7	투자금액 × 2(3)/100	18I		
	고용창출투자세액공제	제26조	'12.1.1.~12.31.: 투자금액 × {기본공제(3~4%)+추가공제(2~3%)} '13.1.1.~12.31.: 투자금액 × {기본공제(2~4%)+추가공제(3%)} '14.1.1. 이후: 투자금액 × {기본공제(1~4%)+추가공제(3%)} (한도: 상시근로자 증가분 × 1,000만원, 1,500만원, 2,000만원) '15.1.1. 이후: 투자금액 × {기본공제(0~3%)+추가공제(3~7%)} '17.1.1. 이후: (한도 : 상시근로자 증가분 × 1,000 (1,500)만원, 1,500(2,000)만원, 2,000(2,500)만원)	14N		
	산업수요맞춤형고등학교등 졸업자를 병역이행 후 복직시킨 중소기업에 대한 세액공제	제29조의2	복직자에게 지급한 인건비 × 중소30(중견15)/100	14S		
	경력단절 여성 고용 기업 등에 대한 세액공제	제29조의3 제1항	경력단절 여성 재고용 인건비 × 중소30(중견15)/100	14X		
	육아휴직 후 고용유지 기업에 대한 인건비 세액공제	제29조의3 제2항	육아휴직 복귀자 인건비 × 중소30(중견15)/100	18J		
	근로소득을 증대시킨 기업에 대한 세액공제	제29조의4	평균 초과 임금증가분 × 5(중견10, 중소20)/100 정규직 전환 근로자의 임금 증가분 × 5(10,20)/100	14Y		
	청년고용을 증대시킨 기업에 대한 세액공제	제29조의5	청년정규직근로자 증가인원수 × 3백만원(7백만원, 1천만원)	18A		
	고용을 증대시킨 기업에 대한 세액공제	제29조의7	직전연도 대비 상시근로자 증가수 × 4백만원(1천2백만원) '21.12.31~'22.12.31.: 직전연도 대비 상시근로자 증가수 × 5백만원(1천3백만원)	18F		94,000,000
	통합고용세액공제	제29조의8	직전연도 대비 상시근로자 증가수 × 4백만원(1천4백5십만원)	18S		
	통합고용세액공제(정규직전환)	제29조의8		1B4		
	통합고용세액공제(육아휴직복귀)	제29조의8		1B5		
	정규직 근로자 전환 세액공제	제30조의2	전환인원수 × 중소1천만원(중견7백만원)	14H		
	고용유지중소기업에 대한 세액공제	제30조의3	연간 임금감소 총액× 10/100 + 시간당 임금상승에 따른 보전액 × 15/100	18K		
	중소기업 고용증가 인원에 대한 사회보험료 세액공제	제30조의4 제1항	청년(만15~29세)근로자 등 순증인원의 사회보험료(증가분의 100%) 청년 및 경력단절 여성 외 근로자 순증인원의 사회보험료(증가분의 50%, 75%)	14Q		

210mm×297mm[백상지 80g/㎡ 또는 중질지 80g/㎡]

⑩ 구분	근거 법조항	⑫ 계산기준	코드	⑬ 계산 명세	⑭ 공제 대상 세액
중소기업 사회보험 신규가입에 대한 사회보험료 세액공제	제30조의4 제3항	'20. 12. 31.까지 사회보험 신규가입에 따 른 사용자 부담액×50%	18G		
전자신고에 대한 세액공제(법인)	제104조의8 제1항	법인세 전자신고시 2만원	184		
전자신고에 대한 세액공제(세무법인 등)	제104조의8 제3항	법인세 · 소득세 전자신고 대리건수 × 2만원 *한도: 연300만원(세무 · 회계법인 연750만원) 한도액계산시 부가가치세 대리신고에 따른 세액공제액 포함	14J		
제3자 물류비용 세액공제	제104조의14	(전년대비 위탁물류비용 증가액)×3/100(중소기업은 5/100) * 직전 위탁물류비 30% 미만 : (당기 위탁물류비 – 당기 전체물류비 × 30%) ×3/100(중소기업은 5/100) * 법인세 10% 한도	14E		
대학 맞춤형 교육비용 세액공제	구 제104조의18 제1항	법 제10조 연구 · 인력개발비세액공제 준용 *수도권 소재대학의 발생액은 50%만 인정	14I		
대학등 기부설비에 대한 세액공제	구 제104조의18 제2항	법 제11조 연구 · 인력개발설비투자세액공제 준용 *수도권 소재대학의 기부금액은 50%만 인정	14K		
기업의 운동경비부 설치운영 세액공제	제104조의22	설치운영비용 × 10(20)/100	14O		
산업수요맞춤형 고등학교 등 재학생에 대한 현장훈련수당 등 세액공제	구 제104조의18 제4항	일반 연구 · 인력개발비 세액공제 준용	14R		
석유제품 전자상거래에 대한 세액공제	제104조의25	'13. 1. 1. ~ 12. 31.: 공급가액의 0.5%(산출세액의 10% 한도) '14. 1. 1. ~ '16. 12. 31.: 공급가액의 0.3%(산출세액의 10% 한도) '17. 1. 1. ~ '19. 12. 31.: 공급자는 공급가액의0.1%,수요자 0.2%,(산출세액의 10% 한도) '20.1.1.~'22.12.31.: 수요자만 공급가액의 0.2%(산출세액의 10% 한도)	14P		
금 현물시장에서 거래되는 금지금에 대한 과세특례	제126조의7 제8항	산출세액×[(금 현물시장 이용금액 – 직전 과세연도의 금 현물시장 이용금액)/매출액] 또는 산출세액×[(금 현물시장 이용금액 ×5/100)/매출액]	14V		
금사업자와 스크랩등사업자의 수입금액증가등 세액공제	제122조의4	산출세액×[(매입자납부익금및손금합계금액 – 직전 과세연도의 매입자납부익금및손금합계금액)×50/100]/익금및손금합계금액 또는 산출세액×[(매입자납부익금및손금합계금액×5/100]/익금및손금합계금액 *한도: 해당 과세연도 산출세액–직전 과세연도 산출세액	14W		
성실신고 확인비용에 대한 세액공제	제126조의6	확인비용 × 60/100 (150만원 한도)	10A		
우수 선화주 인증받은 국제물류주선업자에 대한 세액공제	제104조의30	운송비용의 1% + 직전과세연도 대비 증가분의 3%(산출세액의 10%한도)	18M		
용역제공자에 관한 과세자료의 제출에 대한 세액공제	제104조의32	과세자료에 기재된 용역제공자 인원수×300원(200만원 한도)	10C		
이스포츠대회 운영에 대한 과세특례	제104조의35	이스포츠대회 운영비용 × 10/100	1F1		
소재 · 부품 · 장비 수요기업 공동출자세액공제	제13조의3 제1항	주식 또는 출자지분 취득가액 5%	18N		
소재 · 부품 · 장비 외국법인 인수세액 공제	제13조의3 제3항	주식 또는 출자지분 취득가액 5% (중견7%, 중소10%)	18P		
상가임대료를 인하한 임대사업자에 대한 세액공제	제96조의3	임대료 인하액의 70%	10B		
문화산업전문회사 출자에 대한 세액공제	제25조의 7	출자금액 중 영상콘텐츠제작비용의 3%	1B7		
선결제 금액에 대한 세액공제	제99조의12	선결제금액 × 1%	18Q		
통합투자세액공제(일반)	제24조	기본공제: 투자금액 × 1(중견5/7.5, 중소10)/100, 신성장 · 원천기술 투자금액 × 3(중견6/9,중소12)/100 국가전략기술 투자금액 × 15(중견15/20,중소25)/100 국가전략기술반도체 투자금액 × 20(중견20/25,중소30)/100 * 국가전략기술반도체 투자금액: '25.1.1. 이후 투자분부터 적용 추가공제: 직전 3년 연평균 투자금액 초과액 × 10/100(기본공제 200% 한도) 임시 투자 세액공제 기본공제: 투자금액 × 1(중견7, 중소12)/100, 신성장사업화시설 투자금액 × 3(중견8,중소14)/100 국가전략기술 투자금액 × 15(중견15/20,중소25)/100 국가전략기술반도체 투자금액 × 20(중견20/25,중소30)/100 * 국가전략기술반도체 투자금액: '25.1.1. 이후 투자분부터 적용 추가공제: 직전 3년 연평균 투자금액 초과액 × 10/100(기본공제 200% 한도)	13W		
임시통합투자세액공제(일반)			1B1		
통합투자세액공제(신성장 · 원천기술)			13X		
임시통합투자세액공제 (신성장 · 원천기술)			1B2		
통합투자세액공제(국가전략기술)			13Y		
임시통합투자세액공제(국가전략기술)			1B3		
통합투자세액공제 (반도체분야 국가전략기술)			13Z		
임시통합투자세액공제 (반도체분야 국가전략기술)			1B9		
해외자원개발투자에 대한 과세특례	제104조의15	투자금액×3%	1B6		
합계			1A1		94,000,000

210mm×297mm[백상지 80g/㎡ 또는 중질지 80g/㎡]

02 통합고용세액공제 및 고용증대 사례

2. 당기공제세액 및 이월액계산

(105) 구분	(106) 사업연도	공제 대상 세액 (107) 당기분	공제 대상 세액 (108) 이월분	당기 공제 대상 세액 (109) 당기분	(110) 1차 연도 / (115) 6차 연도	(111) 2차 연도 / (116) 7차 연도	(112) 3차 연도 / (117) 8차 연도	(113) 4차 연도 / (118) 9차 연도	(114) 5차 연도 / (119) 10차 연도	(120) 계	(121) 최저한세 적용에 따른 미공제액	(122) 그밖의 사유로 인한 미공제액	(123) 공제세액 ((120)-(121)-(122))	(124) 소멸	(125) 이월액 ((107)+(108)-(123)-(124))
고용증대세액공제	2022	94,000,000		94,000,000						94,000,000	36,000,000		58,000,000		36,000,000
	소계	94,000,000		94,000,000						94,000,000	36,000,000		58,000,000		36,000,000
합계		94,000,000		94,000,000						94,000,000	36,000,000		58,000,000		36,000,000

작성방법

1. (105) 구분란: 제1쪽의 1. 공제세액계산(「조세특례제한법」)의 코드란에 적혀 있는 코드를 적습니다.
2. (106) 사업연도란: 이월된 공제 대상 세액이 발생한 사업연도와 종료월을 적습니다.
3. (107) 당기분란: (104) 공제 대상 세액란에 적힌 금액을 적습니다.
4. (108) 이월분란: (105) 구분별, 사업연도별로 직전 사업연도의 (125) 이월액을 적습니다.
5. (109) 당기분란: 당기분 세액을 적습니다.
6. (110) 1차 연도란부터 (119) 10차 연도란까지: (106) 사업연도란에 적힌 사업연도부터의 경과 연차에 해당하는 란에 (108) 이월분란에 적힌 금액을 적습니다.
7. (121) 최저한세 적용에 따른 미공제액란: 「조세특례제한법」 제144조 제2항에 규정된 순서에 따라 각 란에 조정하여 적고, 합계란(※표란)에는 "최저한세 조정계산서(별지 제4호 서식)"의 (124) 세액공제란의 ④ 조정감란에 적힌 금액을 옮겨 적습니다.
8. 근거 법조항란 중 "구"는 2020년 12월 29일 법률 제17759호로 개정되기 전의 「조세특례제한법」을 말합니다.

210mm×297mm[백상지 80g/㎡ 또는 중질지 80g/㎡]

2. 2023 사업연도

(1) 세액공제조정명세서(3)

[별지 제8호 서식 부표 3] (2025.7.4. 개정)

(4쪽 중 제1쪽)

사업연도	2023. 1. 1. ~ 2023. 12. 31.	세액공제조정명세서(3)	법인명	(주)택스에듀4
			사업자등록번호	123-81-xxxxx

1. 공제세액계산(「조세특례제한법」)

	⑩ 구 분	근거법 조항	⑫ 계 산 기 준	코드	⑬ 계산명세	⑭ 공제대상 세액
조세특례제한법	중소기업 등 투자세액공제	구 제5조	투자금액 × 1(2,3,5,10)/100	131		
	상생결제 지급금액에 대한 세액공제	제7조의4	지급기한 15일 이내: 지급 금액의 0.5% 지급기한 15일 ~ 30일: 지급 금액의 0.3% 지급기한 30일 ~ 60일: 지급 금액의 0.015%	14Z		
	대·중소기업 상생협력을 위한 기금출연 세액공제	제8조의3 제1항	출연금 × 10/100	14M		
	협력중소기업에 대한 유형고정자산 무상임대 세액공제	제8조의3 제2항	장부가액 × 3/100	18D		
	수탁기업에 설치하는 시설에 대한 세액공제	제8조의3 제3항	투자금액 × 1(3,7)/100	18L		
	교육기관에 무상 기증하는 중고자산에 대한 세액공제	제8조의3 제4항	기증자산 시가 × 10/100	18R		
	신성장·원천기술 연구개발비세액공제(최저한세 적용제외)	제10조 제1항 제1호	(일반 연구·인력개발비) '14.1.1.~'14.12.31.: 발생액 × 3~4(8,10,15,20,25,30)/100 또는 2년간 연평균 발생액의 초과액 × 40(50)/100 '15.1.1. 이후: 발생액 × 2~3(8,10,15,20,25,30)/100 또는 직전 발생액의 초과액 × 40(50)/100 '17.1.1. 이후: 발생액 × 1~3(8,10,15,20,25,30)/100 또는 직전 발생액의 초과액 × 30(40,50)/100 '18. 1. 1. 이후: 발생액 × 0~2(8,10,15,20,25,30)/100 또는 직전 발생액의 초과액 × 25(40,50)/100 (신성장·원천기술 연구개발비) '17. 1. 1. 이후: 발생액 × 20(30)/100 (국가전략기술 연구개발비) '21. 7. 1. 이후: 발생액 ×30(40)/100	16A		
	국가전략기술 연구개발비세액공제(최저한세 적용제외)	제10조 제1항 제2호		10D		
	일반 연구·인력개발비세액공제(최저한세 적용제외)	제10조 제1항 제3호		16B		
	신성장·원천기술 연구개발비세액공제(최저한세 적용대상)	제10조 제1항 제1호		13L		
	국가전략기술 연구개발비세액공제(최저한세 적용대상)	제10조 제1항 제2호		10E		
	일반 연구·인력개발비세액공제(최저한세 적용대상)	제10조 제1항 제3호		13M		
	기술취득에 대한 세액공제	제12조 제2항	특허권 등 취득금액 × 5(10)/100 *법인세의 10% 한도	176		
	기술혁신형 합병에 대한 세액공제	제12조의3	기술가치금액 × 10/100	14T		
	기술혁신형 주식취득에 대한 세액공제	제12조의4	기술가치금액 × 10/100	14U		
	벤처기업등 출자에 대한 세액공제	제13조의2	주식등 취득가액 × 5/100	18E		
	성과공유 중소기업 경영성과급 세액공제	제19조	'22.1.1. 이전 지급분: 근로자에 지급하는 경영성과급 × 10/100 '22.1.1. 이후 지급분: 근로자에 지급하는 경영성과급× 15/100	18H		
	연구·인력개발설비투자세액공제	구 제25조 제1항 제1호	'14.1.1.~'15.12.31. 투자분: 투자금액 × 3(5,10)/100 '16.1.1. 이후 투자분: 투자금액 × 1(3,6)/100 '19.1.1. 이후 투자분: 투자금액 × 1(3,7)/100	134		
	에너지절약시설투자세액공제	구 제25조 제1항 제2호	'14.1.1.~'15.12.31. 투자분: 투자금액 × 3(5,10)/100 ('16.1.1. 현재 투자진행 중인 경우 '16.12.31.까지 종전율 적용) '16.1.1. 이후 투자개시분: 투자금액 × 1(3,10)/100 '19.1.1. 이후 투자분: 투자금액 × 1(3,7)/100	177		

210mm×297mm[백상지 80g/㎡ 또는 중질지 80g/㎡]

	⑩ 구 분	근거법 조 항	⑩ 계 산 기 준	코드	⑩ 계산 명세	⑩ 공제대상 세 액
조세특례제한법	환경보전시설 투자세액공제	구 제25조 제1항 제3호	투자금액 × 3(5,10)/100 '19.1.1. 이후 투자분: 투자금액 × 3(5,10)/100	14A		
	근로자복지증진시설투자세액공제	구 제25조 제1항 제4호	투자금액 × 7(10)/100 '19.1.1. 이후 취득분: 취득금액 × 3(5,10)/100	142		
	안전시설투자세액공제	구 제25조 제1항 제5호	'13.1.1.~'14.12.31. 투자분: 투자금액 × 3(7)/100 '15.1.1. 이후 투자분: 투자금액 × 1(3,7)/100 '19.1.1. 이후 투자분: 투자금액 × 1(5,10)/100	136		
	생산성향상시설투자세액공제	구 제25조 제1항 제6호	'13.1.1.~'14.12.31. 투자분: 투자금액 × 3(7)/100 '15.1.1. 이후 투자분: 투자금액 × 1(3,7)/100 '20.1.1.~'20.12.31. 투자분: 투자금액 × 2(5,10))/100 '21.1.1.~'21.12.31. 투자분: 투자금액 × 1(5,10))/100 '21.1.1.~이후. 투자분: 투자금액 × 1(3,7))/100	135		
	의약품 품질관리시설투자세액공제	구 제25조의4	'14.1.1.~'16.12.31. 투자분: 투자금액 × 3(5,7)/100 '17.1.1. 이후 투자분: 투자금액 × 1(3,6)/100	14B		
	신성장기술 사업화를 위한 시설투자 세액공제	구 제25조의5	투자금액 × 5(7,10)/100	18B		
	영상콘텐츠 제작비용에 대한 세액공제(기본공제)	제25조의6	제작비용 × 5(10,15)/100	18C		
	영상콘텐츠 제작비용에 대한 세액공제(추가공제)	제25조의6	제작비용 × 10(15)/100	1B8		
	초연결 네트워크 시설투자에 대한 세액공제	구 제25조의7	투자금액 × 2(3)/100	18I		
	고용창출투자세액공제	제26조	'12.1.1.~12.31.:투자금액×{기본공제(3~4%)+추가공제(2~3%)} '13.1.1.~12.31.: 투자금액 × {기본공제(2~4%)+추가공제(3%)} '14.1.1. 이후: 투자금액 × {기본공제(1~4%)+추가공제(3%)} (한도: 상시근로자 증가분 × 1,000만원, 1,500만원, 2,000만원) '15.1.1. 이후: 투자금액 × {기본공제(0~3%)+추가공제(3~7%)} '17.1.1. 이후: (한도 : 상시근로자 증가분 × 1,000 (1,500)만원, 1,500(2,000)만원, 2,000(2,500)만원)	14N		
	산업수요맞춤형고등학교등 졸업자를 병역이행 후 복직시킨 중소기업에 대한 세액공제	제29조의2	복직자에게 지급한 인건비 × 중소30(중견15)/100	14S		
	경력단절 여성 고용 기업 등에 대한 세액공제	제29조의3 제1항	경력단절 여성 재고용 인건비 × 중소30(중견15)/100	14X		
	육아휴직 후 고용유지 기업에 대한 인건비 세액공제	제29조의3 제2항	육아휴직 복귀자 인건비 × 중소30(중견15)/100	18J		
	근로소득을 증대시킨 기업에 대한 세액공제	제29조의4	평균 초과 임금증가분 × 5(중견10, 중소20)/100 정규직 전환 근로자의 임금 증가분 × 5(10,20)/100	14Y		
	청년고용을 증대시킨 기업에 대한 세액공제	제29조의5	청년정규직근로자 증가인원수 × 3백만원(7백만원, 1천만원)	18A		
	고용을 증대시킨 기업에 대한 세액공제	제29조의7	직전연도 대비 상시근로자 증가수 × 4백만원(1천2백만원) '21.12.31~'22.12.31.: 직전연도 대비 상시근로자 증가수 × 5백만원(1천3백만원)	18F		36,000,000
	통합고용세액공제	제29조의8	직전연도 대비 상시근로자 증가수 × 4백만원(1천4백5십만원)	18S		
	통합고용세액공제(정규직전환)	제29조의8		1B4		
	통합고용세액공제(육아휴직복귀)	제29조의8		1B5		
	정규직 근로자 전환 세액공제	제30조의2	전환인원수 × 중소1천만원(중견7백만원)	14H		
	고용유지중소기업에 대한 세액공제	제30조의3	연간 임금감소 총액× 10/100 + 시간당 임금상승에 따른 보전액 × 15/100	18K		
	중소기업 고용증가 인원에 대한 사회보험료 세액공제	제30조의4 제1항	청년(만15~29세)근로자 등 순증인원의 사회보험료(증가분의 100%) 청년 및 경력단절 여성 외 근로자 순증인원의 사회보험료(증가분의 50%,75%)	14Q		

210mm×297mm[백상지 80g/㎡ 또는 중질지 80g/㎡]

⑩ 구분	근거 법조항	⑫ 계산기준	코드	⑬ 계산 명세	⑭ 공제 대상 세액
중소기업 사회보험 신규가입에 대한 사회보험료 세액공제	제30조의4 제3항	'20. 12. 31.까지 사회보험 신규가입에 따 른 사용자 부담액×50%	18G		
전자신고에 대한 세액공제(법인)	제104조의8 제1항	법인세 전자신고시 2만원	184		
전자신고에 대한 세액공제(세무법인 등)	제104조의8 제3항	법인세 · 소득세 전자신고 대리건수 × 2만원 *한도: 연300만원(세무 · 회계법인 연750만원) 한도액계산시 부가가치세 대리신고에 따른 세액공제액 포함	14J		
제3자 물류비용 세액공제	제104조의14	(전년대비 위탁물류비용 증가액)×3/100(중소기업은 5/100) * 직전 위탁물류비 30% 미만 : (당기 위탁물류비 - 당기 전체물류비 × 30%) ×3/100(중소기업은 5/100) * 법인세 10% 한도	14E		
대학 맞춤형 교육비용 세액공제	구 제104조의18 제1항	법 제10조 연구 · 인력개발비세액공제 준용 *수도권 소재대학의 발생액은 50%만 인정	14I		
대학등 기부설비에 대한 세액공제	구 제104조의18 제2항	법 제11조 연구 · 인력개발설비투자세액공제 준용 *수도권 소재대학의 기부금액은 50%만 인정	14K		
기업의 운동경비부 설치운영 세액공제	제104조의22	설치운영비용 × 10(20)/100	14O		
산업수요맞춤형 고등학교 등 재학생에 대한 현장훈련수당 등 세액공제	구 제104조의18 제4항	일반 연구 · 인력개발비 세액공제 준용	14R		
석유제품 전자상거래에 대한 세액공제	제104조의25	'13.1.1. ~ 12.31.: 공급가액의 0.5%(산출세액의 10% 한도) '14.1.1. ~ '16.12.31.: 공급가액의 0.3%(산출세액의 10% 한도) '17.1.1. ~ '19.12.31.: 공급자는 공급가액의0.1%,수요자0.2%,(산출세액의 10% 한도) '20.1.1.~'22.12.31.: 수요자만 공급가액의 0.2%(산출세액의 10% 한도)	14P		
금 현물시장에서 거래되는 금지금에 대한 과세특례	제126조의7 제8항	산출세액×[(금 현물시장 이용금액 - 직전 과세연도의 금 현물시장 이용금액)/매출액] 또는 산출세액×[(금 현물시장 이용금액 ×5/100)/매출액]	14V		
금사업자와 스크랩등사업자의 수입금액증가등 세액공제	제122조의4	산출세액×[(매입자납부익금및손금합계금액 - 직전 과세연도의 매입자납부익금및손금합계금액)×50/100]/익금및손금합계금액 또는 산출세액×[(매입자납부익금및손금합계금액×5/100]/익금및손금합계금액 *한도: 해당 과세연도 산출세액-직전 과세연도 산출세액	14W		
성실신고 확인비용에 대한 세액공제	제126조의6	확인비용 × 60/100 (150만원 한도)	10A		
우수 선화주 인증받은 국제물류주선업자에 대한 세액공제	제104조의30	운송비용의 1% + 직전과세연도 대비 증가분의 3%(산출세액의 10%한도)	18M		
용역제공자에 관한 과세자료의 제출에 대한 세액공제	제104조의32	과세자료에 기재된 용역제공자 인원수×300원(200만원 한도)	10C		
이스포츠대회 운영에 대한 과세특례	제104조의35	이스포츠대회 운영비용 × 10/100	1F1		
소재 · 부품 · 장비 수요기업 공동출자세액공제	제13조의3 제1항	주식 또는 출자지분 취득가액 5%	18N		
소재 · 부품 · 장비 외국법인 인수세액 공제	제13조의3 제3항	주식 또는 출자지분 취득가액 5% (중견7%, 중소10%)	18P		
상가임대료를 인하한 임대사업자에 대한 세액공제	제96조의3	임대료 인하액의 70%	10B		
문화산업전문회사 출자에 대한 세액공제	제25조의 7	출자금액 중 영상콘텐츠제작비용의 3%	1B7		
선결제 금액에 대한 세액공제	제99조의12	선결제금액 × 1%	18Q		
통합투자세액공제(일반)	제24조	기본공제: 투자금액 × 1(중견5/7.5, 중소10)/100, 신성장 · 원천기술 투자금액 × 3(중견6/9,중소12)/100 국가전략기술 투자금액 × 15(중견15/20,중소25)/100 국가전략기술반도체 투자금액 × 20(중견20/25,중소30)/100 * 국가전략기술반도체 투자금액: '25.1.1. 이후 투자분부터 적용 추가공제: 직전 3년 연평균 투자금액 초과액 × 10/100(기본공제 200% 한도) 임시 투자 세액공제 기본공제: 투자금액 × 1(중견7, 중소12)/100, 신성장사업화시설 투자금액 × 3(중견8,중소14)/100 국가전략기술 투자금액 × 15(중견15/20,중소25)/100 국가전략기술반도체 투자금액 × 20(중견20/25,중소30)/100 * 국가전략기술반도체 투자금액: '25.1.1. 이후 투자분부터 적용 추가공제: 직전 3년 연평균 투자금액 초과액 × 10/100(기본공제 200% 한도)	13W		
임시통합투자세액공제(일반)			1B1		
통합투자세액공제(신성장 · 원천기술)			13X		
임시통합투자세액공제(신성장 · 원천기술)			1B2		
통합투자세액공제(국가전략기술)			13Y		
임시통합투자세액공제(국가전략기술)			1B3		
통합투자세액공제(반도체분야 국가전략기술)			13Z		
임시통합투자세액공제(반도체분야 국가전략기술)			1B9		
해외자원개발투자에 대한 과세특례	제104조의15	투자금액×3%	1B6		
합계			1A1		36,000,000

210mm×297mm[백상지 80g/㎡ 또는 중질지 80g/㎡]

2. 당기공제세액 및 이월액계산

(105) 구분	(106) 사업연도	공제 대상 세액 (107) 당기분	공제 대상 세액 (108) 이월분	당기 공제 대상 세액 (109) 당기분	(110) 1차 연도 / (115) 6차 연도	(111) 2차 연도 / (116) 7차 연도	(112) 3차 연도 / (117) 8차 연도	(113) 4차 연도 / (118) 9차 연도	(114) 5차 연도 / (119) 10차 연도	(120) 계	(121) 최저한세 적용에 따른 미공제액	(122) 그밖의 사유로 인한 미공제액	(123) 공제세액 ((120)-(121)-(122))	(124) 소멸	(125) 이월액 ((107)+(108)-(123)-(124))
고용증대세액공제	2023		36,000,000		36,000,000					36,000,000			36,000,000		
	소계		36,000,000		36,000,000					36,000,000			36,000,000		
합계			36,000,000		36,000,000					36,000,000			36,000,000		

작성방법

1. (105) 구분란: 제1쪽의 1. 공제세액계산(「조세특례제한법」)의 코드란에 적혀 있는 코드를 적습니다.
2. (106) 사업연도란: 이월된 공제 대상 세액이 발생한 사업연도와 종료월을 적습니다.
3. (107) 당기분란: (104) 공제 대상 세액란에 적힌 금액을 적습니다.
4. (108) 이월분란: (101) 구분별, 사업연도별로 직전 사업연도의 (125) 이월액을 적습니다.
5. (109) 당기분란: 당기분 세액을 적습니다.
6. (110) 1차 연도란부터 (119) 10차 연도란까지: (106) 사업연도란에 적힌 사업연도부터의 경과 연차에 해당하는 란에 (108) 이월분란에 적힌 금액을 적습니다.
7. (121) 최저한세 적용에 따른 미공제액란: 「조세특례제한법」 제144조 제2항에 규정된 순서에 따라 각 란에 조정하여 적고, 합계란(※표란)에는 "최저한세 조정계산서(별지 제4호 서식)"의 (124) 세액공제란의 ④ 조정감란에 적힌 금액을 옮겨 적습니다.
8. 근거 법조항란 중 "구"는 2020년 12월 29일 법률 제17759호로 개정되기 전의 「조세특례제한법」을 말합니다.

210mm×297mm[백상지 80g/㎡ 또는 중질지 80g/㎡]

(2) 추가납부세액계산서(6)

■ 법인세법 시행규칙 [별지 제8호서식 부표 6] 〈개정 2024. 3. 22.〉 (앞쪽)

사 업 연 도	2023. 1. 1. ~ 2023.12.31.	추가납부세액계산서(6)	법인명	㈜택스에듀4
			사업자등록번호	123-81-xxxxx

1. 준비금 환입에 대한 법인세 추가납부액

① 구분		② 손금산입 연도	③ 추가납부 대상준비금 환입액	④ 공제액	⑤ 차감계 (③-④)	⑥ 법인세 상당액	⑦ 이자율 (일변)	⑧ 기간	⑨ 법인세 추가납부액 (⑥×⑦×⑧)
코드	내용								
계									

2. 소득공제액에 대한 법인세 추가납부액

⑩ 구분		⑪ 소득공제 연도	⑫ 추가납부 사유	⑬ 공제받은 소득금액	⑭ 법인세 상당액	가산액			⑱ 법인세 추가납부액 (⑭+⑰)
코드	내용					⑮ 이자율 (일변)	⑯ 기간	⑰ 금액 (⑭×⑮×⑯)	
계									

3. 공제감면세액에 대한 법인세 추가납부액

⑲ 구분		⑳ 공제감면받은 연도	㉑ 추가납부 사유	㉒ 공제감면 세액	가 산 액			㉖ 법인세 추가납부액 (㉒+㉕)
코드	내용				㉓ 이자율 (일변)	㉔ 기간	㉕ 금액 (㉒×㉓×㉔)	
18F	고용증대	2022	근로자 감소	26,000,000				26,000,000
계				26,000,000				26,000,000

4. 법인세 추가납부세액 합계 ㉗(⑨+⑱+㉖)	26,000,000

210mm×297mm[백상지 80g/㎡ 또는 중질지 80g/㎡]

(3) 공제감면세액 및 추가납부세액합계표(갑)

[별지 제8호 서식(갑)] (2025.7.4. 개정)

(5쪽 중 제1쪽)

사 업 연 도	2023. 1. 1. ~ 2023.12.31.	공제감면세액 및 추가납부세액합계표(갑)	법 인 명	㈜택스에듀4
			사업자등록번호	123-81-xxxxx

1. 최저한세 적용제외 공제감면세액

	① 구 분	② 근 거 법 조 항	코드	③ 대상세액	④ 감면(공제)세액
세액감면	⑩ 창업중소기업에 대한 세액감면(최저한세 적용제외)	「조세특례제한법」 제6조 제7항 외	11O		
	⑩ 해외자원개발투자배당 감면	「조세특례제한법」 제22조	103		
	⑩ 수도권과밀억제권역 밖으로 이전하는 중소기업 세액감면(수도권 밖으로 이전)	구 「조세특례제한법」 제63조	169		
	⑩ 공장의 수도권 밖 이전에 대한 세액감면	「조세특례제한법」 제63조	108		
	⑩ 본사의 수도권 밖 이전에 대한 세액감면	「조세특례제한법」 제63조의2	109		
	⑩ 영농조합법인 감면	「조세특례제한법」 제66조	104		
	⑩ 영어조합법인 감면	「조세특례제한법」 제67조	107		
	⑩ 농업회사법인 감면(농업소득)	「조세특례제한법」 제68조	11B		
	⑩ 행정중심복합도시 등 공장이전에 대한 조세감면	「조세특례제한법」 제85조의2제3항 (2019. 12. 31. 법률 제16835호로 개정되기 전의 것)	11A		
	⑪ 위기지역 내 창업기업 세액감면(최저한세 적용제외)	「조세특례제한법」 제99조의9	11N		
	⑪ 해외진출기업의 국내복귀에 대한 세액감면(철수방식)	「조세특례제한법」 제104조의24제1항 제1호	11F		
	⑪ 해외진출기업의 국내복귀에 대한 세액감면(유지방식)	「조세특례제한법」 제104조의24제1항 제2호	11H		
	⑪ 고도기술수반사업 외국인투자 세액감면	「조세특례제한법」 제121조의2제1항 제1호	186		
	⑪ 외국인투자지역내 외국인투자 세액감면	「조세특례제한법」 제121조의2제1항 제2호 또는 제2호의5	187		
	⑪ 경제자유구역내 외국인투자 세액감면	「조세특례제한법」 제121조의2제1항 제2호의2	188		
	⑪ 경제자유구역 개발사업시행자 세액감면	「조세특례제한법」 제121조의2제1항 제2호의3	157		
	⑪ 제주투자진흥기구의 개발사업시행자 세액감면	「조세특례제한법」 제121조의2제1항 제2호의4	158		
	⑪ 기업도시 개발구역내 외국인투자 세액감면	「조세특례제한법」 제121조의2제1항 제2호의6	159		
	⑪ 기업도시 개발사업의 시행자 세액감면	「조세특례제한법」 제121조의2제1항 제2호의7	160		
	⑫ 새만금사업지역내 외국인투자 세액감면	「조세특례제한법」 제121조의2제1항 제2호의8	11J		
	⑫ 새만금사업 시행자 세액감면	「조세특례제한법」 제121조의2제1항 제2호의9	11K		
	⑫ 기타 외국인투자유치를 위한 조세감면	「조세특례제한법」 제121조의2제1항 제3호	167		
	⑫ 외국인투자기업의 증자의 조세감면	「조세특례제한법」 제121조의4	172		
	⑫ 기술도입대가에 대한 조세면제(국내지점 등)	법률 제9921호 조세특례제한법 일부개정법률 부칙 제77조	173		
	⑫ 제주첨단과학기술단지 입주기업 조세감면(최저한세 적용제외)	「조세특례제한법」 제121조의8	181		
	⑫ 제주투자진흥지구등 입주기업 조세감면(최저한세 적용제외)	「조세특례제한법」 제121조의9	182		
	⑫ 기업도시개발구역 창업 · 사업장신설기업에 대한 세액감면(최저한세 적용제외)	「조세특례제한법」 제121조의17제1항 제1호	197		
	⑫ 기업도시개발사업 시행자에 대한 세액감면	「조세특례제한법」 제121조의17제1항 제2호	198		
	⑫ 지역개발사업구역 또는 지역활성화지역 창업 · 사업장신설기업에 대한 세액감면(최저한세 적용제외)	「조세특례제한법」 제121조의17제1항 제3호	1D2		

210mm×297mm[백상지 80g/㎡ 또는 중질지 80g/㎡]

세액감면	⑬⓪ 지역개발사업구역, 지역활성화지역 또는 낙후지역 사업시행자에 대한 감면	「조세특례제한법」 제121조의17제1항 제4호	1D3		
	⑬① 해양박람회특구 창업·사업장신설기업에 대한 감면(최저한세 적용제외)	「조세특례제한법」 제121조의17제1항 제5호	1D4		
	⑬② 해양박람회특구 박람회 사후활용 사업시행자에 대한 감면	「조세특례제한법」 제121조의17제1항 제6호	1D5		
	⑬③ 새만금투자진흥지구 사업시행자에 대한 감면	「조세특례제한법」 제121조의17제1항 제7호	1D7		
	⑬④ 새만금투자진흥지구 창업·사업장신설기업에 대한 감면(최저한세 적용제외)	「조세특례제한법」 제121조의17제1항 제8호	1D6		
	⑬⑤ 평화경제특구 창업·사업장신설기업에 대한 감면(최저한세 적용제외)	「조세특례제한법」 제121조의17제1항 제9호	1D8		
	⑬⑥ 평화경제특구 개발사업시행자에 대한 감면	「조세특례제한법」 제121조의17제1항 제10호	1D9		
	⑬⑦ 아시아문화중심도시 투자진흥지구 입주기업 감면(최저한세 적용제외)	「조세특례제한법」 제121조의20제1항	11C		
	⑬⑧ 금융중심지 창업기업에 대한 감면(최저한세 적용제외)	「조세특례제한법」 제121조의21제1항	11G		
	⑬⑨ 동업기업 세액감면 배분액(최저한세 적용제외)	「조세특례제한법」 제100조의18제4항	11D		
	⑭⓪ 사회적기업에 대한 감면	「조세특례제한법」 제85조의6	11L		
	⑭① 장애인 표준사업장에 대한 감면	「조세특례제한법」 제85조의6	11M		
	⑭② 첨단의료복합단지 입주기업에 대한 감면(최저한세 적용제외)	「조세특례제한법」 제121조의22제1항1호	17A		
	⑭③ 국가식품클러스터 입주기업에 대한 감면(최저한세 적용제외)	「조세특례제한법」 제121조의22제1항2호	17B		
	⑭④ 연구개발특구 입주기업에 대한 감면(최저한세 적용제외)	「조세특례제한법」 제12조의2	17C		
	⑭⑤ 감염병 피해에 따른 특별재난지역의 중소기업에 대한 감면	「조세특례제한법」 제99조의11	17D		
	⑭⑥ 기회발전특구 창업기업 등에 대한 법인세 등의 감면(최저한세 적용제외)	「조세특례제한법」 제121조의33	1D1		
	⑭⑦ 소계		170		
세액공제	⑭⑧ 외국납부세액공제	「법인세법」 제57조 및 제57조의2	101		
	⑭⑨ 재해손실세액공제	「법인세법」 제58조	102		
	⑮⓪ 신성장·원천기술 연구개발비세액공제(최저한세 적용제외)	「조세특례제한법」 제10조 제1항 제1호	16A		
	⑮① 국가전략기술 연구개발비세액공제(최저한세 적용제외)	「조세특례제한법」 제10조 제1항 제2호	10D		
	⑮② 일반 연구·인력개발비세액공제(최저한세 적용제외)	「조세특례제한법」 제10조 제1항 제3호	16B		
	⑮③ 동업기업 세액공제 배분액(최저한세 적용제외)	「조세특례제한법」 제100조의18제4항	12D		
	⑮④ 성실신고 확인비용에 대한 세액공제	「조세특례제한법」 제126조의6	10A		
	⑮⑤ 상가임대료를 인하한 임대사업자에 대한 세액공제	「조세특례제한법」 제96조의3	10B		
	⑮⑥ 용역제공자에 관한 과세자료의 제출에 대한 세액공제	「조세특례제한법」 제104조의32	10C		
	⑮⑦ 소계		180		
	⑮⑧ 합계(⑭⑦ + ⑮⑦)		110		

210mm×297mm[백상지 80g/㎡ 또는 중질지 80g/㎡]

2. 최저한세 적용대상 공제감면세액

	① 구분	② 근거 법조항	코드	③ 대상세액	④ 감면(공제)세액
세액감면	⑮9 창업중소기업에 대한 세액감면(최저한세 적용대상)	「조세특례제한법」 제6조 제1항 · 제5항 · 제6항	111		
	⑯0 창업벤처중소기업 세액감면	「조세특례제한법」 제6조 제2항	174		
	⑯1 에너지신기술 중소기업 세액감면	「조세특례제한법」 제6조 제4항	13E		
	⑯2 중소기업에 대한 특별세액감면	「조세특례제한법」 제7조	112		
	⑯3 연구개발특구 입주기업에 대한 세액감면(최저한세 적용대상)	「조세특례제한법」 제12조의2	179		
	⑯4 국제금융거래이자소득 면제	「조세특례제한법」 제21조	123		
	⑯5 사업전환 중소기업에 대한 세액감면	구 「조세특례제한법」 제33조의2	192		
	⑯6 무역조정지원기업의 사업전환 세액감면	구 「조세특례제한법」 제33조의2	13A		
	⑯7 기업구조조정 전문회사 주식양도차익 세액감면	법률 제9272호 조세특례제한법 일부개정법률 부칙 제10조 · 제40조	13B		
	⑯8 혁신도시 이전 등 공공기관 세액감면	「조세특례제한법」 제62조 제4항	13F		
	⑯9 공장의 지방이전에 대한 세액감면(중소기업의 수도권 인구감소지역 안으로 이전)	「조세특례제한법」 제63조	116		
	⑰0 농공단지입주기업 등 감면	「조세특례제한법」 제64조	117		
	⑰1 농업회사법인 감면(농업소득 외의 소득)	「조세특례제한법」 제68조	119		
	⑰2 소형주택 임대사업자에 대한 세액감면	「조세특례제한법」 제96조	13I		
	⑰3 상가건물 장기임대사업자에 대한 세액감면	「조세특례제한법」 제96조의2	13N		
	⑰4 산림개발소득 감면	「조세특례제한법」 제102조	124		
	⑰5 동업기업 세액감면 배분액(최저한세 적용대상)	「조세특례제한법」 제100조의18제4항	13D		
	⑰6 첨단의료복합단지 입주기업에 대한 감면(최저한세 적용대상)	「조세특례제한법」 제121조의22제1항 제1호	13H		
	⑰7 기술이전에 대한 세액감면	「조세특례제한법」 제12조 제1항	13J		
	⑰8 기술대여에 대한 세액감면	「조세특례제한법」 제12조 제3항	13K		
	⑰9 제주첨단과학기술단지 입주기업 감면(최저한세 적용대상)	「조세특례제한법」 제121조의8	13P		
	⑱0 제주투자진흥지구등 입주기업 감면(최저한세 적용대상)	「조세특례제한법」 제121조의9	13Q		
	⑱1 기업도시개발구역 창업 · 사업장신설기업에 대한 감면(최저한세 적용대상)	「조세특례제한법」 제121조의17제1항 제1호	13R		
	⑱2 지역개발사업구역 또는 지역활성화지역 창업 · 사업장신설기업에 대한 감면(최저한세 적용대상)	「조세특례제한법」 제121조의17제1항 제3호	1E1		
	⑱3 해양박람회특구 창업 · 사업장신설기업에 대한 감면(최저한세 적용대상)	「조세특례제한법」 제121조의17제1항 제5호	1E2		
	⑱4 새만금투자진흥지구 창업 · 사업장신설기업에 대한 감면(최저한세 적용대상)	「조세특례제한법」 제121조의17제1항 제8호	1E3		
	⑱5 평화경제특구 창업 · 사업장신설기업에 대한 감면(최저한세 적용대상)	「조세특례제한법」 제121조의17제1항 제9호	1E4		
	⑱6 위기지역 내 창업기업 세액감면(최저한세 적용대상)	「조세특례제한법」 제99조의9	13S		
	⑱7 아시아문화중심도시 투자진흥지구 입주기업 감면(최저한세 적용대상)	「조세특례제한법」 제121조의20제1항	13T		
	⑱8 금융중심지 창업기업에 대한 감면(최저한세 적용대상)	「조세특례제한법」 제121조의21제1항	13U		
	⑱9 국가식품클러스터 입주기업에 대한 감면(최저한세 적용대상)	「조세특례제한법」 제121조의22제1항 제2호	13V		
	⑲0 기회발전특구 창업기업 등에 대한 법인세 등의 감면(최저한세 적용대상)	「조세특례제한법」 제121조의33	1C1		
	⑲1 소계		130		

210mm×297mm[백상지 80g/㎡ 또는 중질지 80g/㎡]

(5쪽 중 제4쪽)

	① 구분	② 근거 법조항	코드	⑤ 전기 이월액	⑥ 당기 발생액	⑦ 공제세액
세액공제	⑲2 중소기업 등 투자세액공제	구「조세특례제한법」 제5조	131			
	⑲3 상생결제 지급금액에 대한 세액공제	「조세특례제한법」 제7조의4	14Z			
	⑲4 대 · 중소기업 상생협력을 위한 기금출연 세액공제	「조세특례제한법」 제8조의3제1항	14M			
	⑲5 협력중소기업에 대한 유형고정자산 무상임대 세액공제	「조세특례제한법」 제8조의3제2항	18D			
	⑲6 수탁기업에 설치하는 시설에 대한 세액공제	「조세특례제한법」 제8조의3제3항	18L			
	⑲7 교육기관에 무상 기증하는 중고자산에 대한 세액공제	「조세특례제한법」 제8조의3제4항	18R			
	⑲8 신성장 · 원천기술 연구개발비세액공제(최저한세 적용대상)	「조세특례제한법」 제10조 제1항 제1호	13L			
	⑲9 국가전략기술 연구개발비세액공제(최저한세 적용대상)	「조세특례제한법」 제10조 제1항 제2호	10E			
	⑳0 일반 연구 · 인력개발비세액공제(최저한세 적용대상)	「조세특례제한법」 제10조 제1항 제3호	13M			
	⑳1 기술취득에 대한 세액공제	「조세특례제한법」 제12조 제2항	176			
	⑳2 기술혁신형 합병에 대한 세액공제	「조세특례제한법」 제12조의3	14T			
	⑳3 기술혁신형 주식취득에 대한 세액공제	「조세특례제한법」 제12조의4	14U			
	⑳4 벤처기업등 출자에 대한 세액공제	「조세특례제한법」 제13조의2	18E			
	⑳5 성과공유 중소기업 경영성과급 세액공제	「조세특례제한법」 제19조	18H			
	⑳6 연구 · 인력개발설비투자 세액공제	구「조세특례제한법」 제25조 제1항 제1호	134			
	⑳7 에너지절약시설투자 세액공제	구「조세특례제한법」 제25조 제1항 제2호	177			
	⑳8 환경보전시설 투자 세액공제	구「조세특례제한법」 제25조 제1항 제3호	14A			
	⑳9 근로자복지증진시설투자 세액공제	구「조세특례제한법」 제25조 제1항 제4호	142			
	㉑0 안전시설투자 세액공제	구「조세특례제한법」 제25조 제1항 제5호	136			
	㉑1 생산성향상시설투자세액공제	구「조세특례제한법」 제25조 제1항 제6호	135			
	㉑2 의약품 품질관리시설투자 세액공제	구「조세특례제한법」 제25조의4	14B			
	㉑3 신성장기술 사업화를 위한 시설투자 세액공제	구「조세특례제한법」 제25조의5	18B			
	㉑4 영상콘텐츠 제작비용에 대한 세액공제(기본공제)	「조세특례제한법」 제25조의6	18C			
	㉑5 영상콘텐츠 제작비용에 대한 세액공제(추가공제)	「조세특례제한법」 제25조의6	1B8			
	㉑6 초연결 네트워크 시설투자에 대한 세액공제	구「조세특례제한법」 제25조의7	18I			
	㉑7 고용창출투자세액공제	「조세특례제한법」 제26조	14N			
	㉑8 산업수요맞춤형고등학교등 졸업자를 병역이행 후 복직시킨 중소기업에 대한 세액공제	「조세특례제한법」 제29조의2	14S			
	㉑9 경력단절 여성 고용 기업 등에 대한 세액공제	「조세특례제한법」 제29조의3제1항	14X			
	㉒0 육아휴직 후 고용유지 기업에 대한 인건비 세액공제	「조세특례제한법」 제29조의3제2항	18J			
	㉒1 근로소득을 증대시킨 기업에 대한 세액공제	「조세특례제한법」 제29조의4	14Y			
	㉒2 청년고용을 증대시킨 기업에 대한 세액공제	「조세특례제한법」 제29조의5	18A			
	㉒3 고용을 증대시킨 기업에 대한 세액공제	「조세특례제한법」 제29조의7	18F	*36,000,000*		*36,000,000*
	㉒4 통합고용세액공제	「조세특례제한법」 제29조의8	18S			
	㉒5 통합고용세액공제(정규직 전환)	「조세특례제한법」 제29조의8	1B4			
	㉒6 통합고용세액공제(육아휴직 복귀)	「조세특례제한법」 제29조의8	1B5			
	㉒7 정규직근로자 전환 세액공제	「조세특례제한법」 제30조의2	14H			
	㉒8 고용유지중소기업에 대한 세액공제	「조세특례제한법」 제30조의3	18K			
	㉒9 중소기업 고용증가 인원에 대한 사회보험료 세액공제	「조세특례제한법」 제30조의4 제1항	14Q			
	㉓0 중소기업 사회보험 신규가입에 대한 사회보험료 세액공제	「조세특례제한법」 제30조의4 제3항	18G			
	㉓1 전자신고에 대한 세액공제(납세의무자)	「조세특례제한법」 제104조의8 제1항	184			
	㉓2 전자신고에 대한 세액공제(세무법인 등)	「조세특례제한법」 제104조의8 제3항	14J			
	㉓3 제3자 물류비용 세액공제	「조세특례제한법」 제104조의14	14E			
	㉓4 대학 맞춤형 교육비용 등 세액공제	구「조세특례제한법」 제104조의18제1항	14I			
	㉓5 대학등 기부설비에 대한 세액공제	구「조세특례제한법」 제104조의18제2항	14K			
	㉓6 기업의 경기부 설치운영비용 세액공제	「조세특례제한법」 제104조의22	14O			
	㉓7 동업기업 세액공제 배분액(최저한세 적용대상)	「조세특례제한법」 제100조의18제4항	14L			
	㉓8 산업수요맞춤형 고등학교 등 재학생에 대한 현장훈련수당 등 세액공제	구「조세특례제한법」 제104조의18제4항	14R			
	㉓9 석유제품 전자상거래에 대한 세액공제	「조세특례제한법」 제104조의25	14P			
	㉔0 금 현물시장에서 거래되는 금지금에 대한 과세특례	「조세특례제한법」 제126조의7제8항	14V			
	㉔1 금사업자와 스크랩등사업자의 수입금액의 증가 등에 대한 세액공제	「조세특례제한법」 제122조의4	14W			
	㉔2 우수 선화주 인증 국제물류주선업자 세액공제	「조세특례제한법」 제104조의30	18M			

210mm×297mm[백상지 80g/㎡ 또는 중질지 80g/㎡]

세액공제	(243) 이스포츠대회 운영에 대한 과세특례	「조세특례제한법」 제104조의35	1F1			
	(244) 소재 · 부품 · 장비 수요기업 공동출자 세액공제	「조세특례제한법」 제13조의3제1항	18N			
	(245) 소재 · 부품 · 장비 외국법인 인수세액 공제	「조세특례제한법」 제13조의3제3항	18P			
	(246) 선결제 금액에 대한 세액공제	「조세특례제한법」 제99조의12	18Q			
	(247) 해외자원개발투자에 대한 과세특례	「조세특례제한법」 제104조의15	1B6			
	(248) 통합투자세액공제(일반)	「조세특례제한법」 제24조	13W			
	(249) 통합투자세액공제(신성장 · 원천기술)	「조세특례제한법」 제24조	13X			
	(250) 통합투자세액공제(국가전략기술)	「조세특례제한법」 제24조	13Y			
	(251) 통합투자세액공제(반도체분야 국가전략기술)	「조세특례제한법」 제24조	13Z			
	(252) 임시통합투자세액공제(일반)	「조세특례제한법」 제24조	1B1			
	(253) 임시통합투자세액공제(신성장 · 원천기술)	「조세특례제한법」 제24조	1B2			
	(254) 임시통합투자세액공제(국가전략기술)	「조세특례제한법」 제24조	1B3			
	(255) 임시통합투자세액공제(반도체분야 국가전략기술)	「조세특례제한법」 제24조	1B9			
	(256) 문화산업전문회사 출자에 대한 세액공제	「조세특례제한법」 제25조의7	1B7			
	(257) 소계		149	36,000,000		36,000,000
(258) 합계((191) + (257))			150	36,000,000		36,000,000
(259) 공제감면세액 총계((158) + (258))			151			36,000,000
(260) 기술도입대가에 대한 조세면제		법률 제9921호 조세특례제한법 일부개정법률 부칙 제77조	183			
(261) 간주 · 간접 외국 납부세액공제		「법인세법」 제57조 제3항 · 제4항 · 제6항	189			
(262) 간접투자회사등 외국 납부세액공제		「법인세법」 제57조의2	1E5			

작성방법

1. ② 근거 법조항란 중 "구「조세특례제한법」"은 2020년 12월 29일 법률 제17759호로 개정되기 전의 「조세특례제한법」을 말합니다.

2. ③ 대상세액란:「법인세법」, 「조세특례제한법」등에 따른 공제감면대상금액이 있는 경우 공제감면세액계산서(별지 제8호 서식 부표 1부터 부표 5까지 및 부표 5의2부터 부표 5의 5까지)에 따라 감면구분별로 적습니다.

3. ④ 감면(공제)세액란 및 ⑦ 공제세액란:「법인세법」, 「조세특례제한법」등에 따른 공제 또는 감면 세액은 공제감면세액계산서(별지 제8호 서식 부표 1부터 부표 5까지 및 부표 5의 2부터 부표 5의 7까지)에 따라 계산된 공제세액 중 당기에 공제될 세액의 범위에서 「법인세법」 제59조 제1항에 따른 공제순서에 따라 감면 구분별로 적습니다.

4. (148) 외국납부세액공제란: 외국납부세액과 (261) 간주 · 간접 외국 납부세액공제액 및 (262) 간접투자회사등 외국 납부세액공제액을 합하여 적습니다.

5. 「조세특례제한법」 제10조에 따른 연구 · 인력개발비세액공제 중 최저한세가 적용되는 공제세액은 (198)란, (199)란 또는 (200)란에 각각 구분하여 적고, 최저한세 적용이 제외되는 공제세액은 (150)란, (151)란 또는 (152)란에 각각 구분하여 적습니다.

6. (198)란, (199)란 또는 (200)란의 ⑤ 전기이월액란:「조세특례제한법」 제144조 제1항에 따라 이월된 미공제 금액 중 해당 과세연도에 공제할 신성장 · 원천기술 연구개발비, 국가전략기술 연구개발비 또는 일반연구비 · 인력개발비를 각각 구분하여 적습니다(구 공제감면코드: 132).

7. (260) 기술도입대가에 대한 조세면제란의 ⑦ 공제세액란: 기술도입대가를 지급하는 내국법인이 별지 제8호 서식 부표 9 기술도입대가에 대한 조세면제명세서의 ⑧ 면제세액란에 적힌 금액의 합계액을 적습니다. 다만, 기술을 제공하는 자가 국내에 사업장이 있고 해당 기술이 국내사업장에 실질적으로 관련되거나 귀속되는 경우에는 해당 기술을 제공하는 외국법인이 적습니다.

8. 법령의 개정에 따라 종전의 규정 또는 개정규정에 따라 공제 또는 감면받는 경우에는 비어 있는 란 등에 해당 법령의 조문 순서에 따라 별도로 적습니다.

210mm×297mm[백상지 80g/㎡ 또는 중질지 80g/㎡]

(4) 공제감면세액 및 추가납부세액합계표(을)

[별지 제8호 서식(을)] (2021.3.16. 개정)] (3쪽 중 제1쪽)

사 업 연 도	2023. 1. 1. ~ 2023.12.31.	공제감면세액 및 추가납부세액합계표(을)	법 인 명	㈜택스에듀4
			사업자등록번호	123-81-xxxxx

1. 비과세등(「조세특례제한법」)

① 구 분		② 「조세특례제한법」의 근거 조항	코드	③ 금 액
비과세·면제소득공제	⑩ 중소기업창업투자회사등의 주식양도차익등 비과세	제13조	601	
	⑫ 해외자원개발투자 배당소득에 대한 면제	제22조	61A	
	⑬ 기업구조조정전문회사등의 양도차익 감면	법률 제9272호 「조세특례제한법」 부칙 제10조·제40조	604	
	⑭ 어업협정에 따른 어업인에 대한 지원금 비과세	제104조의 2 제1항	605	
	⑮ 중소기업창업투자회사 등의 소재·부품·장비전문기업 주식양도차익 등에 대한 비과세	제13조의 4	62Q	
	⑯ 프로젝트금융투자회사에 대한 소득공제	제104조의 31	62R	
	⑰		606	
	⑱ 합 계		610	

2. 익금불산입(「조세특례제한법」)

④ 구 분		⑤ 「조세특례제한법」의 근거 조항	코드	⑥ 결산조정액	⑦ 세무조정액	⑧ 합계 (⑥+⑦)
익금불산입	⑲ 상생협력 중소기업 수입배당금 익금불산입	제8조의 2	62D			
	⑪ 출연금 등의 과세특례	제10조의 2	627			
	⑪ 사업전환 중소기업의 양도차익 과세특례	법률 제9272호 「조세특례제한법」 부칙 제33조	622			
	⑫ 사업전환 무역조정기업 양도차익 과세특례	제33조	62A			
	⑬ 기업의 금융채무상환 자산매각 양도차익 과세특례	제34조	62F			
	⑭ 내국법인의 외국자회사 주식등 현물출자양도차익 과세특례	제38조의 3	611			
	⑮ 재무구조개선을 위한 채무감소액 과세특례	제39조 제2항	62G			
	⑯ 주주등의 자산양도소득에 대한 과세특례	제40조	62J			
	⑰ 재무구조 개선을 위한 법인의 채무면제익 과세특례	제44조	613			
	⑱ 재무구조개선 무상감자 수증 주식가액 과세특례	제45조 제1항	62H			
	⑲ 공공기관의 구조개편에 따른 양도차익 과세특례	제45조의 2	62K			
	⑳ 기업 간 주식등의 교환에 따른 양도차익 과세특례	제46조	62I			
	㉑ 자가물류시설 양도차익 과세특례	제46조의 4	628			
	㉒ 합병에 따른 중복자산 양도차익 과세특례	제47조의 4	625			
	㉓ 공장 대도시 밖 이전 양도차익 과세특례	제60조 제2항	615			
	㉔ 본사 지방이전 양도차익 과세특례	제61조 제3항	616			
	㉕ 혁신도시 이전 공공기관 양도차익 과세특례	제62조 제1항	62P			
	㉖ 지방이전법인 수도권과밀억제권역 내 공장 양도차익 과세특례	제63조	617			
	㉗ 지방이전법인 수도권과밀억제권역 내 본사 양도차익 과세특례	제63조의 2 제5항	618			
	㉘ 행정중심복합도시 등 내 공장의 지방이전에 대한 양도차익 과세특례	제85조의 2	629			
	㉙ 보육시설 양도차익 과세특례	제85조의 5	631			
	㉚ 공익사업목적 공장수용 양도차익 과세특례	제85조의 7	62B			
	㉛ 중소기업 과밀억제권역외 공장이전 과세특례	제85조의 8	62E			
	㉜ 공익사업목적 물류시설이전 과세특례	제85조의 9	62L			
	㉝ 자본확충목적회사에 대한 손실보전준비금 과세특례	제104조의 3	62M			
	㉞ 어업협정에 따른 어업인에 대한 보조금 과세특례	제104조의 2 제2항	620			
	㉟ 대학재정 건전화를 위한 양도차익 과세특례	제104조의 16	62C			
	㊱ 대한주택공사 및 한국토지공사 배당금에 대한 과세특례	제104조의 21 제2항	62N			
	㊲ 국제회계기준 적용 내국법인에 대한 대손충당금 환입액 익금불산입	제104조의 23	62O			
	㊳ 내국법인의 금융채무 상환을 위한 자산매각에 대한 과세특례	제121조의 26	681			
	㊴ 채무의 인수·변제에 대한 과세특례	제121조의 27	682			
	㊵ 주주등의 자산양도에 관한 법인세 등 과세특례	제121조의 28	683			
	㊶ 사업재편계획에 따른 기업의 채무면제익에 대한 과세특례	제121조의 29	684			
	㊷ 기업 간 주식등의 교환에 대한 과세특례	제121조의 30	685			
	㊸ 합병에 따른 중복자산의 양도에 대한 과세특례	제121조의 31	686			
	㊹		621			
	㊺ 합 계		640			

210mm×297mm[백상지 80g/㎡ 또는 중질지 80g/㎡]

3.손금산입

	④ 구 분	⑤ 근거 조항	코드	⑥ 결산 조정액	⑦ 세무 조정액	⑧ 합계 (⑥+⑦)
손금산입	⑭⑤ 중소기업지원설비 손금산입(무상기증)	「조세특례제한법」 제8조 제1항 제1호	659			
	⑭⑥ 중소기업지원설비 손금산입(저가양도)	「조세특례제한법」 제8조 제2항 제2호	63B			
	⑭⑦ 연구인력개발준비금 손금산입	「조세특례제한법」 제9조 (2019.12.31. 법률 제16835호로 개정되기 전의 것)	63J			
	⑭⑧ 감가상각비의 손금산입 특례	법률 제10068호 「조세특례제한법」 부칙 제4조 및 「조세특례제한법」 제28조	657			
	⑭⑨ 자산의 포괄적양도에 따른 과세특례	「조세특례제한법」 제37조 (2017.12.19. 법률 제15227호로 개정되기 전의 것)	63L			
	⑮⓪ 주식의 포괄적 교환·이전에 대한 과세특례	「조세특례제한법」 제38조	63M			
	⑮① 현물출자에 따른 자산의 양도차익 손금산입	「법인세법」 제47조의 2	644			
	⑮② 지주회사의 설립 등 주식양도차익 손금산입	「조세특례제한법」 제38조의 2	645			
	⑮③ 채무의 인수·변제금액 손금산입	「조세특례제한법」 제39조 제1항	63E			
	⑮④ 재무구조개선을 위해 채무면제한 금융회사의 손금산입	「조세특례제한법」 제44조 제4항	647			
	⑮⑤ 재무구조개선 무상감자 증여주식가액 손금산입	「조세특례제한법」 제45조 제2항	63F			
	⑮⑥ 물류산업 분할평가차익 손금산입	「조세특례제한법」 제46조의 5	664			
	⑮⑦ 구조개선적립금의 손금산입	「조세특례제한법」 제48조	63G			
	⑮⑧ 금융기관의 자산·부채인수에 따른 손금산입	「조세특례제한법」 제52조	650			
	⑮⑨ 기부금의 손금산입	「조세특례제한법」 제73조 (2010.12.27. 법률 제10406호로 개정되기 전의 것)	651			
	⑯⓪ 경제자유구역개발사업 토지 현물출자 양도차익 손금산입	「조세특례제한법」 제85조의 4	666			
	⑯① 무주택근로자에 대한 주택보조금 손금산입	「조세특례제한법」 제100조	654			
	⑯② 여수세계박람회 참가 준비금 손금산입	「조세특례제한법」 제104조의 9	63N			
	⑯③ 금융기관 부실채권정리기금 반환출자 시 손금산입	「조세특례제한법」 제104조의 11	63H			
	⑯④ 신용회복목적회사의 손금산입	「조세특례제한법」 제104조의 12	63O			
	⑯⑤ 정비사업조합 설립인가등의 취소에 따른 채권 손금산입	「조세특례제한법」 제104조의 26	63Q			
	⑯⑥ 해외자원개발사업자의 사업용자산 취득 보조금 손금산입	「조세특례제한법」 제104조의 15 제4항	63I			
	⑯⑦ 학교법인 출연금액 손금산입	「조세특례제한법」 제104조의 16	63A			
	⑯⑧ 휴면예금 출연금액 손금산입	「조세특례제한법」 제104조의 17	63C			
	⑯⑨ 대한주택공사 및 한국토지공사의 합병 손금산입	「조세특례제한법」 제104조의 21 제1항	63P			
	⑰⓪		656			
	⑰⑤ 합 계		670			

4. 이월과세(「조세특례제한법」)

⑨ 구 분	⑩ 근거 조항	코드	⑪ 이월과세 납부세액
⑰⑥ 중소기업 통합에 대한 양도소득세 이월과세	제31조	661	
⑰⑦ 법인전환에 대한 양도소득세 이월과세	제32조	662	
⑰⑧ 영농조합법인에 현물출자 시 양도소득세 이월과세	제66조 제7항	66A	
⑰⑨ 농업회사법인에 현물출자 시 양도소득세 이월과세	제68조 제3항	66B	
⑱⓪ 합 계		667	

5. 추가납부세액

	⑫ 구 분	⑬ 근거법 조항	코드	⑭ 대상금액	⑮ 세 액
조세특례제한법	⑱① 준비금환입에 대한 법인세 추가납부		771		
	⑱② 소득공제액에 대한 법인세 추가납부		772		
	⑱③ 공제감면세액에 대한 법인세 추가납부 * 제5조·제11조·제24조·제25조·제25조의2·제26조·제94조·제96조		773		26,000,000
	⑱④ 기 타		775		
	⑱⑤ 소 계		780		26,000,000
법인세법 등	⑱⑥ 기공제 원천납부세액 추가납부	「법인세법 시행령」 제113조 제6항	781		
	⑱⑦ 업무무관부동산 지급이자 손금부인에 따른 증가세액	「법인세법 시행규칙」 제27조	782		
	⑱⑧ 외국법인의 신고기한 연장에 따른 이자상당액	「법인세법」 제97조 제3항	783		
	⑱⑨ 내국법인의 신고기한 연장에 따른 이자상당액	「법인세법」 제60조 제8항	786		
	⑲⓪ 혼성금융상품 관련 추가 손금불산입 이자상당액	「국제조세조정에 관한 법률」 제25조 제2항	787		
	⑲① 기 타		785		
	⑲② 소 계		784		
⑲⑤ 추가납부세액 합계(⑱⑤ + ⑲②)			790		26,000,000

210mm×297mm[백상지 80g/㎡ 또는 중질지 80g/㎡]

(5) 최저한세조정계산서

[별지 제4호 서식] (2019.3.20. 개정) (앞쪽)

사 업 연 도	2023. 1. 1. ~ 2023.12.31.	최저한세조정계산서	법 인 명	㈜택스에듀4
			사업자등록번호	123-81-xxxxx

1. 최저한세 조정 계산 명세

① 구 분		코드	② 감면 후 세액	③ 최저한세	④ 조정감	⑤ 조정 후 세액
(101) 결산서상 당기순이익		01	800,000,000			
소 득 조 정 금 액	(102) 익 금 산 입	02				
	(103) 손 금 산 입	03				
(104) 조정 후 소득금액((101)+(102)−(103))		04	800,000,000	800,000,000		800,000,000
최저한세 적용대상 특별비용	(105) 준 비 금	05				
	(106) 특별상각 및 특례자산 감가상각비	06				
(107) 특별비용 손금산입 전 소득금액 ((104) + (105) + (106))		07				
(108) 기 부 금 한 도 초 과 액		08				
(109) 기부금 한도초과 이월액 손금산입		09				
(110) 각 사 업 연 도 소 득 금 액 ((107) + (108) − (109))		10	800,000,000	800,000,000		800,000,000
(111) 이 월 결 손 금		11				
(112) 비 과 세 소 득		12				
(113) 최저한세 적용대상 비 과 세 소 득		13				
(114) 최저한세 적용대상 익 금 불 산 입·손 금 산 입		14				
(115) 차 가 감 소 득 금 액 ((110) − (111) − (112) + (113) + (114))		15	800,000,000	800,000,000		800,000,000
(116) 소 득 공 제		16				
(117) 최 저 한 세 적 용 대 상 소 득 공 제		17				
(118) 과 세 표 준 금 액 ((115) − (116) + (117))		18	800,000,000	800,000,000		800,000,000
(119) 선 박 표 준 이 익		24				
(120) 과세표준금액((118) + (119))		25	800,000,000	800,000,000		800,000,000
(121) 세 율		19	20%	7%		20%
(122) 산 출 세 액		20	140,000,000	56,000,000		140,000,000
(123) 감 면 세 액		21				
(124) 세 액 공 제		22	36,000,000			36,000,000
(125) 차 감 세 액((122)−(123)−(124))		23	104,000,000			104,000,000

2. 최저한세 세율 적용을 위한 구분 항목

(126) 중소기업 유예기간 종료연월		(127) 유예기간 종료 후 연차			

210mm×297mm[백상지 80g/㎡ 또는 중질지 80g/㎡]

(6) 법인세 과세표준 및 세액조정계산서

[별지 제3호 서식] (2024. 3. 22. 개정) (앞쪽)

사업연도	2023.1.1. ~ 2023.12.31.	법인세 과세표준 및 세액조정계산서	법인명	㈜택스에듀4
			사업자등록번호	123-18-xxxxx

구분	항목	코드	금액
① 각 사업연도 소득계산	(101) 결산서상 당기순손익	01	800 000 000
	소득조정금액 (102) 익금산입	02	
	소득조정금액 (103) 손금산입	03	
	(104) 차가감소득금액 (101+102−103)	04	800 000 000
	(105) 기부금한도초과액	05	
	(106) 기부금한도초과이월액 손금산입	54	
	(107) 각 사업연도소득금액 (104+105−106)	06	800 000 000
② 과세표준계산	(108) 각 사업연도소득금액 (108=107)		800 000 000
	(109) 이월결손금	07	
	(110) 비과세소득	08	
	(111) 소득공제	09	
	(112) 과세표준 (108−109−110−111)	10	800 000 000
	(159) 선박표준이익	55	
③ 산출세액계산	(113) 과세표준(112+159)	56	800 000 000
	(114) 세율	11	20
	(115) 산출세액	12	140 000 000
	(116) 지점유보소득 (「법인세법」 제96조)	13	
	(117) 세율	14	
	(118) 산출세액	15	
	(119) 합계(115+118)	16	140 000 000
④ 납부할세액계산	(120) 산출세액(120 = 119)		140 000 000
	(121) 최저한세 적용대상 공제감면세액	17	36 000 000
	(122) 차감세액	18	104 000 000
	(123) 최저한세 적용제외 공제감면세액	19	
	(124) 가산세액	20	
	(125) 가감계(122−123+124)	21	104 000 000
	기납부세액 / 기한내납부세액 (126) 중간예납세액	22	
	기납부세액 / 기한내납부세액 (127) 수시부과세액	23	
	기납부세액 / 기한내납부세액 (128) 원천납부세액	24	
	기납부세액 / 기한내납부세액 (129) 간접투자회사등의 외국납부세액	25	
	기납부세액 / 기한내납부세액 (130) 소계 (126+127+128+129)	26	
	기납부세액 (131) 신고납부전가산세액	27	
	기납부세액 (132) 합계(130+131)	28	
	(133) 감면분추가납부세액	29	26 000 000
	(134) 차감납부할세액 (125−132+133)	30	130 000 000
⑤ 토지등양도소득에 대한 법인세 계산	양도차익 (135) 등기자산	31	
	양도차익 (136) 미등기자산	32	
	(137) 비과세소득	33	
	(138) 과세표준 (135+136−137)	34	
	(139) 세율	35	
	(140) 산출세액	36	
	(141) 감면세액	37	
	(142) 차감세액 (140−141)	38	
	(143) 공제세액	39	
	(144) 동업기업 법인세 배분액 (가산세 제외)	58	
	(145) 가산세액 (동업기업 배분액 포함)	40	
	(146) 가감계(142−143+144+145)	41	
	기납부세액 (147) 수시부과세액	42	
	기납부세액 (148) (　　　) 세액	43	
	기납부세액 (149) 계 (147+148)	44	
	(150) 차감납부할세액(146−149)	45	
⑥ 미환류소득법인세	(161) 과세대상 미환류소득	59	
	(162) 세율	60	
	(163) 산출세액	61	
	(164) 가산세액	62	
	(165) 이자상당액	63	
	(166) 납부할세액(163+164+165)	64	
⑦ 세액계	(151) 차감납부할세액계 (134+150+166)	46	130 000 000
	(152) 사실과 다른 회계처리 경정세액공제	57	
	(153) 분납세액계산 범위액 (151−124−133−145−152+131)	47	104 000 000
	(154) 분납할세액	48	52 000 000
	(155) 차감납부세액 (151−152−154)	49	78 000 000

(7) 농어촌특별세 과세표준 및 세액신고서

[별지 제2호 서식] (2024. 3. 22. 개정)

농어촌특별세 과세표준 및 세액신고서

※ 뒤쪽의 신고안내 및 작성방법을 읽고 작성하여 주시기 바랍니다. (앞쪽)

1. 신고인 인적사항

①소 재 지					
②법 인 명	㈜택스에듀4		③대표자성명	김택스	
④사업자등록번호	123-81-xxxxx	⑤사 업 연 도	2023. 1. 1. ~ 2023.12.31.	⑥전 화 번 호	

2. 농어촌특별세 과세표준 및 세액 조정내역

⑦과 세 표 준		36,000,000
⑧산 출 세 액		7,200,000
⑨가 산 세 액 (미납세액, 미납일수, 세율)		(, , 2.2/10,000)
⑩총 부 담 세 액		7,200,000
⑪기 납 부 세 액		
⑫환 급 예 정 세 액		5,200,000
⑬차 감 납 부 할 세 액		2,000,000
⑭분 납 할 세 액		
⑮차 감 납 부 세 액		2,000,000
⑯충 당 후 납 부 세 액		
⑰국 세 환 급 금 충 당 신 청	환 급 법 인 세	
	충당할 농어촌특별세	

신고인은 「농어촌특별세법」 제7조에 따라 위의 내용을 신고하며, 위 내용을 충분히 검토하였고 신고인이 알고 있는 사실 그대로를 정확하게 적었음을 확인합니다.

2024년 3월 31일

신고인(대표자) ㈜택스에듀4 (서명 또는 인)

세무대리인은 조세전문자격자로서 위 신고서를 성실하고 공정하게 작성하였음을 확인합니다.

세무대리인 (서명 또는 인)

세무서장 귀하

210mm×297mm[백상지 80g/㎡ 또는 중질지 80g/㎡]

3. 2024 사업연도

(1) 통합고용세액공제 공제세액계산서

■ 조세특례제한법 시행규칙 [별지 제10호의 9 서식] 〈개정 2025.6.30.〉

통합고용세액공제 공제세액계산서

(3쪽 중 제1쪽)

❶ 신청인	① 상호 또는 법인명 ㈜**택스에듀4**	② 사업자등록번호 123-12-xxxxx
	③ 대표자 성명 **김택스**	④ 생년월일
	⑤ 주소 또는 본점소재지 (전화번호:)	

❷ 과세연도	2024 년 1 월 1 일부터 2024 년 12 월 31 일까지

❸ 상시근로자 현황 (작성방법 2,3번을 참고하시기 바랍니다.)

구분	직전전 과세연도	직전 과세연도	해당 과세연도
⑥ 상시근로자 수 (⑦+⑧)	10	8	14
⑦ 청년등상시근로자 수	6	3	7
⑧ 청년등상시근로자를 제외한 상시근로자 수	4	5	7
⑨ 정규직 전환 근로자 수	–		
⑩ 육아휴직 복귀자 수			

❹ 기본공제 공제세액 계산내용

가. 1차년도 세제지원 요건 : ⑬ 〉 0

1. 상시근로자 증가 인원

⑪ 해당 과세연도 상시근로자 수	⑫ 직전 과세연도 상시근로자 수	⑬ 상시근로자 증가 인원 수 (⑪–⑫)
14	8	6

2. 청년등상시근로자 증가 인원

⑭ 해당 과세연도 청년등상시근로자 수	⑮ 직전 과세연도 청년등상시근로자 수	⑯ 청년등상시근로자 증가 인원 수 (⑭–⑮)
7	3	4

3. 청년등상시근로자를 제외한 상시근로자 증가 인원

⑰ 해당 과세연도 청년등상시근로자를 제외한 상시근로자 수	⑱ 직전 과세연도 청년등상시근로자를 제외한 상시근로자 수	⑲ 청년등상시근로자를 제외한 상시근로자 증가 인원 수(⑰–⑱)
7	5	2

4. 1차년도 세액공제액 계산

구분	구분		직전 과세연도 대비 상시근로자 증가 인원 수 (⑬ 상시근로자 증가 인원 수를 한도로 함)	1인당 공제금액	⑳ 1차년도 세액공제액
중소기업	수도권 내	청년등	4	1천4백5십만원	58,000,000
		청년등 외	2	8백5십만원	17,000,000
	수도권 밖	청년등		1천5백5십만원	
		청년등 외		9백5십만원	
	계		6		75,000,000
중견기업	청년등			8백만원	
	청년등 외			4백5십만원	
	계				
일반기업	청년등			4백만원	
	청년등 외				
	계				

나. 2차년도 세제지원 요건 : ㉓ ≥ 0

1. 상시근로자 증가 인원

㉑ 2차년도(해당 과세연도) 상시근로자 수	㉒ 1차년도(직전 과세연도) 상시근로자 수	㉓ 상시근로자 증가 인원 수(㉑-㉒)
12	10	2

2. 2차년도 세액공제액 계산(상시근로자 감소여부)

1차년도(직전 과세연도) 대비 상시근로자 감소여부	1차년도(직전 과세연도) 대비 청년등상시근로자 수 감소여부	㉔ 1차년도 (직전 과세연도) 청년등상시근로자 증가 세액공제액	㉕ 1차년도 (직전 과세연도) 청년등 외 상시근로자 증가 세액공제액	㉖ 2차년도 세액공제액
부	부			
	여			
여				

다. 3차년도 세제지원 요건(중소 · 중견기업만 해당) : ㉙ ≥ 0

1. 상시근로자 증가 인원

㉗ 3차년도(해당 과세연도) 상시근로자 수	㉘ 1차년도(직전전 과세연도) 상시근로자 수	㉙ 상시근로자 증가 인원(㉗-㉘)
14	10	4

2. 3차년도 세액공제액 계산(상시근로자 감소여부)

1차년도(직전전 과세연도) 대비 상시근로자 감소여부	1차년도(직전전 과세연도) 대비 청년등상시근로자 수 감소여부	㉚ 1차년도 (직전전 과세연도) 청년등 상시근로자 증가 세액공제액	㉛ 1차년도 (전전 과세연도) 청년등 외 상시근로자 증가 세액공제액	㉜ 3차년도 세액공제액
부	부			
	여			
여				

❺ 추가공제 공제세액 계산내용

가. 세제지원 요건 : ⑬ ≥ 0

㉝ 해당 과세연도 상시근로자 수	㉞ 직전 과세연도 상시근로자 수	㉟ 상시근로자 증가 인원 수 (㉝-㉞)

나. 세액공제액 계산

구분	구분	인원 수	1인당 공제금액	㊱ 추가공제 세액공제액
중소기업	정규직 전환자		1천3백만원	
	육아휴직 복귀자			
	계			
중견기업	정규직 전환자		9백만원	
	육아휴직 복귀자			
	계			

❻ 세액공제액 : ⑳ 1차년도 세액공제액 + ㉖ 2차년도 세액공제액 + ㉜ 3차년도 세액공제액 + ㊱ 추가공제 세액공제액	75,000,000

「조세특례제한법 시행령」 제26조의8제11항에 따라 위와 같이 공제세액계산서를 제출합니다.

2025 년 3 월 31 일

신청인 ㈜택스에듀4 (서명 또는 인)

세무서장 귀하

작 성 방 법

1. 근로자 수는 다음과 같이 계산하되, 100분의 1 미만의 부분은 없는 것으로 합니다.
   가. 상시근로자 수 : 매월 말 현재 상시근로자 수의 합 / 과세연도의 개월 수
   나. 청년등상시근로자 수 : 매월 말 현재 청년등상시근로자 수의 합 / 과세연도의 개월 수
   다. 청년등상시근로자 외 상시근로자 수 : 매월 말 현재 청년등상시근로자 외 상시근로자 수의 합 / 과세연도의 개월 수
2. ⑥란의 상시근로자란 「근로기준법」에 따라 근로계약을 체결한 내국인 근로자로서 다음의 어느 하나에 해당하는 사람을 제외한 근로자를 말합니다.
   가. 근로계약기간이 1년 미만인 근로자. 다만, 근로계약의 연속된 갱신으로 인하여 그 근로계약의 총 기간이 1년 이상인 근로자는 상시근로자로 봅니다.
   나. 「근로기준법」 제2조제1항제9호에 따른 단시간근로자. 다만, 1개월간의 소정근로시간이 60시간 이상인 근로자는 상시근로자로 봅니다.
   다. 「법인세법 시행령」 제40조제1항 각 호의 어느 하나에 해당하는 임원
   라. 해당 기업의 최대주주 또는 최대출자자(개인사업자의 경우에는 대표자를 말한다)와 그 배우자
   마. 라목에 해당하는 자의 직계존비속(그 배우자를 포함) 및 「국세기본법 시행령」 제1조의2제1항에 따른 친족관계인 사람
   바. 「소득세법 시행령」 제196조에 따른 근로소득원천징수부에 의하여 근로소득세를 원천징수한 사실이 확인되지 않고, 「국민연금법」 제3조제1항제11호 및 제12호에 따른 부담금 및 기여금 또는 「국민건강보험법」 제69조에 따른 직장가입자의 보험료에 해당하는 금액의 납부사실도 확인되지 아니하는 자
3. ⑦란 등의 청년등상시근로자란 상시근로자 중 15세 이상 34세 이하인 사람으로서 다음 각 목의 어느 하나에 해당하는 사람을 제외한 사람(해당 근로자가 병역을 이행한 경우에는 6년을 한도로 병역을 이행한 기간을 현재 연령에서 빼고 계산한 연령이 34세 이하인 사람을 포함)과 「장애인복지법」의 적용을 받는 장애인, 「국가유공자 등 예우 및 지원에 관한 법률」에 따른 상이자, 「5·18민주유공자예우 및 단체설립에 관한 법률」 제4조제2호에 따른 5·18민주화운동부상자와 「고엽제후유의증 등 환자지원 및 단체설립에 관한 법률」 제2조제3호에 따른 고엽제후유의증환자로서 장애등급 판정을 받은 사람, 근로계약 체결일 현재 연령이 60세 이상인 사람, 「조세특례제한법」 제29조의3제1항에 따른 경력단절 여성을 말합니다.
   가. 「기간제 및 단시간근로자 보호 등에 관한 법률」에 따른 기간제근로자 및 단시간근로자
   나. 「파견근로자보호 등에 관한 법률」에 따른 파견근로자
   다. 「청소년 보호법」 제2조제5호 각 목에 따른 업소에 근무하는 같은 조 제1호에 따른 청소년
4. 청년등 외 상시근로자란 상시근로자 중 청년등상시근로자가 아닌 상시근로자를 말합니다.
5. ⑳,㉖,㉜ 계산 시 각 공제금액(청년/청년 외)은 전체 상시근로자 수 증가분을 한도로 합니다.
6. ㉝, ㉞란의 상시근로자 수는 「근로기준법」 제74조에 따른 출산전후휴가를 사용 중인 상시근로자를 대체하는 상시근로자가 있는 경우 해당 출산전후휴가를 사용 중인 상시근로자를 제외하고 계산한 상시근로자 수를 말합니다.
7. 해당 과세연도의 상시근로자 수가 전년 대비 증가하여 「조세특례제한법」 제29조의8의 통합고용세액공제 1차년도 공제를 신청할 경우 「조세특례제한법」 제29조의7의 고용 증대 기업에 대한 세액공제 1차년도 공제를 중복하여 신청할 수 없습니다.

210mm×297mm[백상지 80g/㎡]

(2) 세액공제조정명세서(3)

[별지 제8호 서식 부표 3] (2025.7.4. 개정) (4쪽 중 제1쪽)

사 업 연 도	2024. 1. 1. ~ 2024. 12. 31.	세액공제조정명세서(3)	법인명	(주)택스에듀4
			사업자등록번호	123-81-xxxxx

1. 공제세액계산(「조세특례제한법」)

	(101) 구 분	근거법 조 항	(102) 계 산 기 준	코드	(103) 계산 명세	(104) 공제대상 세 액
조세특례제한법	중소기업 등 투자세액공제	구 제5조	투자금액 × 1(2,3,5,10)/100	131		
	상생결제 지급금액에 대한 세액공제	제7조의4	지급기한 15일 이내: 지급 금액의 0.5% 지급기한 15일 ~ 30일: 지급 금액의 0.3% 지급기한 30일 ~ 60일: 지급 금액의 0.015%	14Z		
	대·중소기업 상생협력을 위한 기금출연 세액공제	제8조의3 제1항	출연금 × 10/100	14M		
	협력중소기업에 대한 유형고정자산 무상임대 세액공제	제8조의3 제2항	장부가액 × 3/100	18D		
	수탁기업에 설치하는 시설에 대한 세액공제	제8조의3 제3항	투자금액 × 1(3,7)/100	18L		
	교육기관에 무상 기증하는 중고자산에 대한 세액공제	제8조의3 제4항	기증자산 시가 × 10/100	18R		
	신성장·원천기술 연구개발비세액공제(최저한세 적용제외)	제10조 제1항 제1호	(일반 연구·인력개발비) '14.1.1.~'14.12.31.: 발생액 × 3~4(8,10,15,20,25,30)/100 또는 2년간 연평균 발생액의 초과액 × 40(50)/100 '15.1.1. 이후: 발생액 × 2~3(8,10,15,20,25,30)/100 또는 직전 발생액의 초과액 × 40(50)/100 '17.1.1. 이후: 발생액 × 1~3(8,10,15,20,25,30)/100 또는 직전 발생액의 초과액 × 30(40,50)/100 '18. 1. 1. 이후: 발생액 × 0~2(8,10,15,20,25,30)/100 또는 직전 발생액의 초과액 × 25(40,50)/100 (신성장·원천기술 연구개발비) '17. 1. 1. 이후: 발생액 × 20(30)/100 (국가전략기술 연구개발비) '21. 7. 1. 이후: 발생액 ×30(40)/100	16A		
	국가전략기술 연구개발비세액공제(최저한세 적용제외)	제10조 제1항 제2호		10D		
	일반 연구·인력개발비세액공제(최저한세 적용제외)	제10조 제1항 제3호		16B		
	신성장·원천기술 연구개발비세액공제(최저한세 적용대상)	제10조 제1항 제1호		13L		
	국가전략기술 연구개발비세액공제(최저한세 적용대상)	제10조 제1항 제2호		10E		
	일반 연구·인력개발비세액공제(최저한세 적용대상)	제10조 제1항 제3호		13M		
	기술취득에 대한 세액공제	제12조 제2항	특허권 등 취득금액 × 5(10)/100 *법인세의 10% 한도	176		
	기술혁신형 합병에 대한 세액공제	제12조의3	기술가치금액 × 10/100	14T		
	기술혁신형 주식취득에 대한 세액공제	제12조의4	기술가치금액 × 10/100	14U		
	벤처기업등 출자에 대한 세액공제	제13조의2	주식등 취득가액 × 5/100	18E		
	성과공유 중소기업 경영성과급 세액공제	제19조	'22.1.1. 이전 지급분: 근로자에 지급하는 경영성과급 × 10/100 '22.1.1. 이후 지급분: 근로자에 지급하는 경영성과급× 15/100	18H		
	연구·인력개발설비투자세액공제	구 제25조 제1항 제1호	'14.1.1.~'15.12.31. 투자분: 투자금액 × 3(5,10)/100 '16.1.1. 이후 투자분: 투자금액 × 1(3,6)/100 '19.1.1. 이후 투자분: 투자금액 × 1(3,7)/100	134		
	에너지절약시설투자세액공제	구 제25조 제1항 제2호	'14.1.1.~'15.12.31. 투자분: 투자금액 × 3(5,10)/100 ('16.1.1. 현재 투자진행 중인 경우 '16.12.31.까지 종전율 적용) '16.1.1. 이후 투자개시분: 투자금액 × 1(3,10)/100 '19.1.1. 이후 투자분: 투자금액 × 1(3,7)/100	177		

210mm×297mm[백상지 80g/㎡ 또는 중질지 80g/㎡]

	⑩ 구 분	근거법 조항	⑫ 계 산 기 준	코드	⑬ 계산 명세	⑭ 공제대상 세 액
조세특례제한법	환경보전시설 투자세액공제	구 제25조 제1항 제3호	투자금액 × 3(5,10)/100 '19.1.1. 이후 투자분: 투자금액 × 3(5,10)/100	14A		
	근로자복지증진시설투자세액공제	구 제25조 제1항 제4호	투자금액 × 7(10)/100 '19.1.1. 이후 취득분: 취득금액 × 3(5,10)/100	142		
	안전시설투자세액공제	구 제25조 제1항 제5호	'13.1.1.~'14.12.31. 투자분: 투자금액 × 3(7)/100 '15.1.1. 이후 투자분: 투자금액 × 1(3,7)/100 '19.1.1. 이후 투자분: 투자금액 × 1(5,10)/100	136		
	생산성향상시설투자세액공제	구 제25조 제1항 제6호	'13.1.1.~'14.12.31. 투자분: 투자금액 × 3(7)/100 '15.1.1. 이후 투자분: 투자금액 × 1(3,7)/100 '20.1.1.~'20.12.31. 투자분: 투자금액 × 2(5,10))/100 '21.1.1.~'21.12.31. 투자분: 투자금액 × 1(5,10))/100 '21.1.1.~이후. 투자분: 투자금액 × 1(3,7))/100	135		
	의약품 품질관리시설투자세액공제	구 제25조의4	'14.1.1.~'16.12.31. 투자분: 투자금액 × 3(5,7)/100 '17.1.1. 이후 투자분: 투자금액 × 1(3,6)/100	14B		
	신성장기술 사업화를 위한 시설투자 세액공제	구 제25조의5	투자금액 × 5(7,10)/100	18B		
	영상콘텐츠 제작비용에 대한 세액공제(기본공제)	제25조의6	제작비용 × 5(10,15)/100	18C		
	영상콘텐츠 제작비용에 대한 세액공제(추가공제)	제25조의6	제작비용 × 10(15)/100	1B8		
	초연결 네트워크 시설투자에 대한 세액공제	구 제25조의7	투자금액 × 2(3)/100	18I		
	고용창출투자세액공제	제26조	'12.1.1.~12.31.: 투자금액 × {기본공제(3~4%)+추가공제(2~3%)} '13.1.1.~12.31.: 투자금액 × {기본공제(2~4%)+추가공제(3%)} '14.1.1. 이후: 투자금액 × {기본공제(1~4%)+추가공제(3%)} (한도: 상시근로자 증가분 × 1,000만원, 1,500만원, 2,000만원) '15.1.1. 이후: 투자금액 × {기본공제(0~3%)+추가공제(3~7%)} '17.1.1. 이후: (한도 : 상시근로자 증가분 × 1,000 (1,500)만원, 1,500(2,000)만원, 2,000(2,500)만원)	14N		
	산업수요맞춤형고등학교등 졸업자를 병역이행 후 복직시킨 중소기업에 대한 세액공제	제29조의2	복직자에게 지급한 인건비 × 중소30(중견15)/100	14S		
	경력단절 여성 고용 기업 등에 대한 세액공제	제29조의3 제1항	경력단절 여성 재고용 인건비 × 중소30(중견15)/100	14X		
	육아휴직 후 고용유지 기업에 대한 인건비 세액공제	제29조의3 제2항	육아휴직 복귀자 인건비 × 중소30(중견15)/100	18J		
	근로소득을 증대시킨 기업에 대한 세액공제	제29조의4	평균 초과 임금증가분 × 5(중견10, 중소20)/100 정규직 전환 근로자의 임금 증가분 × 5(10,20)/100	14Y		
	청년고용을 증대시킨 기업에 대한 세액공제	제29조의5	청년정규직근로자 증가인원수 × 3백만원(7백만원, 1천만원)	18A		
	고용을 증대시킨 기업에 대한 세액공제	제29조의7	직전연도 대비 상시근로자 증가수 × 4백만원(1천2백만원) '21.12.31~'22.12.31.: 직전연도 대비 상시근로자 증가수 × 5백만원(1천3백만원)	18F		
	통합고용세액공제	제29조의8	직전연도 대비 상시근로자 증가수 × 4백만원(1천4백5십만원)	18S		75,000,000
	통합고용세액공제(정규직전환)	제29조의8		1B4		
	통합고용세액공제(육아휴직복귀)	제29조의8		1B5		
	정규직 근로자 전환 세액공제	제30조의2	전환인원수 × 중소1천만원(중견7백만원)	14H		
	고용유지중소기업에 대한 세액공제	제30조의3	연간 임금감소 총액× 10/100 + 시간당 임금상승에 따른 보전액 × 15/100	18K		
	중소기업 고용증가 인원에 대한 사회보험료 세액공제	제30조의4 제1항	청년(만15~29세)근로자 등 순증인원의 사회보험료(증가분의 100%) 청년 및 경력단절 여성 외 근로자 순증인원의 사회보험료(증가분의 50%,75%)	14Q		

210mm×297mm[백상지 80g/㎡ 또는 중질지 80g/㎡]

(101) 구분	근거 법조항	(102) 계산기준	코드	(103) 계산 명세	(104) 공제 대상 세액
중소기업 사회보험 신규가입에 대한 사회보험료 세액공제	제30조의4 제3항	'20. 12. 31.까지 사회보험 신규가입에 따 른 사용자 부담액×50%	18G		
전자신고에 대한 세액공제(법인)	제104조의8 제1항	법인세 전자신고시 2만원	184		
전자신고에 대한 세액공제(세무법인 등)	제104조의8 제3항	법인세 · 소득세 전자신고 대리건수 × 2만원 *한도: 연300만원(세무 · 회계법인 연750만원) 한도액계산시 부가가치세 대리신고에 따른 세액공제액 포함	14J		
제3자 물류비용 세액공제	제104조의14	(전년대비 위탁물류비용 증가액)×3/100(중소기업은 5/100) * 직전 위탁물류비 30% 미만 : (당기 위탁물류비 – 당기 전체물류비 × 30%) ×3/100(중소기업은 5/100) * 법인세 10% 한도	14E		
대학 맞춤형 교육비용 세액공제	구 제104조의18 제1항	법 제10조 연구 · 인력개발비세액공제 준용 *수도권 소재대학의 발생액은 50%만 인정	14I		
대학등 기부설비에 대한 세액공제	구 제104조의18 제2항	법 제11조 연구 · 인력개발설비투자세액공제 준용 *수도권 소재대학의 기부금액은 50%만 인정	14K		
기업의 운동경비부 설치운영 세액공제	제104조의22	설치운영비용 × 10(20)/100	14O		
산업수요맞춤형 고등학교 등 재학생에 대한 현장훈련수당 등 세액공제	구 제104조의18 제4항	일반 연구 · 인력개발비 세액공제 준용	14R		
석유제품 전자상거래에 대한 세액공제	제104조의25	'13.1.1. ~ 12.31.: 공급가액의 0.5%(산출세액의 10% 한도) '14.1.1. ~ '16.12.31.: 공급가액의 0.3%(산출세액의 10% 한도) '17.1.1. ~ '19.12.31.: 공급자는 공급가액의0.1%,수요자0.2%,(산출세액의 10% 한도) '20.1.1.~'22.12.31.: 수요자만 공급가액의 0.2%(산출세액의 10% 한도)	14P		
금 현물시장에서 거래되는 금지금에 대한 과세특례	제126조의7 제8항	산출세액×[(금 현물시장 이용금액 – 직전 과세연도의 금 현물시장 이용금액)/매출액] 또는 산출세액×[(금 현물시장 이용금액×5/100)/매출액]	14V		
금사업자와 스크랩등사업자의 수입금액증가등 세액공제	제122조의4	산출세액×[(매입자납부익금및손금합계금액 – 직전 과세연도의 매입자납부익금및손금합계금액)×50/100]/익금및손금합계금액 또는 산출세액×[(매입자납부익금및손금합계금액×5/100)]/익금및손금합계금액 *한도: 해당 과세연도 산출세액–직전 과세연도 산출세액	14W		
성실신고 확인비용에 대한 세액공제	제126조의6	확인비용 × 60/100 (150만원 한도)	10A		
우수 선화주 인증받은 국제물류주선업자에 대한 세액공제	제104조의30	운송비용의 1% + 직전과세연도 대비 증가분의 3%(산출세액의 10%한도)	18M		
용역제공자에 관한 과세자료의 제출에 대한 세액공제	제104조의32	과세자료에 기재된 용역제공자 인원수×300원(200만원 한도)	10C		
이스포츠대회 운영에 대한 과세특례	제104조의35	이스포츠대회 운영비용 × 10/100	1F1		
소재 · 부품 · 장비 수요기업 공동출자세액공제	제13조의3 제1항	주식 또는 출자지분 취득가액 5%	18N		
소재 · 부품 · 장비 외국법인 인수세액 공제	제13조의3 제3항	주식 또는 출자지분 취득가액 5% (중견7%, 중소10%)	18P		
상가임대료를 인하한 임대사업자에 대한 세액공제	제96조의3	임대료 인하액의 70%	10B		
문화산업전문회사 출자에 대한 세액공제	제25조의 7	출자금액 중 영상콘텐츠제작비용의 3%	1B7		
선결제 금액에 대한 세액공제	제99조의12	선결제금액 × 1%	18Q		
통합투자세액공제(일반)	제24조	기본공제: 투자금액 × 1(중견5/7.5, 중소10)/100,	13W		
임시통합투자세액공제(일반)		신성장 · 원천기술 투자금액 × 3(중견6/9,중소12)/100	1B1		
통합투자세액공제(신성장 · 원천기술)		국가전략기술 투자금액 × 15(중견15/20,중소25)/100	13X		
임시통합투자세액공제 (신성장 · 원천기술)		국가전략기술반도체 투자금액 × 20(중견20/25,중소30)/100 * 국가전략기술반도체 투자금액: '25.1.1. 이후 투자분부터 적용	1B2		
통합투자세액공제(국가전략기술)		추가공제: 직전 3년 연평균 투자금액 초과액 × 10/100(기본공제	13Y		
임시통합투자세액공제(국가전략기술)		200% 한도)	1B3		
통합투자세액공제 (반도체분야 국가전략기술)		임시 투자 세액공제 기본공제: 투자금액 × 1(중견7, 중소12)/100,	13Z		
임시통합투자세액공제 (반도체분야 국가전략기술)		신성장사업화시설 투자금액 × 3(중견8,중소14)/100 국가전략기술 투자금액 × 15(중견15/20,중소25)/100 국가전략기술반도체 투자금액 × 20(중견20/25,중소30)/100 * 국가전략기술반도체 투자금액: '25.1.1. 이후 투자분부터 적용 추가공제: 직전 3년 연평균 투자금액 초과액 × 10/100(기본공제 200% 한도)	1B9		
해외자원개발투자에 대한 과세특례	제104조의15	투자금액×3%	1B6		
합계			1A1		75,000,000

210mm×297mm[백상지 80g/㎡ 또는 중질지 80g/㎡]

(4쪽 중 제4쪽)

2. 당기공제세액 및 이월액계산

(105) 구분	(106) 사업연도	공제 대상 세액		당기 공제 대상 세액							(121) 최저한세 적용에 따른 미공제액	(122) 그밖의 사유로 인한 미공제액	(123) 공제세액 ((120)-(121)-(122))	(124) 소멸	(125) 이월액 ((107)+(108)-(123)-(124))
		(107) 당기분	(108) 이월분	(109) 당기분	(110) 1차 연도 / (115) 6차 연도	(111) 2차 연도 / (116) 7차 연도	(112) 3차 연도 / (117) 8차 연도	(113) 4차 연도 / (118) 9차 연도	(114) 5차 연도 / (119) 10차 연도	(120) 계					
통합고용세액공제	2024	75,000,000		75,000,000						75,000,000	41,000,000		34,000,000		41,000,000
	소계	75,000,000		75,000,000						75,000,000	41,000,000		34,000,000		41,000,000
합계		75,000,000		75,000,000						75,000,000	41,000,000		34,000,000		41,000,000

작성방법

1. (105) 구분란: 제1쪽의 1. 공제세액계산(「조세특례제한법」)의 코드란에 적혀 있는 코드를 적습니다.
2. (106) 사업연도란: 이월된 공제 대상 세액이 발생한 사업연도와 종료월을 적습니다.
3. (107) 당기분란: (104) 공제 대상 세액란에 적힌 금액을 적습니다.
4. (108) 이월분란: (101) 구분별, 사업연도별로 직전 사업연도의 (125) 이월액을 적습니다.
5. (109) 당기분란: 당기분 세액을 적습니다.
6. (110) 1차 연도란부터 (119) 10차 연도란까지: (106) 사업연도란에 적힌 사업연도부터의 경과 연차에 해당하는 란에 (108) 이월분란에 적힌 금액을 적습니다.
7. (121) 최저한세 적용에 따른 미공제액란: 「조세특례제한법」 제144조 제2항에 규정된 순서에 따라 각 란에 조정하여 적고, 합계란(※표란)에는 "최저한세 조정계산서(별지 제4호 서식)"의 (124) 세액공제란의 ④ 조정감란에 적힌 금액을 옮겨 적습니다.
8. 근거 법조항란 중 "구"는 2020년 12월 29일 법률 제17759호로 개정되기 전의 「조세특례제한법」을 말합니다.

210mm×297mm[백상지 80g/㎡ 또는 중질지 80g/㎡]

(3) 공제감면세액 및 추가납부세액합계표(갑)

[별지 제8호 서식(갑)] (2025.7.4. 개정)

(5쪽 중 제1쪽)

사 업 연 도	2024. 1. 1. ~ 2024.12.31.	공제감면세액 및 추가납부세액합계표(갑)	법 인 명	㈜택스에듀4
			사업자등록번호	123-81-xxxxx

1. 최저한세 적용제외 공제감면세액

	① 구 분	② 근 거 법 조 항	코드	③ 대상세액	④ 감면(공제)세액
세액감면	⑩ 창업중소기업에 대한 세액감면(최저한세 적용제외)	「조세특례제한법」 제6조 제7항 외	11O		
	⑫ 해외자원개발투자배당 감면	「조세특례제한법」 제22조	103		
	⑬ 수도권과밀억제권역 밖으로 이전하는 중소기업 세액감면 (수도권 밖으로 이전)	구「조세특례제한법」 제63조	169		
	⑭ 공장의 수도권 밖 이전에 대한 세액감면	「조세특례제한법」 제63조	108		
	⑮ 본사의 수도권 밖 이전에 대한 세액감면	「조세특례제한법」 제63조의2	109		
	⑯ 영농조합법인 감면	「조세특례제한법」 제66조	104		
	⑰ 영어조합법인 감면	「조세특례제한법」 제67조	107		
	⑱ 농업회사법인 감면(농업소득)	「조세특례제한법」 제68조	11B		
	⑲ 행정중심복합도시 등 공장이전에 대한 조세감면	「조세특례제한법」 제85조의2제3항 (2019. 12. 31. 법률 제16835호로 개정되기 전의 것)	11A		
	⑪ 위기지역 내 창업기업 세액감면(최저한세 적용제외)	「조세특례제한법」 제99조의9	11N		
	⑪ 해외진출기업의 국내복귀에 대한 세액감면(철수방식)	「조세특례제한법」 제104조의24제1항 제1호	11F		
	⑫ 해외진출기업의 국내복귀에 대한 세액감면(유지방식)	「조세특례제한법」 제104조의24제1항 제2호	11H		
	⑬ 고도기술수반사업 외국인투자 세액감면	「조세특례제한법」 제121조의2제1항 제1호	186		
	⑭ 외국인투자지역내 외국인투자 세액감면	「조세특례제한법」 제121조의2제1항 제2호 또는 제2호의5	187		
	⑮ 경제자유구역내 외국인투자 세액감면	「조세특례제한법」 제121조의2제1항 제2호의2	188		
	⑯ 경제자유구역 개발사업시행자 세액감면	「조세특례제한법」 제121조의2제1항 제2호의3	157		
	⑰ 제주투자진흥기구의 개발사업시행자 세액감면	「조세특례제한법」 제121조의2제1항 제2호의4	158		
	⑱ 기업도시 개발구역내 외국인투자 세액감면	「조세특례제한법」 제121조의2제1항 제2호의6	159		
	⑲ 기업도시 개발사업의 시행자 세액감면	「조세특례제한법」 제121조의2제1항 제2호의7	160		
	⑳ 새만금사업지역내 외국인투자 세액감면	「조세특례제한법」 제121조의2제1항 제2호의8	11J		
	㉑ 새만금사업 시행자 세액감면	「조세특례제한법」 제121조의2제1항 제2호의9	11K		
	㉒ 기타 외국인투자유치를 위한 조세감면	「조세특례제한법」 제121조의2제1항 제3호	167		
	㉓ 외국인투자기업의 증자의 조세감면	「조세특례제한법」 제121조의4	172		
	㉔ 기술도입대가에 대한 조세면제(국내지점 등)	법률 제9921호 조세특례제한법 일부개정법률 부칙 제77조	173		
	㉕ 제주첨단과학기술단지 입주기업 조세감면(최저한세 적용제외)	「조세특례제한법」 제121조의8	181		
	㉖ 제주투자진흥지구등 입주기업 조세감면(최저한세 적용제외)	「조세특례제한법」 제121조의9	182		
	㉗ 기업도시개발구역 창업 · 사업장신설기업에 대한 세액감면(최저한세 적용제외)	「조세특례제한법」 제121조의17제1항 제1호	197		
	㉘ 기업도시개발사업 시행자에 대한 세액감면	「조세특례제한법」 제121조의17제1항 제2호	198		
	㉙ 지역개발사업구역 또는 지역활성화지역 창업 · 사업장신설기업에 대한 세액감면(최저한세 적용제외)	「조세특례제한법」 제121조의17제1항 제3호	1D2		

210mm×297mm[백상지 80g/㎡ 또는 중질지 80g/㎡]

	⑬ 지역개발사업구역, 지역활성화지역 또는 낙후지역 사업시행자에 대한 감면	「조세특례제한법」 제121조의17제1항 제4호	1D3		
	⑬ 해양박람회특구 창업 · 사업장신설기업에 대한 감면(최저한세 적용제외)	「조세특례제한법」 제121조의17제1항 제5호	1D4		
	⑬ 해양박람회특구 박람회 사후활용 사업시행자에 대한 감면	「조세특례제한법」 제121조의17제1항 제6호	1D5		
	⑬ 새만금투자진흥지구 사업시행자에 대한 감면	「조세특례제한법」 제121조의17제1항 제7호	1D7		
	⑬ 새만금투자진흥지구 창업 · 사업장신설기업에 대한 감면(최저한세 적용제외)	「조세특례제한법」 제121조의17제1항 제8호	1D6		
	⑬ 평화경제특구 창업 · 사업장신설기업에 대한 감면(최저한세 적용제외)	「조세특례제한법」 제121조의17제1항 제9호	1D8		
	⑬ 평화경제특구 개발사업시행자에 대한 감면	「조세특례제한법」 제121조의17제1항 제10호	1D9		
	⑬ 아시아문화중심도시 투자진흥지구 입주기업 감면(최저한세 적용제외)	「조세특례제한법」 제121조의20제1항	11C		
세액감면	⑬ 금융중심지 창업기업에 대한 감면(최저한세 적용제외)	「조세특례제한법」 제121조의21제1항	11G		
	⑬ 동업기업 세액감면 배분액(최저한세 적용제외)	「조세특례제한법」 제100조의18제4항	11D		
	⑭ 사회적기업에 대한 감면	「조세특례제한법」 제85조의6	11L		
	⑭ 장애인 표준사업장에 대한 감면	「조세특례제한법」 제85조의6	11M		
	⑭ 첨단의료복합단지 입주기업에 대한 감면(최저한세 적용제외)	「조세특례제한법」 제121조의22제1항1호	17A		
	⑭ 국가식품클러스터 입주기업에 대한 감면(최저한세 적용제외)	「조세특례제한법」 제121조의22제1항2호	17B		
	⑭ 연구개발특구 입주기업에 대한 감면(최저한세 적용제외)	「조세특례제한법」 제12조의2	17C		
	⑭ 감염병 피해에 따른 특별재난지역의 중소기업에 대한 감면	「조세특례제한법」 제99조의11	17D		
	⑭ 기회발전특구 창업기업 등에 대한 법인세 등의 감면(최저한세 적용제외)	「조세특례제한법」 제121조의33	1D1		
	⑭ 소계		170		
세액공제	⑭ 외국납부세액공제	「법인세법」 제57조 및 제57조의2	101		
	⑭ 재해손실세액공제	「법인세법」 제58조	102		
	⑮ 신성장 · 원천기술 연구개발비세액공제(최저한세 적용제외)	「조세특례제한법」 제10조 제1항 제1호	16A		
	⑮ 국가전략기술 연구개발비세액공제(최저한세 적용제외)	「조세특례제한법」 제10조 제1항 제2호	10D		
	⑮ 일반 연구 · 인력개발비세액공제(최저한세 적용제외)	「조세특례제한법」 제10조 제1항 제3호	16B		
	⑮ 동업기업 세액공제 배분액(최저한세 적용제외)	「조세특례제한법」 제100조의18제4항	12D		
	⑮ 성실신고 확인비용에 대한 세액공제	「조세특례제한법」 제126조의6	10A		
	⑮ 상가임대료를 인하한 임대사업자에 대한 세액공제	「조세특례제한법」 제96조의3	10B		
	⑮ 용역제공자에 관한 과세자료의 제출에 대한 세액공제	「조세특례제한법」 제104조의32	10C		
	⑮ 소계		180		
⑮ 합계(⑭ + ⑮)			110		

210mm×297mm[백상지 80g/㎡ 또는 중질지 80g/㎡]

(5쪽 중 제3쪽)

2. 최저한세 적용대상 공제감면세액

	① 구분	② 근거 법조항	코드	③ 대상세액	④ 감면(공제)세액
세액감면	159 창업중소기업에 대한 세액감면(최저한세 적용대상)	「조세특례제한법」 제6조 제1항 · 제5항 · 제6항	111		
	160 창업벤처중소기업 세액감면	「조세특례제한법」 제6조 제2항	174		
	161 에너지신기술 중소기업 세액감면	「조세특례제한법」 제6조 제4항	13E		
	162 중소기업에 대한 특별세액감면	「조세특례제한법」 제7조	112		
	163 연구개발특구 입주기업에 대한 세액감면(최저한세 적용대상)	「조세특례제한법」 제12조의2	179		
	164 국제금융거래이자소득 면제	「조세특례제한법」 제21조	123		
	165 사업전환 중소기업에 대한 세액감면	구 「조세특례제한법」 제33조의2	192		
	166 무역조정지원기업의 사업전환 세액감면	구 「조세특례제한법」 제33조의2	13A		
	167 기업구조조정 전문회사 주식양도차익 세액감면	법률 제9272호 조세특례제한법 일부개정법률 부칙 제10조 · 제40조	13B		
	168 혁신도시 이전 등 공공기관 세액감면	「조세특례제한법」 제62조 제4항	13F		
	169 공장의 지방이전에 대한 세액감면(중소기업의 수도권 인구감소지역 안으로 이전)	「조세특례제한법」 제63조	116		
	170 농공단지입주기업 등 감면	「조세특례제한법」 제64조	117		
	171 농업회사법인 감면(농업소득 외의 소득)	「조세특례제한법」 제68조	119		
	172 소형주택 임대사업자에 대한 세액감면	「조세특례제한법」 제96조	13I		
	173 상가건물 장기임대사업자에 대한 세액감면	「조세특례제한법」 제96조의2	13N		
	174 산림개발소득 감면	「조세특례제한법」 제102조	124		
	175 동업기업 세액감면 배분액(최저한세 적용대상)	「조세특례제한법」 제100조의18제4항	13D		
	176 첨단의료복합단지 입주기업에 대한 감면(최저한세 적용대상)	「조세특례제한법」 제121조의22제1항 제1호	13H		
	177 기술이전에 대한 세액감면	「조세특례제한법」 제12조 제1항	13J		
	178 기술대여에 대한 세액감면	「조세특례제한법」 제12조 제3항	13K		
	179 제주첨단과학기술단지 입주기업 감면(최저한세 적용대상)	「조세특례제한법」 제121조의8	13P		
	180 제주투자진흥지구등 입주기업 감면(최저한세 적용대상)	「조세특례제한법」 제121조의9	13Q		
	181 기업도시개발구역 창업 · 사업장신설기업에 대한 감면(최저한세 적용대상)	「조세특례제한법」 제121조의17제1항 제1호	13R		
	182 지역개발사업구역 또는 지역활성화지역 창업 · 사업장신설기업에 대한 감면(최저한세 적용대상)	「조세특례제한법」 제121조의17제1항 제3호	1E1		
	183 해양박람회특구 창업 · 사업장신설기업에 대한 감면(최저한세 적용대상)	「조세특례제한법」 제121조의17제1항 제5호	1E2		
	184 새만금투자진흥지구 창업 · 사업장신설기업에 대한 감면(최저한세 적용대상)	「조세특례제한법」 제121조의17제1항 제8호	1E3		
	185 평화경제특구 창업 · 사업장신설기업에 대한 감면(최저한세 적용대상)	「조세특례제한법」 제121조의17제1항 제9호	1E4		
	186 위기지역 내 창업기업 세액감면(최저한세 적용대상)	「조세특례제한법」 제99조의9	13S		
	187 아시아문화중심도시 투자진흥지구 입주기업 감면(최저한세 적용대상)	「조세특례제한법」 제121조의20제1항	13T		
	188 금융중심지 창업기업에 대한 감면(최저한세 적용대상)	「조세특례제한법」 제121조의21제1항	13U		
	189 국가식품클러스터 입주기업에 대한 감면(최저한세 적용대상)	「조세특례제한법」 제121조의22제1항 제2호	13V		
	190 기회발전특구 창업기업 등에 대한 법인세 등의 감면(최저한세 적용대상)	「조세특례제한법」 제121조의33	1C1		
	191 소계		130		

210mm×297mm[백상지 80g/㎡ 또는 중질지 80g/㎡]

① 구분		② 근거 법조항	코드	⑤ 전기 이월액	⑥ 당기 발생액	⑦ 공제세액
세액공제	192 중소기업 등 투자세액공제	구 「조세특례제한법」 제5조	131			
	193 상생결제 지급금액에 대한 세액공제	「조세특례제한법」 제7조의4	14Z			
	194 대 · 중소기업 상생협력을 위한 기금출연 세액공제	「조세특례제한법」 제8조의3제1항	14M			
	195 협력중소기업에 대한 유형고정자산 무상임대 세액공제	「조세특례제한법」 제8조의3제2항	18D			
	196 수탁기업에 설치하는 시설에 대한 세액공제	「조세특례제한법」 제8조의3제3항	18L			
	197 교육기관에 무상 기증하는 중고자산에 대한 세액공제	「조세특례제한법」 제8조의3제4항	18R			
	198 신성장 · 원천기술 연구개발비세액공제(최저한세 적용대상)	「조세특례제한법」 제10조 제1항 제1호	13L			
	199 국가전략기술 연구개발비세액공제(최저한세 적용대상)	「조세특례제한법」 제10조 제1항 제2호	10E			
	200 일반 연구 · 인력개발비세액공제(최저한세 적용대상)	「조세특례제한법」 제10조 제1항 제3호	13M			
	201 기술취득에 대한 세액공제	「조세특례제한법」 제12조 제2항	176			
	202 기술혁신형 합병에 대한 세액공제	「조세특례제한법」 제12조의3	14T			
	203 기술혁신형 주식취득에 대한 세액공제	「조세특례제한법」 제12조의4	14U			
	204 벤처기업등 출자에 대한 세액공제	「조세특례제한법」 제13조의2	18E			
	205 성과공유 중소기업 경영성과급 세액공제	「조세특례제한법」 제19조	18H			
	206 연구 · 인력개발설비투자 세액공제	구 「조세특례제한법」 제25조 제1항 제1호	134			
	207 에너지절약시설투자 세액공제	구 「조세특례제한법」 제25조 제1항 제2호	177			
	208 환경보전시설 투자 세액공제	구 「조세특례제한법」 제25조 제1항 제3호	14A			
	209 근로자복지증진시설투자 세액공제	구 「조세특례제한법」 제25조 제1항 제4호	142			
	210 안전시설투자 세액공제	구 「조세특례제한법」 제25조 제1항 제5호	136			
	211 생산성향상시설투자세액공제	구 「조세특례제한법」 제25조 제1항 제6호	135			
	212 의약품 품질관리시설투자 세액공제	구 「조세특례제한법」 제25조의4	14B			
	213 신성장기술 사업화를 위한 시설투자 세액공제	구 「조세특례제한법」 제25조의5	18B			
	214 영상콘텐츠 제작비용에 대한 세액공제(기본공제)	「조세특례제한법」 제25조의6	18C			
	215 영상콘텐츠 제작비용에 대한 세액공제(추가공제)	「조세특례제한법」 제25조의6	1B8			
	216 초연결 네트워크 시설투자에 대한 세액공제	구 「조세특례제한법」 제25조의7	18I			
	217 고용창출투자세액공제	「조세특례제한법」 제26조	14N			
	218 산업수요맞춤형고등학교등 졸업자를 병역이행 후 복직시킨 중소기업에 대한 세액공제	「조세특례제한법」 제29조의2	14S			
	219 경력단절 여성 고용 기업 등에 대한 세액공제	「조세특례제한법」 제29조의3제1항	14X			
	220 육아휴직 후 고용유지 기업에 대한 인건비 세액공제	「조세특례제한법」 제29조의3제2항	18J			
	221 근로소득을 증대시킨 기업에 대한 세액공제	「조세특례제한법」 제29조의4	14Y			
	222 청년고용을 증대시킨 기업에 대한 세액공제	「조세특례제한법」 제29조의5	18A			
	223 고용을 증대시킨 기업에 대한 세액공제	「조세특례제한법」 제29조의7	18F			
	224 통합고용세액공제	「조세특례제한법」 제29조의8	18S		*75,000,000*	*75,000,000*
	225 통합고용세액공제(정규직 전환)	「조세특례제한법」 제29조의8	1B4			
	226 통합고용세액공제(육아휴직 복귀)	「조세특례제한법」 제29조의8	1B5			
	227 정규직근로자 전환 세액공제	「조세특례제한법」 제30조의2	14H			
	228 고용유지중소기업에 대한 세액공제	「조세특례제한법」 제30조의3	18K			
	229 중소기업 고용증가 인원에 대한 사회보험료 세액공제	「조세특례제한법」 제30조의4 제1항	14Q			
	230 중소기업 사회보험 신규가입에 대한 사회보험료 세액공제	「조세특례제한법」 제30조의4 제3항	18G			
	231 전자신고에 대한 세액공제(납세의무자)	「조세특례제한법」 제104조의8 제1항	184			
	232 전자신고에 대한 세액공제(세무법인 등)	「조세특례제한법」 제104조의8 제3항	14J			
	233 제3자 물류비용 세액공제	「조세특례제한법」 제104조의14	14E			
	234 대학 맞춤형 교육비용 등 세액공제	구 「조세특례제한법」 제104조의18제1항	14I			
	235 대학등 기부설비에 대한 세액공제	구 「조세특례제한법」 제104조의18제2항	14K			
	236 기업의 경기부 설치운영비용 세액공제	「조세특례제한법」 제104조의22	14O			
	237 동업기업 세액공제 배분액(최저한세 적용대상)	「조세특례제한법」 제100조의18제4항	14L			
	238 산업수요맞춤형 고등학교 등 재학생에 대한 현장훈련수당 등 세액공제	구 「조세특례제한법」 제104조의18제4항	14R			
	239 석유제품 전자상거래에 대한 세액공제	「조세특례제한법」 제104조의25	14P			
	240 금 현물시장에서 거래되는 금지금에 대한 과세특례	「조세특례제한법」 제126조의7제8항	14V			
	241 금사업자와 스크랩등사업자의 수입금액의 증가 등에 대한 세액공제	「조세특례제한법」 제122조의4	14W			
	242 우수 선화주 인증 국제물류주선업자 세액공제	「조세특례제한법」 제104조의30	18M			

210mm×297mm[백상지 80g/㎡ 또는 중질지 80g/㎡]

세액공제	(243) 이스포츠대회 운영에 대한 과세특례	「조세특례제한법」 제104조의35	1F1		
	(244) 소재 · 부품 · 장비 수요기업 공동출자 세액공제	「조세특례제한법」 제13조의3제1항	18N		
	(245) 소재 · 부품 · 장비 외국법인 인수세액 공제	「조세특례제한법」 제13조의3제3항	18P		
	(246) 선결제 금액에 대한 세액공제	「조세특례제한법」 제99조의12	18Q		
	(247) 해외자원개발투자에 대한 과세특례	「조세특례제한법」 제104조의15	1B6		
	(248) 통합투자세액공제(일반)	「조세특례제한법」 제24조	13W		
	(249) 통합투자세액공제(신성장 · 원천기술)	「조세특례제한법」 제24조	13X		
	(250) 통합투자세액공제(국가전략기술)	「조세특례제한법」 제24조	13Y		
	(251) 통합투자세액공제(반도체분야 국가전략기술)	「조세특례제한법」 제24조	13Z		
	(252) 임시통합투자세액공제(일반)	「조세특례제한법」 제24조	1B1		
	(253) 임시통합투자세액공제(신성장 · 원천기술)	「조세특례제한법」 제24조	1B2		
	(254) 임시통합투자세액공제(국가전략기술)	「조세특례제한법」 제24조	1B3		
	(255) 임시통합투자세액공제(반도체분야 국가전략기술)	「조세특례제한법」 제24조	1B9		
	(256) 문화산업전문회사 출자에 대한 세액공제	「조세특례제한법」 제25조의7	1B7		
	(257) 소계		149	*75,000,000*	*75,000,000*
(258) 합계((191) + (257))			150	*75,000,000*	*75,000,000*
(259) 공제감면세액 총계((158) + (258))			151		*75,000,000*
(260) 기술도입대가에 대한 조세면제		법률 제9921호 조세특례제한법 일부개정법률 부칙 제77조	183		
(261) 간주 · 간접 외국 납부세액공제		「법인세법」 제57조 제3항 · 제4항 · 제6항	189		
(262) 간접투자회사등 외국 납부세액공제		「법인세법」 제57조의2	1E5		

작성방법

1. ② 근거 법조항란 중 "구「조세특례제한법」"은 2020년 12월 29일 법률 제17759호로 개정되기 전의 「조세특례제한법」을 말합니다.
2. ③ 대상세액란:「법인세법」, 「조세특례제한법」등에 따른 공제감면대상금액이 있는 경우 공제감면세액계산서(별지 제8호 서식 부표 1부터 부표 5까지 및 부표 5의2부터 부표 5의 5까지)에 따라 감면구분별로 적습니다.
3. ④ 감면(공제)세액란 및 ⑦ 공제세액란:「법인세법」, 「조세특례제한법」등에 따른 공제 또는 감면 세액은 공제감면세액계산서(별지 제8호 서식 부표 1부터 부표 5까지 및 부표 5의 2부터 부표 5의 7까지)에 따라 계산된 공제세액 중 당기에 공제될 세액의 범위에서 「법인세법」 제59조 제1항에 따른 공제순서에 따라 감면 구분별로 적습니다.
4. (148) 외국납부세액공제란: 외국납부세액과 (261) 간주 · 간접 외국 납부세액공제액 및 (262) 간접투자회사등 외국 납부세액공제액을 합하여 적습니다.
5. 「조세특례제한법」 제10조에 따른 연구 · 인력개발비세액공제 중 최저한세가 적용되는 공제세액은 (198)란, (199)란 또는 (200)란에 각각 구분하여 적고, 최저한세 적용이 제외되는 공제세액은 (150)란, (151)란 또는 (152)란에 각각 구분하여 적습니다.
6. (198)란, (199)란 또는 (200)란의 ⑤ 전기이월액란:「조세특례제한법」 제144조 제1항에 따라 이월된 미공제 금액 중 해당 과세연도에 공제할 신성장 · 원천기술 연구개발비, 국가전략기술 연구개발비 또는 일반연구비 · 인력개발비를 각각 구분하여 적습니다(구 공제감면코드: 132).
7. (260) 기술도입대가에 대한 조세면제란의 ⑦ 공제세액란: 기술도입대가를 지급하는 내국법인이 별지 제8호 서식 부표 9 기술도입대가에 대한 조세면제명세서의 ⑧ 면제세액란에 적힌 금액의 합계액을 적습니다. 다만, 기술을 제공하는 자가 국내에 사업장이 있고 해당 기술이 국내사업장에 실질적으로 관련되거나 귀속되는 경우에는 해당 기술을 제공하는 외국법인이 적습니다.
8. 법령의 개정에 따라 종전의 규정 또는 개정규정에 따라 공제 또는 감면받는 경우에는 비어 있는 란 등에 해당 법령의 조문 순서에 따라 별도로 적습니다.

210mm×297mm[백상지 80g/㎡ 또는 중질지 80g/㎡]

(4) 최저한세조정계산서

[별지 제4호 서식] (2019.3.20. 개정)

(앞쪽)

사업연도	2024. 1. 1. ~ 2024.12.31.	최저한세조정계산서	법 인 명	㈜택스에듀4
			사업자등록번호	123-81-xxxxx

1. 최저한세 조정 계산 명세

① 구 분		코드	② 감면 후 세액	③ 최저한세	④ 조정감	⑤ 조정 후 세액
(101) 결산서상 당기순이익		01	450,000,000			
소득조정금액	(102) 익금산입	02				
	(103) 손금산입	03				
(104) 조정 후 소득금액((101)+(102)−(103))		04	450,000,000	450,000,000		450,000,000
최저한세 적용대상 특별비용	(105) 준비금	05				
	(106) 특별상각 및 특례자산 감가상각비	06				
(107) 특별비용 손금산입 전 소득금액 ((104) + (105) + (106))		07				
(108) 기부금한도초과액		08				
(109) 기부금 한도초과 이월액 손금산입		09				
(110) 각사업연도소득금액 ((107) + (108) − (109))		10	450,000,000	450,000,000		450,000,000
(111) 이월결손금		11				
(112) 비과세소득		12				
(113) 최저한세 적용대상 비과세소득		13				
(114) 최저한세 적용대상 익금불산입·손금산입		14				
(115) 차가감소득금액 ((110) − (111) − (112) + (113) + (114))		15	450,000,000	450,000,000		450,000,000
(116) 소득공제		16				
(117) 최저한세적용대상 소득공제		17				
(118) 과세표준금액 ((115) − (116) + (117))		18	450,000,000	450,000,000		450,000,000
(119) 선박표준이익		24				
(120) 과세표준금액((118) + (119))		25	450,000,000	450,000,000		450,000,000
(121) 세율		19	19%	7%		19%
(122) 산출세액		20	65,500,000	31,500,000		65,500,000
(123) 감면세액		21				
(124) 세액공제		22	75,000,000		41,000,000	34,000,000
(125) 차감세액((122)−(123)−(124))		23	0			31,500,000

2. 최저한세 세율 적용을 위한 구분 항목

(126) 중소기업 유예기간 종료연월		(127) 유예기간 종료 후 연차			

210mm×297mm[백상지 80g/㎡ 또는 중질지 80g/㎡]

(5) 법인세 과세표준 및 세액조정계산서

[별지 제3호 서식] (2024. 3. 22. 개정) (앞쪽)

사업연도	2024.1.1. ~ 2024.12.31.	법인세 과세표준 및 세액조정계산서	법인명	㈜택스에듀4
			사업자등록번호	123-81-xxxxx

구분		항목	코드	금액
① 각 사업연도 소득계산		(101) 결산서상 당기순손익	01	450 000 000
	소득조정금액	(102) 익금산입	02	
		(103) 손금산입	03	
		(104) 차가감소득금액 ((101)+(102)-(103))	04	450 000 000
		(105) 기부금한도초과액	05	
		(106) 기부금한도초과이월액 손금산입	54	
		(107) 각 사업연도소득금액 ((104)+(105)-(106))	06	450 000 000
② 과세표준 계산		(108) 각 사업연도소득금액 ((108)=(107))	■	450 000 000
		(109) 이월결손금	07	
		(110) 비과세소득	08	
		(111) 소득공제	09	
		(112) 과세표준 ((108)-(109)-(110)-(111))	10	450 000 000
		(159) 선박표준이익	55	
③ 산출세액 계산		(113) 과세표준((112)+(159))	56	450 000 000
		(114) 세율	11	19
		(115) 산출세액	12	65 500 000
		(116) 지점유보소득 (「법인세법」 제96조)	13	
		(117) 세율	14	
		(118) 산출세액	15	
		(119) 합계((115)+(118))	16	65 500 000
④ 납부할 세액 계산		(120) 산출세액((120) = (119))	■	65 500 000
		(121) 최저한세 적용대상 공제감면세액	17	34 000 000
		(122) 차감세액	18	31 500 000
		(123) 최저한세 적용제외 공제감면세액	19	
		(124) 가산세액	20	
		(125) 가감계((122)-(123)+(124))	21	31 500 000
	기납부세액 / 기한내납부세액	(126) 중간예납세액	22	
		(127) 수시부과세액	23	
		(128) 원천납부세액	24	
		(129) 간접투자회사등의 외국납부세액	25	
		(130) 소계 ((126)+(127)+(128)+(129))	26	
	기납부세액	(131) 신고납부전가산세액	27	
		(132) 합계((130)+(131))	28	

구분		항목	코드	금액
		(133) 감면분추가납부세액	29	
		(134) 차감납부할세액 ((125)-(132)+(133))	30	31 500 000
⑤ 토지등양도소득에 대한 법인세 계산	양도차익	(135) 등기자산	31	
		(136) 미등기자산	32	
		(137) 비과세소득	33	
		(138) 과세표준 ((135)+(136)-(137))	34	
		(139) 세율	35	
		(140) 산출세액	36	
		(141) 감면세액	37	
		(142) 차감세액 ((140)-(141))	38	
		(143) 공제세액	39	
		(144) 동업기업 법인세 배분액 (가산세 제외)	58	
		(145) 가산세액 (동업기업 배분액 포함)	40	
		(146) 가감계((142)-(143)+(144)+(145))	41	
	기납부세액	(147) 수시부과세액	42	
		(148) ( ) 세액	43	
		(149) 계 ((147)+(148))	44	
		(150) 차감납부할세액((146)-(149))	45	
⑥ 미환류소득법인세		(161) 과세대상 미환류소득	59	
		(162) 세율	60	
		(163) 산출세액	61	
		(164) 가산세액	62	
		(165) 이자상당액	63	
		(166) 납부할세액((163)+(164)+(165))	64	
⑦ 세액계		(151) 차감납부할세액계 ((134)+(150)+(166))	46	31 500 000
		(152) 사실과 다른 회계처리 경정세액공제	57	
		(153) 분납세액계산 범위액 ((151)-(124)-(133)-(145)-(152)+(131))	47	31 500 000
		(154) 분납할세액	48	15 750 000
		(155) 차감납부세액 ((151)-(152)-(154))	49	15 750 000

(6) 농어촌특별세 과세표준 및 세액신고서

[별지 제2호 서식] (2024. 3. 22. 개정)

농어촌특별세 과세표준 및 세액신고서

※ 뒤쪽의 신고안내 및 작성방법을 읽고 작성하여 주시기 바랍니다. (앞쪽)

1. 신고인 인적사항

①소 재 지					
②법 인 명	㈜택스에듀4		③대표자성명	김택스	
④사업자등록번호	123-81-xxxxx	⑤사 업 연 도	2024. 1. 1. ~ 2024.12.31.	⑥전 화 번 호	

2. 농어촌특별세 과세표준 및 세액 조정내역

⑦과 세 표 준	34,000,000	
⑧산 출 세 액	6,800,000	
(미납세액, 미납일수, 세율) ⑨가 산 세 액	(, , 2.2/10,000)	
⑩총 부 담 세 액	6,800,000	
⑪기 납 부 세 액		
⑫환 급 예 정 세 액		
⑬차 감 납 부 할 세 액	6,800,000	
⑭분 납 할 세 액		
⑮차 감 납 부 세 액	6,800,000	
⑯충 당 후 납 부 세 액		
⑰국 세 환 급 금 충 당 신 청	환 급 법 인 세	
	충당할 농어촌특별세	

신고인은 「농어촌특별세법」 제7조에 따라 위의 내용을 신고하며, 위 내용을 충분히 검토하였고 신고인이 알고 있는 사실 그대로를 정확하게 적었음을 확인합니다.

2025년 3월 31일

신고인(대표자) ㈜택스에듀4 (서명 또는 인)

세무대리인은 조세전문자격자로서 위 신고서를 성실하고 공정하게 작성하였음을 확인합니다.

세무대리인 (서명 또는 인)

세무서장 귀하

4. 2025 사업연도

(1) 추가납부세액계산서(6)

[별지 제8호 서식 부표 6] (2024.3.22. 개정) (앞 쪽)

사업연도	2025. 1. 1. ~ 2025.12.31.	추가납부세액계산서(6)	법인명	㈜택스에듀4
			사업자등록번호	123-81-xxxxx

1. 준비금 환입에 대한 법인세 추가납부액

① 구분 코드	① 구분 내용	② 손금산입연도	③ 추가납부대상 준비금환입액	④ 공제액	⑤ 차감계 (③-④)	⑥ 법인세 상당액	⑦ 이율 (일변)	⑧ 기간	⑨법인세 추가납부액 (⑥×⑦×⑧)
계									

2. 소득공제액에 대한 법인세 추가납부액

⑩ 구분 코드	⑩ 구분 내용	⑪ 소득공제 연도	⑫ 추가납부 사유	⑬ 공제받은 소득금액	⑭ 법인세 상당액	가산액 ⑮이율 (일변)	가산액 ⑯기간	가산액 ⑰금액 (⑭×⑮×⑯)	⑱법인세 추가납부액 (⑭+⑰)
계									

3. 공제감면세액에 대한 법인세 추가납부액

⑲ 구분 코드	⑲ 구분 내용	⑳ 공제감면 받은 연도	㉑ 추가납부 사유	㉒ 공제감면 세액	가 산 액 ㉓이율 (일변)	가 산 액 ㉔기간	가 산 액 ㉕금액 (㉒×㉓×㉔)	㉖법 인 세 추가납부액 (㉒+㉕)
18S	통합고용세액공제	2024	근로자 감소	5,000,000				5,000,000
계				5,000,000				5,000,000
4. 법인세 추가납부세액 합계 ㉗(⑨+⑱+㉖)					5,000,000			

210mm×297mm[백상지 80g/㎡ 또는 중질지 80g/㎡]

(2) 공제감면세액 및 추가납부세액합계표(을)

[별지 제8호 서식(을) (2021.3.16. 개정)] (3쪽 중 제1쪽)

사 업 연 도	2025. 1. 1. ~ 2025.12.31.	공제감면세액 및 추가납부세액합계표(을)	법 인 명	㈜택스에듀4
			사업자등록번호	

1. 비과세등(「조세특례제한법」)

	① 구 분	②「조세특례제한법」의 근거 조항	코드	③ 금 액
비과세·면제·소득공제	⑩ 중소기업창업투자회사등의 주식양도차익등 비과세	제13조	601	
	⑩ 해외자원개발투자 배당소득에 대한 면제	제22조	61A	
	⑩ 기업구조조정전문회사등의 양도차익 감면	법률 제9272호「조세특례제한법」부칙 제10조·제40조	604	
	⑩ 어업협정에 따른 어업인에 대한 지원금 비과세	제104조의 2 제1항	605	
	⑩ 중소기업창업투자회사 등의 소재·부품·장비전문기업 주식양도차익 등에 대한 비과세	제13조의 4	62Q	
	⑩ 프로젝트금융투자회사에 대한 소득공제	제104조의 31	62R	
	⑩		606	
	⑩ 합 계		610	

2. 익금불산입(「조세특례제한법」)

	④ 구 분	⑤「조세특례제한법」의 근거 조항	코드	⑥ 결산조정액	⑦ 세무조정액	⑧ 합계 (⑥+⑦)
익금불산입	⑩ 상생협력 중소기업 수입배당금 익금불산입	제8조의 2	62D			
	⑪ 출연금 등의 과세특례	제10조의 2	627			
	⑪ 사업전환 중소기업의 양도차익 과세특례	법률 제9272호「조세특례제한법」부칙 제33조	622			
	⑪ 사업전환 무역조정기업 양도차익 과세특례	제33조	62A			
	⑪ 기업의 금융채무상환 자산매각 양도차익 과세특례	제34조	62F			
	⑪ 내국법인의 외국자회사 주식등 현물출자양도차익 과세특례	제38조의 3	611			
	⑪ 재무구조개선을 위한 채무감소액 과세특례	제39조 제2항	62G			
	⑪ 주주등의 자산양도소득에 대한 과세특례	제40조	62J			
	⑪ 재무구조 개선을 위한 법인의 채무면제익 과세특례	제44조	613			
	⑪ 재무구조개선 무상감자 수증 주식가액 과세특례	제45조 제1항	62H			
	⑪ 공공기관의 구조개편에 따른 양도차익 과세특례	제45조의 2	62K			
	⑫ 기업 간 주식등의 교환에 따른 양도차익 과세특례	제46조	62I			
	⑫ 자가물류시설 양도차익 과세특례	제46조의 4	628			
	⑫ 합병에 따른 중복자산 양도차익 과세특례	제47조의 4	625			
	⑫ 공장 대도시 밖 이전 양도차익 과세특례	제60조 제2항	615			
	⑫ 본사 지방이전 양도차익 과세특례	제61조 제3항	616			
	⑫ 혁신도시 이전 공공기관 양도차익 과세특례	제62조 제1항	62P			
	⑫ 지방이전법인 수도권과밀억제권역 내 공장 양도차익 과세특례	제63조	617			
	⑫ 지방이전법인 수도권과밀억제권역 내 본사 양도차익 과세특례	제63조의 2 제5항	618			
	⑫ 행정중심복합도시 등 내 공장의 지방이전에 대한 양도차익 과세특례	제85조의 2	629			
	⑫ 보육시설 양도차익 과세특례	제85조의 5	631			
	⑬ 공익사업목적 공장수용 양도차익 과세특례	제85조의 7	62B			
	⑬ 중소기업 과밀억제권역외 공장이전 과세특례	제85조의 8	62E			
	⑬ 공익사업목적 물류시설이전 과세특례	제85조의 9	62L			
	⑬ 자본확충목적회사에 대한 손실보전준비금 과세특례	제104조의 3	62M			
	⑬ 어업협정에 따른 어업인에 대한 보조금 과세특례	제104조의 2 제2항	620			
	⑬ 대학재정 건전화를 위한 양도차익 과세특례	제104조의 16	62C			
	⑬ 대한주택공사 및 한국토지공사 배당금에 대한 과세특례	제104조의 21 제2항	62N			
	⑬ 국제회계기준 적용 내국법인에 대한 대손충당금 환입액 익금불산입	제104조의 23	62O			
	⑬ 내국법인의 금융채무 상환을 위한 자산매각에 대한 과세특례	제121조의 26	681			
	⑬ 채무의 인수·변제에 대한 과세특례	제121조의 27	682			
	⑭ 주주등의 자산양도에 관한 법인세 등 과세특례	제121조의 28	683			
	⑭ 사업재편계획에 따른 기업의 채무면제익에 대한 과세특례	제121조의 29	684			
	⑭ 기업 간 주식등의 교환에 대한 과세특례	제121조의 30	685			
	⑭ 합병에 따른 중복자산의 양도에 대한 과세특례	제121조의 31	686			
	⑭		621			
	⑭ 합 계		640			

210mm×297mm[백상지 80g/㎡ 또는 중질지 80g/㎡]

(3쪽 중 제2쪽)

3. 손금산입

	④ 구 분	⑤ 근거 조항	코드	⑥ 결산 조정액	⑦ 세무 조정액	⑧ 합계 (⑥+⑦)
손금산입	(145) 중소기업지원설비 손금산입(무상기증)	「조세특례제한법」 제8조 제1항 제1호	659			
	(146) 중소기업지원설비 손금산입(저가양도)	「조세특례제한법」 제8조 제2항 제2호	63B			
	(147) 연구인력개발준비금 손금산입	「조세특례제한법」 제9조 (2019.12.31. 법률 제16835호로 개정되기 전의 것)	63J			
	(148) 감가상각비의 손금산입 특례	법률 제10068호 「조세특례제한법」 부칙 제4조 및 「조세특례제한법」 제28조	657			
	(149) 자산의 포괄적양도에 따른 과세특례	「조세특례제한법」 제37조 (2017.12.19. 법률 제15227호로 개정되기 전의 것)	63L			
	(150) 주식의 포괄적 교환·이전에 대한 과세특례	「조세특례제한법」 제38조	63M			
	(151) 현물출자에 따른 자산의 양도차익 손금산입	「법인세법」 제47조의 2	644			
	(152) 지주회사의 설립 등 주식양도차익 손금산입	「조세특례제한법」 제38조의 2	645			
	(153) 채무의 인수·변제금액 손금산입	「조세특례제한법」 제39조 제1항	63E			
	(154) 재무구조개선을 위해 채무면제한 금융회사의 손금산입	「조세특례제한법」 제44조 제4항	647			
	(155) 재무구조개선 무상감자 증여주식가액 손금산입	「조세특례제한법」 제45조 제2항	63F			
	(156) 물류산업 분할평가차익 손금산입	「조세특례제한법」 제46조의 5	664			
	(157) 구조개선적립금의 손금산입	「조세특례제한법」 제48조	63G			
	(158) 금융기관의 자산·부채인수에 따른 손금산입	「조세특례제한법」 제52조	650			
	(159) 기부금의 손금산입	「조세특례제한법」 제73조 (2010.12.27. 법률 제10406호로 개정되기 전의 것)	651			
	(160) 경제자유구역개발사업 토지 현물출자 양도차익 손금산입	「조세특례제한법」 제85조의 4	666			
	(161) 무주택근로자에 대한 주택보조금 손금산입	「조세특례제한법」 제100조	654			
	(162) 여수세계박람회 참가 준비금 손금산입	「조세특례제한법」 제104조의 9	63N			
	(163) 금융기관 부실채권정리기금 반환출자 시 손금산입	「조세특례제한법」 제104조의 11	63H			
	(164) 신용회복목적회사의 손금산입	「조세특례제한법」 제104조의 12	63O			
	(165) 정비사업조합 설립인가등의 취소에 따른 채권 손금산입	「조세특례제한법」 제104조의 26	63Q			
	(166) 해외자원개발사업자의 사업용자산 취득 보조금 손금산입	「조세특례제한법」 제104조의 15 제4항	63I			
	(167) 학교법인 출연금액 손금산입	「조세특례제한법」 제104조의 16	63A			
	(168) 휴면예금 출연금액 손금산입	「조세특례제한법」 제104조의 17	63C			
	(169) 대한주택공사 및 한국토지공사의 합병 손금산입	「조세특례제한법」 제104조의 21 제1항	63P			
	(170)		656			
	(175) 합 계		670			

4. 이월과세(「조세특례제한법」)

⑨ 구 분	⑩ 근거 조항	코드	⑪ 이월과세 납부세액
(176) 중소기업 통합에 대한 양도소득세 이월과세	제31조	661	
(177) 법인전환에 대한 양도소득세 이월과세	제32조	662	
(178) 영농조합법인에 현물출자 시 양도소득세 이월과세	제66조 제7항	66A	
(179) 농업회사법인에 현물출자 시 양도소득세 이월과세	제68조 제3항	66B	
(180) 합 계		667	

5. 추가납부세액

	⑫ 구 분	⑬ 근거법 조항	코드	⑭ 대상금액	⑮ 세 액
조세특례제한법	(181) 준비금환입에 대한 법인세 추가납부		771		
	(182) 소득공제액에 대한 법인세 추가납부		772		
	(183) 공제감면세액에 대한 법인세 추가납부 * 제5조·제11조·제24조·제25조·제25조의2·제26조·제94조·제96조		773		5,000,000
	(184) 기 타		775		
	(185) 소 계		780		5,000,000
법인세법 등	(186) 기공제 원천납부세액 추가납부	「법인세법 시행령」 제113조 제6항	781		
	(187) 업무무관부동산 지급이자 손금부인에 따른 증가세액	「법인세법 시행규칙」 제27조	782		
	(188) 외국법인의 신고기한 연장에 따른 이자상당액	「법인세법」 제97조 제3항	783		
	(189) 내국법인의 신고기한 연장에 따른 이자상당액	「법인세법」 제60조 제8항	786		
	(190) 혼성금융상품 관련 추가 손금불산입 이자상당액	「국제조세조정에 관한 법률」 제25조 제2항	787		
	(191) 기 타		785		
	(192) 소 계		784		
(195) 추가납부세액 합계((185) + (192))			790		5,000,000

210mm×297mm[백상지 80g/㎡ 또는 중질지 80g/㎡]

02 통합고용세액공제 고용증대 사례 및

(3) 법인세 과세표준 및 세액조정계산서

[별지 제3호 서식] (2024. 3. 22. 개정) (앞쪽)

사업연도	2025.1.1. ~ 2025.12.31.	법인세 과세표준 및 세액조정계산서	법 인 명	㈜택스에듀4
			사업자등록번호	123-81-xxxxx

구분		항목	코드	금액
① 각 사업연도 소득계산		(101) 결산서상 당기순손익	01	300 000 000
	소득조정금액	(102) 익금산입	02	
		(103) 손금산입	03	
		(104) 차가감소득금액 ((101)+(102)-(103))	04	300 000 000
		(105) 기부금한도초과액	05	
		(106) 기부금한도초과이월액 손금산입	54	
		(107) 각 사업연도소득금액 ((104)+(105)-(106))	06	300 000 000
② 과세표준 계산		(108) 각 사업연도소득금액 ((108)=(107))		300 000 000
		(109) 이월결손금	07	
		(110) 비과세소득	08	
		(111) 소득공제	09	
		(112) 과세표준 ((108)-(109)-(110)-(111))	10	300 000 000
		(159) 선박표준이익	55	
③ 산출세액 계산		(113) 과세표준((112)+(159))	56	300 000 000
		(114) 세율	11	19
		(115) 산출세액	12	37 000 000
		(116) 지점유보소득 (「법인세법」 제96조)	13	
		(117) 세율	14	
		(118) 산출세액	15	
		(119) 합계((115)+(118))	16	37 000 000
④ 납부할 세액 계산		(120) 산출세액((120)=(119))		37 000 000
		(121) 최저한세 적용대상 공제감면세액	17	
		(122) 차감세액	18	37 000 000
		(123) 최저한세 적용제외 공제감면세액	19	
		(124) 가산세액	20	
		(125) 가감계((122)-(123)+(124))	21	37 000 000
	기납부세액 / 기한내납부세액	(126) 중간예납세액	22	
		(127) 수시부과세액	23	
		(128) 원천납부세액	24	
		(129) 간접투자회사등의 외국납부세액	25	
		(130) 소계 ((126)+(127)+(128)+(129))	26	
	기납부세액	(131) 신고납부전가산세액	27	
		(132) 합계((130)+(131))	28	

구분		항목	코드	금액
		(133) 감면분추가납부세액	29	5 000 000
		(134) 차감납부할세액 ((125)-(132)+(133))	30	42 000 000
⑤ 토지등양도소득에 대한 법인세 계산	양도차익	(135) 등기자산	31	
		(136) 미등기자산	32	
		(137) 비과세소득	33	
		(138) 과세표준 ((135)+(136)-(137))	34	
		(139) 세율	35	
		(140) 산출세액	36	
		(141) 감면세액	37	
		(142) 차감세액 ((140)-(141))	38	
		(143) 공제세액	39	
		(144) 동업기업 법인세 배분액 (가산세 제외)	58	
		(145) 가산세액 (동업기업 배분액 포함)	40	
		(146) 가감계((142)-(143)+(144)+(145))	41	
	기납부세액	(147) 수시부과세액	42	
		(148) (　　　) 세액	43	
		(149) 계 ((147)+(148))	44	
		(150) 차감납부할세액((146)-(149))	45	
⑥ 미환류소득법인세		(161) 과세대상 미환류소득	59	
		(162) 세율	60	
		(163) 산출세액	61	
		(164) 가산세액	62	
		(165) 이자상당액	63	
		(166) 납부할세액((163)+(164)+(165))	64	
⑦ 세액계		(151) 차감납부할세액계 ((134)+(150)+(166))	46	42 000 000
		(152) 사실과 다른 회계처리 경정세액공제	57	
		(153) 분납세액계산 범위액 ((151)-(124)-(133)-(145)-(152)+(131))	47	37 000 000
		(154) 분납할세액	48	18 500 000
		(155) 차감납부세액 ((151)-(152)-(154))	49	23 500 000

(4) 농어촌특별세 과세표준 및 세액신고서

[별지 제2호 서식] (2024. 3. 22. 개정)

농어촌특별세 과세표준 및 세액신고서

※ 뒤쪽의 신고안내 및 작성방법을 읽고 작성하여 주시기 바랍니다. (앞쪽)

1. 신고인 인적사항

①소 재 지					
②법 인 명	㈜택스에듀4		③대표자성명	김택스	
④사업자등록번호	123-81-xxxxx	⑤사 업 연 도	2025. 1. 1. ~ 2025.12.31.	⑥전 화 번 호	

2. 농어촌특별세 과세표준 및 세액 조정내역

⑦과 세 표 준		
⑧산 출 세 액		
(미납세액, 미납일수, 세율) ⑨가 산 세 액	(, , 2.2/10,000)	
⑩총 부 담 세 액		
⑪기 납 부 세 액		
⑫환 급 예 정 세 액	1,000,000	
⑬차 감 납 부 할 세 액	-1,000,000	
⑭분 납 할 세 액		
⑮차 감 납 부 세 액	-1,000,000	
⑯충 당 후 납 부 세 액		
⑰국 세 환 급 금 충 당 신 청	환 급 법 인 세	
	충당할 농어촌특별세	

신고인은 「농어촌특별세법」 제7조에 따라 위의 내용을 신고하며, 위 내용을 충분히 검토하였고 신고인이 알고 있는 사실 그대로를 정확하게 적었음을 확인합니다.

2026년 3월 31일

신고인(대표자) ㈜택스에듀4 (서명 또는 인)

세무대리인은 조세전문자격자로서 위 신고서를 성실하고 공정하게 작성하였음을 확인합니다.

세무대리인 (서명 또는 인)

세무서장 귀하

기타의 고용관련 조세특례제도

CHAPTER

01 고용증대세액공제

고용이 증대된 내국인에 대하여는 증가한 근로자 1명당 다음의 금액을 해당 과세연도와 해당 과세연도의 종료일부터 1년(중소기업 및 중견기업은 2년)이 되는 날이 속하는 과세연도까지의 소득세 또는 법인세에서 공제한다(조특법 29의 7 ①).

구 분	중소기업		중견기업	대기업
	수도권	수도권 외		
청년정규직근로자, 장애인근로자, 60세 이상인 근로자	1,100만원	1,200만원 (1,300만원)*	800만원 (900만원)*	400만원 (500만원)*
청년등 외 상시근로자	700만원	770만원	450만원	

* 2021년 12월 31일이 속하는 과세연도부터 2022년 12월 31일이 속하는 과세연도까지의 기간 중 수도권 밖의 지역에서 증가한 청년등 상시근로자의 인원 수(증가한 상시근로자의 인원 수를 한도로 한다)에 대해서는 500만원(중견기업의 경우에는 900만원, 중소기업의 경우에는 1,300만원)을 곱한 금액으로 한다.

2023 과세연도 및 2024 과세연도는 조세특례제한법 제29조의 8 제1항(통합고용세액공제 기본공제)은 제29조의 7(고용을 증대시킨 기업에 대한 세액공제) 또는 제30조의 4(중소기업 사회보험료 세액공제)에 따른 공제를 받지 아니한 경우에만 적용한다(조특법 127 ⑪).

1. 공제대상자

고용증대세액공제는 소비성서비스업을 제외한 내국인에 대하여 2024년 12월 31일이 속하는 과세연도까지 적용한다(조특법 29의 7 ①).

(1) 내국인

"내국인"이란 「소득세법」에 따른 거주자 및 「법인세법」에 따른 내국법인을 말한다(조특법 2 ① 1호).

내국인의 범위	내 용
① 거주자	거주자란 국내에 주소를 두거나 183일 이상의 거소를 둔 개인을 말한다(소법 1의 2).
② 내국법인	내국법인이란 본점, 주사무소 또는 사업의 실질적 관리장소가 국내에 있는 법인을 말한다(법법 2 1호).

(2) 소비성서비스업

여기서 소비성서비스업이란 다음의 업종을 말한다(조특령 26의 8 ①).

① 호텔업 및 여관업(관광숙박업 제외)

② 주점업(일반유흥주점업, 무도유흥주점업 및 단란주점 영업만 해당되고, 관광진흥법에 따른 외국인전용유흥음식점업 및 관광유흥음식점업은 제외)

③ 그 밖에 오락 · 유흥 등을 목적으로 하는 사업으로서 기획재정부령으로 정하는 사업

실무포인트 **2025년 세법 개정**

소비성 서비스업의 범위와 관련하여 그 밖에 오락·유흥 등을 목적으로 하는 사업에는 다음의 사업을 포함한다(조특칙 17). 본 개정규정은 2024.3.22. 이후 개시하는 과세연도부터 적용한다.

㉠ 무도장 운영업

㉡ 기타 사행시설 관리 및 운영업(관광진흥법 제5조 또는 폐광지역개발지원에관한특별법 제11조에 따라 허가를 받은 카지노업은 제외)

㉢ 유사 의료업 중 안마를 시술하는 업

㉣ 마사지업

2. 세액공제 금액

내국인의 2024년 12월 31일이 속하는 과세연도까지의 기간 중 해당 과세연도의 상시근로자의 수가 직전 과세연도의 상시근로자의 수보다 증가한 경우에는 증가한 근로자 1명당 다음의 금액을 해당 과세연도와 해당 과세연도의 종료일부터 1년(중소기업 · 중견기업은 2년)이 되는 날이 속하는 과세연도까지의 소득세 또는 법인세에서 공제한다(조특법 29의 7 ①).

고용증대 세액공제 금액 = ① + ②

① 청년등[1] 상시근로자 증가 인원 수[2] × 세액공제액[3]

② 청년등 외 상시근로자 증가 인원 수[2] × 세액공제액[3]

*1 청년 정규직근로자, 장애인근로자, 60세 이상인 근로자

*2 전체 상시근로자의 증가 인원 수를 한도로 한다.

*3 세액공제액

구 분	중소기업		중견기업	대기업
	수도권	수도권 외		
청년 외 상시근로자	1,100만원	1,200만원 (1,300만원)*	800만원 (900만원)*	400만원 (500만원)*
청년등 외 상시근로자	700만원	770만원	450만원	

* 2021년 12월 31일이 속하는 과세연도부터 2022년 12월 31일이 속하는 과세연도까지의 기간 중 수도권 밖의 지역에서 증가한 청년등 상시근로자의 인원 수(증가한 상시근로자의 인원 수를 한도로 한다)에 대해서는 500만원(중견기업의 경우에는 900만원, 중소기업의 경우에는 1,300만원)을 곱한 금액으로 한다.

(1) 상시근로자

상시근로자는 근로기준법에 따라 근로계약을 체결한 내국인 근로자로 한다. 다만, 다음 중 어느 하나에 해당하는 사람은 제외한다(조특령 26의 7 ②, 조특령 23 ⑩).

① 근로계약기간이 1년 미만인 근로자(근로계약의 연속된 갱신으로 인하여 그 근로계약의 총 기간이 1년 이상인 근로자는 제외)

② 근로기준법에 따른 단시간근로자. 다만, 1개월간의 소정근로시간이 60시간 이상인 근로자는 상시근로자로 본다.

③ 법인세법 시행령 제40조 제1항 각 호의 어느 하나에 해당하는 임원

④ 해당 기업의 최대주주 또는 최대출자자(개인사업자의 경우에는 대표자)와 그 배우자

⑤ 위 '④'에 해당하는 자의 직계존비속(그 배우자 포함) 및 국세기본법 시행령 제1조의 2 제1항에 따른 친족관계인 사람

⑥ 소득세법 시행령에 따른 근로소득원천징수부에 의하여 근로소득세를 원천징수한 사실이 확인되지 아니하고, 다음 중 어느 하나에 해당하는 금액의 납부사실도 확인되지 아니하는 자

㉠ 국민연금법 제3조 제1항 제11호 및 제12호에 따른 부담금 및 기여금

㉡ 국민건강보험법 제69조에 따른 직장가입자의 보험료

(2) 청년등 상시근로자

"청년등 상시근로자"란 다음의 자를 말한다(조특령 26의 7 ③).

① 15세 이상 29세 이하인 사람 중 다음 중 어느 하나에 해당하는 사람을 제외한 사람. 다만, 해당 근로자가 조세특례제한법 시행령 제27조 제1항 제1호 각 목의 어느 하나에 해당하는 병역의무를 이행한 경우에는 그 기간(6년을 한도로 한다)을 현재 연령에서 빼고 계산한 연령이 29세 이하인 사람을 포함한다.

㉠ 기간제및단시간근로자보호등에관한법률에 따른 기간제근로자 및 단시간근로자

㉡ 파견근로자보호등에관한법률에 따른 파견근로자

㉢ 청소년 보호법 제2조 제5호 각 목에 따른 청소년유해업소에 근무하는 같은 조 제1호에 따른 청소년

② 장애인복지법의 적용을 받는 장애인과 국가유공자등예우및지원에관한법률에 따른 상이자, 5·18민주유공자예우및단체설립에관한법률 제4조 제2호에 따른 5·18민주화운동부상자와 고엽제후유의증등환자지원및단체설립에관한법률 제2조 제3호에 따른 고엽제후유의증환자로서 장애등급 판정을 받은 사람

③ 근로계약 체결일 현재 연령이 60세 이상인 사람

(3) 상시근로자 수 등의 계산

해당 규정을 적용할 때 상시근로자 수, 청년등 상시근로자 수는 다음의 구분에 따른 계산식에 따라 계산한 수(100분의 1 미만의 부분은 없는 것으로 한다)로 한다(조특령 26의 7 ⑦·⑧).

$$\frac{\text{해당 과세연도의 매월 말 현재 상시근로자 등의 수의 합}}{\text{해당 과세연도의 개월 수}}$$

여기서 1개월간의 소정근로시간이 60시간 이상인 근로자 1명은 0.5명으로 하되 다음 각 목의 지원요건을 모두 충족하는 경우에는 0.75명으로 한다(조특령 23 ⑪).

① 해당 과세연도의 상시근로자 수(1개월간의 소정근로시간이 60시간 이상인 근로자는 제외)가 직전 과세연도의 상시근로자 수(1개월간의 소정근로시간이 60시간 이상인 근로자는 제외)보다 감소하지 아니하였을 것

② 기간의 정함이 없는 근로계약을 체결하였을 것

③ 상시근로자와 시간당 임금(근로기준법 제2조 제1항 제5호에 따른 임금, 정기상여금·명절상여금 등 정기적으로 지급되는 상여금과 경영성과에 따른 성과금을 포함), 그 밖에 근로조건과 복리후

생 등에 관한 사항에서 기간제및단시간근로자보호등에관한법률 제2조 제3호에 따른 차별적 처우가 없을 것

④ 시간당 임금이 최저임금법 제5조에 따른 최저임금액의 130%(중소기업 120%) 이상일 것

(4) 창업 등을 한 경우의 상시근로자 수 등의 계산

해당 과세연도에 창업 등을 한 내국인의 경우에는 다음의 구분에 따른 수를 직전 또는 해당 과세연도의 상시근로자 수 또는 청년등 상시근로자 수로 본다(조특령 26의 7 ⑨·23 ⑬).

1) 창업한 경우

창업["창업으로 보지 않는 경우 제외('2) 및 3)' 제외)"]한 경우의 직전 과세연도의 상시근로자 수 또는 청년등 상시근로자 수 : 0명

2) 창업으로 보지 않는 경우

조세특례제한법 제6조 제10항 제1호(합병 · 분할 · 현물출자 또는 사업의 양수 등을 통하여 종전의 사업을 승계하는 경우는 제외)부터 제3호까지의 어느 하나에 해당하는 "창업으로 보지 않는 경우"의 직전 과세연도의 상시근로자 수 또는 청년등 상시근로자 수 : 종전 사업, 법인전환 전의 사업 또는 폐업 전의 사업의 직전 과세연도 상시근로자 수 또는 청년등 상시근로자 수

3) 사업양수 등

다음의 어느 하나에 해당하는 경우의 직전 또는 해당 과세연도의 상시근로자 수 또는 청년등 상시근로자 수 : 직전 과세연도의 상시근로자 수 또는 청년등 상시근로자 수는 승계시킨 기업의 경우에는 직전 과세연도 상시근로자 수 또는 청년등 상시근로자 수에 승계시킨 상시근로자 수 또는 청년등 상시근로자 수를 뺀 수로 하고, 승계한 기업의 경우에는 직전 과세연도 상시근로자 수 또는 청년등 상시근로자 수에 승계한 상시근로자 수 또는 청년등 상시근로자 수를 더한 수로 하며, 해당 과세연도의 상시근로자 수 또는 청년등 상시근로자 수는 해당 과세연도 개시일에 상시근로자 또는 청년등 상시근로자를 승계시키거나 승계한 것으로 보아 계산한 상시근로자 수는 청년등 상시근로자 수로 한다.

㉠ 해당 과세연도에 합병 · 분할 · 현물출자 또는 사업의 양수 등에 의하여 종전의 사업부문에서 종사하던 상시근로자 또는 청년등 상시근로자를 승계하는 경우

㉡ 조세특례제한법 시행령 제11조 제1항에 따른 특수관계인으로부터 상시근로자 또는

청년등 상시근로자를 승계하는 경우

3. 고용감소 시 사후관리

(1) 2, 3차년도 공제배제

소득세 또는 법인세를 공제받은 내국인이 최초로 공제를 받은 과세연도의 종료일부터 2년이 되는 날이 속하는 과세연도의 종료일까지의 기간 중 상시근로자의 수가 감소하는 경우 다음 구분에 따라 추가공제(2차년도 및 3차년도 세액공제)를 적용하지 않는다(조특법 29의 7 ②).

1) 전체 상시근로자 수가 감소한 경우

소득세 또는 법인세를 공제받은 내국인이 최초로 공제를 받은 과세연도의 종료일부터 2년이 되는 날이 속하는 과세연도의 종료일까지의 기간 중 전체 상시근로자의 수가 최초로 공제를 받은 과세연도에 비하여 감소한 경우에는 감소한 과세연도부터 고용증대세액공제(조특법 29의 7 ①)를 적용하지 않는다.

2) 청년등 상시근로자 수가 감소한 경우

소득세 또는 법인세를 공제받은 내국인이 최초로 공제를 받은 과세연도의 종료일부터 2년이 되는 날이 속하는 과세연도의 종료일까지의 기간 중 청년등 상시근로자의 수가 최초로 공제를 받은 과세연도에 비하여 감소한 경우에는 감소한 과세연도부터 청년등 상시근로자에 대한 고용증대세액공제(조특법 29의 7 ① 1호)를 적용하지 아니한다.

실무포인트

「청년」 최초공제 적용 이후 과세연도에 상시근로자 수는 증가하였으나, 「청년」은 감소한 경우 「추가공제」 계산 시 「청년」을 「청년 외」로 보아 추가공제가 적용 가능하다(기획재정부 조세특례제도과-906, 2023.8.28.). 따라서, 당초 증가되었던 청년 인원 수에 "청년 외 공제금액"을 곱하여 계산된 금액을 2차년도 및 3차년도 공제금액으로 적용한다.

(2) 공제받은 세액 상당액의 납부

위 추가공제 배제 사유에 해당하는 경우 다음의 구분에 따라 계산한 금액을 소득세 또는 법인세로 납부하여야 한다(조특법 29의 7 ②, 조특령 26의 7 ⑤). 제5항을 적용할 때 최초로 공제받은 과세연도에 청년등 상시근로자에 해당한 자의 경우에는 이후 과세연도에도 청년등 상시근로자의 수를 계산함에 있어서 공제받은 과세연도의 청년등 상시근로자 수로 한다(조특령 26의 7 ⑥).

1) 공제받은 과세연도 종료일부터 1년 이내 감소하는 경우

최초로 공제받은 과세연도의 종료일로부터 1년이 되는 날이 속하는 과세연도의 종료일까지 기간 중 최초로 공제받은 과세연도보다 상시근로자 수 또는 청년등 상시근로자 수가 감소하는 경우에는 다음의 구분에 따라 계산된 세액을 추가납부세액으로 하며, 해당 과세연도의 직전 1년 이내의 과세연도에 공제받은 세액을 한도로 한다.

구 분	추가납부세액
① 상시근로자 수가 감소하는 경우	①-1. 청년등 상시근로자의 감소한 인원 수가 상시근로자의 감소한 인원 수 이상인 경우 : ㉠ + ㉡ ㉠ (최초로 공제받은 과세연도 대비 청년등 상시근로자의 감소한 인원 수* - 상시근로자의 감소한 인원 수)×(청년등의 공제금액 - 청년등 외의 공제금액) ㉡ 상시근로자의 감소한 인원 수 × 청년등 공제금액 ①-2 그 밖의 경우 : ㉠ + ㉡ ㉠ (최초로 공제받은 과세연도 대비 청년등 상시근로자의 감소한 인원 수**×청년등의 공제금액) ㉡ (최초로 공제받은 과세연도 대비 청년등 외 상시근로자의 감소한 인원 수**×청년등 외의 공제금액)
② 상시근로자 수는 감소하지 않으면서 청년등 상시근로자 수가 감소한 경우	최초로 공제받은 과세연도 대비 청년등 상시근로자의 감소한 인원 수*× (청년등 공제금액 - 청년등 외의 공제금액)

* 최초로 공제받은 과세연도에 청년등 상시근로자의 증가한 인원 수를 한도로 한다.
** 상시근로자의 감소한 인원 수를 한도로 한다.

2) 공제받은 과세연도 종료일부터 1년 초과 2년 이내 감소하는 경우

'1)'에 따른 기간 종료일의 다음날부터 최초로 공제받은 과세연도의 종료일부터 2년이 되는 날이 속하는 과세연도의 종료일까지 기간 중 최초로 공제받은 과세연도보다 상시근로자 수 또는 청년등 상시근로자 수가 감소하는 경우에는 다음의 구분에 따라 계산된 세액을 추가납부세액으로 하며, '1)'에 따라 계산한 금액이 있는 경우 그 금액을 제외하고, 해당 과세연도의 직전 2년 이내의 과세연도에 공제받은 세액의 합계액을 한도로 한다.

구 분	추가납부세액
① 상시근로자 수가 감소하는 경우	①-1. 청년등 상시근로자의 감소한 인원 수가 상시근로자의 감소한 인원 수 이상인 경우 : ㉠ + ㉡ ㉠ (최초로 공제받은 과세연도 대비 청년등 상시근로자의 감소한 인원 수* - 상시근로자의 감소한 인원 수) × (청년등 공제금액 - 청년등 외의 공제금액) × 직전 2년 이내의 과세연도에 공제받은 횟수 ㉡ 상시근로자의 감소한 인원 수 × 청년등 공제금액 × 직전 2년 이내의 과세연도에 공제받은 횟수 ①-2. 그 밖의 경우 : 최초로 공제받은 과세연도 대비 청년등 상시근로자 및 청년등 외 상시근로자의 감소한 인원 수**에 대해 직전 2년 이내의 과세연도에 공제받은 세액의 합계액
② 상시근로자 수는 감소하지 않으면서 청년등 상시근로자 수가 감소한 경우	최초로 공제받은 과세연도 대비 청년등 상시근로자의 감소한 인원 수* × (청년등 공제금액 - 청년등 외의 공제금액) × 직전 2년 이내의 과세연도에 공제받은 횟수

* 최초로 공제받은 과세연도에 청년등 상시근로자의 증가한 인원 수를 한도로 한다.
** 상시근로자의 감소한 인원 수를 한도로 한다.

(3) 사후관리 특례

① 소득세 및 법인세를 공제받은 내국인이 2020년 12월 31일이 속하는 과세연도 종료일부터 3년이 되는 날이 속하는 과세연도의 종료일까지의 기간 중 상시근로자 수 또는 청년등 상시근로자의 수가 최초로 공제받은 과세연도에 비하여 감소한 경우에는 추가공제(2차년도 및 3차년도 세액공제)를 적용하지 않고 공제받은 세액 상당액을 법인세로 납부하여야 한다. 다만 2020년 12월 31일 속하는 과세연도에 대해서는 제2항 후단(고용감소로 인한 추가납부세액)을 적용하지 아니한다(조특법 29의 7 ⑤).

② '①'을 적용받은 내국인이 2021년 12월 31일이 속하는 과세연도의 전체 상시근로자의 수 또는 청년등 상시근로자의 수가 최초로 공제받은 과세연도에 비하여 감소하지 아니한 경우에는 해당 세액공제액을 2021년 12월 31일이 속하는 과세연도부터 최초로 공제받은 과세연도의 종료일부터 2년(중소기업 및 중견기업의 경우에는 3년)이 되는 날이 속하는 과세연도까지 법인세에서 공제한다(조특법 29의 7 ⑥).

③ '②'를 적용받은 내국인이 2022년 12월 31일이 속하는 과세연도의 전체 상시근로자의 수 또는 청년등 상시근로자의 수가 최초로 공제받은 과세연도에 비하여 감소한 경우에는 최초로 공제받은 과세연도의 종료일부터 3년이 되는 날이 속하는 과세연도의 종료

일까지 추가공제(2차년도 및 3차년도 세액공제)를 적용하지 않고 공제받은 세액 상당액을 법인세로 납부하여야 한다(조특법 29의 7).

4. 기타의 유의사항

(1) 세액공제의 신청

고용증대세액공제를 받으려는 자는 과세표준 신고와 함께 세액공제신청서(조특칙 별지 제1호 서식) 및 고용증대 기업에 대한 세액공제 공제세액계산서(조특칙 별지 제10호의 8 서식)를 납세지 관할 세무서장에게 제출하여야 한다(조특법 29의 7 ④, 조특령 26의 7 ⑩).

(2) 최저한세

고용증대세액공제는 최저한세의 적용대상이 된다(조특법 132 ①, ②).

(3) 이월공제

고용증대 세액공제액은 해당 과세연도에 납부할 세액이 없거나 조세특례제한법 제132조에 따른 법인세최저한세액에 미달하여 공제받지 못한 부분에 상당하는 금액은 해당 과세연도의 다음 과세연도 개시일부터 10년 이내에 끝나는 각 과세연도에 이월하여 그 이월된 각 과세연도의 소득세 또는 법인세에서 공제한다(조특법 144 ①).

한편, 각 과세연도의 법인세에서 공제할 금액과 이월된 미공제액이 중복되는 경우에는 이월된 미공제액을 먼저 공제하고 그 이월된 미공제액 간에 중복되는 경우에는 먼저 발생한 것부터 차례대로 공제한다(법법 59 ① 3호, 조특법 144 ②). 특히 조세특례제한법 제144조 제2항의 규정은 귀속 과세연도가 상이한 동일 종류의 세액공제가 중복되는 경우에 적용하는 것이고, 서로 다른 종류의 세액공제가 중복되는 경우에는 당해 규정을 적용하지 않는다(서면2팀 -1246, 2004.6.16.).

(4) 농어촌특별세

고용증대세액공제를 적용받은 경우 당해 공제세액(농어촌특별세 과세표준)의 20%를 농어촌특별세로 납부하여야 한다. 농어촌특별세는 해당 본세를 신고 · 납부(중간예납 제외)하는 때에는 그에 대한 농어촌특별세도 함께 신고 · 납부하여야 한다(농특세법 5). 이때에 최저한세의 적용으로 공제받지 못한 부분에 상당하는 금액을 이월하여 공제하는 경우에는 실제로 공제받은 과세연도에 농어촌특별세를 납부한다(법인 46019-578, 1995.3.2.).

(5) 중복적용 배제

고용증대세액공제는 다음의 경우를 제외하고는 다른 공제 · 감면 제도와 중복적용이 가능하다.

1) 통합고용세액공제와 중복 배제

2023 과세연도 및 2024 과세연도는 조세특례제한법 제29조의 8 제1항(통합고용세액공제 기본공제)은 제29조의 7(고용을 증대시킨 기업에 대한 세액공제) 또는 제30조의 4(중소기업 사회보험료 세액공제)에 따른 공제를 받지 아니한 경우에만 적용한다(조특법 127 ⑪).

2) 창업중소기업 추가감면과 중복 배제

고용증대세액공제는 창업중소기업 등에 대한 세액감면(조특법 6)과 중복적용이 가능하나, 업종별 최소고용인원 이상을 고용한 창업중소기업 등이 추가감면(조특법 6 ⑦)을 받는 경우 제29조의 7의 규정에 따른 고용을 증대시킨 기업에 대한 세액공제를 동시 적용하지 아니한다(조특법 127 ④ 단서).

(6) 외국인 투자기업 감면을 적용받는 경우의 적용방법

내국인에 대하여 동일한 과세연도에 고용증대세액공제를 적용할 때 조세특례제한법 제121조의 2(외국인투자에 대한 조세 감면) 또는 제121조의 4(증자의 조세감면)에 따라 소득세 또는 법인세를 감면하는 경우에는 해당 규정에 따라 공제할 세액에 해당 기업의 총주식 또는 총지분에 대한 내국인투자자의 소유주식 또는 지분의 비율을 곱하여 계산한 금액을 공제한다(조특법 127 ③).

사례 1 **2차년도, 전체 감소, 청년 감소, 청년 외 감소**

제조업을 영위하는 중소기업인 ㈜택스에듀의 상시근로자 등의 자료는 다음과 같다. ㈜택스에듀는 12월말 결산법인이며 수도권 외에 소재하고 있다. 주어진 자료를 이용하여 2023~2024년 과세연도에 대한 고용증대세액공제의 공제세액 및 추가납부세액을 계산하시오. ㈜택스에듀는 2022년 과세연도에 고용증대세액공제를 받지 않았다.

연 도	상시근로자(청년+청년 외)	청년	청년 외
2022년	30	20	10
2023년	60	40	20
2024년	54	36	18

해답

(1) 2023년 공제세액

1차년도 공제액 = (40명 − 20명) × 13,000,000원 + (20명 − 10명) × 7,700,000원
= 337,000,000원

(2) 2024년 공제세액 및 추가납부세액

1) 1차년도 공제액 : 없음.

전체 상시근로자가 감소하였으므로 1차년도 공제금액 없음.

2) 2차년도 공제액 : 없음.

전체 상시근로자 수(54명)가 최초로 공제받은 2023년(60명)에 비하여 감소하였으므로 2차년도 공제금액 없음.

3) 2차년도 : 2023년도 공제액의 추가납부세액

=(40명 − 36명) × 13,000,000원 + (20명 − 18명) × 7,700,000원 = 67,400,000원

사례 2 2차년도, 전체 감소, 청년 감소, 청년 외 증가

제조업을 영위하는 중소기업인 ㈜택스에듀의 상시근로자 등의 자료는 다음과 같다. ㈜택스에듀는 12월말 결산법인이며 수도권 외에 소재하고 있다. 주어진 자료를 이용하여 2023~2024년 과세연도에 대한 고용증대세액공제의 공제세액 및 추가납부세액을 계산하시오. ㈜택스에듀는 2022년 과세연도에 고용증대세액공제를 받지 않았다.

연 도	상시근로자(청년+청년 외)	청년	청년 외
2022년	30	20	10
2023년	60	40	20
2024년	54	30	24

해답

(1) 2023년 공제세액

1차년도 공제액

(40명 − 20명) × 13,000,000원 + (20명 − 10명) × 7,700,000원 = 337,000,000원

(2) 2024년 공제세액 및 추가납부세액

1) 1차년도 공제액 : 없음.

전체 상시근로자가 감소하였으므로 1차년도 공제금액 없음.

2) 2차년도 공제액 : 없음.

전체 상시근로자 수(54명)가 최초로 공제받은 2023년(60명)에 비하여 감소하였으므로 2차년도 공제금액 없음.

3) 2차년도 : 2023년도 공제액의 추가납부세액

= (10명 − 6명) × (13,000,000원 − 7,700,000원) + 6명 × 13,000,000원

= 99,200,000원

사례 3 **2차년도, 전체 증가, 청년 감소, 청년 외 증가**

제조업을 영위하는 중소기업인 ㈜택스에듀의 상시근로자 등의 자료는 다음과 같다. ㈜택스에듀는 12월말 결산법인이며 수도권 외에 소재하고 있다. 주어진 자료를 이용하여 2023~2024년 과세연도에 대한 고용증대세액공제의 공제세액 및 추가납부세액을 계산하시오. ㈜택스에듀는 2022년 과세연도에 고용증대세액공제를 받지 않았다.

연 도	상시근로자(청년+청년 외)	청년	청년 외
2022년	30	20	10
2023년	60	40	20
2024년	65	38	27

해답

(1) 2023년 공제세액

1차년도 공제액 = (40명 − 20명) × 13,000,000원 + (20명 − 10명) × 7,700,000원

= 337,000,000원

(2) 2024년 공제세액 및 추가납부세액

1) 1차년도 공제액

- 청 년 : 없음.
- 청년 외 : Min[① (27명 − 20명), ② 5명] × 7,700,000원 = 38,500,000원

2) 2차년도 공제액

- 청 년 : 20명(2023년도 청년 증가인원) × 7,700,000원 = 154,000,000원*
- 청년 외 : 10명(2023년도 청년 외 증가인원) × 7,700,000원 = 77,000,000원

* 「청년」에 대한 고용증대세액공제를 최초로 적용한 이후 과세연도에, 상시근로자 수는 증가하였으나, 「청년」은 감소한 경우 「청년」을 「청년 외」로 보아 추가공제를 적용할 수 있다(조세특례제도과-906, 2023.8.28.).

3) 2024년도 공제액의 추가납부세액
=① (40명－38명)×(② 13,000,000원－③ 7,700,000원)＝10,600,000원

사례 4 2차년도, 전체 증가, 청년 증가, 청년 외 감소

제조업을 영위하는 중소기업인 ㈜택스에듀의 상시근로자 등의 자료는 다음과 같다. ㈜택스에듀는 12월말 결산법인이며 수도권 외에 소재하고 있다. 주어진 자료를 이용하여 2023~2024년 과세연도에 대한 고용증대세액공제의 공제세액 및 추가납부세액을 계산하시오. ㈜택스에듀는 2021년 과세연도에 고용증대세액공제를 받지 않았다.

연 도	상시근로자(청년+청년 외)	청년	청년 외
2022년	30	20	10
2023년	60	40	20
2024년	65	48	17

해답

(1) 2023년 공제세액
1차년도 공제액 = (40명－20명)×13,000,000원 + (20명－10명)×7,700,000원
= 337,000,000원

(2) 2024년 공제세액 및 추가납부세액
1) 1차년도 공제액
- 청 년 : Min[① (48명－40명), ② 5명]×12,000,000원 = 60,000,000원
- 청년 외 : 없음.

2) 2차년도 공제액
- 청 년 : 260,000,000원
- 청년 외 : 77,000,000원

상시근로자 및 청년 상시근로자가 감소하지 않았으므로, 2023년도에 공제받은 금액을 한 번 더 공제함.

3) 추가납부세액 : 없음.
전체 상시근로자 및 청년 상시근로자가 감소하지 않았으므로 추가납부세액은 없음.

사례 5 3차년도, 전체 감소, 청년 감소, 청년 외 감소

제조업을 영위하는 중소기업인 ㈜택스에듀의 상시근로자 등의 자료는 다음과 같다. ㈜택스에듀는 12월말 결산법인이며 수도권 외에 소재하고 있다. 주어진 자료를 이용하여 2021~2023년 과세연도에 대한 고용증대세액공제의 공제세액 및 추가납부세액을 계산하시오. ㈜택스에듀는 2020년 과세연도에 고용증대세액공제를 받지 않았다.

연 도	상시근로자(청년+청년 외)	청년	청년 외
2020년	30	20	10
2021년	60	40	20
2022년	54	30	24
2023년	47	25	22

해답

(1) 2021년

1) 1차년도 공제액

(40명 − 20명) × 13,000,000원 + (20명 − 10명) × 7,700,000원 = 337,000,000원

(2) 2022년

1) 1차년도 공제액

전체 상시근로자 수가 감소하였으므로 1차년도 공제금액 없음.

2) 2차년도 공제액

전체 상시근로자 수(54명)가 최초로 공제받은 2021년(60명)에 비하여 감소하였으므로 2차년도 공제금액 없음.

3) 추가납부세액

= (10명−6명) × (13,000,000원−7,700,000원) + 6명 × 13,000,000원 = 99,200,000원

(3) 2023년

1) 1차년도 · 2차년도 · 3차년도 세액공제 : 없음.

2) 2023년 추가납부세액

= ①(15명−13명) × (③13,000,000원 − ④7,700,000원) + ②13명 × 13,000,000원 − 99,200,000원(2022년 추가납부세액) = 80,400,000원

최초로 공제받은 과세연도 대비한 추가납부세액이므로 2022년도에 이미 납부한 세액은 차감해주어야 한다.

[별지 제8호 서식(을) (2021.3.16. 개정)]

(3쪽 중 제1쪽)

사 업 연 도	2023. 1. 1. ~ 2023. 12. 31.	공제감면세액 및 추가납부세액합계표(을)	법 인 명	㈜택스에듀
			사업자등록번호	123-81-xxxxx

5. 추가납부세액

⑫ 구 분		⑬ 근거법 조항	코드	⑭ 대상금액	⑮ 세 액
조세특례제한법	⑱① 준비금환입에 대한 법인세 추가납부		771		
	⑱② 소득공제액에 대한 법인세 추가납부		772		
	⑱③ 공제감면세액에 대한 법인세 추가납부 * 제5조 · 제11조 · 제24조 · 제25조 · 제25조의2 · 제26조 · 제94조 · 제96조		773	80,400,000	80,400,000
	⑱④ 기 타		775		
	⑱⑤ 소 계		780	80,400,000	80,400,000
법인세법 등	⑱⑥ 기공제 원천납부세액 추가납부	「법인세법 시행령」 제113조 제6항	781		
	⑱⑦ 업무무관부동산 지급이자 손금부인에 따른 증가세액	「법인세법 시행규칙」 제27조	782		
	⑱⑧ 외국법인의 신고기한 연장에 따른 이자상당액	「법인세법」 제97조 제3항	783		
	⑱⑨ 내국법인의 신고기한 연장에 따른 이자상당액	「법인세법」 제60조 제8항	786		
	⑲⓪ 혼성금융상품 관련 추가 손금불산입 이자상당액	「국제조세조정에 관한 법률」 제25조 제2항	787		
	⑲① 기 타		785		
	⑲② 소 계		784		
⑲⑤ 추가납부세액 합계(⑱⑤ + ⑲②)			790	80,400,000	80,400,000

[별지 제8호 서식 부표 6] (2024.3.22. 개정)

사업연도	2023. 1. 1. ~ 2023.12.31.	추가납부세액계산서(6)	법인명	㈜택스에듀
			사업자등록번호	123-81-xxxxx

3. 공제감면세액에 대한 법인세 추가납부액

⑲ 구분		⑳ 공제감면 받은 연도	㉑ 추가납부 사유	㉒ 공제감면 세액	가 산 액			㉖ 법인세 추가납부액 (㉒+㉕)
코드	내용				㉓ 이율 (일변)	㉔ 기간	㉕ 금액 (㉒×㉓×㉔)	
18F	고용증대세액공제	2021	근로자 감소	80,400,000				80,400,000
	계			80,400,000				80,400,000

4. 법인세 추가납부세액 합계 ㉗(⑨+⑱+㉖)	80,400,000

03 기타의 고용관련 조세특례제도

[별지 제2호 서식] (2024.3.22. 개정)

농어촌특별세 과세표준 및 세액신고서

※ 뒤쪽의 신고안내 및 작성방법을 읽고 작성하여 주시기 바랍니다. (앞쪽)

1. 신고인 인적사항

① 소 재 지					
② 법 인 명	㈜택스에듀		③ 대 표 자 성 명	김택스	
④ 사업자등록번호	123-81-xxxxx	⑤ 사 업 연 도	2023.1.1.~12.31	⑥ 전화번호	

2. 농어촌특별세 과세표준 및 세액 조정내역

⑦ 과 세 표 준		0
⑧ 산 출 세 액		0
(미납세액, 미납일수, 세율) ⑨ 가 산 세 액	(, , 2.2/10,000)	
⑩ 총 부 담 세 액		0
⑪ 기 납 부 세 액		0
⑫ 환 급 예 정 세 액		16,080,000
⑬ 차 감 납 부 할 세 액		△16,080,000
⑭ 분 납 할 세 액		0
⑮ 차 감 납 부 세 액		△16,080,000
⑯ 충 당 후 납 부 세 액		△16,080,000
⑰ 국 세 환 급 금 충 당 신 청	환 급 법 인 세	
	충당할 농어촌특별세	

신고인은 「농어촌특별세법」 제7조에 따라 위의 내용을 신고하며, 위 내용을 충분히 검토하였고 신고인이 알고 있는 사실 그대로를 정확하게 적었음을 확인합니다.

2024년 3월 31일

신고인(대표자) ㈜택스에듀 (서명 또는 인)

세무대리인은 조세전문자격자로서 위 신고서를 성실하고 공정하게 작성하였음을 확인합니다.

세무대리인 (서명 또는 인)

세무서장 귀하

210mm×297mm[백상지 80g/㎡ 또는 중질지 80g/㎡]

사례 6 3차년도, 상시 증가, 청년 감소, 청년 외 증가

제조업을 영위하는 중소기업인 ㈜택스에듀의 상시근로자 등의 자료는 다음과 같다. ㈜택스에듀는 12월말 결산법인이며 수도권 외에 소재하고 있다. 주어진 자료를 이용하여 2021~2023년 과세연도에 대한 고용증대세액공제의 공제세액 및 추가납부세액을 계산하시오. ㈜택스에듀는 2020년 과세연도에 고용증대세액공제를 받지 않았다.

연 도	상시근로자(청년+청년 외)	청년	청년 외
2020년	30	20	10
2021년	60	40	20
2022년	70	45	25
2023년	72	32	40

해답

(1) 2021년 공제세액

1) 1차년도 공제액

(40명 − 20명) × 13,000,000원 + (20명 − 10명) × 7,700,000원 = 337,000,000원

(2) 2022년 공제세액

1) 1차년도 공제액

(45명 − 40명) × 13,000,000원 + (25명 − 20명) × 7,700,000원 = 103,500,000원

2) 2차년도 공제액

260,000,000원(청년) + 77,000,000원(청년 외) = 337,000,000원

(3) 2023년 공제세액 및 추가납부세액

1) 1차년도 공제액

Min[(40명 − 25명), (72명 − 70명)] × 7,700,000원 = 15,400,000원

2) 2022년분 2차년도 공제액

38,500,000원(청년)* + 38,500,000원(청년 외) = 77,000,000원

* 「청년」에 대한 고용증대세액공제를 최초로 적용한 이후 과세연도에, 상시근로자 수는 증가하였으나, 「청년」은 감소한 경우 「청년」을 「청년 외」로 보아 추가공제를 적용할 수 있다(조세특례제도과-906, 2023.8.28.).

3) 2021년분 3차년도 공제액

154,000,000원(청년) + 77,000,000원(청년 외) = 231,000,000원

4) 2021년 추가납부세액

(40명 − 32명) × (13,000,000원 − 7,700,000원) × 2회 = 84,800,000원

5) 2022년 추가납부세액

Min[(45명 − 32명), 5명(2022년 증가인원)] × (13,000,000원 − 7,700,000원)
= 26,500,000원

■ 조세특례제한법 시행규칙 [별지 제10호의8서식] 〈개정 2024. 3. 22.〉

고용 증대 기업에 대한 공제세액계산서

(3쪽 중 제1쪽)

❶ 신청인	① 상호 또는 법인명 ㈜택스에듀	② 사업자등록번호 123-81-xxxxx
	③ 대표자 성명	④ 생년월일
	⑤ 주소 또는 본점소재지 (전화번호:)	

❷ 과세연도	2023 년 1 월 1 일부터 2023 년 12 월 31 일까지

❸ 공제세액 계산내용

가. 1차년도 세제지원 요건 : ⑧ 〉0

1. 상시근로자 증가 인원

⑥ 해당 과세연도 상시근로자 수	⑦ 직전 과세연도 상시근로자 수	⑧ 상시근로자 증가 인원 수 (⑥-⑦)
72	70	2

2. 청년등 상시근로자 증가 인원

⑨ 해당 과세연도 청년등 상시근로자 수	⑩ 직전 과세연도 청년등 상시근로자 수	⑪ 청년등 상시근로자 증가 인원 수 (⑨-⑩)
32	45	△13

3. 청년등 상시근로자 외 상시근로자 증가 인원

⑫ 해당 과세연도 청년등 상시 근로자 외 상시근로자 수	⑬ 직전 과세연도 청년등 상시 근로자 외 상시근로자 수	⑭ 청년등 상시근로자 외 상시 근로자 증가 인원 수(⑫-⑬)
40	25	15

4. 1차년도 세액공제액 계산

구분	구분		직전 과세연도 대비 상시근로자 증가 인원 수 (⑧ 상시근로자 증가 인원 수를 한도)	1인당 공제금액	⑮ 1차년도 세액공제액
중소기업	수도권 내	청년등		1천1백만원	
		청년등 외		7백만원	
	수도권 밖	청년등		1천2백만원	
		청년등 외	2	7백7십만원	15,400,000
	계		2		15,400,000
중견기업	청년등			8백만원	
	청년등 외			4백5십만원	
	계				
일반기업	청년등			4백만원	
	청년등 외				
	계				

210mm×297mm[백상지 80g/㎡ 또는 중질지 80g/㎡]

나. 2차년도 세제지원 요건 : ⑱ ≥ 0

1. 상시근로자 증가 인원

⑯ 2차년도(해당 과세연도) 상시근로자 수	⑰ 1차년도(직전 과세연도) 상시근로자 수	⑱ 상시근로자 증가 인원 수(⑯-⑰)
72	70	2

2. 2차년도 세액공제액 계산(상시근로자 감소 여부)

1차년도(직전 과세연도) 대비 상시근로자 감소 여부	1차년도(직전 과세연도) 대비 청년 등 상시근로자 수 감소 여부	⑲ 1차년도(직전과세연도) 청년 등 상시근로자 증가 세액공제액	⑳ 1차년도(직전 과세연도) 청년 등 외 상시근로자 증가 세액공제액	㉑ 2차년도 세액공제액
㊇ 부	부			
	㊇ 여		77,000,000	77,000,000
여				

다. 3차년도 세제지원 요건(중소ㆍ중견기업만 해당) : ㉔ ≥ 0

1. 상시근로자 증가 인원

㉒ 3차년도(해당 과세연도) 상시근로자 수	㉓ 1차년도(직전전 과세연도) 상시근로자 수	㉔ 상시근로자 증가 인원 수(㉒-㉓)
72	60	21

2. 3차년도 세액공제액 계산(상시근로자 감소 여부)

1차년도(직전전 과세연도) 대비 상시근로자 감소 여부	1차년도(직전전 과세연도) 대비 청년 등 상시근로자 수 감소 여부	㉕ 1차년도(직전전 과세연도) 청년 등 상시근로자 증가 세액공제액	㉖ 1차년도(직전전 과세연도) 청년 등 외 상시근로자 증가 세액공제액	㉗ 3차년도 세액공제액
㊇ 부	부			
	㊇ 여		231,000,000	231,000,000
여				

❹ 세액공제액 [⑮ 1차년도 세액공제액 + ㉑ 2차년도 세액공제액 + ㉗ 3차년도 세액공제액]	323,400,000

「조세특례제한법 시행령」 제26조의7제10항에 따라 위와 같이 공제세액계산서를 제출합니다.

2024 년 3 월 31 일

신청인 ㈜택스에듀 (서명 또는 인)

세무서장 귀하

210mm×297mm[백상지 80g/㎡ 또는 중질지 80g/㎡]

[별지 제8호 서식 부표 6] (2024.3.22. 개정) (앞 쪽)

사 업 연 도	2023. 1. 1. ~ 2023.12.31.	추가납부세액계산서(6)	법인명	㈜택스에듀
			사업자등록번호	123-81-xxxxx

1. 준비금환입에 대한 법인세 추가납부액

① 구분	② 손금산입 연도	③ 추가납부대상 준비금환입액	④ 공제액	⑤ 차감계 (③-④)	⑥ 법인세 상당액	⑦ 이율 (일변)	⑧ 기간	⑨법인세 추가납부액 (⑥×⑦×⑧)
계								

2. 소득공제액에 대한 법인세 추가납부액

⑩ 구분	⑪ 소득공제 연도	⑫ 추가납부사유	⑬ 공제받은 소득금액	⑭ 법인세상 당액	가산액			⑱법 인 세 추가납부액 (⑭+⑰)
					⑮이율 (일변)	⑯기간	⑰금액 (⑭×⑮×⑯)	
계								

3. 공제감면세액에 대한 법인세 추가납부액

⑲ 구분		⑳ 공제감면 받은 연도	㉑ 추가납부 사유	㉒ 공제감면 세액	가 산 액			㉖법 인 세 추가납부액 (㉒+㉕)
코드	내용				㉓이율 (일변)	㉔기간	㉕금액 (㉒×㉓×㉔)	
18F	고용증대 세액공제	2021	근로자 감소	84,800,000				84,800,000
18F	고용증대 세액공제	2022	근로자 감소	26,500,000				26,500,000
계				111,300,000				111,300,000

4. 법인세 추가납부세액 합계 ㉗(⑨+⑱+㉖)	111,300,000

210mm×297mm[백상지 80g/㎡ 또는 중질지 80g/㎡]

CHAPTER

02 중소기업의 사회보험료 세액공제

중소기업이 2024년 12월 31일이 속하는 과세연도까지의 기간 중에 해당 과세연도의 상시근로자 수가 직전 과세연도의 상시근로자 수보다 증가한 경우에는 세액공제의 대상이 된다(조특법 30의 4 ①).

1. 공제요건

중소기업 사회보험료 세액공제의 요건은 다음과 같다(조특법 30의 4 ④).

① 중소기업이 부담하는 다음의 사회보험일 것

㉠ 「국민연금법」에 따른 국민연금

㉡ 「고용보험법」에 따른 고용보험

㉢ 「산업재해보상보험법」에 따른 산업재해보상보험

㉣ 「국민건강보험법」에 따른 국민건강보험

㉤ 「노인장기요양보험법」에 따른 장기요양보험

② 해당 과세연도의 상시근로자 수가 직전 과세연도의 상시근로자 수보다 증가한 경우일 것

(1) 상시근로자의 범위

세액공제의 대상이 되는 '상시근로자'란 근로기준법에 따라 근로계약을 체결한 내국인 근로자로 하되 다음 각 호의 어느 하나에 해당하는 자는 제외한다(조특령 27의 4 ①).

① 근로계약기간이 1년 미만인 근로자(근로계약의 연속된 갱신으로 인하여 그 근로계약의 총기간이 1년 이상인 근로자는 제외)

② 근로기준법 제2조 제1항 제9호에 따른 단시간근로자

다만, 1개월간의 소정근로시간이 60시간 이상인 근로자는 상시근로자로 본다.

③ 법인세법 시행령 제40조 제1항 각 호의 어느 하나에 해당하는 다음의 임원

㉠ 법인의 회장, 사장, 부사장, 이사장, 대표이사, 전무이사 및 상무이사 등 이사회의 구성원 전원과 청산인

㉡ 합명회사, 합자회사 및 유한회사의 업무집행사원 또는 이사

㉢ 유한책임회사의 업무집행자

㉣ 감사

㉤ 그 밖에 ㉠~㉣의 규정에 준하는 직무에 종사하는 자

④ 해당 기업의 최대주주 또는 최대출자자(개인사업자의 경우에는 대표자를 말함)와 그 배우자

⑤ 해당 기업의 최대주주 또는 최대출자자와 그 배우자의 직계존비속(그 배우자를 포함) 및 국세기본법 시행령 제1조의 2 제1항에 따른 친족관계인 사람

⑥ 소득세법 시행령 제196조에 따른 근로소득원천징수부에 의하여 근로소득세를 원천징수한 사실이 확인되지 아니하는 사람

⑦ 조세특례제한법 제30조의 4 제4항에 따른 사회보험에 대하여 사용자가 부담하여야 하는 부담금 또는 보험료의 납부사실이 확인되지 아니하는 근로자

(2) 상시근로자 수의 계산

'상시근로자 수'는 다음 산식에 따라 계산한다(조특령 27의 4 ⑥ 1호 가목).

$$\text{상시근로자 수} = \frac{\text{해당 과세연도의 매월 말 현재 상시근로자 수의 합}}{\text{해당 과세연도의 개월 수}}$$

이상에서 1개월간의 소정근로시간이 60시간 이상인 근로자 1명을 0.5명으로 하되 다음 각 목의 요건을 모두 충족하는 경우에는 0.75명으로 하여 계산한다(조특령 27의 4 ⑥).

① 해당 과세연도의 상시근로자 수(1개월간의 소정근로시간이 60시간 이상인 근로자는 제외)가 직전 과세연도의 상시근로자 수(1개월간의 소정근로시간이 60시간 이상인 근로자는 제외)보다 감소하지 아니하였을 것

② 기간의 정함이 없는 근로계약을 체결하였을 것

③ 상시근로자와 시간당 임금(근로기준법 제2조 제1항 제5호에 따른 임금, 정기상여금·명절상여금 등 정기적으로 지급되는 상여금과 경영성과에 따른 성과금을 포함), 그 밖에 근로조건과 복리후생 등에 관한 사항에서 기간제및단시간근로자보호등에관한법률 제2조 제3호에 따른 차별적 처우가 없을 것

④ 시간당 임금이 최저임금법 제5조에 따른 최저임금액의 130%(중소기업 120%) 이상일 것

2. 공제세액의 계산

공제세액은 해당 과세연도의 상시근로자 수가 직전 과세연도의 상시근로자 수보다 증가한 경우에는 청년 및 경력단절여성(이하 "청년등"이라 함) 상시근로자고용증가인원에 대하여는 사용자가 부담하는 사회보험료의 전액을, 청년등 외 상시근로자고용증가인원에 대하여는 사용자가 부담하는 사회보험료의 50%(신성장 서비스업은 75%)로 한다(조특법 30의 4 ①). 해당 과세연도에 청년등 상시근로자 및 청년등 외 상시근로자를 대상으로 조특법 제30조의 4 제4항 어느 하나에 해당하는 사회보험에 사용자가 부담하는 사회보험료 상당액에 대하여 국가및공공기관의운영에관한법률 제4조에 따른 공공기관이 지급했거나 지급하기로 한 보조금 및 감면액의 합계액은 제외한다(조특령 27의 4 ⑧). 예를 들어, 두루누리 사회보험료 지원액은 국가가 지원하는 보조금에 해당하는 것으로 사용자의 사회보험료 부담금액에서 제외하고 계산하여야 한다.

① 청년등 상시근로자

$$\text{세액공제} = \text{청년등 상시근로자 고용증가인원} \times \frac{\text{청년등 상시근로자 총급여액}}{\text{청년등 상시근로자 수}} \times \text{사회보험료율} \times 100\%$$

② 청년등 외 상시근로자

$$\text{세액공제} = \text{청년등 외 상시근로자 고용증가인원} \times \frac{\text{청년등 외 상시근로자 총급여액}}{(\text{상시근로자 수} - \text{청년등 상시근로자 수})} \times \text{사회보험료율} \times 50\%(75\%^{*})$$

* 신성장서비스업을 영위하는 중소기업의 경우 75%

(1) 청년등 상시근로자 수의 계산

1) 청년등 상시근로자의 범위

청년등 상시근로자는 청년 및 경력단절 여성으로 하고, "청년등 외 상시근로자"는 청년등 상시근로자가 아닌 상시근로자로 한다(조특령 27의 4 ②).

2) 청년 상시근로자

15세 이상 29세 이하인 상시근로자. 다만, 조세특례제한법 제27조 제1항 제1호 각 목의 어느 하나에 해당하는 병역을 이행한 경우에는 그 기간(6년을 한도로 함)을 근로계약 체결일 현재 연령에서 빼고 계산한 연령이 29세 이하인 사람을 포함한다.

3) 경력단절 여성 상시근로자

① 해당 기업 또는 해당 기업과 대통령령으로 정하는 분류를 기준으로 동일한 업종의 기업에서 1년 이상 근무하였을 것. 여기서 동일한 업종이란 한국표준산업분류상의 중분류가 같은 업종을 말하며, 1년 이상 근무한 자란 경력단절 여성의 근로소득세가 소득세법에 따른 근로소득원천징수부를 통하여 원천징수되었던 사실이 확인되는 경우로 한정한다(조특법 29의 3 ① 1호, 조특령 26의 3 ③).

② 다음의 어느 하나에 해당하는 결혼·임신·출산·육아 및 자녀교육의 사유로 해당 기업에서 퇴직하였을 것(조특법 29의 3 ① 1호, 조특령 26의 3 ④)

㉠ 퇴직한 날부터 1년 이내에 혼인한 경우(가족관계기록사항에 관한 증명서를 통하여 확인되는 경우로 한정)

㉡ 퇴직한 날부터 2년 이내에 임신하거나 기획재정부령으로 정하는 난임시술을 받은 경우(의료기관의 진단서 또는 확인서를 통하여 확인되는 경우에 한정)(2016.2.5. 신설)

㉢ 퇴직일 당시 임신한 상태인 경우(의료기관의 진단서를 통하여 확인되는 경우에 한정함)

㉣ 퇴직일 당시 8세 이하의 자녀가 있는 경우

㉤ 퇴직일 당시 초·중등교육법 제2조에 따른 학교에 재학 중인 자녀가 있는 경우

③ '①'의 사유로 퇴직한 날부터 2년 이상 15년 미만의 기간이 지났을 것(조특법 29의 3 ① 2호)

④ 해당 기업의 최대주주 또는 최대출자자(개인사업자의 경우에는 대표자를 말함)나 그와 특수관계인이 아닐 것(조특법 29의 3 ① 3호). 이때에 '특수관계인'이란 국세기본법 시행령 제1조의 2 제1항에 따른 친족관계인 사람을 말한다(조특령 26의 3 ④).

4) 청년등 상시근로자 수의 계산

청년등 상시근로자 수는 다음과 같이 계산한다(조특령 27의 4 ⑥ 1호 나목).

$$\text{청년등 상시근로자 수} = \frac{\text{해당 과세기간의 매월 말 현재 청년등 상시근로자 수의 합}}{\text{해당 과세기간의 개월 수}}$$

5) 청년등 상시근로자 고용증가인원의 범위

위의 산식에서 **'청년등 상시근로자 고용증가인원'**이란 해당 과세연도에 직전 과세연도

대비 증가한 청년등 상시근로자 수(그 수가 음수인 경우에는 0으로 봄)를 말하며 해당 과세연도에 직전 과세연도 대비 증가한 상시근로자 수를 한도로 한다(조특령 27의 4 ③).

(2) 청년등 외 상시근로자 수의 계산

1) 청년등 외 상시근로자의 범위

위의 산식에서 '청년등 외 상시근로자'란 청년등 상시근로자가 아닌 상시근로자로 한다(조특령 27의 4 ②).

2) 청년등 외 상시근로자고용증가인원의 범위

위의 산식에서 '청년등 외 상시근로자고용인원'이란 해당 과세연도에 직전 과세연도 대비 증가한 상시근로자 수에서 청년등 상시근로자 증가인원을 뺀 수(그 수가 음수인 경우 0으로 함)로 한다(조특령 27의 4 ④).

(3) 직전 또는 해당 연도의 청년등 상시근로자 등의 계산

청년등 상시근로자 또는 상시근로자 증가인원을 계산할 때 해당 과세연도에 창업 등을 한 법인의 경우에는 다음 각 호의 구분에 따른 수를 직전 또는 해당 과세연도의 청년등 상시 또는 상시근로자 수로 본다(조특령 27의 4 ⑦).

1) 창업한 경우

창업한 경우의 직전 과세연도의 상시근로자 수는 "0"으로 한다.

2) 합병 등의 경우

조세특례제한법 제6조 제10항 제1호(합병·분할·현물출자 또는 사업의 양수 등으로 종전 사업을 승계한 경우는 제외)부터 제3호까지의 어느 하나에 해당하는 경우의 직전 과세연도의 상시근로자 수는 종전 사업, 법인전환 전의 사업 또는 폐업 전의 사업의 직전 과세연도 청년등 상시근로자 수 또는 상시근로자 수로 한다.

3) 합병 등으로 종전의 상시근로자를 승계한 경우

다음 각 목의 어느 하나에 해당하는 경우의 직전 과세연도의 상시근로자 수는 승계시킨 기업의 경우에는 직전 과세연도의 청년등 상시근로자 수 또는 상시근로자 수에 승계시킨 청년등 상시근로자 수 또는 상시근로자 수를 뺀 수로 하고 승계한 기업의 경우에는 직전 과세연도 청년등 상시근로자 수 또는 상시근로자 수에 승계한 청년등 상시근로자 수 또는 상시근로자 수를 더한 수로 하며 해당 과세연도의 상시근로자 수는 해당 과세연도 개시일에 상시근로자를 승계시키거나 승계한 것으로 보아 계산한 청년등 상시근로자 수 또는 상시근로자 수로 한다.

① 해당 과세연도에 합병·분할·현물출자 또는 사업의 양수 등에 따라 종전의 사업부문에서 종사하던 청년등 상시근로자 또는 상시근로자를 승계하는 경우

② 조세특례제한법 시행령 제11조 제1항에 따른 특수관계인으로부터 청년등 상시근로자 또는 상시근로자를 승계하는 경우

(4) 사회보험료부담액의 범위

1) 사회보험의 범위

위의 산식에서 '**사회보험**'이란 다음 각 호의 것을 말한다(조특법 30의 4 ④).

① 국민연금법에 따른 국민연금

② 고용보험법에 따른 고용보험

③ 산업재해보상보험법에 따른 산업재해보상보험

④ 국민건강보험법에 따른 국민건강보험

⑤ 노인장기요양보험법에 따른 장기요양보험

2) 사용자의 사회보험료부담액의 범위

위의 산식에서 '**사용자의 사회보험료부담액**'이란 다음의 산식에 따라 계산한 금액으로 한다(조특령 27의 4 ⑧·⑨).

구 분	사회보험료부담액의 계산
청년등 상시근로자의 경우	(해당 과세연도 청년등 상시근로자에게 지급한 소득세법 제20조 제1항에 따른 총급여액) / (해당 과세연도의 청년등 상시근로자 수) × 사회보험료율
청년등 외 상시근로자의 경우	(해당 과세연도 청년등 외 상시근로자에게 지급한 소득세법 제20조 제1항에 따른 총급여액) / (해당 과세연도의 상시근로자 수 −해당 과세연도의 청년등 상시근로자 수) × 사회보험료율

3) 사회보험료율

위의 산식에서 **'사회보험료율'**은 해당 과세연도종료일 현재 적용되는 다음 각 호의 수를 합한 수로 한다(조특령 27의 4 ⑩).

사회보험료율＝해당 사업연도종료일의 아래 '①'+'②'+'③'+'④'+'⑤'

① 국민건강보험법시행령 제44조 제1항에 따른 보험료율(0.0709)의 2분의 1*

* 2024년 12월 현재 0.03545이다.

② 노인장기요양보험법시행령 제4조에 따른 장기요양보험료율*의 2분의 1**(2024.11.12 개정)

* 2024년 12월 현재 0.009182이다.
** 2024년 12월 현재 0.004591(＝0.009182×0.5)이다.
[적용시기] 2024.11.12. 개정된 규정은 2023.12.31.이 속하는 사업연도의 세액공제를 신고하거나 결정·경정하는 경우부터 적용한다(조특령 부칙 §3, 2024.11.12. 개정).

③ 국민연금법 제88조에 따른 보험료율*

* 2024년 12월 현재 사업장가입자의 부담률은 각각 기준소득월액의 0.045이다.

④ 고용보험및산업재해보상보험의보험료징수등에관한법률 제13조 제4항 각 호에 따른 수를 합한 수(고용보험료율)*

* 다음의 고용보험및산업재해보상보험의보험료징수등에관한법률시행령 제12조 제1항 제1호의 율+2호의 율×50%

1. 고용안정·직업능력개발사업의 보험료율 : 다음 각 목의 구분에 따른 보험료율
   가. 상시근로자 수가 150명 미만인 사업주의 사업 : 1만분의 25
   나. 상시근로자 수가 150명 이상인 사업주의 사업으로서 고용보험법시행령 제12조에 따른 우선지원 대상기업의 범위에 해당하는 사업 : 1만분의 45
   다. 상시근로자 수가 150명 이상 1천명 미만인 사업주의 사업으로서 나목에 해당하지 않는 사업 : 1만분의 65
   라. 상시근로자 수가 1천명 이상인 사업주의 사업으로서 나목에 해당하지 않는 사업 및 국가·지방자치단체가 직접 하는 사업 : 1만분의 85
2. 실업급여의 보험료율 : 1천분의 18

⑤ 고용보험및산업재해보상보험의보험료징수등에관한법률 제14조 제3항에 따른 산재보험료율

고용노동부고시 제2024-1호

2024년도 사업종류별 산재보험료율

「고용보험 및 산업재해보상보험의 보험료징수 등에 관한 법률」 제14조 제3항, 제4항 및 제7항과 같은 법 시행령 제13조 및 같은 법 시행규칙 제12조 및 제12조의2에 따라 2024년도에 적용할 "사업종류별 산재보험료율"과 "통상적 경로와 방법으로 출퇴근하는 중 발생한 재해에 관한 산재보험료율"을 다음과 같이 고시합니다.

2024년 1월 5일
고용노동부장관

Ⅰ. 2024년도 "사업종류별 산재보험료율"과 "통상적 경로와 방법으로 출퇴근하는 중 발생한 재해에 관한 산재보험료율"

1. 2024년도 "사업종류별 산재보험료율"은 별지와 같다.
2. 2024년도 "통상적인 경로와 방법으로 출퇴근하는 중 발생한 재해에 관한 산재보험료율"은 사업의 종류를 구분하지 아니하고 0.6/1,000로 한다.

Ⅱ. 행정사항

1. 시행일
   이 고시는 발령한 날부터 시행한다.
2. 적용례
   2024년 1월 1일부터 시행일 전까지 보험료율 적용이 필요한 경우에도 이 고시를 적용한다.
3. 유효기간
   이 고시는 2024년 12월 31일까지 효력을 가진다.

[별 지]

1. 2024년도 사업종류별 산재보험료율

(단위 : 천분율(‰))

사 업 종 류	요율	사 업 종 류	요율
1. 광업		4. 건 설 업	35
석탄광업 및 채석업	185	5. 운수·창고·통신업	
석회석·금속·비금속·기타광업	57	철도·항공·창고·운수관련서비스업	8
2. 제조업		육상 및 수상운수업	18
식료품 제조업	16	통신업	9
섬유 및 섬유제품 제조업	11	6. 임 업	58
목재 및 종이제품 제조업	20	7. 어 업	27
출판·인쇄·제본업	9	8. 농 업	20
화학 및 고무제품 제조업	13	9. 기타의 사업	
의약품·화장품·연탄·석유제품 제조업	7	시설관리 및 사업지원 서비스업	8
기계기구·금속·비금속광물제품 제조업	13	기타의 각종사업	8
금속제련업	10	전문·보건·교육·여가관련 서비스업	6

사 업 종 류	요율	사 업 종 류	요율
전기기계기구·정밀기구·전자제품 제조업	6	도소매·음식·숙박업	8
선박건조 및 수리업	24	부동산 및 임대업	7
수제품 및 기타제품 제조업	12	국가 및 지방자치단체의 사업	9
3. 전기·가스·증기·수도사업	7	0. 금융 및 보험업	5
		* 해외파견자 : 14/1,000	

2. 2024년도 통상적인 경로와 방법으로 출퇴근하는 중 발생한 재해에 관한 산재보험료율 : 전 업종 0.6/1,000 동일

* 사업종류의 세목과 내용예시 및 총칙을 규정한 사업종류 예시표는 고용노동부 누리집(www.moel.go.kr) 정보공개-법령정보-훈령·예규·고시란과 근로복지공단 누리집(www.comwel.or.kr) 사업안내-가입납부-보험료 신고 및 납부-보험료율에 게재

(5) 신성장 서비스업을 영위하는 중소기업의 범위

청년 외 상시근로자 고용증가인원에 대해 75%의 세액공제가 가능한 신성장 서비스업을 영위하는 중소기업은 다음 중 어느 하나에 해당하는 사업을 주된 사업으로 영위하는 중소기업을 말한다. 이 경우 둘 이상의 서로 다른 사업을 영위하는 경우에는 사업별 사업수입금액이 큰 사업을 주된 사업으로 본다(조특령 27의 4 ⑤).

① 컴퓨터 프로그래밍, 시스템 통합 및 관리업, 소프트웨어 개발 및 공급업, 정보서비스업 또는 전기통신업

② 창작 및 예술관련 서비스업(자영예술가 제외), 영화·비디오물 및 방송프로그램 제작업, 오디오물 출판 및 원판 녹음업 또는 방송업

③ 엔지니어링사업, 전문디자인업, 보안시스템 서비스업 또는 광고업 중 광고물 작성업

④ 서적, 잡지 및 기타 인쇄물출판업, 연구개발업, 직업기술 분야를 교습하는 학원을 운영하는 사업, 국민평생직업능력개발법에 따른 직업능력개발훈련시설을 운영하는 사업(직업능력개발훈련을 주된 사업으로 하는 경우에 한함)

⑤ 관광숙박업, 국제회의업, 유원시설업 또는 관광객이용시설업

⑥ 물류산업

⑦ 기타 기획재정부령으로 정하는 신성장 서비스업

3. 고용유지 조건 충족 시 추가공제(2차년도 공제)

(1) 추가공제요건

중소기업이 2024년 12월 31일이 속하는 과세연도까지의 기간 중 해당 과세연도의 상시근로자 수가 직전 과세연도의 상시근로자 수보다 증가한 경우에는 세액공제금액을 해당 과세연도와 해당 과세연도의 종료일부터 1년이 되는 날이 속하는 과세연도까지의 소득세 또는 법인세에서 공제한다(조특법 30의 4 ①).

(2) 고용감소 시 추가공제 배제

사회보험료 세액공제를 받은 중소기업이 최초로 공제를 받은 과세연도의 종료일부터 1년이 되는 날이 속하는 과세연도의 종료일까지의 기간 중 전체 상시근로자의 수가 최초로 공제를 받은 과세연도에 비하여 감소한 경우에는 감소한 과세연도에 대하여 같은 항을 적용하지 아니하고, 청년등 상시근로자의 수가 최초로 공제를 받은 과세연도에 비하여 감소한 경우에는 감소한 과세연도에 대하여 청년등 상시근로자에 대한 세액공제를 적용하지 아니한다(조특법 30의 4 ②).

4. 중복적용의 배제

2023 과세연도 및 2024 과세연도는 조세특례제한법 제29조의 8 제1항(통합고용세액공제 기본공제)은 제29조의 7(고용을 증대시킨 기업에 대한 세액공제) 또는 제30조의 4(중소기업 사회보험료 세액공제)에 따른 공제를 받지 아니한 경우에만 적용한다(조특법 127 ⑪). 고용증대세액공제와 사회보험료세액공제는 2024년 12월 31일까지 적용되므로, 2023년 및 2024년에 고용이 증대된 기업은 종전의 고용증대세액공제 및 사회보험료세액공제와 통합고용세액공제 중 선택적으로 적용이 가능하며, 2025년 이후부터는 통합고용세액공제만 적용될 것으로 예상된다.

5. 고용감소 시 추가납부세액 납부

사회보험료 세액공제를 받은 중소기업이 최초로 공제를 받은 과세연도의 종료일부터 1년이 되는 날이 속하는 과세연도의 종료일까지의 기간 중 상시근로자의 수가 최초로 공제를 받은 과세연도에 비하여 감소한 경우에는 다음의 구분에 따라 계산한 공제받은 세액에 상당하는 금액을 해당 과세연도의 과세표준을 신고할 때 소득세 또는 법인세로 납부하여야 한다(조특법 30의 4 ②, 조특령 27의 4 ⑪).

이 경우 최초공제연도에 청년등 상시근로자에 해당한 사람은 이후 사업연도에도 청년등 상시근로자로 보아 청년등 상시근로자 수를 계산한다(조특령 27의 4 ⑫).

고용감소 시 추가납부 규정은 2022년 1월 1일부터 시행하며, 본 규정의 시행 전에 개시한 과세연도의 상시근로자 수가 그 직전 과세연도의 상시근로자 수보다 증가한 경우 해당 과세연도의 세액공제에 관하여는 종전의 규정에 따르므로, 고용감소에 따른 추징규정은 2022년 1월 1일 이후 근로자 증가분에 대하여 세액공제를 받은 분부터 적용한다.

(1) 상시근로자 수가 감소하는 경우

1) 청년등 상시근로자의 감소한 인원 수가 상시근로자의 감소한 인원 수 이상인 경우

공제받은 직전과세연도 대비 해당과세연도에 상시근로자 수가 감소한 경우로서 청년등 상시근로자 수는 직전과세연도 대비 감소하였으나 청년등 외 상시근로자 수는 감소하지 않은 경우 아래의 산식에 따라 추가납부세액을 계산한다.

A − B + C

A : 최초공제연도에 비해 감소한 청년등 상시근로자 수(①)
(최초공제연도에 청년등 상시근로자가 증가한 수를 한도로 한다)에서 최초공제연도에 비해 감소한 상시근로자 수(②)를 뺀 인원 수에 대하여 조세특례제한법 제30조의 4 제1항 제1호의 계산식(청년등의 세액공제액)을 준용하여 계산한 금액(③)

B : 차감 인원 수(①−②)에 대하여
조세특례제한법 제30조의 4 제1항 제2호의 계산식(청년등 외의 세액공제액)을 준용하여 계산한 금액(④)

C : 최초공제연도에 비해 감소한 상시근로자 수에 대하여(②)
조세특례제한법 제30조의 4 제1항 제1호의 계산식(청년등의 세액공제액)을 준용하여 계산한 금액(③)

2) 그 밖의 경우

공제받은 직전과세연도 대비 해당과세연도에 상시근로자 수가 감소한 경우로서 ①청년등 상시근로자 수와 청년등 외 상시근로자 수 모두 감소한 경우 또는 ②청년등 상시근로자 수는 감소하지 않았으나 청년등 외 상시근로자 수가 감소한 경우에는 아래의 산식에 따라 추가납부세액을 계산한다.

A + B

A : 최초공제연도에 비해 감소한 청년등 상시근로자 수(①)
(최초공제연도에 청년등 상시근로자가 증가한 수를 한도로 한다)에 대하여
조세특례제한법 제30조의 4 제1항 제1호의 계산식(청년등의 세액공제액)을 준용하여 계산한 금액(②)

B : 최초공제연도에 비해 감소한 청년등 상시근로자 외의 상시근로자 수(③)
(최초공제연도에 비해 감소한 상시근로자 수를 한도로 한다)에 대하여
조세특례제한법 제30조의 4 제1항 제2호의 계산식(청년등 외의 세액공제액)을 준용하여 계산한 금액(④)

(2) 상시근로자 수는 감소하지 않으면서 청년등 상시근로자 수가 감소한 경우

공제받은 직전과세연도 대비 해당과세연도에 상시근로자 수는 감소하지 않았으나 청년등 상시근로자 수가 감소한 경우에는 아래의 산식에 따라 추가납부세액을 계산한다.

A – B

A : 최초공제연도에 비해 감소한 청년등 상시근로자 수(①)
(최초공제연도에 청년등 상시근로자가 증가한 수를 한도로 한다)에 대하여
조세특례제한법 제30조의 4 제1항 제1호의 계산식(청년등의 세액공제액)을 준용하여 계산한 금액(②)

B : 청년 감소 인원 수(①)에 대하여
조세특례제한법 제30조의 4 제1항 제2호의 계산식(청년등 외의 세액공제액)을 준용하여 계산한 금액(③)

위 내용은 고용증대세액공제 또는 통합고용세액공제의 상시근로자 감소시의 추가납부세액규정과 같은 내용으로 알기 쉽게 설명하면 다음과 같다.

상시근로자 수 감소시 납부세액

1. 전체 상시근로자 수가 감소한 경우
   ① 감소한 청년등 상시근로자의 수가 감소한 상시근로자 수 이상인 경우
   [(청년등 상시근로자 감소 인원－전체 상시근로자 감소인원)×(청년등 공제금액－청년등 외 공제금액)]＋전체 상시근로자 감소 인원×청년등 공제금액
   ② 그 밖의 경우
   [청년등 상시근로자 감소 인원×청년등 공제금액]＋[청년등 외 상시근로자 감소 인원×청년등 외 공제금액]
2. 전체 상시근로자 수는 감소하지 않았으나, 청년등 상시근로자 수가 감소한 경우
   청년등 상시근로자 감소 인원×(청년등 공제금액－청년등 외 공제금액)

6. 공제신청서 등의 제출

세액공제를 적용받으려는 자는 해당 과세연도의 과세표준신고와 함께 다음의 서류를 제출하여야 한다(조특법 30의 4 ⑤).

① 세액공제신청서(조특칙 별지 제1호 서식)

② 중소기업 고용증가 인원에 대한 사회보험료 세액공제계산서(조특칙 별지 제11호의 5 서식)

사례1

2024년 1월 1일 개업한 ㈜택스에듀는 제조업을 영위하는 중소기업이다. ㈜택스에듀는 12월말 결산법인이며 수도권 외에 소재하고 있다. 주어진 자료를 이용하여 2024년 사업연도에 대하여 회사가 선택한 고용증대 세액공제와 사회보험료 세액공제를 계산하시오. (고용보험료율은 1.00%, 산재보험료율은 0.79%로 가정한다.)

청년해당 여부	○	○	○			합계	상시	청년	청년 외
구분	김청년	박청년	이청년	최과장	윤부장				
1월	1,875,000			3,060,000	3,720,000	8,655,000	3	1	2
2월	1,875,000			3,060,000	3,720,000	8,655,000	3	1	2
3월	1,875,000			3,060,000	3,720,000	8,655,000	3	1	2
4월	1,875,000	2,150,000		3,060,000	3,720,000	10,805,000	4	2	2
5월	1,875,000	2,150,000		3,060,000	3,720,000	10,805,000	4	2	2
6월	1,875,000	2,150,000		3,060,000	3,720,000	10,805,000	4	2	2
7월	1,875,000	2,150,000		3,060,000	3,720,000	10,805,000	4	2	2
8월	1,875,000	2,150,000	2,650,000	3,060,000	3,720,000	13,455,000	5	3	2
9월	1,875,000	2,150,000	2,650,000	3,060,000	3,720,000	13,455,000	5	3	2
10월	1,875,000	2,150,000	2,650,000	3,060,000	3,720,000	13,455,000	5	3	2
11월	1,875,000	2,150,000	2,650,000	3,060,000	3,720,000	13,455,000	5	3	2
12월	1,875,000	2,150,000	2,650,000	3,060,000	3,720,000	13,455,000	5	3	2
합계	22,500,000	19,350,000	13,250,000	36,720,000	44,640,000	136,460,000	50	26	24

해답

1. 고용증대 세액공제

구 분	2024년
① 상시근로자의 수	50÷12=4.16
② 청년등 근로자의 수	26÷12=2.16
③ 청년등 외 근로자의 수(①-②)	2

2.16명×13,000,000원 + 2명×7,700,000원 = 43,480,000원

2. 사회보험료 세액공제

구분	총 급여
청년등 상시근로자	55,100,000
청년등 외 상시근로자	81,360,000

(1) 청년등 상시근로자 공제세액의 계산

1) 사회보험료 부담금

= 청년등 상시근로자의 총급여액/해당 과세연도 청년등 상시근로자×사회보험료율

= 55,100,000원/2.16명×10.2941%

= 2,625,948원

2) 청년등 상시근로자의 사회보험료 공제세액

= 증가한 청년등 상시근로자의 수×사회보험료 부담금

= 2.16명×2,625,948원 = 5,251,896원

(2) 청년등 외 상시근로자 공제세액의 계산

1) 사회보험료 부담금

= 청년등 외 상시근로자의 총급여액/해당 과세연도 청년등 외 상시근로자 ×사회보험료율

= 81,360,000원/2명×10.2941%

= 4,187,639원

2) 청년등 외 상시근로자의 사회보험료 공제세액

= 증가한 청년등 외 상시근로자의 수×사회보험료 부담금×0.5

= 2명×4,187,639원×0.5 = 4,187,639원

(3) 해당연도 사회보험료 공제세액 합계

= 5,251,896원 + 4,187,639원 = 9,439,535원

■ 조세특례제한법 시행규칙 [별지 제10호의8서식] 〈개정 2024. 3. 22.〉

고용 증대 기업에 대한 공제세액계산서

(3쪽 중 제1쪽)

❶ 신청인	① 상호 또는 법인명 ㈜택스에듀	② 사업자등록번호 123-81-xxxxx
	③ 대표자 성명	④ 생년월일
	⑤ 주소 또는 본점소재지 (전화번호:)	

❷ 과세연도	2024 년 1 월 1 일부터 2024 년 12 월 31 일까지

❸ 공제세액 계산내용

가. 1차년도 세제지원 요건 : ⑧ 〉0

1. 상시근로자 증가 인원

⑥ 해당 과세연도 상시근로자 수	⑦ 직전 과세연도 상시근로자 수	⑧ 상시근로자 증가 인원 수 (⑥-⑦)
4.16	0	4.16

2. 청년등 상시근로자 증가 인원

⑨ 해당 과세연도 청년등 상시근로자 수	⑩ 직전 과세연도 청년등 상시근로자 수	⑪ 청년등 상시근로자 증가 인원 수 (⑨-⑩)
2.16	0	2.16

3. 청년등 상시근로자 외 상시근로자 증가 인원

⑫ 해당 과세연도 청년등 상시근로자 외 상시근로자 수	⑬ 직전 과세연도 청년등 상시근로자 외 상시근로자 수	⑭ 청년등 상시근로자 외 상시근로자 증가 인원 수(⑫-⑬)
2	0	2

4. 1차년도 세액공제액 계산

구분	구분		직전 과세연도 대비 상시근로자 증가 인원 수 (⑧ 상시근로자 증가 인원 수를 한도)	1인당 공제금액	⑮ 1차년도 세액공제액
중소기업	수도권 내	청년등		1천1백만원	
		청년등 외		7백만원	
	수도권 밖	청년등	2.16	1천2백만원	28,080,000
		청년등 외	2	7백7십만원	15,400,000
	계		4.16		43,480,000
중견기업	청년등			8백만원	
	청년등 외			4백5십만원	
	계				
일반기업	청년등			4백만원	
	청년등 외				
	계				

210mm×297mm[백상지 80g/㎡ 또는 중질지 80g/㎡]

중소기업 고용증가 인원에 대한 사회보험료 세액공제 공제세액계산서

❶ 신청인	① 상호 또는 법인명 ㈜택스에듀	② 사업자등록번호 123-81-xxxxx
	③ 대표자 성명 김택스	④ 생년월일
	⑤ 주소 또는 본점소재지 (전화번호 :)	

❷ 과세연도	2024년 1월 1일부터 2024년 12월 31일까지

❸ 공제세액 계산내용

⑥ 해당년도 공제세액 합계(⑦+㉒)	9,439,535

1. 청년 및 경력단절 여성 상시근로자 고용증가 인원의 사회보험료 부담증가 상당액에 대한 공제세액계산

⑦ 공제세액(⑩×⑮)	5,251,896

가. 고용증가 인원 계산

⑧ 해당 과세연도 청년등 상시근로자 수	⑨ 직전 과세연도 청년등 상시근로자 수	⑩ 증가한 청년등 상시근로자 수 [(⑧-⑨), ⑩≤㉕]
2.16	0	2.16

나. 고용증가 인원 1인당 사용자의 사회보험료 부담금액

⑪ 해당 과세연도에 청년등 상시근로자에게 지급하는 「소득세법」 제20조 제1항에 따른 총급여액	⑫ 해당 과세연도 청년등 상시근로자 수(=⑧)	⑬ 사회보험료율 (=㉑)	⑭ 국가 등이 지급한 보조금 및 감면액의 1인당 금액	⑮ 사회보험료 부담금 (⑪/⑫×⑬-⑭)
55,100,000	2.16	10.2941(%)		2,625,948

다. 사회보험료율

⑯ 국민건강보험	⑰ 장기요양보험	⑱ 국민 연금	⑲ 고용 보험	⑳ 산업재해 보상보험	㉑계 (⑯+⑰+⑱+⑲+⑳)
3.5450(%)	0.4591(%)	4.50(%)	1.00(%)	0.790(%)	10.2941(%)

2. 청년 및 경력단절 여성 외 상시근로자 고용증가 인원의 사회보험료 부담증가 상당액에 대한 공제세액계산

㉒ 공제세액(㉗×㉜×0.5, 신성장 서비스업을 영위하는 중소기업의 경우에는 ㉗×㉜×0.75)	4,187,639

가. 고용증가 인원 계산

㉓ 해당 과세연도 상시근로자 수	㉔ 직전 과세연도 상시근로자 수	㉕ 증가한 상시근로자 수 (㉓-㉔)	㉖ 증가한 청년등 상시근로자 수 (=⑩)	㉗ 증가한 청년등 외 상시근로자 수 (㉕-㉖)
4.16	0	4.16	2.16	2

210mm×297mm[백상지 80g/㎡ 또는 중질지 80g/㎡]

나. 고용증가 인원 1인당 사용자의 사회보험료 부담금액

㉘ 해당 과세연도에 청년등 외 상시근로자에게 지급하는 「소득세법」 제20조 제1항에 따른 총급여액	㉙ 해당 과세연도 상시근로자 수 - 해당 과세연도 청년등 상시근로자 수 (㉓-⑧)	㉚ 사회보험료율 (=㉑)	㉛ 국가 등이 지급한 보조금 및 감면액의 1인당 금액	㉜ 사회보험료 부담금 (㉘/㉙×㉚-㉛)
81,360,000	2	10.2941(%)		4,187,639

3. 2차년도 세제지원 요건 : ㉟ ≧0

가. 상시근로자 증가 인원

㉝ 2차년도(해당 과세연도) 상시근로자 수	㉞ 1차년도(직전 과세연도) 상시근로자 수	㉟ 상시근로자 증가 인원 수(㉞-㉝)

나. 2차년도 세액공제액 계산(상시근로자 감소여부)

직전 과세연도 대비 상시근로자 감소여부	직전 과세연도 대비 청년등 상시근로자수 감소여부	㉠ 직전 과세연도 청년등 상시근로자 증가에 대한 사회보험료 세액공제액	㉡ 직전 과세연도 청년등 외 상시근로자 증가에 대한 사회보험료 세액공제액	㊱ 2차년도 세액공제액 (㉠+㉡)
부	부			
	여			
여				

㊲ 세액공제액 : ⑥ 해당년도 세액공제액 + ㊱ 2차년도 세액공제액	9,439,535

「조세특례제한법」 제30조의4제5항에 따라 공제세액계산서를 제출합니다.

2025년 3월 31일

신청인 ㈜택스에듀 (서명 또는 인)

세무서장 귀하

첨부서류	없음	수수료 없음

210mm×297mm[백상지 80g/㎡ 또는 중질지 80g/㎡]

사례2 추가납부세액 계산(전체 감소, 청년 감소, 청년 외 증가)

수도권 내 중소기업인 ㈜택스에듀는 2023년 고용증가인원에 대한 사회보험료 세액공제를 선택하여 적용받은 후 2024년에 고용인원이 감소하였다. 고용인원현황 및 세액공제 내역이 다음과 같을 때 2024 사업연도에 납부하여야 할 세액을 계산하시오. 단, 2023년도의 사회보험료율은 12%로 가정하며, 2022년도에는 세액공제를 받지 않았다.

[근로자 수 현황]

구 분	2022년	2023년	2024년
청년 상시근로자 수 (①)	5	9	6
청년 외 상시근로자 수 (②)	3	4	6
전체 상시근로자 수 (①+②)	8	13	12

[2023년 공제세액]

(단위 : 명, 원)

2023년 공제세액	증가 인원 수 (①)	1인당 공제금액 (②)				공제금액 (①×②)
		평균급여 (㉠)	사회보험료율 (㉡)	공제율 (㉢)	계 (㉠×㉡×㉢)	
청년등	4	30,000,000	12%	100%	3,600,000	14,400,000
청년등 외	1	40,000,000	12%	50%	2,400,000	2,400,000

해설

1. 2024년도 납부할 금액 계산

   (1) 감소한 근로자 수 계산

   청년 : 6−9=△3(명) 감소

   청년 외 : 6−4=2(명) 증가 총 1명 감소

   (2) 납부금액 계산

   납부할 세액 : A − B + C = 6,000,000원

   A : {①3(명)−②1(명)}×③3,600,000원 = 7,200,000원

   B : {①3(명)−②1(명)}×④2,400,000원 = 4,800,000원

   C : ②1(명)×③3,600,000원 = 3,600,000원

2. 계산내역

   조세특례제한법 시행령 제27조의 4 제11항 제1호 가목(감소한 청년등 상시근로자의 수가 감소한 상시근로자 수 이상인 경우)의 추가납부세액

A − B + C

A : 최초공제연도에 비해 감소한 청년등 상시근로자 수(①)
(최초공제연도에 청년등 상시근로자가 증가한 수를 한도로 한다)에서
최초공제연도에 비해 감소한 상시근로자 수(②)를 뺀 인원 수에 대하여
법 제30조의 4 제1항 제1호의 계산식을 준용하여 계산한 금액(③)

B : 차감 인원 수(①−②)에 대하여
법 제30조의 4 제1항 제2호의 계산식을 준용하여 계산한 금액(④)

C : 최초공제연도에 비해 감소한 상시근로자 수에 대하여(②)
법 제30조의 4 제1항 제1호의 계산식을 준용하여 계산한 금액(③)

⇒ A : ① 최초공제연도에 비해 감소한 청년등 상시근로자 수 (3명)
② 최초공제연도에 비해 감소한 상시근로자 수를 뺀 인원 수 (1명)
③ 조세특례제한법 제30조의 4 제1항 제1호의 계산식(청년등의 세액공제액)을 준용하여 계산한 금액 (3,600,000원)

B : ①−② 차감 인원 수 (2명)
④ 조세특례제한법 제30조의 4 제1항 제2호의 계산식(청년등 외의 세액공제액)을 준용하여 계산한 금액 (2,400,000원)

C : ② 최초공제연도에 비해 감소한 상시근로자 수 (1명)
③ 조세특례제한법 제30조의 4 제1항 제1호의 계산식(청년등의 세액공제액)을 준용하여 계산한 금액 (3,600,000원)

사례3 추가납부세액 계산(전체 감소, 청년 감소, 청년 외 감소)

수도권 내 중소기업인 ㈜택스에듀는 2023년 고용증가인원에 대한 사회보험료 세액공제를 적용받은 후 2024년에 고용인원이 감소하였다. 고용인원현황 및 세액공제 내역이 다음과 같을 때 2024 사업연도에 납부하여야 할 세액을 계산하시오. 단, 2023년도의 사회보험료율은 12%로 가정하며, 2022년도에는 세액공제를 받지 않았다.

[근로자 수 현황]

구 분	2022년	2023년	2024년
청년 상시근로자 수 (①)	5	9	4
청년 외 상시근로자 수 (②)	3	4	3
전체 상시근로자 수 (①+②)	8	13	7

[2023년 공제세액]

(단위 : 명, 원)

2023년 공제세액	증가 인원 수 (①)	1인당 공제금액 (②)				공제금액 (①×②)
		평균급여 (㉠)	사회보험료율 (㉡)	공제율 (㉢)	계 (㉠×㉡×㉢)	
청년등	4	30,000,000	12%	100%	3,600,000	14,400,000
청년등 외	1	40,000,000	12%	50%	2,400,000	2,400,000

해설

1. 2024년도 납부할 금액 계산

(1) 감소한 근로자 수 계산

청년 : 4−9=△5(명) 감소

청년 외 : 3−4=△1(명) 감소　　총 6명 감소

(2) 납부금액 계산

납부할 세액 : A + B = 16,800,000원

A : ①4(명)×②3,600,000원 = 14,400,000원

B : ③1(명)×④2,400,000원 = 2,400,000원

2. 계산내역

※ 조세특례제한법 시행령 제27조의 4 제11항 제1호 나목(그 밖의 경우)

A + B
A : 최초공제연도에 비해 감소한 청년등 상시근로자 수(①) (최초공제연도에 청년등 상시근로자가 증가한 수를 한도로 한다)에 대하여 조세특례제한법 제30조의 4 제1항 제1호의 계산식(청년등의 세액공제액)을 준용하여 계산한 금액(②) B : 최초공제연도에 비해 감소한 청년등 상시근로자 외의 상시근로자 수(③) (최초공제연도에 비해 감소한 상시근로자 수를 한도로 한다)에 대하여 조세특례제한법 제30조의 4 제1항 제2호의 계산식(청년등 외의 세액공제액)을 준용하여 계산한 금액(④)

⇒ A : ① 최초공제연도에 비해 감소한 청년등 상시근로자 수 (5명→4명)
(최초공제연도에 청년등 상시근로자가 증가한 수를 한도로 한다)

② 조세특례제한법 제30조의 4 제1항 제1호의 계산식(청년등의 세액공제액)을 준용하여 계산한 금액 (3,600,000원)

B : ③ 최초공제연도에 비해 감소한 청년등 상시근로자 외의 상시근로자 수 (1명)

④ 조세특례제한법 제30조의 4 제1항 제2호의 계산식(청년등 외의 세액공제액)을 준용하여 계산한 금액 (2,400,000원)

사례4 추가납부세액 계산(전체 증가, 청년 감소, 청년 외 증가)

수도권 내 중소기업인 ㈜택스에듀는 2023년 고용증가인원에 대한 사회보험료 세액공제를 적용받은 후 2024년에 고용인원이 감소하였다. 고용인원현황 및 세액공제 내역이 다음과 같을 때 2024 사업연도에 납부하여야 할 세액을 계산하시오. 단, 2023년도의 사회보험료율은 12%로 가정하며, 2022년도에는 세액공제를 받지 않았다.

[근로자 수 현황]

구 분	2022년	2023년	2024년
청년 상시근로자 수 (①)	5	9	8
청년 외 상시근로자 수 (②)	3	4	8
전체 상시근로자 수 (①+②)	8	13	16

[2023년 공제세액]

(단위 : 명, 원)

2023년 공제세액	증가 인원 수 (①)	1인당 공제금액 (②)				공제금액 (①×②)
		평균급여 (㉠)	사회보험료율 (㉡)	공제율 (㉢)	계 (㉠×㉡×㉢)	
청년등	4	30,000,000	12%	100%	3,600,000	14,400,000
청년등 외	1	40,000,000	12%	50%	2,400,000	2,400,000

해설

1. 2024년도 납부할 금액 계산

(1) 감소한 근로자 수 계산

청년 : 8－9＝△1(명) 감소

청년 외 : 8－4＝4(명) 증가　　총 3명 증가

(2) 납부금액 계산

납부할 세액 : A - B ＝1,200,000원

A : ①1(명)×②3,600,000원＝3,600,000원

B : ③1(명)×④2,400,000원＝2,400,000원

2. 계산내역

조세특례제한법 시행령 제27조의 4 제11항 제2호 상시근로자 수는 감소하지 않으면서 청년등 상시근로자 수가 감소한 경우의 추가납부세액

> A − B
>
> A : 최초공제연도에 비해 감소한 청년등 상시근로자 수(①)
> (최초공제연도에 청년등 상시근로자가 증가한 수를 한도로 한다)에 대하여
> 조세특례제한법 제30조의 4 제1항 제1호의 계산식(청년등의 세액공제액)을 준용하여 계산한 금액(②)
>
> B : 청년 감소 인원 수(①)에 대하여
> 조세특례제한법 제30조의 4 제1항 제2호의 계산식(청년등 외의 세액공제액)을 준용하여 계산한 금액(③)

⇒ A : ① 최초공제연도에 비해 감소한 청년등 상시근로자 수 (1명)
② 조세특례제한법 제30조의 4 제1항 제1호의 계산식(청년등의 세액공제액)을 준용하여 계산한 금액 (3,600,000원)

B : ① 청년 감소 인원 수 (1명)
③ 조세특례제한법 제30조의 4 제1항 제2호의 계산식(청년등 외의 세액공제액)을 준용하여 계산한 금액 (2,400,000원)

CHAPTER

03 근로소득을 증대시킨 기업에 대한 세액공제

1. 일반적인 세액공제

중소기업 또는 중견기업이 다음 각 호의 요건을 모두 갖춘 경우에는 2025년 12월 31일이 속하는 과세연도까지 직전 3년 평균 초과 임금증가분에 대해서는 세액을 공제한다(조특법 29의 4 ①, 조특령 26의 4).

① 상시근로자의 해당 과세연도의 평균 임금증가율이 직전 3개 과세연도의 평균 임금증가율의 평균(이하 "직전 3년 평균 임금증가율의 평균"이라 함)보다 클 것(조특법 29의 4 ① 1호)

② 해당 과세연도의 상시근로자 수가 직전 과세연도의 상시근로자 수보다 크거나 같을 것(조특법 29의 4 ① 2호)

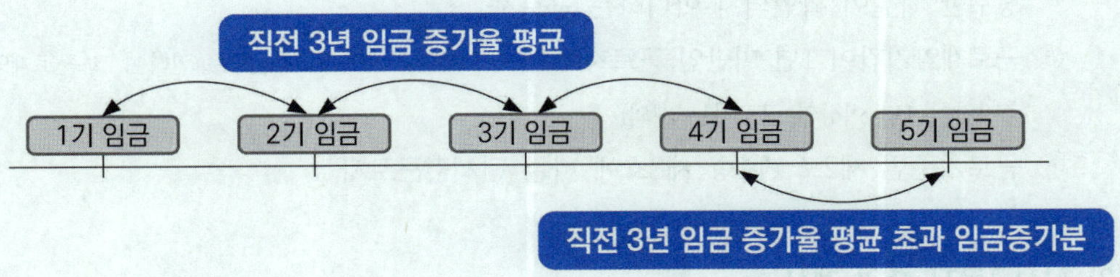

(1) 상시근로자의 범위

'상시근로자'란 근로기준법에 따라 근로계약을 체결한 근로자를 말한다(조특령 26의 4 ②). 이때에 합병, 분할, 현물출자 또는 사업의 양수 등으로 인하여 종전의 사업부문에서 종사하던 상시근로자를 합병법인, 분할신설법인, 피출자법인 등이 승계하는 경우에는 해당 상시근로자는 종전부터 합병법인 등에 근무한 것으로 본다(조특령 26의 4 ⑪).

그러나 다음 각 목의 어느 하나에 해당하는 자는 제외한다(조특령 26의 4 ②).

① 법인세법 시행령 제40조 제1항 각 호의 어느 하나에 해당하는 임원

② 소득세법 제20조 제1항 제1호 및 제2호에 따른 근로소득의 금액의 합계액(비과세소득의 금액은 제외)이 7천만원 이상인 근로자
이때에 해당 과세연도의 근로제공기간이 1년 미만인 상시근로자가 있는 경우의 근로소득금액은 해당 상시근로자의 근로소득금액을 해당 과세연도 근무제공월수로 나눈 금액에 12를 곱한 금액으로 계산한다(조특령 26의 4 ⑨).

③ 해당 기업의 최대주주 또는 최대출자자(개인사업자의 경우에는 대표자) 및 그와 국세기본법 시행령 제1조의 2 제1항에 따른 친족관계인 근로자
이때 **'해당 기업의 최대주주 또는 최대출자자'**란 다음 각 목의 어느 하나에 해당하는 자를 말한다(조특칙 14의 2 ①).

㉠ 해당 법인에 대한 직접보유비율(보유하고 있는 법인의 주식 등을 말함)을 그 법인의 발행주식총수(자기주식 등은 제외)로 나눈 비율이 가장 높은 자가 개인인 경우에는 그 개인

㉡ 해당 법인에 대한 직접보유비율이 가장 높은 자가 법인인 경우에는 해당 법인에 대한 직접보유비율과 국제조세조정에관한법률 시행령 제2조 제3항을 준용하여 계산한 간접소유비율을 합하여 계산한 비율이 가장 높은 개인

④ 소득세법 시행령 제196조에 따른 근로소득원천징수부에 의하여 근로소득세를 원천징수한 사실이 확인되지 아니하는 근로자

⑤ 근로계약기간이 1년 미만인 근로자(다만, 근로계약의 연속된 갱신으로 인하여 그 근로계약의 총기간이 1년 이상인 근로자는 제외)

⑥ 근로기준법 제2조 제1항 제8호에 따른 단시간근로자

(2) 상시근로자 수의 계산

'상시근로자 수'는 다음의 산식에 따라 계산하되 1% 미만은 없는 것으로 한다(조특령 26의 4 ③).

$$\text{상시근로자 수} = \frac{\text{해당 과세연도의 매월 말 현재의 상시근로자 수의 합계}}{\text{해당 과세연도의 개월 수}}$$

이때에 세액공제를 받으려는 과세연도의 종료일 전 5년 이내의 기간 중에 퇴사하거나 새로 상시근로자에서 제외된 근로자가 있는 경우의 상시근로자 수의 계산은 해당 근로자를 제외하고 계산한다(조특령 26의 4 ⑩).

(3) 임금의 범위

'임금'이란 소득세법 제20조 제1항 제1호 및 제2호에 따른 다음의 소득의 합계액(비과세 소득의 금액은 제외)을 말한다(조특령 26의 4 ④).

① 근로를 제공함으로써 받는 봉급·급료·보수·세비·임금·상여·수당과 이와 유사한 성질의 급여

② 법인의 주주총회·사원총회 또는 이에 준하는 의결기관의 결의에 따라 상여로 받는 소득

따라서, 임금의 범위에서 비과세근로소득, 인정상여, 퇴직함으로써 받는 소득으로서 퇴직소득에 속하지 아니하는 소득은 제외하며, 근로소득 원천징수영수증 또는 지급명세서상 '⑬ 급여' 및 '⑭상여'만을 의미한다.

(4) 평균임금의 계산

'평균임금'은 다음의 산식에 따라 계산한 금액으로 하되 1,000원 이하 부분은 없는 것으로 한다(조특령 26의 4 ⑤).

$$\text{평균임금} = \frac{\text{해당 과세연도 상시근로자의 임금의 합계}}{\text{해당 과세연도의 상시근로자 수}}$$

세액공제를 받으려는 과세연도의 종료일 전 5년 이내의 기간 중에 퇴사하거나 새로 상시근로자에서 제외된 근로자가 있는 경우의 평균임금은 해당 근로자를 제외하고 계산한다(조특령 26의 4 ⑩). 따라서, 세액공제를 받으려는 과세연도의 종료일 전 5년 이내의 기간에 퇴사한 근로자가 있는 경우 퇴사한 연도와 그 이전 과세연도의 상시근로자 수와 평균임금(임금의 합계액/상시근로자 수)을 계산할 때 해당 근로자를 제외하고 계산한다. 예를 들어 2025년 근로소득증대 세액공제 적용 시 2024년도 퇴직한 근로자가 있다면, 퇴직한 과세연도인 2024년도와 그전 과세연도인 2023 · 2022 · 2021 과세연도의 상시근로자 수 및 평균임금 계산 시 해당 근로자를 제외하고 계산한다.

(5) 평균임금 증가율의 계산

'평균임금 증가율'은 다음의 산식에 따라 계산하되 1만분의 1 미만은 없는 것으로 한다(조특령 26의 4 ⑥).

$$\text{평균임금 증가율} = \frac{\text{해당 과세연도 평균임금} - \text{직전 과세연도 평균임금}}{\text{직전 과세연도 평균임금}}$$

세액공제를 받으려는 과세연도의 종료일 전 5년 이내의 기간 중에 입사한 근로자가 있는 경우에는 해당 근로자가 입사한 과세연도의 평균임금 증가율을 계산할 때 해당 근로자를 제외하고 계산한다(조특령 26의 4 ⑩).

(6) 직전 3년 평균임금 증가율의 평균

'직전 3년 평균임금 증가율의 평균'은 다음의 산식에 따라 계산하되 1만분의 1 미만은 없는 것으로 한다. 이때에 직전 2년 과세연도 평균임금 증가율 또는 직전 3년 사업연도 평균임금 증가율이 음수인 경우에는 "0"으로 본다(조특령 26의 4 ⑦).

$$\text{직전 3년 평균임금 증가율의 평균} = \frac{\text{직전 과세연도 평균임금 증가율} + \text{직전 2년 과세연도 평균임금 증가율} + \text{직전 3년 과세연도 평균임금 증가율}}{3}$$

만일 위의 계산 결과에도 불구하고 직전 과세연도의 평균임금 증가율이 음수 또는 직전 3년 평균임금 증가율의 평균(양수인 경우로 한정함)의 30% 미만인 경우에는 다음에 따라 각각 평균임금, 평균임금 증가율, 직전 3년 평균임금 증가율의 평균 및 직전 3년 평균 초과 임금증가분을 계산한다(조특령 26의 4 ⑧, 조특칙 14의 2 ②).

- $\frac{\text{해당 과세연도 평균임금} + \text{직전 과세연도 평균임금}}{2} = \text{평균임금}$
- $\frac{\text{평균임금} - \text{직전 2년 과세연도 평균임금}}{\text{직전 2년 과세연도 평균임금}} = \text{평균임금 증가율}$
- $\frac{\text{직전 2년 과세연도 평균임금 증가율} + \text{직전 3년 과세연도 평균임금 증가율}}{2} = \text{직전 3년 평균임금 증가율의 평균}$
- $\{\text{평균임금} - \text{직전 2년 과세연도 상시근로자의 평균임금} \times (1 + \text{직전 3년 평균임금 증가율의 평균})\} \times \text{직전 과세연도 상시근로자 수} = \text{직전 3년 평균초과 임금증가분}$

2. 중소기업 평균임금증가분 초과 증가분 적용 특례

(1) 공제요건

중소기업이 다음 각 호의 요건을 모두 충족하는 경우에는 '1.'의 공제를 대신하여 2025년 12월 31일이 속하는 과세연도까지 전체 중소기업의 평균임금증가분을 초과하는 임금증가분에 대하여 소득세 또는 법인세에서 공제할 수 있다(조특법 29의 4 ⑤).

① 상시근로자의 해당 과세연도의 평균임금 증가율이 전체 중소기업 임금증가율을 고려하여 대통령령으로 정한 비율보다 클 것

② 해당 과세연도의 상시근로자 수가 직전 과세연도의 상시근로자 수보다 크거나 같을 것

③ 직전 과세연도의 평균임금 증가율이 음수가 아닐 것

(2) 계산식

중소기업의 평균임금증가분을 초과하는 임금증가분에 대해 세액공제(조특법 29의 4 ⑤)를 적용하는 경우 해당 평균임금증가분을 초과하는 임금증가분의 계산은 다음 산식에 따라 계산한 금액으로 한다(조특법 29의 4 ⑥, 조특령 26의 4 ⑯, 조특칙 14의 2 ③).

전체 중소기업의 평균임금증가분을 초과하는 임금증가분 = {해당 과세연도 상시근로자의 평균임금 − 직전 과세연도 상시근로자의 평균임금×(1+3.2%*)}×직전 과세연도 상시근로자 수

* 전체 중소기업 평균임금증가율
- 2023 · 2024년 · 2025년 3.2%
- 2022년 3.0%
- 2020 · 2021년 3.8%
- 2018 · 2019년 3.6%

3. 공제세액의 계산

(1) 일반적인 경우

공제세액은 2025년 12월 31일이 속하는 과세연도까지 직전 3년 평균초과 임금증가분의 20%(중견기업 10%)로 하는데(조특법 29의 4 ①·②) 이를 산식으로 표시하면 다음과 같다.

$$\left\{\begin{matrix}\text{해당 과세연도} \\ \text{상시근로자의} \\ \text{평균임금}\end{matrix} - \begin{matrix}\text{직전 과세연도} \\ \text{상시근로자의} \\ \text{평균임금}\end{matrix} \times \left(1+ \begin{matrix}\text{직전 3년} \\ \text{평균임금} \\ \text{증가율의 평균}\end{matrix}\right)\right\} \times \begin{matrix}\text{직전 과세연도} \\ \text{상시근로자 수}\end{matrix} = \begin{matrix}\text{직전 3년} \\ \text{평균 초과} \\ \text{임금증가분}\end{matrix}$$

$$\text{직전 3년 평균 초과 임금증가분} \times \left\{\begin{matrix}\cdot\text{중견기업 : 10\%} \\ \cdot\text{중소기업 : 20\%}\end{matrix}\right. = \text{세액공제액}$$

(2) 중소기업 평균임금증가분 초과 증가분 적용 특례

중소기업이 전체 중소기업의 평균임금증가분을 초과하는 임금증가분에 대하여 세액공제를 적용하는 경우에는 다음 산식에 따라 계산한 금액을 세액공제한다.

전체 중소기업의 평균임금증가분을 초과하는 임금증가분 × 20% = 세액공제액

4. 적용배제 및 중복적용배제

(1) 적용배제

창업 및 휴업 등의 사유로 직전 3년 평균임금 증가율의 평균을 계산할 수 없는 경우에는 근로소득을 증대시킨 기업에 대한 세액공제 및 중소기업 평균임금증가분 초과 증가분 적용 특례를 적용하지 아니한다(조특령 26의 4 ⑫).

(2) 중복적용배제

동일한 과세연도에 성과공유 중소기업의 경영성과급에 대한 세액공제(조특법 19 ①), 근로소득을 증대시킨 기업에 대한 세액공제(조특법 29의 4), 중소기업 사회보험료 세액공제(조특법 30의 4)가 동시에 적용되는 경우에는 각각 그 중 하나만을 선택하여 적용받을 수 있다(조특법 127 ②).

5. 공제신청서의 제출

세액공제를 받으려는 자는 해당 과세기간의 과세표준신고와 함께 근로소득증대기업에 대한 세액공제신청서[조특칙 별지 제10호의 3 서식]를 납세지관할세무서장에게 제출하여야 한다(조특법 29의 4 ⑦, 조특령 26의 4 ⑰).

실무포인트 **근로제공기간이 1년 미만인 근로자의 임금을 연환산 여부**

1. 현행 규정

근로제공기간이 1년 미만인 근로자는 상시근로자에서 제외하는 고액 연봉자 여부와 평균임금 계산에서 다음과 같은 차이점이 있다.

① 7,000만원 이상 근로자 여부 판정 : 연환산 함.

② 평균임금 산정 : 연환산 하지 않음.

(1) 7,000만원 이상 근로자 여부 판정

상시근로자 수에서 제외하는 고액 연봉자란 비과세소득을 제외한 근로소득 금액의 합계액이 7천만원 이상인 근로자를 말하며, 근로제공기간이 1년 미만인 근로자가 있는 경우, 해당 근로자의 근로소득 금액을 해당 과세연도 근무제공 월수로 나눈 금액에 12를 곱하여 산출한 금액을 해당 근로자의 근로소득 금액으로 보아 고액 연봉자 여부를 판단한다.

(2) 평균임금 산정

평균임금 증가율을 계산할 때, 평균임금은 실제 임금의 합계액을 상시근로자 수로 나누어 계산한다. (구)조세특례제한법 시행령 제26조의 4 제9항에서는 근로제공기간이 1년 미만인 근로자의 평균임금을 연환산하도록 규정하고 있었으나, 2024.2.29. 동 조항을 개정하여, 실제 지급한 임금을 상시근로자 수로 나누어 평균임금을 계산하도록 개정하고, 2024.2.29. 이후 과세표준을 신고하는 분부터 적용하도록 하였다(조특령 26의 4 ⑨).

2. 종전 규정

평균임금은 임금의 합계액을 상시근로자 수로 나누어 산정하는데, 종전 조세특례제한법 시행령 제26조의 4 제9항(2024.2.29. 개정되기 전의 것)에서는 분자인 '임금'에 대하여 연환산하도록 하고, 분모인 '상시근로자 수'에 대한 구체적 규정이 없어, 해석에 논란이 있을 수 있다.

그러나, 분자인 임금만 연환산하고 분모인 상시근로자 수를 그대로 적용하게 되면 합리적인 평균임금 증가율을 얻을 수 없는 점을 고려할 때, 분자의 임금과 분모의 상시근로자 수를 모두 연환산하는 것이 근로소득증대 세제의 입법취지에 부합할 것으로 판단된다.

[관련 법령 및 예규]

□ [조특령 제34263호, 2024.2.29. 개정되기 전의 것]

제26조의 4(근로소득을 증대시킨 기업에 대한 세액공제)

⑨ 제2항 제2호에 따른 근로소득의 금액 및 제5항에 따른 평균임금을 계산할 때 해당 과세연도의 근로제공기간이 1년 미만인 상시근로자가 있는 경우에는 해당 상시근로자의 근로소득의 금액 또는 임금을 해당 과세연도 근무제공월수로 나눈 금액에 12를 곱하여 산출한 금액을 해당 상시근로자의 근로소득의 금액 또는 임금으로 본다.

□ 서면-2023-법인-0854, 생산일자 : 2023.8.2.

○ 조세특례제한법 제29조의 4 근로소득 증대 기업에 대한 세액공제를 적용함에 있어서 '직전 3년 평균 초과 임금증가분' 또는 중소기업의 경우 '전체 중소기업의 평균임금 증가분을 초과하는 임금증가분' 계산 시, 평균임금 증가분을 산정하는 기간 동안 해당 과세연도 중 근로제공기간이 1년 미만인 상시근로자의 임금액은 해당 상시근로자에게 지급한 임금액을 해당 과세연도의 근무제공월수로 나눈 금액에 12를 곱하여 산출하는 것임.

사례 1 **세액공제 요건 충족 여부**

㈜택스에듀넷은 중소기업으로서 연도별 평균임금 및 임금증가율 자료는 다음과 같을 때 20X5년도의 상황별 세액공제 금액을 계산하시오.

[평균임금 및 임금증가율]

구 분	20X1	20X2	20X3	20X4
평균임금	5,000만원	5,100만원	5,300만원	5,400만원
직전연도대비 증가율	–	2%	3.92%	1.89%
직전3년 평균 증가율		2.6%*		

*2.60% = (2%+3.92%+1.89%) ÷ 3)

(Case 1) 20X5 평균임금이 5,500만원인 경우(상시근로자 수 10명)

(Case 2) 20X5 평균임금이 5,700만원인 경우(상시근로자 수 10명)

풀이

1. (Case 1) 20X5 평균임금이 5,500만원인 경우

(1) 공제요건 검토 : 공제대상 아님

제5기 평균임금 증가율(1.85%) 〈 직전 3년 증가율 평균(2.6%)

2. (Case 2) 20X5 평균임금이 5,700만원인 경우

(1) 공제요건 검토 : 세액공제대상

제5기 평균임금 증가율(5.55%) 〉 직전 3년 증가율 평균(2.6%)

(2) 세액공제금액

1) 직전연도 평균임금

55,404,000원 = 54,000,000원(20X4 평균임금) × [1 + 2.6%(제5기 직전 3년 증가율 평균)]

2) 세액공제액

(57,000,000원 - 55,404,000원) × 10명 × 20% = 3,192,000원

사례 2 서식작성사례

중소기업인 ㈜택스에듀의 2025년도 근로소득증대 세액공제 관련 자료임

2021년

근로자	임금(원)	근무기간	비고
김AA	45,000,000	1월~12월	
이BB	43,000,000	1월~12월	
박CC	50,000,000	1월~12월	
정DD	35,000,000	1월~12월	

2022년

근로자	임금(원)	근무기간	비고
김AA	45,000,000	1월~12월	
이BB	45,640,000	1월~12월	
박CC	52,000,000	1월~12월	
정DD	38,000,000	1월~12월	

2023년

근로자	임금(원)	근무기간	비고
김AA	46,000,000	1월~12월	
이BB	49,172,000	1월~12월	
박CC	53,000,000	1월~12월	
정DD	38,000,000	1월~12월	
홍EE	20,000,000	7월~12월	23.7.5. 입사
임FF	30,000,000	7월~12월	23.7.2. 입사

2024년

근로자	임금(원)	근무기간	비고
김AA	47,000,000	1월~12월	
이BB	53,000,000	1월~12월	
박CC	50,000,000	1월~5월	24.5.15. 퇴사
정DD	40,000,000	1월~12월	
홍EE	44,000,000	1월~12월	
임FF	85,000,000	1월~12월	고액 연봉자

2025년

근로자	임금(원)	근무기간	비고
김AA	50,000,000	1월~12월	
이BB	53,000,000	1월~12월	
정DD*	40,000,000	1월~12월	25.12.1. 결혼
홍EE	50,000,000	1월~12월	
임FF	90,000,000	1월~12월	고액 연봉자

* 정DD는 최대출자자인 대표자와 결혼함.

풀이

(1) 2023년 근로소득증대세액공제시 제외할 근로자 파악

① 2024년 5월 퇴사한 박CC는 상시근로자 수 및 평균임금 계산에서 제외함.

② 최대출자자의 배우자가 된 정DD는 상시근로자 수 및 평균임금 계산에서 제외함.

③ 임FF는 고액 연봉자이므로, 상시근로자 수 및 평균임금 계산에서 제외함.

(2) 각 과세연도별 평균임금 증가율은 아래와 같음

연도	①임금합계	②근로자 수	③평균임금(①/②)	임금 증가율 (해당연도③-직전연도③/직전연도③)
2021년	88,000,000	2	44,000,000	
2022년	90,640,000	2	45,320,000	3%
2023년	115,172,000	2.5	46,068,000	
2023년 입사자 제외	95,172,000	2	47,586,000	5%
2024년	144,000,000	3	48,000,000	4.19%
	직전 3년 평균임금 증가율의 평균			4.06%
2025년	153,000,000	3	51,000,000	6.25%

(3) 세액공제 요건

해당연도 평균임금 증가율(6.25%)이 직전 3년 평균임금 증가율의 평균(4.06%)보다 높고, 해당연도 상시근로자 수가 전년 대비 감소하지 않았으므로 세액공제 적용요건 충족함.

(4) 공제세액 878,400원(①과 ② 중 기업 선택 × 공제율 중소기업 20%)

① 직전 3년 평균 초과 임금증가분

3,153,600원 = [해당 과세연도 상시근로자의 평균임금 − 직전 과세연도 상시근로자의 평균임금 × (1 + 직전 3년 평균임금 증가율의 평균)] × 직전 과세연도 상시근로자 수

= [51,000,000원 - 48,000,000원 × (1 + 0.0406)] × 3명

② 전체 중소기업의 평균임금 증가분을 초과하는 임금증가분

4,392,000원 = [해당 과세연도 상시근로자의 평균임금 - 직전 과세연도 상시근로자의 평균임금 ×{1 + 전체 중소기업 임금증가율(2024년은 3.2%)}] × 직전 과세연도 상시근로자 수

= [51,000,000원 - 48,000,000원 × (1 + 0.032)] × 3명

■ 조세특례제한법 시행규칙 [별지 제10호의3서식] 〈개정 2024. 3. 22.〉

근로소득 증대 기업에 대한 세액공제신청서

(앞쪽)

❶ 신청인	① 상호 또는 법인명		② 사업자등록번호
	③ 대표자 성명		④ 생년월일
	⑤ 주소 또는 본점소재지 (전화번호 :)		
❷ 과세연도	2025년 1월 1일부터 2025년 12월 31일까지		

❸ 세액공제액 계산내용			
가. 세제지원 요건 : ㉗ 〉㉛ 또는 ㉞ 〉㉟이고, ⑧ ≥ ⑨이어야 함			
1. 상시근로자 수 계산			
상시근로자 수(=⑥/⑦)		⑥ 과세연도 매월 말 현재 상시근로자 수의 합	⑦ 과세연도 개월 수
⑧ 해당 과세연도 상시근로자 수	3	36	12
⑨ 직전 과세연도 상시근로자 수	3	36	12
⑩ 직전 2년 과세연도 상시근로자 수	2.5	30	12
⑪ 직전 3년 과세연도 상시근로자 수	2	24	12
⑫ 직전 4년 과세연도 상시근로자 수	2	24	12
2. 평균임금 계산(일반적인 경우: ㉘이 양수이면서 ㉛의 30% 이상인 경우)			
평균임금(=⑬/⑭)		⑬ 상시근로자 임금의 합계	⑭ 상시근로자 수(=⑧~⑫)
⑮ 해당 과세연도 평균임금	51,000,000	153,000,000	3
⑯ 직전 과세연도 평균임금	48,000,000	144,000,000	3
⑰ 직전 2년 과세연도 평균임금	46,068,000	115,172,000	2.5
⑱ 직전 3년 과세연도 평균임금	45,320,000	90,640,000	2
⑲ 직전 4년 과세연도 평균임금	44,000,000	88,000,000	2
3. 각 과세연도별 입사자 제외시 평균임금 계산(일반적인 경우: ㉘이 양수이면서 ㉛의 30% 이상인 경우)			
평균임금(=⑳/㉑)		⑳ 상시근로자 임금의 합계	㉑ 상시근로자 수
㉒ 해당 과세연도 평균임금	51,000,000	153,000,000	3
㉓ 직전 과세연도 평균임금	48,000,000	144,000,000	3
㉔ 직전 2년 과세연도 평균임금	47,586,000	95,172,000	2
㉕ 직전 3년 과세연도 평균임금	45,320,000	90,640,000	2
㉖ 직전 4년 과세연도 평균임금	44,000,000	88,000,000	2
4. 평균임금 증가율(일반적인 경우: ㉘이 양수이면서 ㉛의 30% 이상인 경우)			
㉗ 해당 과세연도 평균임금 증가율[=(㉒-⑯)/⑯]		0.0625	
㉘ 직전 과세연도 평균임금 증가율[=(㉓-⑰)/⑰]		0.0419	
㉙ 직전 2년 과세연도 평균임금 증가율[=(㉔-⑱)/⑱]		0.05	
㉚ 직전 3년 과세연도 평균임금 증가율[=(㉕-⑲)/⑲]		0.03	
5. 직전 3년 평균임금 증가율의 평균(일반적인 경우: ㉘이 양수이면서 ㉛의 30% 이상인 경우)[㉛=(㉘+㉙+㉚)/3]			0.0406
6. 직전 3년 평균 초과 임금증가분[㉜={⑮-⑯×(1+㉛)}×⑨]			3,153,600
7. ㉘이 음수이거나, ㉘이 양수이지만 ㉛의 30% 미만인 경우 ⑮,㉗,㉛,㉜의 계산 특례			
㉝ 해당 과세연도 평균임금[=(⑮+⑯)/2]			
㉞ 해당 과세연도 평균임금 증가율[{=(㉝-⑰)/⑰]			
㉟ 직전 3년 평균임금 증가율의 평균[=(㉙+㉚)/2]			
㊱ 직전 3년 평균 초과 임금증가분[={㉝-⑰×(1+㉟)}×⑨]			
나. 세제지원 요건 : 중소기업의 경우 ㉗ 〉3.2%이며, ⑧ ≥ ⑨이고, ㉘ ≥ 0인 경우에 적용됨			
㊲ 중소기업 계산특례[={⑮-⑯×(1+3.2%)}×⑨]		4,392,000	
❹ 세액공제액[(㉜ 또는 ㊱) × 세액공제율(중소기업은 20%, 중견기업은 10%)}, ㊲에 해당하는 중소기업의 경우 ㊲ × 20%]			878,400

「조세특례제한법 시행령」 제26조의4제17항에 따라 위와 같이 근로소득 증대 기업에 대한 세액공제신청서를 제출합니다.

2026년 3월 31일

신청인 ㈜택스에듀 (서명 또는 인)

세무서장 귀하

(뒤쪽)

작 성 방 법

1. ⑧란부터 ⑫란까지의 "상시근로자 수"를 계산할 때 다음 각 목에 해당하는 자는 제외하고, 100분의 1 미만 부분은 없는 것으로 합니다.
   가. 「법인세법 시행령」 제40조제1항 각 호의 어느 하나에 해당하는 임원
   나. 「소득세법」 제20조제1항제1호 및 제2호에 따른 근로소득의 금액이 7천만원 이상인 근로자
   다. 해당 기업의 최대주주 또는 최대출자자(개인사업자의 경우에는 대표자를 말한다) 및 그와 「국세기본법 시행령」 제1조의2제1항에 따른 친족관계인 근로자
   라. 「소득세법 시행령」 제196조에 따른 근로소득원천징수부에 의하여 근로소득세를 원천징수한 사실이 확인되지 않는 근로자
   마. 근로계약기간이 1년 미만인 근로자(다만, 근로계약의 연속된 갱신으로 인하여 그 근로계약의 총 기간이 1년 이상인 근로자는 제외합니다)
   바.「근로기준법」 제2조제1항제9호에 따른 단시간근로자
2. 해당 과세연도의 근로제공기간이 1년 미만인 상시근로자가 있는 경우에는 해당 근로자의 근로소득 금액을 해당 과세연도 근무제공 월수로 나눈 금액에 12를 곱하여 산출한 금액을 해당 근로자의 근로소득 금액으로 봅니다.
3. ⑬란 및 ⑳란의 "상시근로자 임금의 합계"를 계산할 때, 임금은 「소득세법」 제20조제1항제1호 및 제2호에 따른 소득의 합계액을 말합니다.
4. ⑮란부터 ⑲란까지, ㉒란부터 ㉖란까지 및 ㉝란의 "평균임금"을 계산할 때, 1천원 이하 부분은 없는 것으로 합니다.
5. ㉗란부터 ㉚란까지 및 ㉞란의 "평균임금 증가율"을 계산할 때, 1만분의 1 미만 부분은 없는 것으로 합니다.
6. ㉛란 및 ㉟란의 "직전 3년 평균임금 증가율의 평균"을 계산할 때, 1만분의 1 미만 부분은 없는 것으로 하고, ㉙란 또는 ㉚란의 값이 음수(陰數)인 경우에는 영으로 보아 계산합니다.
7. 세액공제를 받으려는 과세연도의 종료일 전 5년 이내의 기간 중에 퇴사하거나 새로 제1호 각 목의 어느 하나에 해당하게 된 근로자가 있는 경우에는 상시근로자 수 및 평균임금을 계산할 때 해당 근로자를 제외하고 계산하며, 세액공제를 받으려는 과세연도의 종료일 전 5년 이내의 기간 중에 입사한 근로자가 있는 경우에는 해당 근로자가 입사한 과세연도의 평균임금 증가율을 계산할 때 해당 근로자를 제외하고 계산합니다.
8. 합병, 분할, 현물출자 또는 사업의 양수 등으로 인하여 종전의 사업부문에서 종사하던 상시근로자를 합병법인, 분할신설법인, 피출자법인 등이 승계하는 경우에는 해당 상시근로자는 종전부터 합병법인, 분할신설법인, 피출자법인 등에 근무한 것으로 봅니다.
9. 창업 및 휴업 등의 사유로 ㉛란 또는 ㉟란의 "직전 3년 평균임금 증가율의 평균"을 계산할 수 없는 경우에는 세액공제를 신청할 수 없습니다.

CHAPTER

04 성과공유 중소기업의 경영성과급에 대한 세액공제

중소기업인력지원특별법 제27조의 2 제1항에 따른 '성과공유 중소기업'이 '상시근로자'에게 2027년 12월 31일까지 '경영성과급'을 지급하는 경우 그 경영성과급의 10%에 상당하는 금액을 해당 과세연도의 소득세 또는 법인세에서 공제한다. 다만, 성과공유 중소기업의 해당 과세연도의 상시근로자 수가 직전 과세연도의 상시근로자 수보다 감소한 경우에는 공제하지 아니한다(조특법 19 ①).

1. 공제대상의 범위

(1) 성과공유 중소기업의 범위

세액공제의 대상이 되는 '성과공유 중소기업'이란 다음의 성과공유 유형 중 어느 하나에 해당하는 방법으로 근로자와 성과를 공유하고 있거나 공유하기로 약정한 중소기업을 말한다(중소기업인력지원특별법 27의 2 ①, 중소기업인력지원특별법시행령 26의 2 ①).

① 중소기업과 근로자가 경영목표 설정 및 그 목표 달성에 따른 성과급 지급에 관한 사항을 사전에 서면으로 약정하고 이에 따라 근로자에게 지급하는 성과급(우리사주조합을 통하여 성과급으로서 근로자에게 지급하는 우리사주를 포함) 제도의 운영

② 중소기업인력지원특별법 제35조의 5 제1호에 따른 중소기업 청년근로자 및 핵심인력에 대한 성과보상공제사업의 가입

③ 다음 중 어느 하나의 요건에 해당하는 임금수준의 상승

㉠ 근로자의 해당 연도 평균임금 증가율이 직전 3개 연도 평균임금 증가율의 평균보다 클 것

㉡ 근로자의 해당 연도 평균임금 증가율이 전체 중소기업의 임금증가율을 고려하여 중소벤처기업부장관이 정하여 고시하는 비율보다 클 것

④ 근로복지기본법 제32조·제50조 또는 제86조의 2에 따른 우리사주제도·사내근로복지기금 또는 공동근로복지기금의 운영

⑤ 상법 제340조의 2·제542조의 3 또는 벤처기업육성에관한특별법 제16조의 3에 따른 주식매수선택권의 부여
⑥ 그 밖에 성과공유 활성화를 위하여 중소벤처기업부장관이 정하여 고시하는 유형

(2) 성과공유기업 확인서

세액공제 대상이 되는 '성과공유 중소기업'은 '중소기업인력지원특별법 제27조의 2 제1항에 따른 중소기업'을 말한다(조특법 19 ①). 중소기업인력지원특별법에서는 중소기업이 성과공유기업 요건을 충족하는 증명서류를 첨부하여 중소벤처기업부장관에게 확인신청을 하면, 이에 대하여 중소벤처기업부장관은 성과공유기업 확인서를 발급할 수 있도록 규정하고 있다. 따라서, 세액공제대상 법인은 원칙적으로 중소벤처기업부장관으로부터 성과공유기업 확인서를 발급받은 법인을 말한다. 그러나, 예규에서는 조세특례제한법 제19조 제1항 및 동법 시행령 제17조에서 규정하는 요건을 충족하는 경우에는 성과공유기업 확인서를 발급받지 아니하였더라도 성과공유기업 세액공제 대상에 해당한다고 해석하고 있다(서면-2020-법령해석법인-1920[법령해석과-4116], 2020.12.14.).

2. 공제세액의 계산

공제세액은 '**상시근로자**'에게 2027년 12월 31일까지 '**경영성과급**'을 지급하는 경우 그 경영성과급의 10%에 상당하는 금액으로 한다(조특법 19 ①).

(1) 상시근로자의 범위

'**상시근로자**'란 근로기준법에 따라 근로계약을 체결한 내국인근로자로 하되 다음 각 호의 어느 하나에 해당하는 사람은 제외한다(조특령 17 ①).

① 근로계약기간이 1년 미만인 근로자(근로계약의 연속된 갱신으로 인하여 그 근로계약의 총기간이 1년 이상인 근로자는 제외)

② 근로기준법 제2조 제1항 제8호에 따른 단시간근로자. 다만, 1개월간의 소정근로시간이 60시간 이상인 근로자는 상시근로자로 본다.

③ 법인세법 시행령 제42조 제1항 각 호의 어느 하나에 해당하는 다음의 임원

㉠ 법인의 회장, 사장, 부사장, 이사장, 대표이사, 전무이사 및 상무이사 등 이사회의 구성원 전원과 청산인

㉡ 합명회사, 합자회사 및 유한회사의 업무집행사원 또는 이사

㉢ 유한책임회사의 업무집행자

㉣ 감사

㉤ 그 밖에 위 '㉠'부터 '㉣'에 준하는 직무에 종사하는 자

④ 해당 기업의 최대주주 또는 최대출자자(개인사업자의 경우에는 대표자를 말함)와 그 배우자

⑤ 해당 기업의 최대주주 또는 최대출자자(개인사업자의 경우에는 대표자를 말함)와 그 배우자의 직계존비속(그 배우자 포함) 및 국세기본법 시행령 제1조의 2 제1항에 따른 친족관계인 사람

⑥ 소득세법 시행령 제196조에 따른 근로소득원천징수부에 의하여 근로소득세를 원천징수한 사실이 확인되지 아니하고 다음 각 목의 어느 하나에 해당하는 보험료 등의 납부사실도 확인되지 아니하는 자

㉠ 국민연금법 제3조 제1항 제11호 및 제12호에 따른 부담금 및 기여금

㉡ 국민건강보험법 제69조에 따른 직장가입자의 보험료

(2) 경영성과급의 범위

세액공제의 대상이 되는 **'경영성과급'**이란 중소기업과 근로자가 경영목표 설정 및 그 목표달성에 따른 성과급 지급에 관한 사항을 사전에 서면으로 약정하고 이에 따라 근로자에게 지급하는 성과급(우리사주조합을 통하여 성과급으로서 근로자에게 지급하는 우리사주 포함)을 말한다(조특령 17 ②, 중소기업인력지원특별법시행령 26의 2 ① 1호).

3. 공제배제 및 중복적용배제

(1) 공제배제

세액공제는 성과공유 중소기업의 해당 과세연도의 상시근로자 수가 직전 과세연도의 상시근로자 수보다 감소한 경우에는 공제하지 아니하는데(조특법 19 ①), 상시근로자의 수는 다음의 계산식에 따라 계산한 수로 하며, 100분의 1 미만의 부분은 없는 것으로 한다(조특령 17 ③).

$$\text{상시근로자 수} = \frac{\text{해당 과세연도의 매월 말 현재 상시근로자 수의 합}}{\text{해당 과세연도의 개월 수}}$$

(2) 중복적용배제

동일한 과세연도에 성과공유 중소기업의 경영성과급에 대한 세액공제(조특법 19 ①), 근로소득을 증대시킨 기업에 대한 세액공제(조특법 29의 4), 중소기업 사회보험료 세액공제(조특법 30의 4)가 동시에 적용되는 경우에는 각각 그 중 하나만을 선택하여 적용받을 수 있다(조특법 127 ②).

4. 세액공제신청

세액공제를 받으려는 자는 해당 과세연도의 과세표준신고와 함께 세액공제신청서[조특칙 별지 제1호 서식] 및 공제세액계산서[조특칙 별지 제8호의 3 서식]를 납세지 관할 세무서장에게 제출해야 한다(조특법 19 ②, 조특령 17 ⑤).

■ 조세특례제한법 시행규칙 [별지 제8호의3서식] 〈개정 2025. 3. 21.〉

성과공유 중소기업의 경영성과급에 대한 세액공제 공제세액계산서

❶ 신청인	① 상호 또는 법인명	② 사업자등록번호
	③ 대표자 성명	④ 생년월일
	⑤ 주소 또는 본점소재지 (전화번호 :)	

❷ 과세연도	년 월 일부터 년 월 일까지

❸ 세액공제 계산내용

가. 경영성과급 계산

	⑥ 성명(생년. 월. 일)	⑦ 경영성과급 서면약정여부	⑧ 총급여액 7천만원 이하 여부	⑨ 경영성과급 금액	⑩ 성과급 합계액
A	(. .)	여, 부	여, 부		
B	(. .)	여, 부	여, 부		
C	(. .)	여, 부	여, 부		
D	(. .)	여, 부	여, 부		
E	(. .)	여, 부	여, 부		

나. 상시근로자 수 계산

구 분	해당(직전) 과세연도의 매월 말 현재 상시근로자 수												⑩ 합계	⑪ 개월 수	상시 근로자수 (=⑩÷⑪)
	월	월	월	월	월	월	월	월	월	월	월	월			
해당 과세연도															⑫
직전 과세연도															⑬

다. 공제세액 계산

⑭ 경영성과급 (= ⑩)	⑮ 공제율	⑯ 세액공제금액(⑭×⑮)
	10%	

「조세특례제한법 시행령」 제17조제5항에 따라 위와 같이 성과공유 중소기업의 경영성과급에 대한 세액공제 공제세액계산서를 제출합니다.

년 월 일

신청인 (서명 또는 인)

세무서장 귀하

작 성 방 법

1. "성과공유 중소기업"이란 「중소기업 인력지원 특별법」 제27조의2제1항에 따른 성과공유 중소기업을 말합니다.
2. "경영성과급"이란 「중소기업 인력지원 특별법 시행령」 제26조의2제1항제1호에 따라 중소기업과 근로자가 경영목표 설정 및 그 목표 달성에 따른 성과급 지급에 관한 사항을 사전에 서면으로 약정하고 이에 따라 근로자에게 지급하는 성과급(우리사주조합을 통하여 성과급으로 지급하는 우리사주 포함)을 말합니다.
3. 나. 상시근로자 수를 계산할 때 「근로기준법」 제2조제1항제9호에 따른 단시간근로자 중 1개월 간의 소정근로시간이 60시간 이상인 근로자 1명은 0.5명으로 계산하되, 「조세특례제한법 시행령」 제23조제11항제2호 각 목의 지원요건을 모두 충족하는 상시근로자는 0.75명으로 하여 계산하며, 상시근로자 수 중 100분의 1 미만은 없는 것으로 합니다.
4. "⑩ 합계"란 해당 과세연도의 매월 말 현재 상시근로자 수의 합을 적습니다.
5. "⑪ 개월수"란은 해당 과세연도의 개월 수를 적습니다.
6. 상시근로자 수가 전년보다 감소(⑫−⑬<0)한 경우에는 공제를 적용하지 않습니다.

210mm×297mm[백상지 80g/㎡ 또는 중질지 80g/㎡]

공인회계사 **이영우**

- 고려대학교 경제학과 졸업
- 서울대학교 대학원 경영학과 수료

(현)
- 공인회계사 · 세무사 · 경영지도사
- 대한상공회의소 세무연수원 강사(법인세법 부분)
- 상장회사협의회 강사
- 한국공인회계사회 강사
- ㈜이나우스아카데미 세무회계 강사
- 세덕회계법인

(전)
- 한국산업은행 근무
- 삼일회계법인 근무
- 중소기업진흥공단연수원 강사
- 한국금융연수원 강사
- 한국공인회계사회 회계연수원 강사
- 서울상공회의소 세무회계 상담역

〈주요저서〉
- 주식거래와 세금(한국세정신문사)
- 세무회계연습(세경멀티뱅크)
- 세법개론(세경멀티뱅크)
- 중소기업을 위한 지원세제(중소기업진흥공단)
- 알기쉬운 지출증명서류(조세통람)
- 알기쉬운 주식관련세제(한국상장회사협의회)
- 계정과목별 회계와 세무(조세통람)
- 핵심실무 법인세법(조세통람)
- 지방소득세실무해설(조세통람)
- 업무용승용차 관련비용과 지출증명서류(조세통람)
- 법인세 조정 · 신고 실무(조세통람)

세무사 **김태원**

- 동국대학교 회계학과 졸업
- 택스에듀넷 대표강사(taxedunet.co.kr)
- 현) 옳세무회계 대표 세무사
- 전) ㈜더존다스 근무
- 이나우스아카데미, 한국능률협회, 상공회의소 등 강의
- 현대백화점, 현대홈쇼핑, 현대HCN 등 다수기업 ERP 컨설팅
- (주)휴스틸, 소리바다, 유엔젤(주) 등
  다수기업 내부회계관리제도 컨설팅
- 유튜브 채널 "택스에듀TV" 운영 중

〈주요저서〉
- 법인결산 신고실무(공저, 조세통람)
- 포인트 법인조정 실무(공저, 조세통람)
- 포인트 종합소득세 실무(공저, 조세통람)
- 포인트 부가가치세 실무(공저, 조세통람)
- 포인트 연말정산 실무(공저, 조세통람)
- 포인트 세무조사 실무(조세통람)
- 세법학 1, 2(공저, 나무와사람)
- 회계관리 2급(시대고시기획)
- 왕초보 회계원리(시대고시기획)
- 전산회계 2급(공저, 시대고시기획)

꼭 필요한 실무내용만 짚어주는

포인트 통합고용세액공제 실무

저　　자　이영우, 김태원
발 행 인　서원진
발 행 처　㈜조세통람
펴 낸 날　2023년 12월 11일 1판 1쇄 발행
　　　　　2026년　1월 26일 3판 1쇄 발행

저자와의
협의하에
인지생략

주　　소　서울특별시 중구 동호로 14길 5-6(신당동)
등　　록　1976. 11. 5. 제9-81호
대표전화　02) 2231-7027
F　A　X　02) 2234-1754
구입문의　02) 2231-7027~9
I S B N　979-11-6064-372-5 13320
정　　가　**37,000원**

(주)조세통람은 좋은 책을 만들기 위해 독자 여러분의 의견을 기다립니다.
독자 의견 및 도서 문의 메일 : josetop@inaus.co.kr